Schriften des Vereins für Socialpolitik

Gesellschaft für Wirtschafts- und Sozialwissenschaften

Neue Folge Band 323

SCHRIFTEN DES VEREINS FÜR SOCIALPOLITIK
Gesellschaft für Wirtschafts- und Sozialwissenschaften
Neue Folge Band 323

Institutionelle Ursachen des Wohlstands der Nationen

Duncker & Humblot · Berlin

Institutionelle Ursachen des Wohlstands der Nationen

Von

Thomas Apolte, Thomas Eger, Bernd Hansjürgens, Philipp Harms, Klaus Heine, Hans Hendrischke, Carsten Herrmann-Pillath, Barbara Krug, Bruno Schönfelder, Theresia Theurl, Hans-Jürgen Wagener, Heike Walterscheid, Lothar Wegehenkel

Herausgegeben von

Uwe Vollmer

Duncker & Humblot · Berlin

Bibliografische Information der Deutschen Nationalbibliothek

Die Deutsche Nationalbibliothek verzeichnet diese Publikation in der Deutschen Nationalbibliografie; detaillierte bibliografische Daten sind im Internet über http://dnb.d-nb.de abrufbar.

Fremddatenübernahme und Druck:
Berliner Buchdruckerei Union GmbH, Berlin
Printed in Germany

ISSN 0505-2777
ISBN 978-3-428-13196-9

Gedruckt auf alterungsbeständigem (säurefreiem) Papier
entsprechend ISO 9706 ♾

Internet: http://www.duncker-humblot.de

Vorwort

Der Ausschuss für Wirtschaftssysteme und Institutionenökonomik im Verein für Socialpolitik hielt seine 40. Jahrestagung vom 21. bis 23. September 2008 in Graz zum Rahmenthema „Institutionelle Ursachen des Wohlstands der Nationen" ab. Der vorliegende Sammelband enthält überarbeitete Fassungen einiger Referate und schriftliche Ausarbeitungen einiger Korreferate.

Monika Bucher (Universität Leipzig) sowie *Heike* nblot) für die zuverlässige Unterstützung bei der :kvorlagen.

Uwe Vollmer

Inhaltsverzeichnis

Einführung

Von *Uwe Vollmer*, Leipzig

Dass gute politische Institutionen förderlich für Wachstum und wirtschaftliche Entwicklung sind, ist mittlerweile fast schon eine Binsenweisheit. Bereits *Adam Smith* (1776 / 1976, S. 445) stellt fest: „Commerce and manufactures ... can seldom flourish in any state in which there is not a certain degree of confidence in the justice of the government.“ Er weist darauf hin, dass der Wohlstand einer Nation neben dem Grad der Arbeitsteilung abhängt auch von der Qualität gemeinschaftlicher Einrichtungen, die das friedliche Zusammenleben der Menschen erleichtern. Was aber sind gute politische Institutionen, und warum haben sie sich in verschiedenen Ländern unterschiedlich entwickelt? Diese und andere Fragen waren Gegenstand der Verhandlungen des Ausschusses für Wirtschaftssysteme und Institutionenökonomik, dessen 40. Jahrestagung vom 21. bis 23. September 2008 in Graz stattfand und dessen Ergebnisse in diesem Band zusammengefasst sind.

Der Band ist in drei Teile gegliedert, dessen erster Teil sich mit dem Zusammenhang zwischen Institutionen und Wirtschaftswachstum beschäftigt. Zunächst fragt *Hans-Jürgen Wagener* [Frankfurt (Oder)] in seinem Beitrag „Warum gerade Europa? Langfristige Entwicklung und Institutionen“, weshalb es weltweit zu einer ungleichen wirtschaftlichen Entwicklung gekommen ist, obwohl alle Gesellschaften einmal auf ähnlichem Niveau angefangen haben. Vor allem aber: Warum hat es gerade Europa geschafft, sich frühzeitig weit über das Subsistenzniveau zu erheben, und wann hat diese Divergenz stattgefunden? Die Literatur bietet drei unterschiedliche Antworten auf die letzte Frage. Während die eine Schule den Beginn des europäischen Sonderwachstums auf die industrielle Revolution datiert, sieht die zweite den Anfang bereits im 16. Jahrhundert und die dritte ihn sogar schon im Hochmittelalter. Dabei gilt auch: Wer von der ersten Annahme ausgeht, sieht ganz andere Erklärungsfaktoren für den europäischen Wachstumsprozess als zentral an als jene, die einen früheren Zeitpunkt als gegeben ansehen.

Wagener kommt in seiner detaillierten Analyse zu dem Schluss, dass der europäische Wachstumsprozess bereits im Mittelalter begann und sich im Anschluss an die industrielle Revolution beschleunigte; für diesen Sonderweg waren institutionelle Faktoren von besonderer Bedeutung, die so in anderen weltwirtschaftlichen Regionen nicht zur Geltung kamen. Unternehmerische Handlungsfreiheit, klar definierte Eigentumsrechte, Vertragsfreiheit und Vertragsdurchsetzbarkeit und andere Rahmenbedingungen verhalfen der ökonomischen Rationalität in Europa früh zum

Durchbruch, während Gesellschaften in anderen Regionen – vor allem in China und Indien – einen anderen Verlauf genommen haben, weil ökonomische Rationalität und Dynamik sich erst mit langer Verzögerung durchsetzen konnten. Diese Sichtweise teilt *Theresia Theurl* (Münster), die in ihrem Korreferat erstens anregt zu prüfen, ob institutionelle Unterschiede auch Wachstumsdivergenzen zwischen Europa und den USA bzw. den afrikanischen Staaten erklären können, und zweitens fragt, ob sich weitere vorhandene institutionenökonomische Erkenntnisse in den von Wagener verfolgten Ansatz integrieren lassen.

Im Anschluss thematisieren *Heike Walterscheid* und *Lothar Wegehenkel* (Ilmenau) unter dem Titel „Wohlstand der Nationen und der Grad der handelsrechtlichen Teilzentralisierung" die Bedeutung ungenau spezifizierter Eigentumsrechte für die Wohlfahrtsmessung und Wohlfahrtsschaffung. Ihre zentrale These lautet, dass eine hohe Staatsquote Anzeichen für systematische Momente fehlender Internalisierung externer Effekte ist und dazu führt, dass Sozialprodukte, die zur Wohlfahrtsmessung herangezogen werden, Ungenauigkeiten aufweisen. Mit zunehmender Teilzentralisierung externer Effekte wird die Knappheitsbewertung qualitativ schlechter, was die Koordinationsleistung des marktwirtschaftlichen Systems schwächt, zu Fehleinschätzungen in der Wirtschaftspolitik führt und in letzter Konsequenz auch die Entwicklung anderer Wohlstandsindikatoren erklärt. Dies kritisiert *Klaus Heine* (Wien), der in seinem Korreferat Zweifel an der These anmeldet, dass das institutionelle Einfangen aller externen Effekte ein Höchstmaß an Wohlstand auch in dynamischer Perspektive garantiere. Er verweist auf die Neue Wachstumstheorie, die zeigt, dass die Wachstumsrate bei Existenz von positiven Externalitäten unter bestimmten Umständen höher sein kann als bei deren Internalisierung. Damit ist denkbar, dass das Wachstum einer Gebietskörperschaft maximiert wird, wenn gegen das Gebot der dezentralisierenden Internalisierung verstoßen wird und der Ordnungsgrad eines Wirtschaftssystems verringert wird.

Der zweite Teil des Bandes befasst sich mit einigen eher qualitativen Aspekten des Wirtschaftswachstums. Zunächst fragt *Philipp Harms* (Aachen): „Was wissen wir über die Qualität der Institutionen?" Er nutzt dazu den Datensatz des „Worldwide Governance Indicators"-Projekts, das verschiedene Einzelindikatoren über die Güte der staatlichen Governance in einzelnen Ländern zu Gesamtindikatoren verdichtet. Das Forschungsinteresse besteht darin zu untersuchen, welche Faktoren die Unschärfe generieren, die sich in den Standardfehlern der WGI-Daten widerspiegelt, wobei die Unschärfe verursacht sein kann durch Desinteresse an einem Land und durch fehlendes Wissen (Opazität) über dieses Land. Es zeigt sich, dass das Interesse an einem Land unter anderem von seiner Bevölkerungsgröße und seinem Pro-Kopf-Einkommen abhängt. Darüber hinaus beeinflussen diese Variablen die Opazität sowohl direkt als auch indirekt. *Thomas Eger* (Hamburg) meldet in seinem Korreferat Zweifel an, ob die seitens der Weltbank verwendeten Methoden tatsächlich zuverlässige Aussagen über die Validität, d. h. über die Präzision der Messung der entsprechenden institutionellen Qualität, zulassen.

Bernd Hansjürgens (Halle und Leipzig) liefert in seinem Beitrag „Internationale Klimapolitik nach Kyoto: Architekturen und Institutionen“ einen Überblick über den Stand der Klimapolitik aus ökonomischer Sicht und fragt, in welche Architektur eine zukünftige Klimapolitik eingebettet sein sollte. Dabei wird die aktuelle Architektur durch das Kyoto-Protokoll abgebildet, das für die Unterzeichnerstaaten konkrete Mindestpflichten und Zeithorizonte festlegt und umweltpolitische Instrumente vorschlägt. Ziel ist die Vereinbarung von Emissionsnormen für klimarelevante Treibhausgase durch die Industrieländer. Dieser institutionelle Rahmen weist eine Reihe von Schwächen auf, vor allem fehlen Anreize, in erst langfristig wirksame Klimaschutzmaßnahmen zu investieren. Zur Reform der Klimaschutzpolitik schlägt Hansjürgens vor, von den bisher verfolgten ganzheitlichen Top-down-Ansätzen abzugehen, die auf umfassende Partizipation, konkrete Ziele und Zeithorizonte, internationale Emissionsstandards und spezielle Anreize für Entwicklungsländer setzen, weil deren Umsetzung unwahrscheinlich ist. Stattdessen sollten Bottom-up-Ansätze verfolgt werden, die nicht auf Vollständigkeit abstellen und für nationale Aktivitäten plädieren, die allmählich koordiniert werden. Diese Empfehlung wird nicht vorbehaltlos von *Thomas Apolte* (Münster) geteilt, der in seinem Korreferat darauf hinweist, dass die in dem Bottom-up-Ansatz beschriebene und von Bernd Hansjürgens auch empfohlene Politik sogar das Gegenteil dessen erreichen kann, worauf sie eigentlich abzielt, wenn man die Angebotsseite mit in das Kalkül einbezieht. Danach kann sich das Klimaproblem bei einem Bottom-up-Ansatz verschärfen, wenn Förderländer beobachten, dass sich im Zeitablauf Zug um Zug immer mehr Länder zu einer immer schärferen Nachfragereduktion nach fossilen Brennstoffen zusammenfinden; sie werden dann künftige Preissenkungen dadurch zu antizipieren versuchen, dass sie ihre Fördermengen in der Gegenwart erhöhen.

Ideengeschichtliche Aspekte greift *Bruno Schönfelder* (Freiberg) auf, der fragt: „Sind wir über Böhm hinaus? Zur postkommunistischen Ausweitung der Privatrechtsordnung aus einer Lückenordnung in die vorherrschende Ordnung“. Er zeichnet den postkommunistischen Weg zum Rechtsstaat nach und prüft, ob das zutrifft, was Franz Böhm und andere Vertreter der Freiburger Schule über die Interdependenzbeziehung zwischen Rechtsstaat und Marktwirtschaft und ihre Wirksamkeit im Postkommunismus vermuteten, und ob ihm Neues hinzugefügt werden kann. Der Wahrheitsgehalt dieser Thesen wird anhand der Fallbeispiele Bulgarien, Kroatien, die Slowakei und Tschechien zu überprüfen versucht. Es zeigt sich, dass sich die Böhm'sche Lückenordnungsthese nach dem Postkommunismus allenfalls in einer modifizierten Form halten lässt; jedoch zeigt sich als einer der bemerkenswertesten Züge der postkommunistischen Entwicklung, dass man dort zumindest mittelfristig auch mit einer schwachen und rudimentären Privatrechtsordnung leben konnte.

Der dritte Teil des Buches thematisiert den Zusammenhang zwischen Institutionen und wirtschaftlicher Entwicklung in China. *Barbara Krug* (Rotterdam) und *Hans Hendrischke* (Sydney) fragen in ihren Beitrag „China's institutional architecture: Interpreting the links between local governance and local enterprises“, was sich aus dem „Fall China“ für die institutionenökonomische Analyse lernen lässt. China unterliegt seit Ende der 1970er Jahre einem beträchtlichen institutionellen Wandel, der durch das Entstehen eines privaten Unternehmenssektors gekennzeichnet ist – trotz lange Zeit fehlender formaler Eigentumsrechte. Dabei existiert eine Vielzahl unterschiedlicher Netzwerkaktivitäten, die als Koordinierungsmechanismen (anstelle von Marktbeziehungen) fungieren, wobei häufig politische Akteure als Eigentümer von Unternehmen oder als Mitglieder von Netzwerken auftreten. Krug und Hendrischke argumentieren, dass Unternehmer und Netzwerke nicht bloße Empfänger, sondern auch Initiatoren des institutionellen Wandels sind, weil sie mit lokalen Regierungen über Steuern, Subventionen und Regulierungen verhandeln; dabei erlaubt die Kooptation politischer Akteure den Schutz von Geschäftsbeziehungen und erhöht den Unternehmenswert. Sie zeigen, dass Netzwerke als Instrumente dienen, um politische Akteure in Unternehmen einzubinden.

Den Abschluss des Bandes bildet das Referat von *Carsten Herrmann-Pillath* (Frankfurt am Main und Witten / Herdecke), der in seinem Beitrag „Moralische Gefühle als Grundlage einer wohlstandsschaffenden Wettbewerbsordnung. Ein neuer Ansatz zur Erforschung von Sozialkapital und seine Anwendung auf China“ an das andere wichtige Werk *Adam Smith*s anknüpft, an die „Theorie ethischer Gefühle“ (1759). Seine zentrale These lautet, dass Sozialkapital innerhalb des ökonomischen Standardansatzes nicht angemessen analysiert werden kann, sondern in wesentlicher Hinsicht durch Emotionen zu kennzeichnen ist, nämlich durch „shared framed emotions“ in sozialen Netzwerken. Diese ermöglichen Externalitäten, welche wiederum Transaktionen erleichtern, und zwar durch die Emergenz kollektiver Intentionalität. Er zeigt am chinesischen Beispiel, dass die Erforschung von Sozialkapital unterschiedliche Zugangsweisen erfordert, insbesondere die Analyse sozialer Netzwerke und die Sozialpsychologie, was konkret eine Analyse der unterliegenden Semantik der Kommunikation in und über Netzwerke voraussetzt.

Mit der Zusammenstellung dieser sieben Beiträge beansprucht der vorliegende Band natürlich keine systematische institutionenökonomische Analyse des Wohlstands der Nationen, sondern beleuchtet nur wenige Teilaspekte des Themas. Vielleicht enthält er für den interessierten Leser einige Anregungen und lädt zur Diskussion der hier angesprochenen Themen ein.

Literatur

Smith, A. (1759): The Theory of Moral Sentiments, Edinburgh: Hay.

Smith, A. (1776 / 1976): An Inquiry into the Nature and the Causes of the Wealth of Nations, reprint, Chicago: The University of Chicago Press.

Erster Teil

Institutionen und Wirtschaftswachstum

Warum gerade Europa? Langfristige Wirtschaftsentwicklung und Institutionen

Von *Hans-Jürgen Wagener*, Frankfurt (Oder)*

A. Einleitung

In der zweiten Hälfte des 20. Jahrhunderts teilte sich die Welt in drei Teile. Die erste Welt, das war das industrialisierte, reiche Westeuropa mit seinen transatlantischen Ablegern in Nordamerika, Australien und Neuseeland, wozu im Laufe der Zeit noch Japan hinzustieß. Die zweite Welt war kommunistisch und versuchte, getreu der Devise „überholen ohne einzuholen“, auf eigenen Wegen und mit mäßigem Erfolg den Wohlstand der ersten zu erreichen. Die dritte Welt, das war der größte Teil, dem nur ein Bruchteil des westlichen Wohlstands zufiel. Der Begriff stand für Armut und Unterentwicklung. Dabei überschnitten sich in Ostasien die zweite und die dritte Welt.

Es ist erstaunlich, wie lange die ökonomische Profession diesen erschreckenden Sachverhalt fast ungerührt hingenommen hat.[1] Schließlich hatten alle Gesellschaften auf mehr oder minder gleichem Niveau, dem Subsistenzniveau, einmal angefangen: Wie konnte es zu einer so ungleichen Entwicklung kommen? Und was war notwendig, um die gewaltige Lücke wieder zu schließen? Seit den 1950er Jahren, seit Prebisch, Nurkse, Hirschman, Myrdal, hat die Entwicklungsökonomie große Fortschritte gemacht. Sie ist aber – verständlicherweise – auf die Wirtschaftspolitik konzentriert geblieben, um geeignete Entwicklungsstrategien zu finden (*Thorbecke* 2006). Erst in jüngster Zeit rückt nun die historische Frage mehr in den Vordergrund: Wie hat es Europa geschafft, sich so weit über das Subsistenzniveau zu erheben, und warum haben andere Hochkulturen, wie China und Indien, erst jetzt dazu angesetzt, den europäischen Vorsprung aufzuholen?

Diese Fragen stehen im Folgenden zentral. Ihre Beantwortung hat auszugehen, das scheint evident, von der ökonomischen Analyse des wirtschaftlichen Wachstums. Dabei identifiziert die Wachstumstheorie Phänomene wie Arbeitsteilung,

* Für ausführliche Kommentare und Anregungen dankt der Autor Theresia Theurl, Alexander Nützenadel, Hans Nutzinger, Wolfram Schrettl und Stefan Voigt.

1 So erstaunlich dann vielleicht auch wieder nicht: „The economic and social development of the Third World, as such, was clearly not a policy objective of the colonial rulers before the Second World War“ (*Thorbecke* 2006, S. 1).

Handel, Strukturwandel, Bevölkerungswachstum, Akkumulation und Innovation und bringt sie in einen funktionalen Zusammenhang mit der Wohlfahrtsentwicklung. Am Ende stellt man jedoch fest, dass es genau diese Phänomene sind, die wir meinen, wenn wir von Wachstum und Entwicklung sprechen. Es sind Erscheinungsformen des wirtschaftlichen Wachstums. Damit drängt sich die Frage auf, was denn diese Phänomene in Bewegung setzt. Die Antwort ist einfach: Das sind die Entscheidungen der Wirtschaftssubjekte. Sie finden aber nicht in einem luftleeren Raum statt, sondern sie sind in einen gesellschaftlichen, einen institutionellen Rahmen eingebettet.

Die vergleichende Betrachtung großer Kulturräume ist kein Privileg der ökonomischen Disziplin. Als Historiker und Mediävist hat sich zum Beispiel *Michael Mitterauer* (2003) ebenfalls die Frage gestellt: Warum Europa? Historiker und Ökonomen gehen die Beantwortung dieser Frage allerdings sehr unterschiedlich an. Mitterauer nimmt den europäischen Sonderweg mehr oder minder als gegeben, schließlich ist er im 19. und 20. Jahrhundert offensichtlich. Die jeweiligen Entwicklungspfade der Hochkulturen werden zeitlich nicht bestimmt. Was ihn beschäftigt, ist eine „Liste der spezifisch europäischen Kulturerscheinungen, die es zu erklären gilt" (*ibid.,* S. 13) und die sich im Mittelalter herausgebildet haben: Agrarrevolution, Formen der Grundherrschaft, Familienbeziehungen, Ständeverfassung, kirchliche Organisation, Expansionismus und Massenkommunikation. Dabei handelt es sich zweifellos um wichtige Argumente für eine Erklärung des europäischen Weges, und auch wir werden im Folgenden zurück bis ins Mittelalter zu gehen haben. Aber für einen Ökonomen genügt es nicht, allgemein von einer „Verknüpfung der Umstände" zu sprechen, sondern die Relevanz der ausgewählten Faktoren ist theoretisch zu begründen und ihre Verknüpfung – zumindest ansatzweise – modellhaft aufzuzeigen.[2]

Die erste, die eigentlich ökonomische Analyseebene untersucht den materiellen Wachstumsprozess. Darüber liegen auf einer zweiten Ebene die Institutionen, die die wachstumsrelevanten Entscheidungsprozesse fördern oder hemmen. Das ist das Feld der Institutionenökonomie. In zahlreichen Untersuchungen (siehe *Acemoglu/Johnson/Robinson* 2005a) ist der Einfluss der Institutionen auf wirtschaftliche Entwicklung untermauert worden. Auch in diesem Ausschuss haben wir uns schon mehrfach damit beschäftigt (*Leschke* 2003; *Wagener* 2005). Typisch für die Arbeiten ist, dass sie nicht die langfristige Wohlfahrtsentwicklung zum *explanandum* haben, sondern kurzfristiges Wachstum oder die Entwicklungsunterschiede im

2 Ich glaube allerdings nicht, dass es bei der Beantwortung unserer Titelfrage möglich ist, Lucas' Ideal einer ökonomischen Theorie zu erfüllen: „I prefer to use the term ‚theory' in a very narrow sense, to refer to an explicit dynamic system, something that can be put on a computer and run. This is what I mean by the ‚mechanics' of economic development – the construction of a mechanical, artificial world, populated by the interacting robots that economics typically studies, that is capable of exhibiting behavior the gross features of which resemble those of the actual world" (*Lucas* 1988, S. 5). Vielmehr werden wir im günstigsten Fall einen deskriptiv-theoretischen Rahmen finden, der die Identifikation der relevanten Faktoren erlaubt. Die Geschichte muss dabei die Fakten liefern.

Querschnitt erfassen. Mehr lassen die Daten nicht zu. Die hier gewählte Fragestellung muss dagegen mit einem sehr langen Zeithorizont rechnen. Das bringt erhebliche Schwierigkeiten mit sich, vor allem eben eine äußerst prekäre Datenlage. Dem steht der Vorteil gegenüber, dass auf einer dritten Analyseebene die Frage untersucht werden kann, was das jeweilige Institutionengefüge bestimme. Denn nach unserem Vorverständnis sind viele Institutionen Resultat weit zurückliegender Prozesse. Das ist das Feld der politischen Ökonomie des institutionellen Wandels. Mit diesen drei Ebenen beschäftigen wir uns im Folgenden etwas eingehender.

Es gibt allerdings noch eine vierte Ebene, die hier immer wieder durchscheint, aber nicht systematisch behandelt werden kann, weil sie bisher noch weniger als die zweite und dritte Ebene theoretisch befriedigend erfasst wurde und weil das den Rahmen dieses Referats sprengen würde. Gemeint ist die Ebene der Einstellungen, der Mentalmodelle, der kulturellen Prägungen. Dabei kann es sich auch um sehr kurzfristig wirksame Phänomene handeln, wie zum Beispiel das ökonomische Wissen, über das die Wirtschaftssubjekte verfügen. Schauen wir uns die bereits erwähnte Entwicklungsökonomie an. In den 1950er und 1960er Jahren galt als ausgemacht, dass staatliche Entwicklungsplanung, Importsubstitution, der Aufbau schwerindustrieller Strukturen den Aufholprozess beschleunigen würden. Das war damals *state of the art.* In den 1970er und 1980er Jahren änderten sich die *mainstream* Auffassungen: Der Markt rückte ins Zentrum der Aufmerksamkeit und mit ihm die komparativen Kostenvorteile. Die resultierende Wirtschaftspolitik könnte unterschiedlicher nicht sein (vgl. *Thorbecke* 2006; *Lin* 2007). Kurzum, in den Köpfen der Wirtschaftssubjekte gehen Dinge um, die sich unmittelbar auf ihre Entscheidungen und damit auf deren Erfolg auswirken und die von sehr verschiedenen Faktoren geprägt werden.

Der Aufsatz folgt dem Drei-Ebenen-Schema entsprechend einer einfachen Gliederung. Es sind unter der Überschrift „Wachstums- und Entwicklungstheorie“ die drei Ebenen der theoretischen Erklärung von Divergenz und Konvergenz der Wohlfahrtsentwicklung zu behandeln. Dabei ist es sinnvoll, die klassische Wachstumstheorie von der neo-klassischen zu unterscheiden, auch wenn sich beide natürlich mit den gleichen Phänomenen beschäftigt haben. Wir versuchen, die materiell-ökonomische Ebene von der institutionenökonomischen und der politökonomischen Ebene deutlich zu trennen. Das hat die klassische Wachstumstheorie weniger explizit gemacht als die neo-klassische, die ganz auf der ersten Ebene verharrt. Mit dem so gewonnenen theoretischen Rüstzeug können wir dann an die Titelfrage herangehen: Warum Europa? Zuvor ist aber erforderlich, den Sachverhalt zu klären. Dabei zeigt es sich, dass man für die Gegenwart von erheblichen Entwicklungsunterschieden als stilisiertes Faktum ausgehen kann, auch wenn eine genaue Quantifizierung auf theoretisch-methodische Widerstände stößt. Je weiter wir aber in der Geschichte zurückgehen, und das müssen wir bei der untersuchungsleitenden Fragestellung, desto schwieriger wird die Datensituation, und damit nimmt der Konsens über den Sachverhalt ab. Man kann nicht mehr von stilisierten Fakten, sondern höchstens noch von stilisierten Konjekturen sprechen.

B. Stilisierte Fakten oder stilisierte Vermutungen

Ökonomische Wohlfahrt wird üblicherweise anhand von aggregierten Output-Daten gemessen, der Produktivität einer Gesellschaft oder dem Bruttosozialprodukt pro Kopf der Bevölkerung. Dagegen lassen sich zahlreiche Einwände vorbringen. Trotzdem halten wir im Folgenden an dieser Konvention fest. Der um Kaufkraftunterschiede bereinigte Vergleich von aggregierten Output-Daten kann allerdings nicht zu eindeutigen Ergebnissen führen. Denn hier handelt es sich um einen Vergleich inkommensurabler Größen. Das Aggregat besteht zu großen Teilen aus heterogenen Einzelelementen, und die Preise, zu denen sie bewertetet werden, weisen eine unterschiedliche Struktur auf. Je größer die Unterschiede in Verbrauchsgewohnheiten, Kultur und Entwicklungsniveau sind, desto größer werden auch die potenziellen Diskrepanzen, die sich aus dem Indexzahlenproblem und Inhomogenitäten bezüglich der Präferenzen und der Güter ergeben.[3] Hinzukommen die üblichen Datenprobleme, die mit der Wahl repräsentativer Warenkörbe und repräsentativer Preise verbunden sind. Zu welchen Unterschieden diese Sachlage schon beim Vergleich allerneuester, und deshalb doch wohl am meisten vertrauenswürdiger Daten führen kann, macht folgende Tabelle deutlich, die Angaben von *Maddison* (2007) und die neuesten *ICP*-Daten der Weltbank miteinander vergleicht.

Tabelle 1

BIP pro Kopf der Bevölkerung, in einheitlicher Währung zu Kaufkraftparitäten

Land	***Maddison*** (2003)		***ICP*** (2005)	
	Internationale $ von 1990	*USA = 100*	*US $ von 2005*	*USA = 100*
USA	29.037	100	41.674	100
China	4.803	16,5	4.091	9,8
Indien	2.160	7,4	2.126	5,1
Japan	21.218	73,1	30.290	72,7
Deutschland	19.144	65,9	30.496	73,2
Frankreich	21.861	75,3	29.644	71,1
Italien	19.151	66,0	27.750	66,6
Großbritannien	21.310	73,4	31.580	75,8
Spanien	17.021	58,6	27.270	65,4

Quellen: Maddison (2007, S. 382); *ICP* (2007).

3 Hier ist nicht der Ort, die theoretisch anspruchsvolle Mikrofundierung des Vergleichs von Makroaggregaten und die Theorie der Indexzahlen zu behandeln. Verwiesen sei zum Beispiel auf *Caves / Christensen / Diewert* (1982) und *Diewert* (1999).

Mutatis mutandis gilt das Gleiche für den intertemporalen Vergleich: Reale Wachstumsraten von Aggregaten sind fiktive Relationen inkommensurabler Größen. Das hindert die Ökonomen nicht, täglich damit umzugehen. Sorgfältig berechnet, d. h. mit repräsentativen Warenkörben und Preisen, sind die möglichen Verzerrungen bei zwei nahe beieinander liegenden Zeitperioden zu vernachlässigen. Zu einem echten Problem wird der intertemporale Vergleich, wenn es sich nicht mehr um zwei aufeinander folgende Jahre handelt, sondern um zwei aufeinander folgende Jahrhunderte oder mehr. Kann man sinnvollerweise von einem Bruttoinlandsprodukt des Römischen Reichs um die Zeitenwende gemessen in internationalen Dollar des Jahres 1990[4] sprechen? Eine absurde Vorstellung! Und doch: Würde man – vorausgesetzt, die Daten ständen zur Verfügung – Jahr für Jahr unter ständiger Anpassung des Warenkorbes von heute zurückgehen bis zum Jahre 1, dann müsste man doch zu einer einigermaßen sinnvollen Zahl gelangen. In jedem der rund 2000 Jahre hat die Produktion einer abgegrenzten Region entweder zugenommen oder abgenommen oder ist unverändert geblieben. Über die Zeit miteinander verknüpft stellt sich ein Bild langfristiger Entwicklung ein.

Nun stehen die Daten nicht zur Verfügung. Volkswirtschaftliche Gesamtrechnungen gibt es erst seit dem Zweiten Weltkrieg, halbwegs brauchbare Produktions- und Preisstatistiken vielleicht hundert Jahre länger. Was jenseits des 19. Jahrhunderts liegt, kann nur aus Einzelinformationen geschätzt werden und ist dementsprechend mit hohen Fehlermargen behaftet. Auch wenn Tabelle 1 kein exaktes Bild bietet und nicht einmal die Rangordnung der angeführten Länder nach beiden Quellen die gleiche ist, so vermittelt sie doch ein klare Information: Unter den neun genannten Ländern ist die wirtschaftliche Produktivität in den USA am höchsten, die westeuropäischen Länder und Japan liegen zwischen zwei Dritteln und drei Vierteln dieses Niveaus, und China und Indien hängen weit zurück. Das ist die augenblickliche Situation, worüber es keinen Zweifel gibt, und uns soll nun als erstes die Frage beschäftigen, was ihre Vorgeschichte ist: War das immer so oder hat es einen Prozess der Divergenz und möglicherweise der beginnenden Konvergenz gegeben?

Um diese Frage beantworten zu können, brauchen wir lange Reihen. Aber wie lang müssen sie sein, wie weit müssen wir in der Geschichte zurückgehen? Das hängt vom historischen Vorverständnis ab, mit dem wir an die Untersuchung herantreten. Zwei hier stilisierte Extrempositionen treten da gegeneinander an. Die eine, auch kalifornische Schule genannt (*Jones* 2003, S. 249), behauptet, vor der industriellen Revolution, also vor der Mitte des 18. Jahrhunderts, seien die Entwicklungsunterschiede zwischen Europa und Süd- und Ostasien zu vernachlässigen gewesen (z. B. *Pomeranz* 2000). Die andere sieht den Anfang eines langfristigen, zu Beginn kaum merklichen Wachstums in Europa im Mittelalter, während die anderen Großräume keine langfristig aufwärts gerichtete Entwicklung zeigten

---

[4] Internationale Dollar beruhen auf einer Methode, Kaufkraftparitäten für multilaterale Einkommensvergleiche zu berechnen, die von *Geary* (1958) und *Khamis* (1972) entwickelt wurde. Sie vermeiden den Bias, der dadurch entsteht, dass die Preise eines Ausgangslandes dem Vergleich zugrunde gelegt werden.

(z. B. *Jones* 2003 und *Maddison* 2007), also in der malthusianischen Situation verharrten, in der temporelle Wohlfahrtssteigerungen durch darauf folgendes Bevölkerungswachstum zunichte gemacht werden. Daraus folgt, dass es wünschenswert wäre, über Datenreihen zu verfügen, die eintausend Jahre weit zurückreichen.

Solche Datenreihen werden von *Maddison* (2001; 2003; 2007) zur Verfügung gestellt. Je dichter die Daten an die Gegenwart heranreichen, desto größer ist ihre statistische Untermauerung. Sie in vergleichbare Größen umzuwandeln, bleibt mit den bereits erwähnten Problemen behaftet. Je weiter die Daten sich jedoch von der Gegenwart entfernen, desto mehr sind sie auf Schätzungen, auf Indizien zurückzuführen, desto eher können sie damit auch in Zweifel gezogen werden. Wenn wir im Weiteren davon ausgehen, Maddison vermittele ein plausibles Bild, erlaubt das uns, die eigentlich interessierende Frage genauer zu untersuchen, was nämlich die offensichtliche Produktivitätsdivergenz verursacht haben könnte.

Tabelle 2

BIP pro Kopf 1000 – 2003, in internationalen Dollar von 1990

Jahr	*Westeuropa*	*USA*	*Japan*	*China*	*Indien*
1000	427	400	425	450	450
1500	771	400	500	600	550
1700	997	527	570	600	550
1820	1.202	1.257	669	600	533
1870	1.960	2.445	737	530	533
1913	3.457	5.301	1.387	552	673
1950	4.578	9.561	1.921	448	619
1973	11.417	16.689	11.434	838	853
2003	19.912	29.037	21.218	4.803	2.160

Quelle: Maddison (2007, S. 382).

Unmittelbar vor der industriellen Revolution (also um 1700) lag die Produktivität in Westeuropa bereits zwischen 65 % und 80 % über dem Niveau in den asiatischen Ländern. Aus der Tabelle lassen sich die für die weitere Untersuchung wichtigen stilisierten Fakten ableiten, die für die Periode vor 1820 eher als stilisierte Vermutungen zu bezeichnen sind:

- In den ersten fünfhundert Jahren (1000 bis 1500) weist Westeuropa[5] ein durchschnittliches Wachstum von 0,12 % auf, China 0,06 %, Indien 0,04 % und Japan 0,03 %.

[5] Die Daten von Maddison sind für Regionen in ihren heutigen Grenzen konstruiert. Dieser Umstand ist nur für die jüngste Zeit relevant. Davor lässt ihr konjekturaler Charakter die

- In den folgenden 320 Jahren (1500 bis 1820) nahm das Wachstum in Westeuropa nur unwesentlich zu, während die Entwicklung in Nordamerika das westeuropäische Niveau einholte. Von den asiatischen Regionen stagnieren China und Indien, in Japan zieht das Wachstum auf 0,09 % im Durchschnitt an.
- Bei Einsetzen des modernen Wirtschaftswachstums (also um 1820) war der Vorsprung des Westens gegenüber China und Indien auf 100 bis 125 % gestiegen.

Nach 1820 bewegen wir uns auf vertrauterem Boden:

- In Europa und seinem nordamerikanischen Ableger beschleunigte sich die Entwicklung stetig bis 1973, wobei die Periode des zweiten dreißigjährigen Krieges (1914 – 1945) auf dem alten Kontinent natürlich einen tiefen Einbruch mit sich brachte.
- Japan nimmt 1870 seinen erfolgreichen Aufholprozess auf, ebenfalls von der Kriegsperiode unterbrochen.
- In China ist die Entwicklung eher rückläufig. Erst nach dem Zweiten Weltkrieg setzt ein substanzieller Wachstumsprozess ein, der nach 1978 sprunghaft ansteigt.
- Indien hatte 1870 bis 1913 bereits eine bescheidene Wachstumsphase. Im Übrigen gilt das gleiche wie für China, allerdings mit nur ungefähr halb so hohen Wachstumsraten.

Das Wachstum im betrachteten Millennium lässt sich in zwei Phasen einteilen:

- Das sogenannte „Smith'sche Wachstum" (*Mokyr* 2005), das, wo es überhaupt stattfand, extrem langsam mit hohen Schwankungen und tiefen Einbrüchen verlief und vor allem kommerzieller Natur war, und
- das moderne Wirtschaftswachstum, das rund eine Zehnerpotenz höher ausfiel, wesentlich stabiler war und vor allem als technologisches Wachstum gesehen wird. Es setzt in Europa und seinem nordamerikanischen Ableger um 1820 ein.

Hier ist kurz die Frage zu stellen, ob das Bild plausibel ist. Zwei Probleme stehen dabei zentral und sind deutlich voneinander zu trennen: Hat das „Smith'sche Wachstum"[6] vom Hochmittelalter bis zur Industriellen Revolution tatsächlich stattgefunden, und waren die außereuropäischen Kulturzentren China, Japan und Indien zu Beginn der Phase des modernen Wirtschaftswachstums tatsächlich bereits deutlich zurückgeblieben? Mit der ersten Frage hat sich *Adam Smith* (1776 / 1976) vor allem im dritten Buch des *Wealth of Nations* ausführlich auseinander gesetzt. Es gibt

---

genaue Abgrenzung der Regionen weniger wichtig erscheinen. Westeuropa wird also durch das heutige Finnland, Deutschland, Österreich und Italien an seiner Ostgrenze bestimmt. Indien umfasst nach der Trennung 1947 nur die heutige Indische Union. Davor ist aber der ganze südasiatische Subkontinent darunter zu verstehen.

[6] Es wird sogenannt, weil Adam Smith nicht nur ein solches Wachstum konstatiert hat, sondern auch in der Ausdehnung der Märkte und der damit einhergehenden Arbeitsteilung, d. h. modern ausgedrück positiven Skalenerträgen, die wesentlichen Ursachen für dieses Wachstum identifiziert hat.

viele Indizien und Gründe für die Annahme, dass wir es hier mit einem realen Wachstumsprozess zu tun haben (so z. B. *North / Thomas* 1973; *Jones* 2003; *Mokyr* 2005; *Greif* 2006). Die zweite Frage ist sehr viel schwieriger zu entscheiden. Beriefen wir uns auch hier auf Adam Smith, dann scheint die Antwort ambivalent ausfallen zu müssen. *Smith* (1776 / 1976, S. 208) hat einerseits behauptet: „China is a much richer country than any part of Europe". Andererseits stellt er fest (*ibid.*, S. 224), dass der Reallohn in China und Indien niedriger als in Europa ist, und „(t)he poverty of the lower ranks of people in China far surpasses that of the most beggarly nations in Europe" (*ibid.*, S. 89). Und diese unteren Klassen machten nun einmal den aller größten Teil der Bevölkerung in den Ländern aus. Smiths (*ibid.*) Bemerkung, China habe lange Zeit vor Marco Polo (1254 – 1324) auf seinem Höhepunkt gestanden, „it seems however to have been long stationary", stimmt mit den Daten von Maddison dagegen eher überein. Dieser Höhepunkt übertraf das gleichzeitige europäische Niveau wohl um einiges.[7] Vor allem die Katastrophe des Mongoleneinfalls bereitete dem ein Ende (was übrigens auch für die islamische Welt gilt).

Clark (2001; 2005), der umfangreiche neue Datensätze für England in der Zeit von 1200 bis 2000 erschlossen hat, kommt zu dem Schluss, dass in der Zeit von 1200 bis 1640 mehr oder minder eine malthusianische Situation vorherrschend gewesen sei, d. h. dass es langfristig nur ein minimales reales Wirtschaftswachstum gegeben habe und Schwankungen der Wohlfahrt vor allem auf Bevölkerungsschwankungen zurückzuführen seien. Diese Periode setzt sich aus zwei Teilperioden zusammen: Von 1200 bis 1500 hat das englische Realeinkommen zugenommen, von 1500 bis 1640 vor allem aufgrund hoher Inflationsraten aber abgenommen. Ab 1640 findet zuerst ein langsames, nach 1860 dann ein starkes stetiges Realwachstum statt. Dies scheint den Daten von Maddison und der Annahme eines „Smith'schen Wachstums" seit 1200 zu widersprechen. Allerdings kommt *Clark* (2001, S. 41 – 42) für die Zeit um 1600 auf ein BIP pro Kopf der Bevölkerung in England, das etwa 90 % des indischen Pro-Kopf-Einkommens im Jahr 1992 erreicht. Bei *Maddison* (2003, S. 189; 2007, S. 382) beträgt der entsprechende Prozentsatz für das gesamte Vereinigte Königreich 73 %. Um 1600 lag nach Maddison das britische Einkommen 77 % über dem indischen. Das heißt, auch Clark nimmt schon vor der industriellen Revolution erheblich höhere Einkommen in Europa an. Wann die Divergenz stattgefunden hat, zeigt er allerdings nicht.

Der sprichwörtlich „märchenhafte" Reichtum des Orients hat die Europäer zu allen Zeiten geblendet. Die Höfe des Sultans zu Istanbul, des Schahs zu Isfahan, des Großmoguls zu Dehli und Agra, des Kaisers von China zu Peking waren Horte

[7] „Die Überraschung eines Marco Polo am Ende des 13. Jahrhunderts war nicht gespielt: Der Abstand zwischen Ostasien und dem christlichen Abendland war frappant, und es genügte, die Welt Chinas und die christliche Welt dieser Epoche auf jedem einzelnen Gebiet – Handelsaustausch, Niveau der Technik, politische Organisation, Wissenschaft, Kunst und Geisteswissenschaften – zu vergleichen, um zur Überzeugung zu gelangen, daß Europa beträchtlich im Rückstand war. Im 11. bis 13. Jahrhundert waren China und die islamischen Länder unbestritten die beiden bedeutendsten Kulturkreise" (*Gernet* 1972 / 1997, S. 297).

sagenhafter Schätze, unvorstellbaren Luxus, Zentren hoch entwickelten Handwerks und der Kunst. Für China kam noch hinzu, dass es vor allem in der Song-Periode (960 bis 1279), die den frühen Höhepunkt in seiner sozialen und ökonomischen Entwicklung darstellt, technische Innovationen hervorgebracht hat, die in Europa zum Teil erst Jahrhunderte später nachvollzogen wurden. Was *Needham* (1970, S. 414) die drei *Baconian inventions* genannt hat (Schiffskompass, Schießpulver und Buchdruck), sind nur Beispiele aus einer langen Reihe von erstaunlichen technischen und wissenschaftlichen Entwicklungen, die am Ende aber weder zu einer systematischen wissenschaftlichen, noch zu einer nachhaltigen wirtschaftlichen Entwicklung Chinas geführt haben.

Diese Aussage ist insofern zu relativieren, als die angeführte Stagnation das Pro-Kopf Einkommen betraf, China aber im Laufe der Jahrhunderte ein erhebliches Bevölkerungswachstum durchmachte, sodass die Produktion mit der Bevölkerung gestiegen ist und die malthusianische Schranke durch diesen technologischen Fortschritt, neben der territorialen Expansion in den Süden, hinausgeschoben wurde. Allerdings deutet die sehr diskontinuierliche Bevölkerungsentwicklung in China auf eine äußerst labile ökonomische Basis und eben auf das Wirken der von Malthus beschriebenen Prozesse hin. Während Europa mit der schwarzen Pest im 14. Jahrhundert, die beide Regionen gleichzeitig betraf, nur einen tiefen Bevölkerungseinbruch erlitt und danach derartige Pandemien zu beherrschen lernte, erfuhr China im 17. und im 19. Jahrhundert weitere Einbrüche.

Tabelle 3

Bevölkerungsentwicklung 1000 – 2003, in Mio. Personen

Jahr	*China*	*Westeuropa*	*Indien*
1000	59,0	25,4	75,0
1300	100,0	58,4	
1400	72,0	41,5	
1500	103,0	57,3	110,0
1600	160,0	73,8	135,0
1700	138,0	81,5	165,0
1820	381,0	133,0	209,0
1870	358,0	187,5	253,0
1913	437,1	261,0	303,0
1950	546,8	304,9	359,0[a)]
1973	881,9	358,8	580,0
2003	1.288,4	394,6	1.049,7

[a)] ab 1950 nur Indische Union.

Quellen: Maddison (2003, S. 249; 2007, S. 376).

Als weiteres Beispiel für die chinesische Dynamik werden häufig die Entdeckungsreisen der Ming-Periode (1368 bis 1644) genannt. Zwischen 1405 und 1433 führte der Eunuch und Muslim Zheng He eine für damalige Verhältnisse ungeheuer große Flotte auf sieben Reisen unter anderem nach Indien, in den persischen Golf und an die afrikanische Ostküste (*Needham* 1970, S. 50–6). Die sogenannte Schatzflotte bestand jeweils aus 50 bis 100 Schiffen und bis zu 30.000 Mann Besatzung, woraus sich die Größe der Schiffe ablesen lässt. Die europäischen Entdeckungsreisen, die etwas später einsetzten, waren sehr viel bescheidener ausgerüstet – Columbus' zweite und am besten ausgestattete Reise (1493 bis 1494) umfasste 17 Schiffe und eine Besatzung von 1.200 Mann. Aber sie führten sehr bald zum Bau von Forts und Handelsplätzen, zu ertragreichen und stabilen, häufig aber auch militärisch abgesicherten Handelsbeziehungen, kurz zum anfänglich weitgehend privatwirtschaftlich betriebenen Kolonialismus. Auch Zheng He ist militärisch aufgetreten, aber mehr um dem Kaiser von China Respekt zu verschaffen und Exotica an den Hof zu bringen, als um wirtschaftliche Unternehmen zu gründen oder zu ermöglichen. Nach dieser Zeit hat China sich – nicht ganz so konsequent wie Tokugawa-Japan – auf sich selbst zurückgezogen. Die Schiffe der Schatzflotte wurden stillgelegt und vermoderten. Weitere Expeditionen gab es nicht mehr.

Pomeranz (2000) versucht nun zu zeigen, dass Europa und Asien in ihren Wachstumspolen, dem Yangtse-Delta und England und den Niederlanden, bis 1750 mehr oder minder gleich entwickelt und grundsätzlich mit dem gleichen Problem konfrontiert waren, nämlich „that the production of food, fiber, fuel, and building supplies all competed for increasingly scarce land" (*ibid.,* S. 207).[8] Sie hätten beide das gleiche Stagnationsschicksal erlitten, hätte Europa nicht durch Glück und politische Machterweiterung einen erfolgreichen Ausweg gefunden: „Coal and colonies" (*ibid.,* S. 68). Dieses Argument weist mehrere Schwachstellen auf (siehe auch *Maddison* 2003, S. 246–254), die hier nicht im Einzelnen ausgeführt werden können. Vor allem übersieht Pomeranz, dass die niederländische Wachstumsperiode rund 300 Jahre vor der englischen, und das heißt ohne Kohle und Kolonien, einsetzte. Das mittelalterliche Wachstum in Norditalien erwähnt er überhaupt nicht. Auch seine Angaben zu Japan und Indien sind eher schwach unterlegt. Auf der anderen Seite hat er große Probleme, die Vernachlässigung der Kohle als Brennstoff in China zu erklären, nachdem das Land über günstigere Lagerstätten verfügt und schon sehr früh in der Song-Periode Ansätze zur Ausbeutung und Verwendung aufgewiesen hatte. Inwieweit die englischen Kolonien, hier vor allem Nordamerika und die westindischen Inseln, die Ressourcenbeschränkungen zu Beginn der Industrialisierung quantitativ spürbar durchbrochen haben – Pomeranz betont besonders Zucker und Baumwolle –, bleibt zweifelhaft. Die holländischen Kolonien haben diese Wirkung wohl eher nicht gehabt, vielmehr haben sich die Niederlande vornehmlich aus dem baltischen Raum und aus dem Meer (Herings-

8 Genau das war auch die Erwartung der ricardianischen Wachstumstheorie zu Beginn der Industrialisierung (Pomeranz erwähnt Ricardo nicht).

fang) versorgt. Und trotz der freien Räume in Lateinamerika haben auch Spanien und Portugal Bodenerweiterungen durch „ghost acreage" nicht in nennenswerter Weise genutzt.

Die „kalifornische Schule", aber auch *Acemoglu/Johnson/Robinson* (2001; 2005a)[9] und *Lin* (2007) sehen die Wohlfahrtsverteilung in der Welt um 1750 mehr oder minder ausgeglichen und suchen im Kolonialismus eine Ursache dafür, dass Europa quasi aus dem Stand in das moderne Wirtschaftswachstum springen konnte und China und Indien hinter sich zurückließ. Ihre Kritiker betonen die langfristige Entwicklung in Europa, die Urbanisierung, das Aufblühen der Messeplätze, das Entstehen der Universitäten, die Baconsche Wende zur modernen Wissenschaft, das kontinuierliche Wachstum und die systematische Verbreitung von Wissen, die grenzüberschreitende kommerzielle und wissenschaftliche Kommunikation und den damit verbundenen Wettbewerb, die Bedeutung der Aufklärung. „Nothing of the sort ... can be detected in the Ottoman Empire, India, Africa or China" (*Mokyr* 2005, S. 1135) mit der Folge: „Europe was already ahead" (*ibid.,* S. 1172). Die Gefahr dieses Arguments liegt darin, ein europäisches Entwicklungsmuster, die Ko-Evolution zahlreicher kognitiver, sozialer und institutioneller Phänomene und die gleichzeitige Wohlfahrtszunahme, normativ zu überhöhen und damit andere Entwicklungsmuster auszuschließen.

Ob die asiatischen Großreiche um 1700 tatsächlich mit Europa gleichauf lagen, und zwar nicht nur in einigen Entwicklungsoasen, wie den Herrschaftszentren und dem Yangtse-Delta, oder ob Europa ihnen voraus war, wird die Forschung wohl noch einige Zeit beschäftigen, denn die Datenlage ist prekär. Wenn wir aber die Annahme des „Smith'schen Wachstums" in Europa plausibel finden, d. h. eine Zunahme der Wohlfahrt zwischen 1000 und 1700 um ungefähr 133 %, dann wird man für die „kalifornische" Hypothese zeigen müssen, dass entweder das Ausgangsniveau in China um das Jahr 1000 erheblich höher lag als in Europa oder dort eben ein ähnliches „Smith'sches Wachstum" stattgefunden hat und nicht nur das in Tabelle 2 konstatierte moderate Wachstum von 33 %. Das gleiche für Indien zu zeigen, dürfte noch schwerer fallen. Für die folgende Untersuchung wird als stilisierte Konjektur angenommen, dass Europa seit dem Hochmittelalter eine wachsende Wohlfahrt aufweist, d. h. ein Wirtschaftswachstum, das über dem Bevölkerungswachstum liegt. Seit der industriellen Revolution hat sich dieses Wachstum erheblich beschleunigt. China lag anfänglich über dem europäischen Niveau, blieb über die Jahrhunderte aber mehr oder minder stationär. Wann Europa es in seiner Entwicklung überholt hat, ob im 15. Jahrhundert oder im 18. Jahrhundert, ist eigentlich weniger wichtig. Zu erklären ist der Gegensatz von Wachstum und

---

[9] *Acemoglu/Johnson/Robinson* (2005a, S. 407) meinen, um 1500 seien Mogul-Indien und die Inka- und Aztekenreiche die wohlhabendsten Zivilisationen gewesen. Belege haben sie dafür nicht, und der Augenschein spricht gegen sie. Hätten sonst kurz darauf ein paar Tausend Engländer Indien erobern können? Kann man erwarten, dass eine Zivilisation, die das Rad nicht kannte und keine Haustiere gezüchtet hatte (und so auch keine Pferde besaß), weit über das Subsistenzniveau hinausgekommen sein könnte?

Stagnation, und dafür ist es natürlich von entscheidender Bedeutung, ob das europäische Wachstum im 11. oder im 18. Jahrhundert eingesetzt hat. Wer von letzterer Annahme ausgeht (z. B. *Pomeranz* 2000; *Acemoglu / Johnson / Robinson* 2001; *Acemoglu* 2008), wird ganz andere Erklärungsfaktoren zentral stellen als z. B. *North / Thomas* (1973) und *Greif* (2006), die den früheren Zeitpunkt als gegeben sehen.

Wir haben bisher Westeuropa als Gesamtregion betrachtet. Das findet auch durchaus seine Berechtigung, denn im Trend haben alle europäischen Länder eine ähnliche Entwicklung durchgemacht. Bei genauerem Hinsehen wechseln aber Divergenz- und Konvergenzphasen einander ab, das heißt einzelne Länder erfahren Wachstumsschübe, die dann anderswo durch nachholende Entwicklung wieder ausgeglichen werden. Die Führungsposition wandert über die Jahrhunderte von Süden nach Norden, bevor sie schließlich den Atlantik überquert.

Tabelle 4

Entwicklung des BIP pro Kopf in Westeuropa 1000 – 2003 in internationalen Dollar von 1990 und in Prozent

Land	*1000*	*1500*	*1600*	*1700*	*1820*	*1870*	*1913*	*1950*	*1973*	*2003*
Westeuropa	427	771	850	997	1.202	1.960	3.457	4.578	11.417	19.912
Westeuropa	100	100	100	100	100	100	100	100	100	100
Italien	105	143	129	110	93	76	74	76	93	96
Niederlande	100	99	162	214	153	141	117	131	115	108
Ver. Königr.	94	93	115	125	142	163	142	152	105	107
Frankreich	100	94	99	91	94	96	101	115	115	110
Deutschland	96	89	93	91	90	94	106	85	105	96
Spanien	105	86	100	86	84	62	59	48	67	85
USA	94	52	47	53	105	125	153	209	146	146

Quelle: Maddison (2007, S. 382).

Was die Zahlen in der Tabelle im Einzelnen betrifft, so sind hier wieder die Einschränkungen zu beachten, die zu Beginn dieses Abschnitts gemacht wurden. Ob die Niederlande 1820 tatsächlich noch oder die USA 1913 schon vor Großbritannien lagen oder nicht, mag dahingestellt bleiben. Uns geht es erneut um die stilisierten Fakten bzw. Konjekturen:

- Um die Wende des ersten Jahrtausends befand sich Europa auf dem Subsistenzniveau. Da gibt es keine großen Differenzierungen. Italien und Spanien mögen gegenüber den nördlicheren Regionen noch einen Vorsprung aus alter römischer bzw. neuer islamischer Zeit bewahrt haben.
- Im ausgehenden Mittelalter fand in Italien, genauer in den nord- und mittelitalienischen Städten, ein beachtliches Wirtschaftswachstum statt, das deutlich über dem Niveau des restlichen Europas lag.
- Diese Führungsrolle ging im Laufe des 16. Jahrhunderts an die Niederlande über, anfänglich vor allem an Flandern, später an die nördlichen Niederlande.
- Diese wurden zu Beginn des 19. Jahrhunderts mit der industriellen Revolution und dem davon beschleunigten Wachstum von Großbritannien abgelöst, das die Vorreiterrolle über hundert Jahre innehatte.
- Zu Beginn des 20. Jahrhunderts übernahmen schließlich die USA die Entwicklungsführung.
- Um die Wende des zweiten Jahrtausends hatte in Europa dann ein Konvergenzprozess stattgefunden: Die Entwicklungsunterschiede glichen sich in Westeuropa auf einem hohen Wohlfahrtsniveau wieder einander an. *Catching-up* bedeutete jetzt, gemeinsam den Vorsprung der USA aufzuholen.

Damit haben wir vier Makro-Entwicklungsphänomene, die nach einer Erklärung verlangen:

- Die langsame Zunahme der Wohlfahrt in Westeuropa vom Mittelalter bis zum Erscheinen des *Wealth of Nations* (1776);
- das rasche moderne Wirtschaftswachstum in Europa und seinen transatlantischen Ablegern im Anschluss an die industrielle Revolution;
- das Zurückbleiben der asiatischen Großräume Indien, China und Japan im Vergleich zu Europa und ihr *catching-up* Prozess;
- die Aufeinanderfolge der Entwicklungsführerschaft oder der Wachstumspole im letzten Millennium.

C. Wachstums- und Entwicklungstheorie

Die Ökonomie hat sich zu allen Zeiten auf die eine oder andere Weise bemüht, diese Phänomene zu erklären. Hier ist nicht der Ort, die einschlägige Literatur zusammenzufassen – sie füllt Bibliotheken. Worum es in diesem Abschnitt geht, sind charakteristische Erklärungsmuster, ist ein Überblick über typische Einflussfaktoren, die zur Erklärung des Einsetzens von Wirtschaftswachstum, der Aufrechterhaltung des Wachstumsprozesses und des Ausbleibens von Wachstumsimpulsen dienen. Unter einer Wachstumstheorie stellen wir uns ein Funktionalmodell vor, in dem eine Reihe von exogenen Faktoren (z. B. das Kapital-Arbeits-Verhältnis und der technische Fortschritt) eine endogene Variable (die Produktivität) bestimmt. Entwicklungsökonomen können mit diesen „einfachen“ Modellen in der Regel wenig anfangen, da die für sie wichtigen Faktoren wie Urbanisierung, Alphabetisierung oder Institutionenentwicklung endogener Natur sind, d. h. sie – und nicht das Wachstum eines zweifelhaften Aggregats y – stellen die eigentliche Entwicklung dar, sodass es prinzipiell unklar ist, was Ursache und was Folge ist (so z. B. *Kuznets* 1965; *Myrdal* 1968). Natürlich kann gezeigt werden, dass Urbanisierung, Alphabetisierung und Institutionenentwicklung gepaart gehen mit Wohlfahrtssteigerung, aber der Kausalnexus bleibt eben unbestimmt. Beide Ansätze, die Wachstumstheorie und die Entwicklungstheorie, sind politikorientiert. Während die Wachstumstheorie unmittelbar nach den Instrumentvariablen, den strategischen Variablen sucht, mit deren Hilfe wirtschaftliches Wachstum gefördert werden kann, identifiziert die Entwicklungstheorie Faktoren, die offensichtlich zusammen mit Wohlfahrtsentwicklung auftreten, ohne dass sie unmittelbar instrumentell dafür zu sein brauchen, wohl aber in einer Art Ko-Evolution notwendig damit verbunden sind.

Wir unterteilen die theoretischen Überlegungen zu Wachstum und Wohlfahrtsentwicklung in klassische und neo-klassische Ansätze, wobei die Wasserscheide zwischen beiden bei *Solow*s berühmtem Artikel von 1956 zu finden ist. Beide Ansätze sind nicht wechselseitig exklusiv, es besteht im Gegenteil eine Kontinuität in den Grundideen.

I. Klassische Wachstumstheorie

Der Begriff des „Smith'schen Wachstums“ hat bereits darauf hingedeutet, dass wir bei Adam Smith eine Erklärung des von ihm konstatierten langsamen Wachstums seit dem Spätmittelalter finden. Es beruht auf der bekannten Kombination von Arbeitsteilung und Spezialisierung, die aufgrund von Skalenerträgen schon *ceteris paribus* eine Steigerung der Arbeitsproduktivität ermöglicht, gleichzeitig aber auch den erweiterten Einsatz mechanischer oder hydraulischer Hilfsgeräte und von Wissen, ganz allgemein von Kapital. Arbeitsteilung wird manifest sichtbar in der Trennung von Stadt und Land. Das heißt, die Urbanisierung, die in Europa im 13. Jahrhundert geradezu sturmartig erfolgte, mobilisierte das entsprechende Entwicklungspotenzial. Spezialisierung und Arbeitsteilung setzen größere Absatzgebiete voraus, d. h. die Ausdehnung des Marktes bestimmt ihre Möglichkeiten. Damit werden alle Faktoren, die der Ausdehnung des Marktes im Wege stehen, seien sie natürlichen Ursprungs, wie Transportkosten, oder künstlichen Ursprungs, wie tarifäre und nicht-tarifäre Handelshemmnisse, zu Entwicklungsbremsen.

Arbeitsteilung und Spezialisierung setzen aber nicht nur einen wachsenden Abnehmerkreis voraus, sondern eben auch Kapitalakkumulation. Der Smith'sche Kapitalbegriff, der später von der österreichischen Schule wieder aufgegriffen und verfeinert worden ist, stellt auf die Produktionsumwege ab und damit auf die Zeit.

Das bringt Unsicherheit und Risiko ins Spiel und auf der anderen Seite die Bereitschaft, sich dem auszusetzen. Der dazu erforderliche Unternehmergeist ist nicht allgemein verbreitet: „A merchant is commonly a bold; a country gentleman a timid undertaker“ (*Smith* 1776/1976, S. 411). Hinzu kommen die Umstände, die institutionellen Bedingungen, in denen sich die wirtschaftliche Aktivität entfalten kann: „Order and good government, and along with them the liberty and security of individuals, were, in this manner, established in cities at a time when the occupiers of land in the country were exposed to every sort of violence“ (*ibid.*, S. 405). Doch trotz dieser asymmetrischen Verteilung der institutionellen Bedingungen für Wirtschaftswachstum ist eine funktionierende Stadt-Land-Arbeitsteilung nur denkbar, wenn der entsprechende Austausch in halbwegs geregelten Bahnen erfolgt.

Smith war wohlvertraut mit der Tatsache der Endogenität: „... commerce and manufactures gradually introduced order and good government, and with them, the liberty and security of the individuals“ (*ibid.*, S. 412). An dieser Stelle verweist er auf David Hume, der den Punkt noch ausführlicher behandelt hat: „We cannot reasonably expect, that a piece of woollen cloth will be wrought to perfection in a nation, which is ignorant of astronomy, or where ethics are neglected“ (*Hume* 1752/1985, S. 270–271). Entwicklung, und dabei auch die Entwicklung der materiellen Produktivität, ist ein komplexes Phänomen, bei dem viele Elemente ineinandergreifen: „Thus *industry, knowledge,* and *humanity,* are linked together by an indissoluble chain, and are found, from experience as well as reason, to be peculiar to the more polished, and, what are commonly denominated, the more luxurious ages“ (*ibid.*, S. 271; Kursivierung bei Hume). Und auch Hume sieht gute Regierung eher als Folge von, denn als Voraussetzung für wirtschaftlichen Fortschritt: „... progress in the arts is rather favourable to liberty, and has a natural tendency to preserve, if not produce a free government“ (*ibid.*, S. 277).

Die Wachstumsfaktoren, die wir bei Smith antreffen, werden uns bis in die neuesten Überlegungen der endogenen Wachstumstheorie begleiten: *Economies of scale, learning by doing,* Kapitalakkumulation, und zwar sowohl physisches und Humankapital, wie auch Finanzkapital, unternehmerische Fähigkeiten, Institutionen, die vor allem Freiheit und Sicherheit garantieren. Nur eine umfangreiche Kulturgeschichte der Neuzeit könnte die Entwicklung von *industry, knowledge* und *humanity* seit dem 13. Jahrhundert darstellen, und das wäre nun nicht nur für Europa erforderlich, sondern auch für die asiatischen Großregionen bzw. Großreiche.

Die beiden anderen großen englischen Klassiker, Ricardo und Malthus, sind für das Verdikt der Ökonomie als *the dismal science* verantwortlich. Denn sie begründeten mit ihren Theorien die Feststellung, die Wohlfahrt könne sich längerfristig nicht über ein bestimmtes Maximalniveau hinaus entwickeln. Bei Malthus, der die Schranke im Verhältnis von Bevölkerungs- und Wirtschaftsentwicklung sah, ist das nicht wesentlich mehr als das Subsistenzniveau: Jede Produktivitätssteigerung aufgrund technischer Verbesserungen oder erweiterter Bodennutzung führt kurzfristig zu höheren Einkommen. Diese werden aber durch die darauf folgende Bevölkerungszunahme auf das langfristige Durchschnittsniveau zurückgeführt, sodass Produktivitätsunterschiede sich nur in unterschiedlicher Bevölkerungsdichte niederschlagen. Bei Ricardo, für den der beschränkt vorhandene Boden und die daraus folgenden abnehmenden Produktivitätszuwächse die Begrenzung darstellten, kann dieses Niveau etwas höher liegen. Ricardos Theorie schließt ein „Smith'sches Wachstum" nicht grundsätzlich aus, die malthusianische Theorie ganz offensichtlich, was aber nicht zwingend ist: Die Parameter der Bevölkerungsreaktion auf Einkommensänderungen können so kalibiriert sein, dass sich eine minimale langfristige Wohlfahrtssteigerung ergibt. Erst mit dem Übergang zum modernen Wirtschaftswachstum findet eine Transformation im Reproduktionsverhalten statt, und das Bevölkerungswachstum nimmt mit steigendem Einkommen ab (vgl. *Galor / Weil* 2000).

Die klassische Wachstumstheorie erfuhr durch Karl Marx eine wesentliche Weiterentwicklung, der sich nun nicht mehr auf das „Smith'sche Wachstum" bezog, sondern auf das erste halbe Jahrhundert des modernen, kapitalistischen Wachstums als Erfahrungsgrundlage zurückblicken konnte. Bei Marx treffen wir beides an, eine Entwicklungstheorie und eine Wachstumstheorie im engeren Sinn. Grundlage der Entwicklungstheorie ist der historische Materialismus, d. h. das Zusammenspiel von technologischer und institutioneller Entwicklung, wobei für Marx der Anstoß von der Technologie, der exogenen Entwicklung der Produktivkräfte ausgeht. Hier hat die industrielle Revolution einen entscheidenden Durchbruch geschafft, nämlich die Entwicklung von Maschinen, die nicht von animalischer Energie, sondern von fossilen Energiequellen getrieben werden. Die Produktion wurde daher in Fabriken organisiert, womit die Arbeitsteilung auf einem ganz anderen Niveau stattfinden konnte. Und diese Fabriken beschleunigten die Urbanisierung in ungeahntem Ausmaß.

Für Marx entscheidend ist die Revolutionierung der Produktionsverhältnisse, die soziale Arbeitsteilung, die Klassenteilung, die den Typus des Kapitalisten-Unternehmers vom Lohnarbeiter scheidet. Den Übergang von der einfachen Warenproduktion mehr oder minder selbständiger Produzenten, die für die vor-kapitalistische Periode kennzeichnend ist, zur kapitalistischen Warenproduktion erklärt Marx mit seiner Theorie der ursprünglichen Akkumulation. Das ist nun keine Geschichte eines primären Sparprozesses, einer fortschreitenden Arbeitsteilung und eines Urbanisierungsprozesses, obwohl es auch das ist, sondern diese Geschichte „ist in die Annalen der Menschheit eingeschrieben mit Zügen von Blut und Feuer" (*Marx* 1867 / 1962, S. 743). Um die für eine industrielle Produktion notwendigen kapitalistischen Produktionsverhältnisse zu stabilisieren, bedarf es eines spezifischen Institutionengefüges, das der gesellschaftliche Überbau mit Staat, Recht, Ideologie, Erziehung usw. bereitstellt. Alle institutionellen Faktoren der Smith'schen Entwicklungstheorie tauchen hier wieder auf: Der freie Markt, private Eigentumsrechte, Unternehmer und „gute" Regierung. Sie sind für die Produktivitätssteigerung im kapitalistischen System unerlässlich, und das kapitalistische System ist für die säkulare Entwicklung unvermeidlich.[10] Doch lässt Marx keinen Zweifel darüber entstehen, was er von dieser Geschichte und diesem System hält. Seine Vorhersagen über den weiteren Gang der Geschichte fallen unter die Rubrik *„Marx the Prophet"* (*Schumpeter* 1942, S. 5) und brauchen uns nicht weiter zu beschäftigen.

Kommen wir zur eigentlichen Wachstumstheorie, so ist Wirtschaftswachstum in der kapitalistischen Periode für Marx von der Kapitalakkumulation bestimmt, nun nicht mehr der ursprünglichen, sondern der erweiterten kapitalistischen Akkumulation. Vor allem im zweiten Band des *Kapital* hat *Marx* (1885 / 1963) sein Zwei-Sektoren-Modell des Wachstums ausgearbeitet, dessen einfache Ein-Sektoren-Grundlage die Identität von Output-Wachstum und der Relation von Investitionsquote (= Sparquote) und Kapitalkoeffizient ist. Bestimmend für Wirtschaftswachstum sind folglich das Verhalten der Kapitalisten, denn nur sie sparen bei Marx, und das hier erst einmal konstant angenommene technologische Kapital-Arbeits-Verhältnis. Dieses Modell war als Fel'dman-Harrod-Domar Modell bis in die 1950er Jahre Standard in der Wachstumstheorie. Divergenzen in konkreten Wachstumspfaden sind deshalb vor allem aus Schwierigkeiten bei der universellen Anwendung der grundsätzlich als öffentliches Gut zu betrachtenden Technologie und aus unterschiedlichem Sparverhalten zu erklären. Erstere treten notwendigerweise bei der Einführung neuer Technologien auf, die erst verbreitet und verstanden werden müssen. Wieweit das zum Beispiel die Führungsrolle der englischen Industrie in der Nachfolge der industriellen Revolution erklärt, ist allerdings umstritten (*Mokyr* 2005). Letzteres, das Sparverhalten, wird von zahlreichen individuellen und institutionellen Faktoren bedingt.

Eigentlich könnten wir damit die Zusammenfassung der klassischen Wachstumstheorie für abgeschlossen ansehen. Denn das ist das Grundgerüst. Doch gibt es zwei wichtige Ergänzungen oder Vertiefungen, die für den weiteren Verlauf der Theorieentwicklung von großer Bedeutung waren: Schumpeters Theorie der wirtschaftlichen Entwicklung und die Weber-Hypothese. *Schumpeter*s (1911 / 1935) treibende Kraft ist nicht Akkumulation, sondern Innovation. Innovation bedeutet für ihn die Durchsetzung „neuer Kombinationen". Das sind neue Konsumgüter, neue Produktionsmethoden, die Erschließung neuer Märkte, neue Bezugsquellen für Inputs, Neuorganisation, kurzum Strukturwandel in des Wortes weitester Bedeutung (*Schumpeter* 1911 / 1935, S. 100 – 101). Die Betonung liegt nicht nur auf den „neuen Kombinationen", sondern vor allem auf ihrer „Durchsetzung": Neben die Person des Erfinders, Entdeckers, Ideengebers tritt als eigentlicher Akteur die Person des Unternehmers, der die Vision einer Neuerung in die Realität umsetzt.

---

10 Mit ihrem historischen Determinismus ist die Marxsche Theorie ein Höhepunkt der eurozentristischen Geschichtsschreibung, was wohl kaum rein zufällig mit dem Höhepunkt der kolonialistischen Expansion Europas zusammenfällt. Noch 1893 warnte Engels seinen russischen Brieffreund Danielson vor einer eigenen russischen Entwicklung: „Aber andererseits eröffnet der Kapitalismus neue Aussichten und neue Hoffnungen. Sehen Sie sich an, was er im Westen getan hat und tut" (*Engels* 1893 / 1952, S. 473).

Das ist in der Regel ein Verdrängungsprozess – *creative destruction* nannte *Schumpeter* (1942, S. 83) später, was er 1911 weniger anschaulich als „Andersverwendung des Produktionsmittelvorrats" bezeichnet hatte (*Schumpeter* 1911/1935, S. 103).[11] Während bei Marx der Unternehmer noch im Kapitalisten inkorporiert war, trennt Schumpeter beide Funktionen und weist die Aufgabe, die Durchsetzung neuer Kombinationen zu finanzieren, den Banken oder allgemein dem Finanzsektor zu. Es ist also das Zusammenwirken von Unternehmer und Banken, das für die wirtschaftliche Entwicklung verantwortlich ist.

Der Banker als Person interessiert Schumpeter dabei sehr viel weniger als der Unternehmer, der Held seiner Geschichte. Die Durchsetzung neuer Kombinationen setzt ein Angebot von Möglichkeiten voraus, d. h. Erfindungen oder allgemein Ideen, es setzt die Figur des Unternehmers voraus, einer Figur mit Vision, Willen und Tatkraft, und es setzt eine Gesellschaft oder ein Umfeld voraus, das den Unternehmer in seiner Entfaltung nicht behindert.

Europa war innovativ. Zu forschen, zu entdecken, Neues auszuprobieren, gehört zur europäischen Kultur seit dem Mittelalter. *Schumpeter* (1942, S. 126) illustriert das an der Geschichte der Malerei von Giotto (1266–1337) über Masaccio (1401–1428), Michelangelo (1475–1564) bis hin zu Ingres (1780–1867) und Delacroix (1812–1868), Van Gogh (1853–1890) und Picasso (1881–1973). Als Gegenbeispiel kann man die Ikonenmalerei anführen, bei der nur der Spezialist die Neuerungen im Laufe von Jahrhunderten ausmachen kann. Auch in der chinesischen Kunst oder der islamischen Miniaturenmalerei scheint der Begriff „Fortschritt" fehl am Platz, spielen Tradition und Kontinuität eine große Rolle. Spätestens seit der Galilei-Baconschen Wende betreibt Europa systematische experimentelle Wissenschaft auf empirischer Basis, ist das Erfinden und Entdecken ein zentraler kultureller Wert.

Schumpeters Feld neuer Kombinationen ist sehr viel weiter als industrielle Erfindungen, andere neue Ideen lassen sich jedoch noch schwerer erfassen. Industrielle Erfindungen sind allerdings nur ein Angebot an den Unternehmer. Das sogenannte „Needham-Puzzle" (*Lin* 1995) haben wir bereits erwähnt: China verfügte früher als Europa über zahlreiche Erfindungen, doch zu einer industriellen Revolution ist es nicht gekommen. Genauso war es, wie wir sahen, mit den Entdeckungen. Sie fanden in China und Europa fast zur gleichen Zeit statt. Aber nur die europäischen Unternehmer haben sie zu einem kommerziellen Erfolg geführt. Die Figur des Unternehmers ist für Schumpeter das *primum movens* der wirtschaftlichen Entwicklung. Er stattet ihn mit außerordentlichen Fähigkeiten und besonderen Moti-

---

11 Die Bedeutung dieser kreativen Zerstörung hatten bereits Marx und Engels erkannt: „Die Bourgeoisie kann nicht existieren, ohne die Produktionsinstrumente, also die Produktionsverhältnisse, also sämtliche gesellschaftlichen Verhältnisse fortwährend zu revolutionieren. … Alle festen, eingerosteten Verhältnisse mit ihrem Gefolge von altehrwürdigen Vorstellungen und Anschauungen werden aufgelöst, alle neugebildeten veralten, ehe sie verknöchern können" (*Marx/Engels* 1848/1952, S. 26–27). Hier liegt für sie einer der wesentlichen Unterschiede zwischen der vor-kapitalistischen und der kapitalistischen Entwicklung.

ven aus – eben eine Führernatur. Die unheroische Version der Schumpeterschen Entwicklungstheorie, die nicht auf die herausragende Unternehmerpersönlichkeit angewiesen ist, finden wir in *Hayeks* (1969a) „Wettbewerb als Entdeckungsverfahren“. Hier herrscht das gleiche Grundprinzip, nämlich Durchsetzen neuer Kombinationen, nur beschäftigt sich damit jedes auf Nutzenmaximierung gerichtete Individuum, wenn das Umfeld Wettbewerb ermöglicht und erzwingt. Und Hayeks Entdeckungen sind keine spektakulären Innovationen, sondern in der Regel marginale Verbesserungen.

Das Umfeld, das den Unternehmer in seiner Tätigkeit nicht behindert, war die dritte Bedingung für wirtschaftliche Entwicklung. Das fängt beim Unternehmer selbst an: Eine Kultur, die Traditionen hochhält und Neuerungen verabscheut, wird die Ambitionen ihrer aktiven Individuen kaum auf Innovation richten. Das heißt, den Unternehmer treffen wir nur dort an, wo er ein akzeptiertes Rollenmodell darstellt. Was *Deepak Lal* (2005) das *Hindu equilibrium* genannt hat, nämlich die über Jahrhunderte andauernde Verbindung von kultureller Stabilität und wirtschaftlicher Stagnation, spiegelt eine Situation wider, in der Innovation, das Aufbrechen von Gleichgewichten, nicht als anerkennenswerte Leistung gilt. Es können aber auch mächtige Interessengruppierungen sein, die sich dem Durchsetzen neuer Kombinationen entgegenstellen. Bei *Marx* (1867 / 1962, S. 451) finden wir die Geschichte der Bandmühle. Ihren Erfinder hatte der Danziger Stadtrat angeblich Ende des 16. Jahrhunderts ersticken oder ersäufen lassen, um die sozialen Folgen dieser technischen Neuerung zu verhindern. Der Danziger Stadtrat hat hier nur getan, was man eigentlich von guter Regierung erwartet: Die Interessen der Bevölkerung zu wahren, Werte, Vermögen, Organisationen, Rechte usw. zu schützen. Ein starker Staat scheint dem Durchsetzen neuer Kombinationen folglich nicht unbedingt zuträglich zu sein. Auf der anderen Seite gilt es, die Interessen der Neuerer zu schützen. Das Patentrecht hat nicht von ungefähr seine Ursprünge im Venedig des 15. und im England des 17. Jahrhunderts.

Genauso wie Schumpeter als österreichische Reaktion auf Marx zu sehen ist, kann man auch Max Webers Kapitalismusthese nicht ohne Marx verstehen. Knapp vierzig Jahre nach dem Erscheinen des ersten Bandes des *Kapital* veröffentlichte *Weber* (1904 – 5 / 1965) seinen Aufsatz *„Die Protestantische Ethik und der ‚Geist‘ des Kapitalismus“*, in dem er die Transformation zum rasch wachsenden modernen Kapitalismus auf eine Transformation der Motivationsstruktur zurückführte, die in der Reformation begründet lag. Damit bezog er gewissermaßen eine Gegenposition zum historischen Materialismus von Marx, vor allem in seiner vulgärmarxistischen Interpretation. „Interessen (materielle und ideelle), nicht: Ideen, beherrschen unmittelbar das Handeln der Menschen. Aber: die ‚Weltbilder‘, welche durch ‚Ideen‘ geschaffen wurden, haben sehr oft als Weichensteller die Bahnen bestimmt, in denen die Dynamik der Interessen das Handeln fortbewegte“ (*Weber* 1920 / 1991, S. 11). Das heißt, die unmittelbar handlungsleitenden Interessen werden von Weltbildern, von *mental models* (*Denzau / North* 1994) beeinflusst. Mit diesem Verweis ist bereits angedeutet, dass die moderne Institutionentheorie an die Webersche Einsicht anknüpft, dass nämlich die Performanz von Wirtschaftssystemen von ihren Anreizstrukturen bestimmt wird, die wiederum eine Funktion der Ideen, eben der gemeinsamen *mental models* sind.

Die eigentliche Weber-Hypothese ist allerdings konkreter und bezieht sich auf eine empirische Beobachtung: „(D)en ganz vorwiegend *protestantischen* Charakter des Kapitalbesitzes und Unternehmertums sowohl, wie der oberen gelernten Schichten der Arbeiterschaft, namentlich aber des höheren technisch oder kaufmännisch vorgebildeten Personals der modernen Unternehmungen" (*Weber* 1904–5/1965, S. 29; Kursivierung bei Weber). Der „Geist des Kapitalismus", der vor allem in der *„Verpflichtung des Einzelnen* gegenüber dem als Selbstzweck vorausgesetzten Interesse an der Vergrößerung seines Kapitals" (*ibid.,* S. 42; Kursivierung von Weber) besteht, wird auf die protestantische Ethik der innerweltlichen Askese, der Rationalität und der Disziplin zurückgeführt. Daraus folgt als Hypothese, dass die Wohlfahrt dort höher ist, wo der Protestantismus die vorherrschende Religion ist. Ergänzt wird der „Geist des Kapitalismus" von Webers Annahme, dass der rationale und legale, der bürokratische Staat – im Gegensatz zum patrimonialen, feudalen, redistributiven Staat – eine wichtige Voraussetzung für die Rationalisierung des wirtschaftlichen Lebens und damit für effizientes Wirtschaften ist.

Während letztere Annahme in jüngster Zeit im *good governance* Argument wieder aufgegriffen wird (vgl. *Wagener* 2005), hat die Ethik-Hypothese von Anfang bis zum heutigen Tag eine Fülle von theoretischen und empirischen Kommentaren und Kritiken hervorgerufen. Die *communis opinio* lautet zurzeit, dass es für eine Beziehung zwischen Religion und Wirtschaftswachstum im Allgemeinen und zwischen Protestantismus und Wohlfahrt im Besonderen keine belastbaren Bestätigungen gibt (*Iannaccone* 1998; *Acemoglu/Johnson/Robinson* 2005a, S. 419). Eine bahnbrechende neuere Untersuchung (*Becker/Wößmann* 2007) wird hier die Diskussion neu beleben. Denn sie stellt zwei Behauptungen auf: Erstens, Weber hatte durchaus recht – die Religionszugehörigkeit hat ökonomische Folgen, aber zweitens, Webers theoretische Erklärung ist falsch – nicht die in der protestantischen Ethik begründete Motivation, sondern die mit dem Protestantismus verbundene Bildungsrevolution bewirkte den konstatierten Unterschied in wirtschaftlicher Entwicklung.[12] Jeder Christenmensch hatte für Luther gebildet zu sein, d. h. er oder sie musste vor allem erst einmal lesen können, um Gottes Wort, die Bibel, aufnehmen zu können.[13] Hier haben wir ein typisches Beispiel für *Hayek*s (1969b)

---

[12] *Becker/Wößmann* (2007) testen ihre Behauptung nicht international *cross country,* sondern mit Daten für die 452 Kreise Preußens, für die natürlich sehr viel mehr *cetera paria* sind als bei einem internationalen Vergleich. Außerdem dürfte dies auch die empirische Grundlage für Webers Beobachtung gewesen sein. Für die Niederlande hatten schon *de Vries/van der Woude* (1995, S. 205–213) die Entwicklung des Humankapitals als den wesentlichen Einfluss der Reformation auf die wirtschaftliche Entwicklung herausgestellt.

[13] Bei *Calvin* (1559/1955, S. 21) treffen wir eine ganz ähnliche Einstellung an: „... und es kommt niemand auch nur zum geringsten Verständnis rechter und heilsamer Lehre, wenn er nicht zuvor ein Schüler der Schrift wird".

unbeabsichtigte Ergebnisse menschlichen Handelns und – methodisch – für die Folgen einer ausgelassenen Variable.[14] Das bedeutet, die Weber-Hypothese lässt sich mühelos in die neo-klassische Wachstumstheorie einbetten, in der die Entwicklung des Humankapitals eine wichtige Rolle spielt, wobei die Religionszugehörigkeit ein beinahe schlagartig verändertes Investitionsverhalten sowohl der Individuen, wie des Staates erklärt.[15]

Allerdings ist die Protestantismus-These erst der Beginn von Webers Bemühen, die Unterschiede in der wirtschaftlichen Entwicklung in Europa und Asien komparativ zu erklären. In seinen späteren religionssoziologischen Schriften (*Weber* 1920/1991; 1921/1998) und in *Wirtschaft und Gesellschaft* (*Weber* 1922/2000) versucht er zu zeigen, die *differentia specifica* liege erstens in der Entwicklung des Bürgertums vor allem in der mittelalterlichen Stadt, zweitens in der Entwicklung des abendländischen Rationalismus, dabei vor allem im kapitalistischen Betrieb, im Rechtssystem und im bürokratischen Staat, und drittens in der Entwicklung der experimentellen Wissenschaft (wobei er, ganz ähnlich wie Schumpeter, den Beginn des technischen Experimentierens in der Kunst der Renaissance sieht). Die Endogenität dieser Entwicklungsprozesse wird auch bei Weber deutlich, wenn er zum Beispiel das kapitalistische Interesse „an streng formalem und daher – in seinem Funktionieren – möglichst wie eine Maschinerie *kalkulierbarem* Recht“ (*Weber* 1920/1991, S. 141; Kursivierung bei Weber) betont. Außerhalb Europas fehlte eben beides: der kapitalistische Betrieb und das rationale Rechtssystem. „In China, wie in Indien, wie im islamischen Rechtsgebiet und überhaupt überall, wo nicht rationale Rechtsschaffung und Rechtsfindung gesiegt hatte, galt der Satz: ‚Willkür bricht Landrecht‘“ (*ibid.,* S. 108). Der sich entfaltende kapitalistische Betrieb verlangte nach kalkulierbarem Recht, und ein rationales Rechtssystem machte den kapitalistischen Betrieb möglich. Hinzu kam die Autonomie des Individuums, d. h. seine Trennung von Scholle, Sippe oder Kaste, die Weber mit der rechtlichen Organisation der mittelalterlichen Stadt entstehen sah: „Ein besonderes, den Stadtbürgern *als solchen* eignendes, materielles oder Prozessrecht aber oder autonom von ihnen bestellte Gerichte waren den asiatischen Städten unbekannt. ... Unbekannt oder nur in Ansätzen bekannt war ihnen die autonome Verwaltung, vor allem aber – das ist das Wichtigste – der *Verbands*charakter der Stadt und der Begriff des Stadtbürgers im Gegensatz zum Landmann“ (*Weber* 1922/2000, S. 12; Kursivierungen bei Weber).

Fassen wir kurz die klassische Entwicklungs- und Wachstumstheorie zusammen! Sie bezieht sich auf zwei unterschiedliche Phänomene, das säkulare langsame „Smith'sche Wachstum“, das durch die Bevölkerungsreaktion auch zur Wohlfahrts-

14 Wie die zitierte Ausgangsbeobachtung Webers zeigt, hat er den Unterschied in der Ausstattung mit Humankapital durchaus wahrgenommen.

15 In den Begriffen der endogenen Wachstumstheorie bedeutet das, dass nicht veränderte relative Preise die vermehrte Akkumulation von Humankapital ausgelöst, sondern dass die Haushalte ihre Präferenzen geändert haben. Das vermutet auch *Clark* (2005, S. 1318), der im 17. Jahrhundert einen raschen Anstieg des Humankapitalbestandes in England feststellt.

stagnation führen kann (die Malthussche Situation), und das stürmische moderne, kapitalistische Wachstum. Als *explanandum* kommt die Transformation von dem einen in den anderen Zustand hinzu, wobei die Bevölkerungsentwicklung eine wesentliche Rolle spielen muss. Drei unmittelbar wachstumsrelevante Faktoren stehen im Zentrum der Erklärung: Arbeitsteilung und Spezialisierung, Akkumulation und Innovation. Gilt es Unterschiede in der quantitativen Ausprägung dieser Faktoren zu erklären, dann geht es um Einflüsse, die hierauf fördernd oder hemmend wirken. Das sind: Die Ausweitung der internen und externen Märkte, das Sparverhalten, die Häufung technischer Neuerungen, die Wirtschaftspolitik. Auf einer dritten Erklärungsebene sind Entwicklungen zu nennen, die diese Sekundärfaktoren tragen. Dazu zählen: Sicherheit und Ordnung, Recht und Gesetz, Wissenschaft und Forschung, Wettbewerb, Motivationsstrukturen und *mental models.* Die klassische Entwicklungstheorie beschreibt sowohl säkulare wie revolutionäre Änderungen in diesen Tertiärfaktoren, womit sich die Transformation vom vor-kapitalistischen zum kapitalistischen Wachstum erklären lässt. Von Smith bis Weber waren die Autoren davon überzeugt, dass es sich dabei um eine spezifisch europäische Entwicklung handele.

II. Neo-klassische Wachstumstheorie

Die neo-klassische Wachstumstheorie nimmt ihren Ausgangspunkt mit *Solow* (1956). Dieses Modell betont die Akkumulation, um dann zu zeigen, dass langfristig stabiles Wachstum nicht von der Akkumulation abhängt. Das Modell stellt eine extreme Vereinfachung dar, und alle relevanten Variablen werden als exogen gegeben angenommen. Aber gerade deshalb erlaubt es, die Felder aufzuzeigen, in denen unser Wissen vertieft werden muss, um stabiles Wachstum erklären zu können. Für unsere Zwecke genügt es, die wesentlichen Zusammenhänge nur anzudeuten (eine stark verkürzte Darstellung bei *Mankiw* 1995; ausführlich *Acemoglu* 2008).

Zentral im Modell steht die neo-klassische Produktionsfunktion mit abnehmenden Grenzerträgen und konstanten Skalenerträgen der Produktionsfaktoren Kapital und Arbeit. Die Pro-Kopf-Produktion hängt vom Kapital-Arbeits-Verhältnis und von der Intensität ab, dem technischen Niveau der Produktion. Intuitiv erschließt sich, dass der Kapitaleinsatz nur so weit gesteigert werden kann, wie die Produktionszunahme die Kapitalabnutzung ausgleicht. Da die Produktion mit wachsendem Kapitaleinsatz degressiv zunimmt, die Abnutzung aber proportional, gibt es einen kritischen Wert, bei dem *ceteris paribus* das Wachstum aufhört – der sogenannte *steady state.* Ein ähnliche Vorhersage hatte schon Ricardo gemacht, nur dass bei ihm der Schlüsselfaktor Boden ist, der endlich ist und abnehmende Ertragszuwächse aufweist.

Die Kernaussage des Solow Modells lautet: Stabiles Wachstum ist nicht von der Akkumulation, sondern nur vom technischen Fortschritt abhängig. Damit hat die neo-klassische Wachstumstheorie ihr Arbeitsfeld bestimmt, nämlich die exogen angenommenen Variablen zu erklären und, wenn möglich, im Modell zu endogenisieren:

- Das Spar- bzw. Akkumulationsverhalten der Wirtschaftssubjekte;
- die technologische Entwicklung (einschließlich der Rate der Kapitalabnutzung);
- das Bevölkerungswachstum.

Jetzt stellt sich die Frage, inwieweit die neo-klassische Wachstumstheorie die Prozesse von Divergenz und Konvergenz erklären kann. Die Stabilitätseigenschaft des Solow Modells enthält eine Konvergenzhypothese: Langfristig konvergieren die Wirtschaften zum *steady state,* und *ceteris paribus* müssten alle zum gleichen Wohlfahrtsniveau gelangen. Die *cetera* sind aber über die Welt nicht *paria.* Unterschiedliches Sparverhalten oder unterschiedliches Bevölkerungswachstum resultieren in unterschiedlichen *steady states.* Allerdings macht eine plausible Kalibrierung des Modells deutlich, dass damit nicht annähernd die großen Wohlfahrtsunterschiede (siehe Tabelle 1) erklärt werden können. Ein wichtiges Element der *ceteris paribus* Annahme ist die Hypothese, die Produktionsfunktion sei ein öffentliches Gut, d. h. grundsätzlich universell anwendbar. Das ist selbst heute nur bedingt plausibel, da das Intensitätsniveau nicht nur von einer technischen Blaupause abhängt – und auch die kann durch ein Patent privat kontrolliert sein. Es gibt zahlreiche Kommunikations- und Motivationsprobleme, die *best practice* zu übernehmen.[16]

Für uns ebenso wichtig ist aber die Frage, ob das Modell auch eine Divergenzhypothese enthält. Explizit ist das nicht der Fall. Doch lässt sich Divergenz mit diesem Modell mühelos erklären. Wenn der technische Fortschritt nicht in der öffentlichen Domäne frei zur Verfügung steht, sondern – aus welchen Gründen auch immer – kultur- oder systemspezifisch unterschiedliche Werte annimmt, dann kommt es zu einer Divergenz der Wohlfahrtsniveaus. Die neo-klassische Wachstumstheorie kann die jahrhundertlange Stagnation der chinesischen und indischen Wirtschaft gegenüber der erst langsamen und seit der industriellen Revolution raschen Wohlfahrtszunahme in Europa mit unterschiedlichen Raten des technischen und organisatorischen Fortschritts erklären: Die asiatischen Wirtschaften weisen bis ins 20. Jahrhundert ein stationäres, Europa ein dynamisches Gleichgewicht auf.

So weit so gut. Aber was hat die Unterschiede in den Fortschrittsraten verursacht? Bevor die neo-klassische Theorie sich mit der endogenen Wachstumstheo-

---

16 Ein illustratives Beispiel erwähnt *Maddison* (2007, S. 164). 1792 bis 1793 brachte Lord Macartney 600 Kisten mit Geschenken von König George III. an den chinesischen Kaiserhof. Sie enthielten Muster der technisch fortschrittlichsten Produkte aus England. Die wurden höflich in Empfang genommen und in die Asservatenkammer geschickt mit der Bemerkung: „Wir entbehren nichts ... Wir haben fremdartigen und einfallsreichen Objekten noch nie großen Wert beigemessen, auch brauchen wir nicht mehr von den Produkten eures Landes". Man darf sicher sein, dass heute „fremdartige und einfallsreiche Objekte" umgehend in den Entwicklungsabteilungen der entsprechenden Unternehmen bis in die Einzelteile zerlegt und nachgemacht würden – es herrscht das umgekehrte Problem, nämlich der Schutz geistiger Eigentumsrechte.

rie an die Beantwortung dieser Frage machte, führte sie einen eng damit verbundenen neuen Faktor ein: das Humankapital. Die Annahme homogener Arbeit wurde fallen gelassen, und unterschiedliche Arbeitsqualitäten als Ergebnis eines der Kapitalbildung äquivalenten Investitionsprozesses wurden eingeführt. In der einfachsten Version erweitert man das Solow Modell um einen neuen Produktionsfaktor, Humankapital. Unterliegt die erweiterte Produktionsfunktion den gleichen Bedingungen wie zuvor, sind auch die Ergebnisse äquivalent: Es gibt einen stabilen *steady state,* und je höher die Investitionen in Humankapital desto höher ist das Wohlfahrtsniveau. Weiter entwickelte Modelle mit Humankapital inkorporieren dieses in den Faktor Arbeit.

Das erweiterte Modell erklärt sehr viel größere Wohlfahrtsunterschiede als das einfache Modell. Auch erklärt es das Paradox der unzureichenden Kapitalmobilität: Die großen beobachteten Produktivitätsunterschiede und eine plausible Kalibrierung des einfachen Modells ergeben erhebliche Unterschiede im Kapitalertrag, die zu einer hohen Kapitalmobilität und damit zu Konvergenz führen müssten, was nicht der Fall ist. Kapital fließt nur spärlich in unterentwickelte Regionen, denn Humankapital ist ungeeignet zur Kreditabsicherung und physisches und Humankapital sind komplementär. Kurzum: „most international differences in living standards can be explained by differences in accumulation of both human and physical capital" (*Mankiw* 1995, S. 295). Diese Feststellung ist nicht unbestritten geblieben. Ihr liegt nämlich die erwähnte Annahme zugrunde, dass Technik im weitesten Sinne tatsächlich ein öffentliches Gut sei.[17] Übernehmen wir diese Annahme nicht, dann sind es unterschiedliche Raten der Akkumulation in physisches Kapital und Humankapital, unterschiedliche Raten des technischen und organisatorischen Fortschritts und unterschiedliche Intensitäten der Faktorausnutzung, die die Wohlfahrtsunterschiede unmittelbar verursachen. Dabei sind sowohl Divergenz wie Konvergenz der regionalen Wohlfahrtsniveaus möglich.

Bleibt natürlich die Frage, wodurch unterschiedliche Akkumulationsraten, unterschiedliche Humankapitalbildung, unterschiedliche Intensitäten der Faktorausnutzung und unterschiedliche Fortschrittsraten verursacht werden: Was sind die Wachstumsfaktoren der zweiten Ebene? *Sensu stricto* kennt die neo-klassische Theorie diese Frage nicht. Denn indem sie Sparverhalten, Humankapitalbildung und technischen Fortschritt endogenisiert hat, erklärt sie das Wachstum auf der ersten Ebene aus dem Rationalverhalten des *homo oeconomicus* (vgl. oben Fn. 2). Doch dieser Modellpurismus wird allmählich verlassen, das Wachstum im histo-

---

17 Das bedeutet nicht, dass überall die gleiche Technik angewendet wird. Eine einheitliche neoklassische Produktionsfunktion erlaubt Faktorsubstitution, d. h. die Faktorproportionen können den relativen Preisen entsprechend unterschiedlich sein. Was diese Annahme sehr wohl impliziert: Veränderungen in der Effektivität des Faktoreinsatzes, die im Term A der Produktionsfunktion erfasst werden, sind ubiquitär, sobald sie irgendwo als Innovation eingeführt worden sind. Der technische Fortschritt, der in einem Land vollzogen worden ist, kann nur einen kurzfristigen Wettbewerbsvorteil mit sich bringen. Die Rate des technischen Fortschritts ist mittelfristig überall gleich.

risch-sozialen Kontext gesehen. Bei der Beantwortung der Frage nach den wachstumsrelevanten Momenten gehen die meisten Autoren allerdings mehr oder minder *ad hoc* vor: Was könnte die Investitionsneigung, was Forschung und Entwicklung, was die Übernahme der *best practice* fördern oder hemmen? Da fallen einem (auf der negativen Seite) eine Reihe von Faktoren ein, wie unter anderen Marktunvollkommenheiten, Handelshemmnisse, politische Instabilitäten, unterentwickelte Finanzmärkte, makroökonomische Instabilitäten, der Umfang des Staates, mangelhafte Transport- und Kommunikationsinfrastruktur, eingeschränkte ökonomische Freiheit (vgl. z. B. *Alesina / Perotti* 1994; *Temple* 1999). In jüngster Zeit hat die Regierungsqualität, auch *governance* genannt, als weiterer sekundärer Faktor eine besondere Aufmerksamkeit auf sich gezogen (*Kaufmann / Kraay / Zoido-Lobatón* 1999; *Wagener* 2005). Doch eines sollte deutlich sein: Die Wachstumsfaktoren der zweiten Ebene haben unmittelbar nichts zu tun mit der neo-klassischen Wachstumstheorie, die sich nur auf der ersten Ebene bewegt, sondern sie ergänzen diese. Wir behandeln deshalb die sekundären (und eventuell tertiären) Faktoren in einem eigenen Abschnitt.

Die neo-klassische Wachstumstheorie geht nicht auf die Bevölkerungsentwicklung ein und erfasst folglich nicht das malthusianische Regime. Damit kann der Übergang zu raschem modernem Wirtschaftswachstum nicht endogen erklärt werden. Diesen Mangel versucht die sogenannte *unified growth theory* (*Galor / Weil* 2000; *Galor* 2005) zu beheben, die ein dynamisches System modelliert, das zwei Regime kennt, das malthusianische und das Regime des modernen Wirtschaftswachstums. Im malthusianischen Regime findet ein langsamer technischer Fortschritt statt, der positiv mit dem Bevölkerungswachstum korreliert. Eine verzögerte Bevölkerungsanpassung erlaubt eine minimale Zunahme der Wohlfahrt – Smith'sches Wachstum. Die Zunahme der Bevölkerung beschleunigt den technischen Fortschritt, und oberhalb eines kritischen Wertes tritt ein gradueller Regimewechsel ein, wobei in der Übergangsperiode sowohl die Produktion wie die Bevölkerung beschleunigt wachsen: Die erste Phase der Industrialisierung. Im Laufe der Industrialisierung wird technischer Fortschritt allerdings weniger von der quantitativen und mehr von der qualitativen Bevölkerungsentwicklung abhängig: Die steigende Nachfrage nach Humankapital ändert das Reproduktions- und das Investitionsverhalten der Haushalte. Die positive Beziehung zwischen technischem Fortschritt, Wohlfahrtszunahme und Bevölkerungswachstum kehrt sich um: Der Übergang von quantitativem Bevölkerungswachstum *cum* technischem Fortschritt zu qualitativem Bevölkerungswachstum *cum* technischem Fortschritt ist vollzogen und die Wohlfahrtszunahme beschleunigt sich.

So attraktiv und plausibel diese Theorie erscheinen mag, sie weist einige Defizite auf. Wirtschaftswachstum wird hier als ein unausweichlicher quasi-natürlicher, und nicht als ein historisch spezifischer Prozess dargestellt. Die jahrhundertelange Stagnation Chinas und Indiens und die große Divergenz zu Europa müssen damit exogen erklärt werden. Tabelle 3 macht deutlich, dass in allen drei Großregionen im zweiten Jahrtausend unserer Zeitrechnung ein erhebliches Bevölkerungswachstum stattgefunden hat, das Galor und Weils dynamisches System in Gang hätte setzen müssen. Doch der Wechsel vom malthusianischen in das moderne Wachstumsregime fand in China und Indien bis vor Kurzem nicht statt.

Charakteristisch für die neo-klassische Ökonomie ist es bekanntlich, ihre theoretischen Hypothesen empirischen Tests auszusetzen und zwar auf statistisch überprüfbare Weise. Dazu dient die Ökonometrie. Ein fundamentalistischer Grundsatz in diesem Zusammenhang lautet: „econometrics is needed to test the validity of generalisations" (*Temple* 1999, S. 120). Der Autor dieses Satzes räumt ein: „Historians bring to bear a much deeper conception of the social, political, institutional and technological sources of growth than theoretical and empirical economists are usually able to incorporate in formal models" (*ibid.*), aber viele der damit verbundenen Hypothesen erlauben eben aus den unterschiedlichsten Gründen keine ökonometrische Überprüfung. Das Problem ist grundsätzlicher Natur und nicht an die Technik der Ökonometrie gebunden. Wie befreit man sich aus dem Dilemma? Eine der Lösungsmöglichkeiten ist das, was Historiker und Sozialwissenschaftler eine dichte Beschreibung nennen oder was Max Weber mit verstehender Methode gemeint hat, – eine plausible Erfassung und Deutung der Sinnzusammenhänge von sozialem Handeln.[18] Indem *Weber* (1922 / 1956, S. 10) aber „die Konkordanz von Sinnadäquanz und Erfahrungsprobe" fordert, wirft er uns zurück auf das Verifikationsdilemma. Wohl wissend, dass eine Erfahrungsprobe in vielen Fällen nicht möglich ist, kann er auch eine sehr evident scheinende historische Zurechnung nur als nicht konfirmierbare Hypothese gelten lassen.

III. Wachstumsfaktoren auf der zweiten und dritten Ebene

Wo in physisches und Humankapital investiert wird, wo technischer und organisatorischer Fortschritt stattfindet, da findet auch Wachstum statt – und umgekehrt.[19] Was uns nun interessiert, sind die Fragen: Wie werden diese Prozesse in Gang gesetzt, was hält sie längerfristig aufrecht? Das sind Fragen nach den fundamentalen Wachstumsfaktoren. *Acemoglu* (2008) rubriziert die entsprechenden Faktoren unter vier Gesichtspunkten: Zufall, Geographie, Institutionen und Kultur. Dabei stellen sich die Institutionen (worunter er vor allem die formalen Institutionen versteht, während die informellen für ihn eher unter die nicht näher definierte Kultur fallen) als weitaus wichtigster Faktor heraus. Wenn man davon ausgeht,

---

18 Von eher unerwarteter Seite wird dieser Ansatz unterstützt, von *Robert Solow* (2005, S. 6): „detailed analysis of institutions is probably a better method than cross-country regressions".

19 Dass es sich nur um eine Quasi-Identität handelt, zeigt auf der einen Seite die neo-klassische Theorie, die auch bei hohen Investitionsanstrengungen einen *steady state* kennt. Zum anderen hat das die Empirie der sozialistischen Wirtschaften gezeigt, wo eine hohe Investitionsquote und ein hoher Ausbildungsstand nicht *eo ipso* ein hohes Wohlfahrtsniveau nach sich zog.

dass die anthropologische Ausgangslage, d. h. die Definition von und der Wunsch nach Wohlstand und die grundsätzliche Fähigkeit, sich diesen zu verschaffen, überall mehr oder minder gleich ist, dann unterscheiden sich die einzelnen Wirtschaften und Gesellschaften nach Maßgabe der Umstände und Faktoren, die entsprechende Entscheidungen erleichtern, erschweren oder unmöglich machen. Das sind, wie wir sahen, individuelle Entscheidungen bezüglich der Akkumulation von physischem und Humankapital und bezüglich der Entwicklung und des Einsatzes von technischen und organisatorischen Kombinationen. Die Grundhypothese lautet deshalb: Je größer die individuelle Entscheidungsfreiheit, desto höher ist langfristig das Wohlfahrtsniveau. Ähnlich, aber etwas enger lautet die Ausgangsthese von *North / Thomas* (1973, S. 1): „Efficient economic organization is the key to growth ... Efficient organization entails the establishment of institutional arrangements and property rights that create an incentive to channel individual economic effort into activities that bring the private rate of return close to the social rate of return".

Die Grundhypothese schließt eine alternative Hypothese bezüglich der sekundären Wachstumsfaktoren aus, die in der Entwicklungstheorie lange Zeit vorherrschend war. Danach sind nicht die individuellen Entscheidungen und die individuelle Anpassung an die Umstände das *primum movens* für wirtschaftliche Entwicklung, sondern kollektive, letztlich staatliche Organisation und Planung. Zentralisierte Entscheidungen und Regulierung der Handlungsalternativen, Entwicklungsplanung, die Bevorzugung großer Produktionseinheiten, Autarkie oder zumindest Importsubstitution, Zwangssparen – kurzum, staatliche Intervention und staatliche Prozesspolitik – sind für Wohlfahrt und Wachstum entscheidend.[20] Musterbeispiel dieser Ordnungs- und Wirtschaftspolitik waren die Sowjetunion und die von ihr beeinflussten sozialistischen Länder. In abgeschwächter Form war sie in vielen Entwicklungsländern, wie z. B. Indien, aber auch in relativ entwickelten Ländern der dritten Welt, wie z. B. Mexiko und Argentinien, in den 1950er und 1960er Jahren anzutreffen. Die Entwicklungstheorie hat sich in den 1970er Jahren von diesem Ansatz verabschiedet und damit auch für eine gewisse Zeit aus der ökonomischen Diskussion (*Thorbecke* 2006). Die liberale Alternative fand dann im sogenannten *Washington consensus* eine einflussreiche Formulierung, wobei der Konsens darin bestand, dass freie Märkte und stabiles Geld zusammen mit *good governance* und sozialer Sicherung am ehesten stabiles Wachstum hervorbringen (*Williamson* 1990; *Rodrik* 2005).

Divergenz und Konvergenz der Entwicklung in den sozialistischen Planwirtschaften unterschiedlichster Provenienz sind deshalb ein geradezu klassisches natürliches Experiment für die Theorie von Wohlfahrt und Wachstum. Zumindest in den kommunistischen Ländern Osteuropas und Asiens waren diese Wirtschaften

20 Häufig wird diese Hypothese auf die nachholende Industrialisierung beschränkt, z. B. von *Gerschenkron* (1962). Das impliziert, dass es auf der zweiten Ebene zwei unterschiedliche Wachstumsmodelle gibt, ein individualistisch-wettbewerbswirtschaftliches für hochentwickelte Länder an der Produktivitätsfront und ein kollektivistisch-planwirtschaftliches für zurückgebliebene Länder.

gekennzeichnet durch hohe Raten der Akkumulation in physisches und Humankapital. Ihr Zurückbleiben gegenüber dem Rest der entwickelten Welt lässt sich im erweiterten Solow-Modell folglich nur mit einer unterschiedlichen Intensität der Faktorausnutzung und unterschiedlichen Raten des technischen Fortschritts erklären. Das stimmt mit vielen empirischen Befunden über die Innovationsschwäche dieser Wirtschaften gut überein (vgl. z. B. *Wagener* 1996). Das enorme Wachstum nach der Transformation zu mehr Wettbewerb, besonders in Ostasien und Indien, ist dann Resultat der Kombination hoher Akkumulationsraten mit einer erhöhten Faktorintensität. Aber schon hier wird deutlich: Die eigentliche Ursache liegt auf der zweiten Ebene in der Wirtschaftsordnung und ihrer Transformation, der Rückführung staatlicher Interventionen, der Einführung offener Marktwirtschaften und unternehmerischer Freiheit, d. h. in einer Dezentralisierung der Entscheidungen und einer Öffnung nach außen.[21]

Die Einschränkungen der Entscheidungsfreiheit sind vielfältiger Natur: Materiell, sozial, kulturell, kognitiv, motivational. Pareto hat sie unter dem Begriff der „Hindernisse" zusammengefasst, die der individuellen Nutzenmaximierung im Wege stehen. Primär sind das materielle Hindernisse, die sich in Kosten äußern. Sekundär werden Kosten (Opportunitätskosten) aber auch von sozialen Institutionen und Politiken verursacht, während andererseits soziale Institutionen und Politiken ihre *raison d'être* aus ihrem Kostensenkungspotenzial beziehen. Folgende Kategorisierung ist denkbar:

- Natürliche Kostenfaktoren, die auf das Effektivitätsniveau Einfluss haben: Rohstoffvorkommen, geographisch bedingte Transportkostenvorteile u. Ä.
- Regelungen der Transaktionskosten, die ebenfalls auf das Effektivitätsniveau Einfluss haben: Die Transaktionskosten bestimmen die Tauschoptionen (und damit Arbeitsteilung und Spezialisierung). Das ist, wie wir aus der Institutionentheorie wissen, ein weites Feld. Denn darunter fallen:
  - Wichtige Elemente des Rechtssystems wie das Vertragsrecht und das Handelsrecht oder allgemeiner das Zivilrecht, das die horizontalen Austauschbeziehungen regelt, sowie eine unparteiische Rechtsprechung;
  - wichtige Elemente des nationalen und internationalen Finanzsystems, die die Kosten der Finanztransaktionen senken und damit ihr potenzielles Volumen steigern.
- Beherrschung von Unsicherheit und Risiko: Damit werden sowohl das Tausch- und Produktionsverhalten wie das Investitionsverhalten beeinflusst – ein min-

[21] *Lin* (2007) schränkt diese Erklärung auf einen Wechsel in der wirtschaftspolitischen Konzeption (nämlich von einer *comparative advantage defying strategy* zu einer *comparative advantage following strategy*) ein, den intelligente Regierungen vollzogen haben. Das hat den Vorteil, den sprunghaften Anstieg des Wirtschaftswachstums in China erklären zu können, ohne auf langfristige institutionelle Wandlungsprozesse zurückgreifen zu müssen, wirft allerdings neue Fragen auf. Es schließt außerdem nicht aus, dass diese Wandlungsprozesse längerfristig endogen stattfinden müssen, damit die Konvergenz auch vollzogen wird.

destens ebenso weites Feld wie das der Transaktionskosten, und wieder tauchen das Rechtssystem und das Finanzsystem als wichtige Regelbereiche auf:

- Verkehrssicherheit, die einen geregelten Austausch ermöglicht;
- Haftungsrecht und Haftungsbeschränkung;
- garantierte Eigentumsrechte, die vor Konfiskation und Raub schützen;
- Stabilität des institutionellen Rahmens und der Politik.

– Faktoren, die die Handlungsspielräume und die Motivation unmittelbar beeinflussen und sich bei Unterentwicklung zu erheblichen Hindernissen auswachsen:

- Unternehmerische Freiheit;
- Wettbewerb;
- Anreizsysteme;
- Infrastruktur;
- Wirtschaftspolitik.

– Tradition und Fortschritt: Die Einstellung zum Wandel in den materiellen, sozialen, kulturellen und kognitiven Sphären bestimmt den unternehmerischen Tatendrang, die Hervorbringung neuen Wissens und seine Anwendung ebenso wie die Bereitschaft, sich die *best practice* so schnell wie möglich anzueignen.

– Soziale Bindung oder das, was auch Sozialkapital genannt wird:[22] Die Kanäle, über die diese Faktoren sich auf die ökonomischen Entscheidungen auswirken, sind vielfältig, aber letztlich wird auch dadurch die Effektivität der Faktorausnutzung beeinflusst:

- Vertrauen (und damit Kredit);
- Kommunikation;
- wirtschaftsethische Normen, z. B. im Verhältnis zu Korruption und opportunistischem Verhalten.

Die Konkretisierung der sozialen Faktoren in Institutionen, Organisationen, Politiken, Einstellungen und mentalen Modellen ist nun gesellschafts- und geschichtsspezifisch. Deshalb ist es nur allzu verständlich, dass eine theoretische Erfassung der potenziellen Einflüsse noch kaum entwickelt ist und bevorzugt Einzelhypothesen *ad hoc* geprüft werden. Eine Hierarchie der sozialen Faktoren mit Blick auf ihre Wohlfahrtswirkung liegt noch nicht vor, wenn sie angesichts der hohen Verbundeffekte überhaupt denkbar ist. Die genannten Cluster von Faktoren sind mehr oder minder plausibel, aber weder wissen wir, ob es sich dabei nur um notwendige, aber nicht um hinreichende Bedingungen für Wachstum handelt, noch ist damit die konkrete Institutionalisierung bestimmt: „We know that growth happens when in-

22 *Putnam* (1993, S. 167) definiert Sozialkapital als „features of social organization, such as trust, norms, and networks, that improve the efficiency of society by facilitating coordinated actions".

vestors feel secure, but we have no idea what specific institutional blueprints will make them feel more secure in a given context" (*Rodrik* 2006, S. 979).

Trotz dieser Fülle von möglichen Einflussfaktoren und trotz der theoretischen Unsicherheit bezüglich ihrer Wirkung hat man den Komplex Recht und Staat als besonders wichtig hervorgehoben (z. B. *North* 1990). Zum einen lassen sich die relevanten Elemente empirisch fassen, zum anderen scheint ihr Einfluss auf die individuellen Entscheidungen intuitiv evident. Es geht dabei vor allem um Märkte konstituierende und stabilisierende Institutionen, nämlich solche, die die Einhaltung von Verträgen sicherstellen, Eigentumsrechte schützen, Marktversagen korrigieren und Wettbewerb legitimieren (*Rodrik* 2005, S. 1006). Es werden hier Grundfunktionen angesprochen, die für eine nachhaltige marktwirtschaftliche Entwicklung unerlässlich sind und die eine Gesellschaft auf die eine oder andere Weise erfüllen muss, um stabiles Wachstum aufrecht zu erhalten. Deshalb werden wir entsprechende Frühformen überall dort antreffen, wo längerfristiges Wachstum auftritt. Kurzum, die Geschichte der marktschaffenden und marktstützenden Institutionen, und das ist im Wesentlichen die Geschichte von Recht und Staat, gewinnt für die Geschichte der Wohlfahrtsentwicklung entscheidende Bedeutung.

Wo unternehmerische Handlungsfreiheit herrscht, Kooperation und Kommunikation mit einer möglichst weiten Umgebung auch zeitversetzt möglich sind und wo die individuelle Aneignung der sozialen Erträge wirtschaftlicher Tätigkeit weitgehend gewährleistet ist, werden nicht nur die Produktionsfaktoren, sondern auch das äußerst beschränkte Wissen optimal genutzt und entwickelt. Das war eine der fundamentalen Erkenntnisse Hayeks (z. B. *Hayek* 1945) und ist fester Bestandteil der neuen Institutionentheorie. *Greif* (2005, S. 727–729) warnt allerdings davor, in diesem Zusammenhang eindeutige Kausalketten zu unterstellen. Zum einen gebe es entwickelte Märkte auch ohne den Rechtsstaat, zum anderen hätten sich die moderne Marktwirtschaft und der liberale Staat gemeinsam herausgebildet.

*Menger*s (1883 / 1969) Unterscheidung organischer und pragmatischer Institutionen aufnehmend zeigt Greif, dass bei der Herausbildung von Märkten die organischen, auf privater Ordnung beruhenden Regeln den pragmatischen, auf öffentlicher Ordnung beruhenden historisch vorausgehen. Organische Institutionen, die die Einhaltung von Verträgen regeln, setzen direkte persönliche Beziehungen voraus und entstehen vor allem im Rahmen eng geknüpfter Verbände (Sippen, Gilden, religiöse Gemeinschaften). Sie haben sehr niedrige Fixkosten, aber relativ hohe und rasch steigende Grenzkosten. Folglich bleiben die Märkte eng, und es ist schwierig, neue Geschäftspartner zu finden. Wachsende und weitere Märkte, auf denen die Handelspartner keinerlei persönliche Beziehungen zueinander haben, setzen ein pragmatisches, auf öffentliche Ordnung gegründetes Vertragsrecht voraus. Es hat hohe Fixkosten, aber sehr niedrige und nicht steigende Grenzkosten. Der Nachteil öffentlicher Vertragssicherung ist, so Greif, die Tatsache, dass damit auch Informationen über das Vermögen der Vertragsparteien öffentlich gemacht werden und so ein konfiskatorischer Zugriff der Herrschenden herausgefordert wird. Das heißt, staatlich gesichertes Vertragsrecht wird nur dann in Anspruch genommen, wenn gleichzeitig ein hinreichender Schutz der Eigentumsrechte besteht. Man kann die Liste der erforderlichen öffentlichen Leistungen um weitere Punkte, wie stabiles Geld, Infrastruktur, Bildung, Gesundheit, erweitern. Allerdings hat sich die Diskussion auf gute Regierung und den Rechtsstaat konzentriert, die den Anforderungen der Wirtschaft entsprechen müssen.

Staat und Recht sind zweifellos entscheidend für die Entfaltung von modernen Marktwirtschaften, für unternehmerische Initiative und für Investitionsentscheidungen. Schumpeter und die neo-klassische Wachstumstheorie haben jedoch deutlich gemacht, dass langfristiges Wachstum von systematischer Forschung und Entwicklung, Innovation, Strukturwandel und der Übernahme von *best practices* abhängt. Nun setzt auch Innovation unternehmerische Initiative und Investitionen voraus. Die Entwicklung von Wissenschaft und Technik lässt sich – vom zweifellos bedeutsamen Schutz geistigen Eigentums einmal abgesehen – vielleicht weniger unmittelbar auf die positive Wirkung guter Regierung und guten Rechts zurückführen, als das bei der unternehmerischen Initiative der Fall ist. Es ist aber nicht zu vergessen, dass die Freisetzung einer Arbeitskraft, die den Acker pflügen könnte, für Zwecke der Forschung und Entwicklung eine Investition ist, in einer armen Gesellschaft eine kostspielige Investition. Wie Gesellschaften diese Investitionsentscheidung treffen – zum Beispiel durch die Einrichtung von Klöstern oder von Universitäten – ist ein schwieriges Kapitel. Außer der Feststellung, dass hier seit dem Mittelalter signifikante Unterschiede zwischen Westeuropa und Süd- und Ostasien entstanden sind (ein buddhistisches Kloster ist kein Zisterzienserkloster), gibt es kaum befriedigende Erklärungen auf der zweiten Ebene.

Damit kommen wir fast automatisch zur dritten Ebene der wachstums- und wohlfahrtsrelevanten Faktoren. Auf dieser Ebene wird die Frage angesprochen, warum einzelne Länder oder Regionen gute Regierung, gute Institutionen und dynamische Einstellungen haben und andere nicht. Dabei ist allerdings zu unterscheiden: Eine neue effiziente Institution (er-)finden und eine im Prinzip bekannte effiziente Institution einführen sind zweierlei. Über den Prozess der Innovation wissen wir nicht nur im wissenschaftlich-technischen, sondern auch im rechtlich-organisatorischen Bereich wenig. Die bereits erwähnte Unterscheidung von *Menger* (1883 / 1969) in organische und pragmatische Ordnungen sagt zwar etwas über spontane oder konstruktivistische Entstehungsprozesse, aber nichts über ihre Bedingungen und ihren Verlauf. *Hayek* (1969b) lehnt den konstruktivistischen Ansatz aufgrund von Wissensproblemen ab und vertritt die Ansicht, effiziente Ordnungen entwickelten sich spontan, d. h. sie seien das Ergebnis menschlichen Handelns, aber nicht menschlichen Entwurfs. Die Individuen treffen Regelungen, die sich im Wettbewerb anderen gegenüber als überlegen herausstellen. Sind diese Institutionen aber einmal in der Welt, dann können sie imitiert oder adaptiert werden. Das heißt, wie wissenschaftlich-technische Neuerungen können auch rechtlich-organisatorische Neuerungen – mit eventuellen Anpassungen an die jeweilige Umgebung – transplantiert werden. Ein solches konstruktivistisches Verfahren liegt in der Regel Transformationsprozessen zugrunde. Warum das verzögert oder gar nicht stattfindet, bedarf einer eigenen Erklärung.

Wenn gute Institutionen – nehmen wir diese *pars pro toto* – gegenüber allen anderen Regimen Pareto-superior wären, dann ließe sich die Diskrepanz von wohlgeordneten und schlechtgeordneten Ländern nur noch mit Unkenntnis erklären, mit einer extrem hohen Zeitpräferenz, die die Transformationskosten prohibitiv macht, oder mit stabilen multiplen Gleichgewichten. Alle drei Möglichkeiten sind im historischen Kontext denkbar. Ein Beispiel für ein höchst stabiles stationäres und damit suboptimales Gleichgewicht ist das *Hindu equilibrium,* dem *Lal* (2005) eine Dauer von 3.500 oder bei genauerem Hinsehen immerhin noch von ca. 2.100 Jahren zuschreibt. Nicht dass Indien in dieser Zeit immer ein komparativ „unterentwickeltes" Land gewesen wäre, aber es war dank des Gleichgewichts nicht in der Lage, die für Wachstum entscheidenden Faktoren zu entwickeln oder zu adaptieren. Die mentale Verankerung dieses Gleichgewichts in den religiösen Vorstellungen des Hinduismus verweist uns wieder auf Max Webers religionssoziologische „Entdeckung", dass nämlich die Denkart des Ostens zu einer weltflüchtigen, passiven Versenkung, die des Westens zu einer aktiven, von theoretischem und praktischem Rationalismus geprägten Lebensführung anhielten.

Etwas prosaischer ist die Feststellung, dass Pareto-effiziente Zustände nur für eine gegebene Verteilung definiert sind. Wenn der Übergang zu „guten", wachstumsfördernden Institutionen die Verteilung zum Nachteil der herrschenden Eliten ändern würde, dann wird er sehr wahrscheinlich nicht stattfinden. Sind die herrschenden Eliten stabil – und da kann die Religion, z. B. das hinduistische Kastensystem, eine wichtige Rolle spielen –, dann bleibt auch das stationäre Gleichgewicht stabil. Umgekehrt argumentiert bedeutet das, einschneidende institutionelle Änderungen setzen ein Aufbrechen der Machtgleichgewichte voraus, auch eine Form von *creative destruction.*

Warum es deshalb in einigen Gesellschaften zur Entwicklung von Rechtsstaat und guter Regierung gekommen ist, wird daraus allerdings nicht ersichtlich. Beide sollten, wie wir sahen, den Anforderungen der Wirtschaft entsprechen. Das tun sie dann am ehesten, wenn die wichtigsten wirtschaftlichen Entscheidungsträger Einfluss auf Politik und Recht haben: „Market development is thus fostered by a polity in which the commercial sector has a voice and influence on the function, policy, and organization of the state" (*Greif* 2005, S. 766). Wo die Kaufleute im Mittelalter das Sagen hatten, in den Städten, bildeten sich auch die institutionellen Grundlagen der modernen Marktwirtschaft heraus. Diese Erkenntnis steht in *Max Weber*s (1922 / 2000) Analyse der mittelalterlichen Stadt zentral. Das setzte sich danach in der bürgerlichen Gesellschaft der Neuzeit fort, und Marx hat völlig recht, wenn er im Kapitalismus eine Kongruenz von ökonomischer Basis und politisch-rechtlichem Überbau konstatiert. Was Marx nicht gesehen hat, ist die Ko-Evolution von technologischer Entwicklung (Produktivkräfte), organisatorischer Entwicklung (Produktionsverhältnisse) und institutioneller Entwicklung (Überbau), die, wie das Beispiel Asiens zeigt, auch ausbleiben kann.

Der Trend zu pragmatischen Institutionen setzt eine bestimmte gesellschaftliche Konstitution voraus, nämlich Individualismus und Integration. Eine in Subgruppen stark segmentierte Gesellschaft wird nur eine schwache öffentliche Ordnung hervorbringen, unter anderem auch deshalb, weil die organischen Regelungen innerhalb der Subgruppen stark sind. In Europa hat der Individualismus als Erbe der Antike und als Produkt des Christentums besondere Bedeutung gewonnen und damit den für die Wohlfahrtsentwicklung günstigen Rahmen und die entsprechende Motivationsstruktur geschaffen (*Greif* 2005). Worum es dabei vor allem geht, sind die Rechtsfähigkeit und die Vermögensfähigkeit der Person. Erst wo beides für alle Personen voll gewährleistet ist, sind das selbständige Individuum und das (Privat-)Eigentum auch voll entfaltet und können ihren Beitrag zur Wohlfahrtsentwicklung leisten. Individuum und Staat, d. h. persönliche Handlungsfreiheit und Verantwortung auf der einen Seite und Rechtsschutz für Person und Eigentum auf der anderen, sind das Resultat einer langen europäischen Geschichte, evolviert aus Sippen-, Familien- und anderen Verbandsordnungen. Einen wichtigen Schritt in diesem Zusammenhang hat am Beginn der Neuzeit die Reformation getan, indem sie die persönliche (Gewissens-)Freiheit, aber auch die persönliche Verantwortung herausstellte.

Transformation von einem weniger effizienten zu einem effizienteren Institutionenarrangement kennt wie die meisten Transformationen Gewinner und Verlierer. Und damit wird sie zum Gegenstand der politischen Ökonomie oder des *Public Choice*. Entscheidungen für sozial effiziente Arrangements werden nur dann getroffen, wenn sie mit den persönlichen Interessen der Schlüsselfiguren übereinstimmen. In der Demokratie ist das der Medianwähler, in weniger demokratischen Systemen sind es die entsprechenden Machteliten. Die politische Ökonomie des Institutionenwandels (z. B. *Knight* 1992; *Knight / Sened* 1995) und die Theorie der Transformation (z. B. *Wagener* 1997) sind darauf eingegangen. Um die Blockierung von sozial effizienten Arrangements in nicht-demokratischen Regimen zu durchbrechen, ist, wie gesagt, ein Aufbrechen der Machtgleichgewichte erforderlich. Das findet häufig in der Nachfolge von verlorenen Kriegen, von Revolutionen oder von ökonomischen Krisen statt. Der Zusammenbruch des Sowjetimperiums ist ein klassischer Fall aus der jüngsten Geschichte, der auch deutlich macht, dass ein solches Ereignis nicht notwendigerweise zu einer besseren Machtverteilung und damit zu einer Chance für bessere institutionelle Arrangements führt. Auch die chinesische Geschichte ist reich an Krisen und Zusammenbrüchen, die manchmal zu einschneidenden Systemwechseln geführt haben. Generell ist politisch-ökonomische Macht ein zentraler Faktor für die Wohlfahrtsentwicklung auf der dritten Ebene. Für eine Theorie der Macht ist hier kein Platz. Aber zumindest soviel sollte deutlich sein, dass Macht sich formell auf die politischen Institutionen gründet, materiell aber vor allem auf die Verteilung der Ressourcen. Damit ist sie ein endogener Faktor des Entwicklungsprozesses.

Der empirischen Wachstumsforschung ist dieser Zusammenhang nicht entgangen. So stellt *Acemoglu* (2008, S. 1058) fest, dass autoritäre Regime weniger Wohlfahrt und Wachstum hervorbringen als partizipatorische Regime. Hinter einer solchen Feststellung verbergen sich allerdings die vielfältigsten Zusammenhänge kurz- und langfristiger Natur. In einem autoritären Regime monopolisiert eine konkrete Personengruppe die Macht. Das erhöht die Wahrscheinlichkeit der Machtausbeutung, d. h. die Sicherheit der Eigentumsrechte nimmt ab, damit aber auch, wie wir sahen, die Funktionsfähigkeit anderer pragmatischer Institutionen. Die Individuen verlegen sich stärker auf die vertrauenswürdigeren organischen Institutionen. Das erhöht die Transaktionskosten. Der gleiche Zusammenhang führt langfristig dazu, dass sich pragmatische, auf öffentlicher Ordnung beruhende Institutionen gar nicht erst herausbilden.

Das Geflecht der Faktoren, die am Ende zu langfristig stabilem Wirtschaftswachstum und zu Wohlfahrt führen, ist äußerst komplex und spiegelt die hohe Interdependenz zum einen innerhalb des Wirtschaftssystems selbst und zum anderen zwischen Wirtschaft, Politik, Recht und Kultur wider. Auf der zweiten Ebene wurden zwei Problembereiche hervorgehoben:

- Die Lösung des gespannten Verhältnisses zwischen individueller Freiheit und Sicherheit. Das erfordert zum einen eine adäquate Regelung der interpersonellen Kommunikation: Schutz vor räuberischem Verhalten und Vertragstreue sind sicherzustellen. Und zum anderen sind Organisation und Rolle des Staates so zu bestimmen, dass beides, Freiheit und Sicherheit, gewährleistet wird. Denn ein Staat, der stark genug ist, die persönliche Freiheit und die Eigentumsrechte zu schützen, ist auch stark genug, beide zu schänden.

- Die Einstellung zu und die Motivierung von Wandel und Fortschritt. Hier gilt es vor allem die Widerstände gegen Wandel und Fortschritt zu beachten. Für Indien hat *Lal* (2005, S. 261) einen solchen Widerstand knapp benannt: „Gandhi launches a diatribe against the three major agents of Western civilization destroying India – railways, lawyers, and doctors".

Auf der dritten Ebene setzen Wohlfahrt und Wachstum voraus, dass sich die individuellen Interessen adäquat artikulieren und durchsetzen lassen. In einer großen, anonymen Gesellschaft kann nur der Staat mit seinem Gewaltmonopol die hierfür notwendigen Voraussetzungen schaffen. Gleichzeitig gilt es aber zu verhindern, dass individuelle Interessengruppen sich des Staates bemächtigen. Das adäquate Mittel gegen Machtkonzentration und Monopol in Wirtschaft und Politik ist Wettbewerb. Die Schaffung und Stabilisierung von Wettbewerbsgleichgewichten ist aber ein äußerst diffiziler Prozess. Die großen Wohlfahrtsunterschiede in der Welt machen deutlich, dass dies nur in wenigen Regionen gelungen ist. Zahlreiche der in diesem Zusammenhang zu identifizierenden konkreten Faktoren sind Ergebnis längerfristiger historischer Prozesse: Ein partizipatorisches Regime z. B. ist nicht mit der Einführung einer demokratischen Verfassung geschaffen, sondern verlangt auch die korrespondierenden Einstellungen. *Good governance* hängt von entwickeltem Sozialkapital ab, und hier können die Akkumulationsprozesse, so *Putnam* (1993), sich über sehr lange Perioden erstrecken.

Die Testfrage für die Wachstumsrelevanz langfristig entstandener Institutionen und Einstellungen, d. h. für alle mit großen Trägheitsmomenten ausgestatteten Einschränkungen der individuellen Handlungsfreiheit und der individuellen Initiative lautet: Warum kann in manchen Ländern (z. B. Japan, Singapur, Hongkong, Südkorea, Taiwan, China, Indien) plötzlich nachhaltiges Wirtschaftswachstum auftreten (*Lin* 2007, S. 12)? China hat Ende der 1970er Jahre seine Wirtschaftspolitik geändert, aber nicht Rechtsstaat und Demokratie eingeführt, und es hat ein beispielloses, bislang kontinuierliches Wachstum erzielt.[23] Umgekehrt hat Indien Rechtsstaat und Demokratie vom britischen *Raj* übernommen, ohne dass dies für viele Jahre zu konvergentem Wachstum geführt hätte. Ganz offensichtlich sind Demokratie und Rechtsstaat weder notwendig noch hinreichend für die Entfaltung von Unternehmertum und Märkten. Es wäre aber sicher falsch, daraus unmittelbar auf die Irrelevanz von Rechtsstaat und Demokratie zu schließen.

Der Politikwechsel, der in diesen beiden Ländern in den 1980er und 1990er Jahren vollzogen worden ist, hat erst einmal unternehmerische Initiative freigesetzt, die sich unmittelbar auf das Wachstum auswirkte. Die Entwicklung in Südkorea und Taiwan, aber vor allem in Japan, das sehr viel früher eine vergleichbare Transformation vorgenommen hat, zeigt, dass die korrespondierenden Institutionen und Einstellungen sich bei einem nachhaltigen Entwicklungsprozess endogen mitentwickeln. Der auffällige Unterschied zwischen den ostmitteleuropäischen Transformationsländern und den übrigen Nachfolgestaaten der Sowjetunion hat sicher mehrere Ursachen, aber nicht zuletzt die, dass erstere über entsprechende Traditionen in ihrer politisch-sozialen Kultur verfügen und letztere nicht. Kurzum, die Freisetzung individueller Handlungsfreiheit und Initiative kann zu plötzlichen Wachstumsschüben führen, eine Verstetigung dieser Entwicklung erfordert aber ihre Einbettung in einen entsprechenden institutionellen Rahmen.

D. Warum Europa?

Können wir vor diesem theoretischen Hintergrund jetzt die Frage beantworten: Warum Europa und nicht China oder Indien? Warum Italien, die Niederlande und England und nicht Spanien, Frankreich oder Deutschland? *North / Thomas* (1973, S. 1) stellen kategorisch fest: „the development of an efficient economic organization in Western Europe accounts for the rise of the West“. Und die gleiche Ursache erklärt die Entwicklungsvorsprünge der einzelnen Länder in Westeuropa, nur dass

---

23 Wenn *Rodrik* (2006, S. 980) allerdings behauptet, der Wachstumsaufschwung Chinas seit den späten 1970er Jahren habe stattgefunden mit „changes in its system of incentives that were marginal in nature (and certainly with no ownership reform)“, dann regt sich doch Widerspruch. Denn lässt man die Bauern den Boden individuell statt kollektiv bewirtschaften und die Fabriken dezentral über die Ressourcenverwendung entscheiden, statt ihnen zentrale Pläne vorzugeben, dann haben sich die Eigentumsrechte und damit die Anreize fundamental geändert, egal wem der Boden oder die Fabriken gehören.

dort der Konvergenzprozess sehr viel rascher eingesetzt hat als im Fall von Asien, d. h. die Widerstände gegen eine nachholende Entwicklung waren innerhalb Europas sehr viel geringer. Das Problem einer solchen Erklärung ist einerseits, dass sie Gefahr läuft, zirkulär zu sein: Effizient ist, was Erfolg hat; und andererseits läuft sie Gefahr, einen eurozentristischen Bias aufzuweisen: Nur europäische Arrangements bringen Erfolg. Das erste Problem folgt praktisch aus der endogenen Verbindung von Wachstum und effizienter Organisation, das zweite verweist auf möglicherweise vernachlässigte Variablen. Sich der Gefahren bewusst zu sein, ist augenblicklich wohl alles, was man dagegen tun kann.

Die Literatur zur Frage „Warum Europa?“ lässt sich – das hatte sich bereits angedeutet – in drei Gruppen einteilen. Die erste Gruppe (z. B. *Pomeranz* 2000) sieht bis in die zweite Hälfte des 18. Jahrhunderts eine mehr oder minder gleichförmige malthusianische Situation. Erst mit der industriellen Revolution setzen sich Europa und seine transatlantischen Ableger vom Rest der Welt ab. Die zweite Gruppe (z. B. *Clark* 2001; *Acemoglu / Johnson / Robinson* 2005b) kennt zusätzlich eine primäre Wachstumsphase vom 16. bis zum Beginn oder zur Mitte des 19. Jahrhunderts. Die dritte Gruppe (z. B. *North / Thomas* 1973; *Jones* 2003; *Greif* 2006; *Maddison* 2007) setzt den Beginn des europäischen Entwicklungsprozesses 500 bis 800 Jahre vor der industriellen Revolution an von einem Ausgangsniveau aus, das wahrscheinlich unter dem chinesischen lag. Alle drei Szenarien akzeptieren als stilisiertes Faktum die Stagnation der asiatischen Räume bis ins ausgehende 19. Jahrhundert – der Fall Japan – oder bis ins ausgehende 20. Jahrhundert – die Fälle China und Indien. Die ersten beiden Szenarien konzentrieren sich stark auf England und vernachlässigen weitgehend die früheren Wachstumsgeschichten Italiens und der Niederlande. Das dritte Szenario ist stärker gesamteuropäisch orientiert und hebt die vier nacheinander auftretenden Wachstumspole hervor.

Es ist klar, dass die Szenarien unterschiedliche Erklärungsmuster erfordern. Ist im dritten Fall der Ursprung der Divergenz irgendwo im Hochmittelalter zu suchen, in der „präkolumbianischen“ Zeit also, drängen sich in den ersten beiden Fällen die Eroberung der Welt durch Europa (England) und das Ende des *ancien régime* als einschneidende Ereignisse auf. *Pomeranz* (2000) z. B. betont den Kolonialismus und bleibt damit auf der ersten, rein ökonomischen Ebene der Wachstumstheorie. In einer wachsenden Wirtschaft wetteifern Nahrung, Kleidung, Brennstoffe und Baumaterialien um den immer knapper werdenden Boden. Dank seines bewaffneten Handels konnte Europa in der zweiten Hälfte des 18. Jahrhunderts aus dem universellen stationären Gleichgewicht ausbrechen und seine Bodenreserve in den Kolonien schlagartig erweitern. So gewann es seinen entscheidenden Vorsprung. Unstrittig an dieser Hypothese ist, dass die Wachstumspole mit Ressourcenproblemen konfrontiert waren, die sie über den (internationalen) Handel lösen mussten. Der transatlantische Handel wurde in seinen Anfängen (16. bis Mitte 18. Jahrhundert) vor allem von Luxuswaren (Gewürze, Seide, Porzellan und Ähnliches) dominiert. Erst später kamen Massengüter und auch Rohstoffe hinzu (z. B. Getreide, Fleisch, Baumwolle, Zucker). Vor dem gleichen Ressourcenproblem standen aber bereits im Spätmittelalter die italienischen Städte und im 16. bis 18. Jahrhundert die Niederlande. Auch sie konnten das Problem nur über den Handel lösen, aber das war im Wesentlichen ein inner-europäischer (und im Großen und Ganzen unbewaffneter) Handel und bereits ein Handel mit Massengütern.[24]

Acemoglu / Johnson / Robinson (2001; 2005b) haben die Kolonialismushypothese wieder aufgegriffen (wobei sie den geographisch-klimatisch bedingten Siedlungskolonialismus als wachstumsrelevant herausstellen) und mit der Hypothese verbunden, dass der atlantische Fernhandel für die besondere Entwicklung Europas entscheidend war. Wirtschaftswachstum impliziert *eo ipso* Handel, und Wachstumspole setzen ein großes Einzugs- und Absatzgebiet, also Fernhandel voraus. Dass diese Wachstumspole bevorzugt an Küsten lagen und den Handel weitgehend über See abwickelten, ist bei den alternativen Transportmöglichkeiten der Zeit vor der Eisenbahn nur allzu verständlich. Die Einengung des Erklärungsmusters auf den atlantischen Fernhandel lässt die ebenfalls maritim gestützte Entwicklung Italiens mit Genua, Venedig und Pisa, Flanderns mit Brügge, Antwerpen und Gent und den Aufstieg des Städtebundes der Hanse unerwähnt. Unerwähnt bleibt auch, dass das westeuropäische Binnenland sehr rasch eine nachholende Entwicklung durchgemacht hat, die allerdings durch die höheren Transportkosten eben verzögert war.

Ergänzt wird das Erklärungsmuster durch eine institutionelle Variable, die vor allem auf die allmähliche Ablösung des autoritären *ancien régime* abstellt: Erfolgreich waren vor allem jene atlantischen Händlergesellschaften, die schon um 1500 partizipatorische politische Regime hatten. Die institutionelle Variable ist die *differentia specifica* im Erklärungsmuster von Acemoglu, Johnson und Robinson. Denn sie muss erklären, warum es in den Niederlanden und England stürmisch voranging und nicht in Spanien, Portugal oder Frankreich. Sie müsste auch erklären, warum es um das Mittelmeer nach anfänglich blühendem islamischem Handel die italienischen Städte waren, die ein hohes Wachstum aufwiesen, und warum der Handel über den indischen Ozean (*Chaudhuri* 1985) nicht zu einer ähnlichen Entwicklung geführt hat. Für das dritte Szenario stehen die institutionellen Variablen zentral. Auch vor der Zeit der großen Entdeckungen gab es einschneidende Ereignisse, die sich handelsfördernd auswirkten, wie z. B. die Kreuzzüge, worauf schon *Adam Smith* (1776 / 1976, S. 406) hingewiesen hat. Und es gab Kolonisierungs-, d. h. Siedlungsbewegungen, wie die Ostkolonisation, die auf die Bodenknappheit und die Freiheitseinschränkung in den alten Siedlungs- und Herrschaftsgebieten reagierten und damit neue wirtschaftliche Initiativen entfalteten und neue Handelswege erschlossen. Doch das dritte Szenario unterstreicht mit *North / Thomas* (1973), dass es die effiziente Wirtschaftsorganisation sei, die das exzeptionelle Wachstum Europas erkläre.

---

[24] So waren im Jahr 1670, auf dem Höhepunkt des „Goldenen Zeitalters“ Hollands, nur etwa 18 % der Gesamttonnage der holländischen Handels- und Fischereiflotte Ostindien-, Westindien- und Westafrikafahrer, aber allein ca. 36 % Ostseefahrer, und noch 1770 hatte die VOC, die holländische Ostindienkompanie, ungefähr halb so viele Seeleute wie die restliche Handelsflotte (*Maddison* 2001, S. 77).

Effiziente Wirtschaftsorganisation ist kurz zusammengefasst: Unternehmerische Handlungsfreiheit, klar definierte und gesicherte Eigentumsrechte, Durchsetzbarkeit von Verträgen, ganz allgemein Recht, Sicherheit und Ordnung, d. h. ein starker, aber konstitutionell kontrollierter Staat und stabiles Geld. Die eigentlich interessante Frage zielt nun auf die Mechanismen, die diese effiziente Wirtschaftsorganisation zustande oder nicht zustande gebracht haben. Bei North und Thomas läuft das noch recht einfach ab. Im Hochmittelalter sehen sie die Ursache für Wachstum und Entwicklung in exogenem Bevölkerungswachstum und in der Zeit von 1500 bis 1700 in der Entwicklung der Eigentumsrechte als Reaktion der entstehenden Nationalstaaten auf ihre notorischen fiskalischen Krisen (*North / Thomas* 1973, S. 26 und S. 97). Der entscheidende Schritt hin zum Schutz der Eigentumsrechte und der individuellen Freiheit ist aber bereits im Mittelalter genommen worden. Das Mittelalter war eine besonders durch das Recht, d. h. durch Gewohnheiten, Traditionen und Normen geprägte Periode Die Herausbildung des *common law* im 12. und 13. Jahrhundert in England mit der Magna Carta (1215) als herausragendem schriftlichen Dokument brachte vor allem ein zentrales Grundprinzip mit sich: die Suprematie des Rechts, die sich in der *rule of law* und im *due process* äußerte (*Hogue* 1966 / 1985). Die Entwicklung auf dem Kontinent war in dieser Hinsicht nicht grundsätzlich verschieden.

Die erste Hypothese von North und Thomas (exogener Bevölkerungsdruck) wird in neueren Untersuchungen durch komplexere polit-ökonomische Erklärungen (*Greif* 2005; 2006) ersetzt, die aber auf Ansätze zurückgreifen, wie wir sie bei Max Weber kennengelernt haben. Diese politische Ökonomie des Wandels hin zu marktwirtschaftskonformen Institutionen stellt ab auf die Herausbildung einer rationalen staatlichen Ordnung und darin auf die politische Partizipation der kommerziellen Interessen. Beide Prozesse nahmen in Europa ihren Anfang im Mittelalter, und wir sahen bereits, dass Max Weber in der mittelalterlichen Stadt sozusagen die Urzelle des modernen, am Ende kapitalistischen Wirtschaftssystems gefunden zu haben glaubte. Die Stadtgemeinde – und das ist wichtig, um sie von ähnlichen Siedlungen in China oder Indien zu unterscheiden, – hat fünf wesentliche Merkmale: Befestigung, Markt, eigenes Gericht und teilweise eigenes Recht, Verbandscharakter und mindestens teilweise Autonomie und Autokephalie (*Weber* 1922 / 2000, S. 11). Ganz entscheidend aber war, dass die Stadt militärische Eigenständigkeit aufwies.

Warum konnte sich in Indien und China die Stadt nicht in ähnlicher Weise von der Patrimonialherrschaft emanzipieren? Im Fall Indiens macht Weber das Kastenwesen dafür verantwortlich: „Denn die Kasten schlossen jede Solidarität und politisch machtvolle Verbrüderung des Bürgertums und der Gewerbe aus“ (*Weber* 1921 / 1998, S. 27). Damit konnten die Städte auch keine Militärmacht entwickeln. „Jedenfalls in der Masse aller indischen Städte blieb stets der König und sein Beamtenstab Herr“ (*ibid.,* S. 65). Die meisten Städte wurden von einem Hof und einer herrschaftlichen Bürokratie dominiert, die auch das Militär kontrollierten (*Lal* 2005). Im zentralistischer organisierten China spielten nicht die Höfe, wohl aber die Bürokratie eine ähnliche Rolle. Auch hier war die Militärmacht nicht wie im europäischen Feudalismus dezentralisiert. Doch die Entstehung einer „Stadtverbrüderung“ sah Weber ähnlich wie in Indien durch das Kastenwesen „durch die magische Verklammerung der Sippen“ gehemmt (*Weber* 1922 / 2000, S. 34).

Wieso konnten die europäischen Städte Herrenrechte usurpieren oder warum haben die Herrschenden im europäischen Mittelalter das Aufkommen der autonomen Städte toleriert? Ist die Situation in China und Indien nicht der Normalfall? Für die italienischen Städte macht *Greif* (2006) klar, dass sich ihre politische Autonomie in einer Periode der schwachen Herrschergewalt entwickelte. Für die Niederlande stellen *de Vries / van der Woude* (1995, S. 198 – 205) fest, dass vor allem das Fehlen einer feudalistischen Tradition die Herausbildung der städtischen Strukturen begünstigt habe. Nachdem was weiter oben zur rechtlichen Entwicklung im Feudalsystem festgestellt wurde, scheint es weniger das Fehlen einer feudalistischen Tradition, als das Fehlen einer absolutistischen Periode zu sein, was die Stabilität des Rechtssystems und damit die Garantie der Eigentumsrechte förderte. Denn wie *Hogue* (1966 / 1985, S. 243) treffend bemerkt: „Doctrines of the supremacy of law and of judicial precedents cannot thrive in the presence of a divine-right monarch claiming to be supreme lawgiver as well as supreme administrator“. Versuche der Stuart-Könige, den Absolutismus in England einzuführen, endeten auf dem Schafott und in der *glorious revolution*. Als Republik hatten die Niederlande da noch weniger Probleme. Im Vergleich zu China und Indien ist festzustellen, dass in Europa generell, mit Ausnahme der zeitweise absolutistisch regierten Staaten, die Macht des Herrschers beschränkt war.

Es scheint im europäischen Mittelalter folglich eine gewisse Übereinstimmung der Interessen zwischen den Herrschenden und den Kaufleuten bestanden zu haben oder das, was *Hicks* (1969, S. 38) „a ‚feel‘ for trade“ genannt hat: „it will be met if the rulers are themselves merchants or are deeply involved in trade themselves“. Der italienische Stadtstaat war da natürlich die einfachste Lösung. Aber auch ein Territorialfürst mochte, vielleicht am Beispiel eines Nachbarn, einsehen, dass ein geregeltes Steuerwesen einträglicher ist als willkürliche Enteignungen, dass sichere Eigentumsrechte und funktionierende Märkte der Entwicklung der Wirtschaft und damit der Steuerbasis zuträglicher sind als einfache hierarchische Rentenabschöpfung. Wo das, wie in Indien (*Chaudhuri* 1985, S. 213), nicht der Fall ist, wo der Herrscher oder der Staat sich nicht durch die Garantie von Eigentumsrechten bindet, tritt ein, was wir bei *Greif* (2005) erfahren hatten: Fehlende Eigentumsrechte machen eine Versachlichung der Vertragsbeziehungen unwahrscheinlich; Intransparenz der Vermögenswerte ist der beste Schutz vor konfiskatorischen Eingriffen des Herrschers; persönliche Beziehungen bleiben der vorherrschende Regelungsmechanismus im Handelsverkehr.

Die islamischen, die indischen und die chinesischen Kaufleute waren hoch spezialisierte Virtuosen des Handels, aber sie mussten ohne nennenswerte staatliche Unterstützung auskommen und waren damit auf ihre persönlichen Beziehungen, häufig in religiösen oder Sippen-Verbänden, angewiesen. Die europäischen Kaufleute und Unternehmer schufen sich dagegen ein Recht und eine Administration, die ihnen einen sehr viel weiteren Handlungsrahmen durch Senkung der Transaktionkosten eröffneten (*Chaudhuri* 1985; *Greif* 2006). Hierbei half ihnen, dass ihr gesellschaftliches Ansehen und damit auch ihr politisches Gewicht viel höher als im asiatischen Raum war. „Trade remained a specialised occupation below the professions of arms, of administration, and even, in the case of China, of farming. The attitude of official contempt towards traders in general is one of the best-recorded themes of Asian history“ (*Chaudhuri* 1985, S. 214).[25] Man halte die Stellung der Bardi, der Medici, aber auch der Fugger und Welser dagegen. Ein asiatischer Herrscher machte sich nicht mit einem Kaufmann gemein. Der König von Frankreich konnte eine Tochter aus dem Hause Medici heiraten.

Das moderne Rechtssystem wird laut Weber von zwei Mächten produziert, vom kapitalistischen Interesse an streng kalkulierbarem Recht und vom Beamteninteresse, repräsentiert durch einen Juristenstand, an einer kodifizierten Systematik. Beides fehlte in China oder konnte sich nicht artikulieren (*Weber* 1920/1991, S. 141). In Europa hat sich das kapitalistische Interesse zweimal Gehör zu verschaffen gewusst: Als Merkantilkapital in der mittelalterlichen Stadt und als Industriekapital in der bürgerlichen Revolution des 19. Jahrhunderts und dem aus ihr hervorgekommenen modernen Staat. Für das Beamteninteresse bzw. den Juristenstand kann man das gleiche feststellen: Die mit der Auseinandersetzung zwischen Kirche und Staat gestiegene Nachfrage nach fachlich spezialisierten Rechtsgelehrten führte – unter anderem – zur Herausbildung der Universität im Mittelalter, und mit dem Zusammenbruch des *ancien régime* nahm die Schicht der Beamten im modernen Rechtsstaat gewaltige Dimensionen an. Nun ist es keineswegs so, dass die Schicht der Bürokraten in Indien oder in China schmäler gewesen wäre als im vormodernen Europa. Eher das Gegenteil war der Fall.[26] Aber das chinesische Recht war vor allem (neben dem Strafrecht) ein Verwaltungsrecht, und der chinesische Beamte war Literat und nicht Jurist, worauf sogleich noch einmal zurückzukommen ist. In Indien herrschten stärker patrimoniale Verhältnisse. *Needham* (1970, S. 82) und *Lal* (2005, S. 110) konstatieren übereinstimmend die fehlende politische Macht der Kaufleute in China und Indien, wobei Needham (und später dann auch *Lin* 1995) diese Tatsache für das Ausbleiben von systematischer Forschung und Entwicklung verantwortlich macht, während Lal die Folgen eher in der institutionellen Stagnation sieht.

Die „Entdeckung“ der Rolle der mittelalterlichen Stadt im Wachstumsprozess der europäischen Wirtschaft durch Max Weber taucht nun bei der Erklärung der unterschiedlichen Entwicklung in Europa und Asien immer wieder auf, häufig

---

25 „Since its [the merchant class's] ideological vehicle, the republican anti-castrist sects of Buddhism and Jainism, lost out to caste in the early Christian era, the ideals and values of merchants have never had much appeal for India's rulers“ (*Lal* 2005, S. 388).

26 *Lal* (2005, S. 107) schätzt, dass in der Mogulperiode bis zu einem Viertel der Bevölkerung in der einen oder anderen Form „Staatsdiener“ waren.

ohne Rückgriff auf Weber. „The fact that European civilization has passed through a city-state phase is the principal key to the divergence between the history of Europe and the history of Asia" (*Hicks* 1969, S. 38). Avner Greif arbeitet die neue gesellschaftliche Organisation heraus, die sich in den autonomen italienischen Städten seit dem 11. Jahrhundert bildete: „this particular societal organization – centered on self-governed, nonkin-based organizations and individualism – has been behind the behavior and outcomes that led to European-specific economic and political developments" (*Greif* 2006, S. 28). Für die Niederlande stellen *de Vries/van der Woude* (1995, S. 203) Unabhängigkeit, Individualität und Rationalität zentral, die das gesamte Leben der Menschen in den Zeiten der Republik bestimmt hätten.

Produkte der neuen gesellschaftlichen Organisation war nicht nur eine partizipatorische politische Ordnung, waren auch neue Produktionsverhältnisse, die am Ende im kapitalistischen Unternehmen mündeten und nach der industriellen Revolution im Fabriksystem. Das kapitalistische Unternehmen zeichnet sich durch eine Versachlichung und Verrechtlichung der Produktionsverhältnisse aus, während das asiatische Unternehmen bis in die Neuzeit ein persönlicher Betrieb, sein Kapital Privatvermögen des Unternehmers geblieben sind: „Because it remained legally undefined and socially misunderstood (being associated with usury, engrossing, and monopolies), the area of the social ownership of capital, and of its specific utilisation, management, and accumulation, also remained confined" (*Chaudhuri* 1985, S. 228).[27] Wenn Schumpeters Begriff der neuen Kombinationen irgendwo angebracht ist, dann hier. Das kapitalistische Unternehmen hat die Akkumulations- und Innovationsleistungen hervorgebracht, die zum exzeptionellen Wachstum der Wohlfahrt in Europa geführt haben. Niemand anderes als Marx hat dies als erster herausgestellt.

Es war auch Marx, der den technischen Fortschritt und die Innovation endogen mit dem kapitalistischen Wettbewerb in Verbindung gebracht hat. Das heißt, die Dynamik des modernen Wirtschaftswachstums ist in erster Instanz endogen zu erklären. Doch gab es in der europäischen Entwicklung im 18. Jahrhundert einen Strukturbruch, der im 19. Jahrhunderts zu signifikant höheren Wachstumsraten führte. Dieser Strukturbruch hat wahrscheinlich viel mit institutionellen Neuerungen zu tun, die in der Folge der Ablösung des *ancien régime* möglich wurden. Doch lässt sich ebenfalls feststellen, dass der Strukturbruch mit einer erhöhten Anhäufung bahnbrechender Innovationen einherging, worauf ja die Bezeichnung „industrielle Revolution" anspielt. Ein vergleichbarer Strukturbruch hat in Japan

---

27 Diese Feststellung finden wir in ganz ähnlicher Weise schon bei Weber: „Gerade jene charakteristischen Institutionen, welche schon das in den mittelalterlichen Städten des Okzidents aufblühende Bürgertum entwickelte, fehlten bis in die Gegenwart entweder ganz oder zeigten eine sehr charakteristisch verschiedene Physiognomie. Es fehlten in China die Rechtsformen und auch die soziologischen Unterlagen des kapitalistischen ‚Betriebs' mit seiner rationalen Versachlichung der Wirtschaft, wie sie in dem Handelsrecht der italienischen Städte schon früh in unverkennbaren Ansätzen vorhanden waren" (*Weber* 1920/1991, S. 96).

mit der sogenannten „Meiji-Restauration" (1868) stattgefunden, in China erst gut 100 Jahre später. Beide Fälle machen allerdings deutlich, dass der institutionelle und organisatorische Wandel für die Wohlfahrtsentwicklung entscheidend war, nicht so sehr der technische Fortschritt, der die Produktion erfasste. Schließlich war der Marxismus auch in China nicht technologiefeindlich, d. h. die technologische Revolution hatte das Land sehr viel früher erfasst, nur wirkte sich das nicht positiv auf die allgemeine Wohlfahrt aus.

Der Unterschied zwischen Europa und Asien ist aber der, dass Europa den technischen Fortschritt der industriellen Revolution eingeführt hat, während Asien nach einer mehr oder minder langen Periode ausbleibender Rezeption dann nachholend industrialisierte. Es ist deshalb durchaus angebracht zu fragen, was den Strukturbruch verursacht haben könne. Die Literatur dazu füllt Bücherschränke und kann hier nicht rezipiert werden (ein Klassiker ist *Landes* 1970). Wenn Landes schreibt: „These, it seems to me, are the crucial values of that European culture and society that gave birth to the modern industrial world: rationality in means and activist, as against quietist, ends" (*ibid.,* S. 33), dann unterstreicht er, was auch viele andere Autoren betonen: Die industrielle „Revolution" hatte eine sehr lange Anlaufphase. Sie reicht mit der Entwicklung des kritischen Rationalismus, mit der Emanzipation des selbstverantwortlichen Individuums, mit dem Willen zur planmäßigen Eroberung und systematischen Beherrschung der Welt weit ins Mittelalter, wo nicht in die Antike zurück.

Nicht die Entwicklung des Rechtsstaats allein, sondern auch die korrespondierende Entfaltung des selbständigen Individuums sind für das moderne Wirtschaftswachstum verantwortlich. Das hat nicht nur etwas mit Rechtsfähigkeit und Vermögensfähigkeit zu tun, wie wir sahen, sondern auch mit der Bildung von Humankapital: Erst das selbständige Individuum wird Subjekt im Prozess der Akkumulation von Humankapital. Und Humankapital nimmt, wie wir ebenfalls sahen, auf der ersten Ebene der Erklärungen von Wohlfahrtsunterschieden eine zentrale Rolle ein. *Clark* (2005) stellt fest, dass dieser Prozess im England des 17. Jahrhunderts vehement vorangetrieben wurde, zu einer Zeit, als die ökonomischen Anreize für derartige Investitionen (z. B. Lohndifferenzen) keiner Veränderung unterlagen. Er vermutet die Ursache deshalb in exogenen Faktoren, vor allem in einer Veränderung der Haushaltspräferenzen. Was dann im 18. Jahrhundert die Akkumulation von Humankapital auf ein kritisches Niveau hob, waren die Galilei-Baconsche Wende und die Reformation im 16. Jahrhundert. Dem Individuum wurde von der Reformation eine neue Position in der Welt eingeräumt: Es wurde voll für sich selbst verantwortlich.

Sogar die Herrscher setzten öffentliche Mittel für Bildung ein, was sicher wohlfahrtsfördernd, aber nicht notwendigerweise herrschaftsstabilisierend war. Nach *Galor/Moav* (2006) waren es in der zweiten Hälfte des 19. Jahrhunderts dann aber vor allem die englischen Kapitalisten, die vom Staat Bildungsinitiativen forderten, weil modernes Wirtschaftswachstum wegen der technologisch bedingten Komplementarität von physischem und Humankapital vor allem durch letzteres beschränkt werde. Für das Verhältnis von Boden und Humankapital gilt das nicht, und so vernachlässigen Gesellschaften, in denen der Grundbesitz die Politik bestimmt, die (Humankapital-)Bildung (siehe *Barro / Lee* 2000). Der Schluss, Humankapitalbildung sei vor allem nachfragegesteuert, ist allerdings nicht uneingeschränkt gerechtfertigt. Denn England war unter den westeuropäischen Staaten ein ausgesprochener Spätentwickler, was Schulpflicht, Ingenieursausbildung und Ausbildung der Arbeitskräfte betrifft. Auf dem Kontinent, vor allem in Preußen, Österreich und Frankreich, hatte der Staat unabhängig von der Industrialisierung Bildungspolitik betrieben.

*Becker / Wößmann*s (2007) Neuinterpretation der Weberschen Protestantismusthese passt hervorragend in dieses Muster. Wissenschaft, und zwar auf die Beherrschung der Welt gerichtete Wissenschaft, wurde systematisch betrieben. Der Kreis derer, die die Resultate lesen konnten und wollten, vergrößerte sich schlagartig und die aktivistische Grundeinstellung zur Welt erfuhr einen Schub. Auch vor 1750 gab es Ingenieure, Ärzte, nutzte man die Wasserkraft und züchtete Nutztiere. Aber all das geschah ohne Mechanik, wissenschaftliche Medizin, Hydraulik, Biologie. Spezialisierung und Arbeitsteilung ergriff auch diesen Bereich. Typisch dafür ist die Professionalisierung der Berufe. Die wissenschaftliche Entwicklung war ein gesamteuropäischer Prozess: „many if not most of the technological elements of the Industrial Revolution were the result of a joint international effort in which ... „western" innovators collaborated, swapped knowledge, corresponded, met one another, and read each others' work" (*Mokyr* 2005, S. 1126). Die systematische Erfassung des Wissenskapitals, z. B. in Bibliotheken oder der *Encyclopédie,* findet dann verstärkt in der Sturm-und-Drang-Phase der Industriellen Revolution statt. Über die Akkumulation von Humankapital in Indien und China wissen wir aus vormoderner Zeit wenig oder so gut wie nichts. Beide Länder hatten eine Schicht Hochgebildeter, schließlich gab es eine umfangreiche Literatur. Aber die Masse des Volkes, der Bauern und Handwerker, wurde davon nicht berührt. Die englischen Kolonialherren haben nichts unternommen, diese Situation in Indien zu ändern. In China brachte erst der Kommunismus, wie in der Sowjetunion, eine Bildungsrevolution.

Dass die ökonomisch relevante Innovation zuerst in England zum Durchbruch gelangte, ist wohl besonderen institutionellen, aber auch ökonomischen Umständen zuzuschreiben. Zum einen gab es auf der Nachfrageseite gerade in England mit seinen kolonialen Beziehungen zu Nordamerika, den westindischen Inseln und Indien ein hohes Absatzpotenzial für eine durch die industrielle Revolution vervielfachte Produktion. Der interne Markt war im Gegensatz zu Deutschland oder Frankreich integriert und wuchs rasch mit der Bevölkerung. Auf der Angebotsseite spielten die Kolonien ebenfalls eine wichtige Rolle, nämlich als Rohstofflieferant. Die Frage der Finanzierung wird sehr kontrovers behandelt. Während Marx die ursprüngliche Akkumulation in den düstersten Farben schildert, hält *Landes* (1970, S. 77 – 78) dafür, dass der Kapitalbedarf der frühen Fabriken gar nicht die Kapazität einzelner Unternehmer überschritten habe, und dass das englische Finanzsystem bereits hinreichend hoch entwickelt und flexibel gewesen sei. Die Kapitalbildung war nach dieser Auffassung nicht der Engpass, aber genau das war wohl einer der Vorteile Englands. Kurz, in England traf die industrielle Revolution auf einen bereits integrierten, großen Markt.

Und warum nicht China oder Indien? Schließlich hatte China, wie wir sahen, zahlreiche Erfindungen lange vor Europa gemacht. Und in Indien beschäftigte man sich sehr früh mit Mathematik, der Grundlage moderner Wissenschaft. Nicht zuletzt haben, was wir arabische Ziffern nennen, ihren Ursprung in Indien. Doch fand auch dort der Übergang vom abstrakt logischen System zur systematischen Naturwissenschaft nicht statt. Schließlich ist die Blütezeit des Islam hier zu erwähnen: Die arabische Mathematik und Naturwissenschaft, die arabische Medizin, die arabische Philosophie waren im 9. bis 12. Jahrhundert den europäischen Bemühungen weit überlegen. Was auch immer die Ursache gewesen sein mag (z. B. der Mongoleneinfall), die Blüte fand ein plötzliches Ende.

Für Indien wird die Ursache der Stagnation, auch im kognitiven Bereich, im *Hindu equilibrium* ausgemacht.[28] Deutlich hat das bereits *Max Weber* (1921 / 1998, S. 81) formuliert: „Ein Ritualgesetz, bei welchem jeder Berufswechsel, jeder Wechsel der Arbeitstechnik rituelle Degradation zur Folge haben konnte, war sicherlich nicht geeignet, aus sich ökonomische und technische Umwälzungen zu gebären oder ihnen auch nur das erstmalige Aufkeimen in seiner Mitte zu ermöglichen". Innovation, Fortschritt, das ständige Suchen nach und Experimentieren mit Neuem in Kunst und Wissenschaft waren der indischen Gesellschaft fremd. Und Analphabetismus ist bis heute ein Problem. Eine knappe Beschreibung des *Hindu equilibrium*[29] hat der Literaturnobelpreisträger *V. S. Naipaul* (1977 / 2002, S. 43) gegeben: „Hinduism hasn't been good enough for the millions. It has exposed us to a thousand years of defeat and stagnation. It has given men no idea of a contract with other men, no idea of the state. It has enslaved one quarter of the population and always left the whole fragmented and vulnerable. Its philosophy of withdrawal has diminished men intellectually and not equipped them to respond to challenge; it has stifled growth. So that again and again in India history has repeated itself: vulnerability, defeat, withdrawal".

---

28 Der auf der Hand liegende Einwand, dass fast ein Viertel der indische Bevölkerung und vor allem auch die meisten Herrscher Muslime waren, sticht nicht. Denn der indische Islam hat zwar nicht die strikte kastenmäßige Segregation übernommen, wohl aber eine abgeschwächte Form davon, eine stark separierende Schichtenbildung.

29 Den Gleichgewichtsbegriff finden wir übrigens als erstes bei *Marx* (1853 / 1952, S. 326) auf Indien angewendet: „Ein Land, das nicht nur zwischen Moslems und Hindus, sondern auch zwischen Stamm und Stamm, zwischen Kaste und Kaste geteilt war, eine Gesellschaft, deren Gefüge auf einer Art Gleichgewicht beruhte, die aus allgemeiner gegenseitiger Abstoßung und konstitutioneller Abgeschlossenheit aller ihrer Glieder herrührte".

Und Marx (nicht Kipling!) formulierte die historische Mission Englands – *creative destruction:* „England hat in Indien eine doppelte Mission zu erfüllen, eine zerstörende und eine erneuernde – die Zerstörung der alten asiatischen Gesellschaftsordnung und die Schaffung der materiellen Grundlagen einer westlichen Gesellschaftsordnung in Asien" (*ibid.,* S. 327).

Der Fall Chinas wird unter dem Begriff des „Needham Puzzle" diskutiert (*Lin* 1995), nachdem Joseph Needham in ausführlichen Studien den Westen mit der wissenschaftlichen und technischen Tradition des alten Chinas vertraut gemacht hatte (z. B. *Needham* 1970). Das Puzzle besteht, wie schon gezeigt, darin, dass China im 12. oder 13. Jahrhundert technisch entwickelter und ökonomisch produktiver war als der Westen, auf diesem Niveau jedoch mehr oder minder verharrte und nicht den Durchbruch zur Technologie und anderen systematischen Wissenschaften schaffte und damit zu einer Beschleunigung des Wirtschaftswachstums über das Bevölkerungswachstum hinaus. Auch in der vor-Galilei-Baconschen Zeit gab es technische Neuerungen. Sie waren meistens das Resultat praktischer Erfahrungen der Basis. Die Hinwendung einer intellektuellen Elite zu systematischer Wissenschaft und planmäßigem Experimentieren, und das in einem engen internationalen Kommunikationsverbund, brachte eine neue Qualität. Das fand in Europa statt, nicht in China.

Lin (1995) bietet hierfür eine Reihe von Erklärungen an, die zum Teil auch bei anderen Autoren zu finden sind:

- China wurde absolutistisch von einer Zentralmacht regiert, getragen von einem einheitlichen ideologischen System, das keine öffentliche Diskussion erlaubte; dadurch gab es
  - keinen internationalen Wettbewerb wie im europäischen Staatensystem;
  - keinen ideologischen Wettbewerb wie vor allem zwischen Kirche und Staat im europäischen Mittelalter.
- Das traditionelle China war ein konfuzianischer und ein „physiokratischer" Staat: Die Landwirtschaft war die produktive Basis und die Kaufleute der niedrigste soziale Stand.
- Die Anreizstruktur richtete die Intellektuellen auf eine bürokratische Karriere aus; der chinesische Staat wurde von Bürokraten regiert, aber das waren keine Juristen, sondern Literaten;[30] der Eintritt in den Beamtenstand war das höchste Ziel sozialer Mobilität.

Auch hier gewinnen wir den Eindruck, dass die Aufrechterhaltung eines altehrwürdigen Gleichgewichts einen sehr viel höheren Stellenwert als *creative destruction* in der Werthierarchie der Gesellschaft hatte: Tradition galt mehr als Fortschritt.

Nun wäre es völlig falsch zu behaupten, das Entwickeln neuer Ideen, das Aufspüren neuer Kombinationen und ihre Umsetzung in die Praxis seien in Europa widerstandslos vonstatten gegangen. Was sich im Zusammenhang mit der Entwicklung der individualistischen Philosophie und der systematischen Wissenschaft

---

30 Die Beamtenprüfung, seit der Song-Dynastie (960 bis 1275) obligatorisch, erforderte das Auswendiglernen der konfuzianischen Klassiker, insgesamt 431.286 Schriftzeichen, was rund sechs Jahre in Anspruch nahm. Danach war eine noch umfangreichere Sekundärliteratur und schöngeistige Literatur zu verarbeiten, um die Prüfungsklausuren und Prüfungsgedichte schreiben zu können (*Lin* 1995, S. 285).

aber als besonders vorteilhaft erwies, war die Gliederung Europas in ein System von selbständigen und selbstbewussten Einzelstaaten im Gegensatz zu einem zentral gesteuerten Imperium, wie es die meiste Zeit in China vorherrschte. Dieser schon von Montesquieu erwähnte Faktor wird besonders von *Jones* (2003) hervorgehoben: Der Wettbewerb zwischen den Staaten kontrollierte die Willkür der Herrscher und hielt sie dazu an, alles zu fördern, was das Bestehen ihres Landes im europäischen Konzert sicherstellen konnte. Die Diversität des europäischen Staatensystems ist allerdings substanziell verschieden von der noch sehr viel größeren Diversität Indiens und erst dadurch für eine positive Wohlfahrtsentwicklung wirksam. Der Unterschied liegt darin, dass in Europa seit der frühen Neuzeit mehr oder minder voll integrierte Nationalstaaten in den Wettbewerb miteinander getreten sind. Indien dagegen war bis in die allerneueste Zeit eine segmentäre Gesellschaft: „The caste order systematically segmented groups and linked them together in a codified, hierarchical division of labour. It was designed to resist the intervention of the state and state-made law, and it treated politics as extraneous" (*Khilnani* 2008, S. 230). Die indische Diversität war im Gegensatz zur europäischen mobilitätshemmend: Die Dichotomie von individueller Freiheit und (relativer) kollektiver Sicherheit ist ein Produkt der allerneuesten indischen Geschichte. Erst die Indische Union konstituiert sich als Nation. Das Gewimmel der Rajahs und Maharajahs kannte keinen derartigen Überbau.

Der Wettbewerb im europäischen Staatensystem ließ natürlich umfangreiche Mittel in die militärische Rüstung fließen, deren *spin-off* Effekte bis auf den heutigen Tag umstritten sind. Da verhielten sich die zahllosen indischen Fürstenhöfe nicht anders. Für die intellektuelle Entwicklung Europas war aber wichtig, dass es zu allen Zeiten Ausweichmöglichkeiten bei Widerständen gegen abweichende Meinungen und den geistigen Fortschritt gab. Nicht nur die Wissenschaft, auch der Unternehmergeist wich, wo ihm der Entfaltungsspielraum fehlte, in die Häfen der Freiheit aus. Die Judenverfolgung 1492 in Spanien gab Antwerpen, Amsterdam und Hamburg wichtige ökonomische Impulse. Die Aufhebung des Ediktes von Nantes 1685 ließ Hunderttausende Hugenotten in die Niederlande, die Schweiz, nach England und Preußen auswandern, wo sie dank ihres hohen Niveaus an Humankapital zum wirtschaftlichen Aufschwung beitrugen. Ein klassisches Experiment der Wachstumstheorie, vergleichbar der deutschen Teilung nach dem zweiten Weltkrieg, war die Teilung der Niederlande 1579 als Folge des autoritären Regimes der Spanier unter Karl V. und Phillip II. Waren bis dahin Flandern und Brabant Wachstumspole der Region, verschob sich das ökonomische Zentrum danach nach Norden, vor allem nach Holland und Zeeland, wo nicht nur Glaubensgenossen, sondern jeder, der Fähigkeiten mitbrachte, aufgenommen wurde. Der Zustrom an Humankapital war enorm.

Dass der europäische Totalitarismus des 20. Jahrhunderts noch einmal die freie Meinungsäußerung und andere individuelle Freiheitsrechte brutal unterbunden hat, was wiederum zu umfangreichen Wanderungsbewegungen führte, die für den Bestand an Humankapital und das intellektuelle Niveau in den betroffenen Ländern nicht ohne Folgen geblieben sind, gehört zu den Irrationalitäten der Geschichte. Gleichzeitig macht es aber auch deutlich, dass es in Europa auch ganz anders hätte kommen können.

E. Schlussbemerkung

Vier Makro-Entwicklungsphänomene konnten wir oben identifizieren, die nach einer Erklärung verlangen:

- Die langsame Zunahme der Wohlfahrt in Westeuropa vom Mittelalter bis zum Erscheinen des *Wealth of Nations* (1776);
- das rasche moderne Wirtschaftswachstum in Europa und seinen transatlantischen Ablegern im Anschluss an die industrielle Revolution;
- das Zurückbleiben der asiatischen Großräume Indien, China und Japan im Vergleich zu Europa und ihr *catching-up* Prozess;
- die Aufeinanderfolge der Entwicklungsführerschaft oder der Wachstumspole im letzten Millennium von Italien über die Niederlande und Großbritannien zu den USA.

Ist die Erklärung geliefert? Strenggenommen nein, denn wir haben eine Reihe von Erklärungen, aber keine allgemeine Theorie vor uns:

- Die klassische Wachstumstheorie und das malthusianische Regime mit Smith'schem Wachstum;
- die neo-klassische Wachstumstheorie, insbesondere endogener technischer Fortschritt und endogene Akkumulation von Humankapital;
- die Institutionentheorie, insbesondere die Herausbildung eines anonym wirkenden Rechtssystems und eines Staates, der dieses aufrechterhält, aber auch Bildung und Gesundheit fördert;
- die Entfaltung des selbständigen und selbstverantwortlichen Individuums;
- eine positive Grundeinstellung zu systematischem Suchen nach Neuerungen und zu Fortschritt und Risiko;
- Wettbewerb zwischen den durch den Markt eng vernetzten selbständigen Individuen und zwischen unabhängigen politischen Systemen.

Die Liste ließe sich an Hand des weiter oben Ausgeführten ausdifferenzieren und verlängern. Hier eine Hierarchie von ‚wichtig' und ‚weniger wichtig' anzubringen, scheint äußerst wünschenswert, würde aber die Formulierung einer allgemeinen Theorie bzw. eines quantifizierbaren Modells erfordern. Derartige Modelle gibt es oberhalb der ersten Ebene noch nicht, und ob es sie überhaupt geben kann, scheint mehr als fraglich. Damit kommen wir über das Niveau einer mehr oder minder plausiblen dichten Beschreibung nicht hinaus. Wir haben zwei Typen von Wachstumstheorien kennengelernt:

- Die Ansätze von unter anderen Malthus, Ricardo, Lucas, Mankiw und Galor, die den Wachstumsprozess endogen auf der ersten Ebene für hinreichend aus dem Rationalverhalten der Individuen erklärbar achten;
- die Ansätze von unter anderen Weber, Schumpeter, North, Acemoglu und Greif, die darin nur die *causa proxima* und die fundamentalen Wachstumsgründe in den institutionellen Randbedingungen sehen, an die das Rationalverhalten sich anpasst; in die Erklärung der institutionellen Randbedingungen auf der zweiten und dritten Ebene fließen dann historische und geographische Gegebenheiten ein.

Die Systematisierung der institutionellen Einflüsse hinter der großen Divergenz zwischen Europa und Asien oder der wechselnden Entwicklungsführerschaft im Westen erscheint so komplex, dass sie sich der Ausformulierung in einem testbaren Modell verweigert. Es ist offensichtlich, dass in Japan, China und Indien die nachholende Entwicklung einsetzte, als sie Verhaltensweisen, Institutionen und Politiken aufgaben, die sich negativ auf den Wachstumsprozess auswirkten, und dafür Verhaltensweisen, Institutionen und Politiken sich zu eigen machten, die nach westlicher Erfahrung erfolgreich waren. Wollte man eine lange Geschichte in einem Satz zusammenfassen, so könnte man behaupten: Europa ist keinem Sonderweg gefolgt, sondern hat den normalen, ‚natürlichen' Lauf der Dinge durchgemacht, weil es sich am stärksten von der ökonomischen Rationalität hat leiten und am geringsten von anderen Faktoren hat ableiten lassen.

Doch dieser Satz gibt nur die abstrakte Seite der Geschichte wieder. Die konkrete Seite besteht unter vielem anderen aus der mittelalterlichen Stadt, der Trennung von Kirche und Staat, der Entwicklung von Wissenschaft und Universität, aus Renaissance, Reformation und Aufklärung. Sie wird von Personen wie Masaccio und Michelangelo, Galilei und Newton, Descartes und Leibniz, Locke und Hume und vielen anderen getragen – und nicht zuletzt von Adam Smith und den Ökonomisten um Dr. Quesnay, die den Wohlstand der Nationen zum Gegenstand der Wissenschaft gemacht haben. Sie alle verhalfen der Rationalität zum Durchbruch. In China und Indien hat die Geschichte einen anderen Verlauf genommen. Nicht die konkreten Entwicklungen und Personen werden vermisst, wohl aber adäquate Entsprechungen, die zum Beispiel das Hindu-Gleichgewicht aufzubrechen vermocht hätten. So setzten die ökonomische Rationalität und ihre Dynamik dort erst mit langer Verzögerung ein.

Literatur

Acemoglu, D. (2008): Introduction to Modern Economic Growth, ms., Cambridge, Mass. (MIT; http://econ-www.mit.edu/faculty/acemoglu/books).

Acemoglu, D. / *Johnson,* S. / *Robinson,* J. A. (2001): The Colonial Origins of Comparative Development: An Empirical Investigation, in: American Economic Review, Vol. 91, S. 1369 – 1401.

Acemoglu, D. / *Johnson,* S. / *Robinson,* J. A. (2005a): Institutions as a Fundamental Cause of Long-run Growth, in: P. Aghion / S. N. Durlauf (eds.), Handbook of Economic Growth, Vol. 1A, Amsterdam (Elsevier), S. 385 – 472.

Acemoglu, D. / *Johnson,* S. / *Robinson,* J. A. (2005b): The Rise of Europe: Atlantic Trade, Institutional Change and Growth, in: American Economic Review, Vol. 95, S. 546 – 579.

Alesina, A. / *Perotti,* R. (1994): The Political Economy of Growth: A Critical Survey of the Recent Literature, in: World Bank Economic Review, Vol. 8, S. 351 – 371.

Barro, R. J. / *Lee,* J.-W. (2000): International Data on Educational Attainment: Updates and Implications, CID Working Paper No. 42, Cambridge, Mass. (Harvard University).

Becker, S. O. / *Wößmann,* L. (2007): Was Weber Wrong? A Human Capital Theory of Protestant Economic History, CESifo Working Paper No. 1987, München.

Calvin, J. (1559 / 1955): Unterricht in der christlichen Religion, Neukirchen-Vlyn (Neukirchener).

Caves, D. W. / *Christensen,* L. R. / *Diewert,* W. E. (1982): The Economic Theory of Index Numbers and the Measurement of Input, Output, and Productivity, in: Econometrica, Vol. 50(6), S. 1393 – 1414.

Chaudhuri, K. N. (1985): Trade and Civilisation in the Indian Ocean. An Economic History from the Rise of Islam to 1750, Cambridge (Cambridge University Press).

Clark, G. (2001): The Secret History of the Industrial Revolution, ms., Department of Economics, University of California at Davis.

Clark, G. (2005): The Condition of the Working Class in England 1209 – 2004, in: Journal of Political Economy, Vol. 113, S. 1307 – 1340.

Denzau, A. T. / *North,* D. C. (1994): Shared Mental Models: Ideologies and Institutions, in: Kyklos, Vol. 47, S. 3 – 31.

Diewert, W. E. (1999): Axiomatic and Economic Approaches to International Comparisons, in: A. Heston / R. E. Lipsey (eds.), International and Interarea Comparisons of Income, Output and Prices, Chicago (University of Chicago Press), S. 13 – 87.

Engels, F. (1893 / 1952): Engels an Danielson, in: K. Marx / F. Engels, Ausgewählte Werke in zwei Bänden, Bd. II, Berlin (Dietz).

Galor, O. (2005): From Stagnation to Growth: Unified Growth Theory, in: P. Aghion / S. N. Durlauf (eds.), Handbook of Economic Growth, Vol. IA, Amsterdam (Elsevier), S. 171 – 293.

Galor, O. / *Moav,* O. (2006): Das Human Kapital: A Theory of the Demise of the Class Structure, in: Review of Economics Studies, Vol. 73, S. 85 – 117.

Galor, O. / *Weil,* D. N. (2000): Population, Technology and Growth: From Malthusian Stagnation to the Demographic Transition and Beyond, in: American Economic Review, Vol. 90, S. 806 – 828.

Geary, R. G. (1958): A Note on Comparisons of Exchange Rates and Purchasing Power between Countries, in: Journal of the Royal Statistical Society, Series A 121, S. 97 – 99.

Gernet, J. (1972 / 1997): Die chinesische Welt. Die Geschichte Chinas von den Anfängen bis zur Jetztzeit, Frankfurt a.M. (Suhrkamp).

Gerschenkron, A. (1962): Economic Backwardness in Historical Perspective, Cambridge, Mass. (Harvard University Press).

Greif, A. (2005): Commitment, Coercion, and Markets: The Nature and Dynamics of Institutions Supporting Exchange, in: C. Ménard / M. M. Shirley (eds.), Handbook of New Institutional Economics, Berlin, Heidelberg (Springer), S. 727 – 786.

Greif, A. (2006): Institutions and the Path to the Modern Economy: Lessons from Medieval Trade, Cambridge (Cambridge University Press).

Hayek, F. A. von (1945): The Use of Knowledge in Society, in: American Economic Review, Vol. 35, S. 519 – 530.

Hayek, F. A. von (1969a): Wettbewerb als Entdeckungsverfahren, in: Ders.: Freiburger Studien, Tübingen (Mohr Siebeck), S. 249 – 265.

Hayek, F. A. von (1969b): Die Ergebnisse menschlichen Handelns, aber nicht menschlichen Entwurfs, in: Ders.: Freiburger Studien, Tübingen (Mohr Siebeck), S. 97 – 107.

Hicks, J. (1969): A Theory of Economic History, Oxford (Oxford University Press).

Hogue, A. R. (1966 / 1985): Origins of the Common Law, Indianapolis (Liberty Press).

Hume, David (1752 / 1985): Essays Moral, Political, and Literary (Eugene F. Miller ed.), Indianapolis (Liberty Classics).

Iannaccone, L. R. (1998): Introduction to the Economics of Religion, in: Journal of Economic Literature, Vol. 36, S. 1465 – 1496.

ICP (2007): International Comparison Program, The World Bank, Washington, DC.

Jones, E. (2003): The European Miracle. Environments, Economics and Geopolitics in the History of Europe and Asia, 3rd ed., Cambridge (Cambridge University Press).

Kaufmann, D. / *Kraay,* A. / *Zoido-Lobatón,* P. (1999): Governance Matters, Policy Research Working Paper 2196, Washington D.C. (The World Bank).

Khamis, S. H. (1972): A New System of Index Numbers for National and International Purposes, in: Journal of the Royal Statistical Society, Series A 135, S. 96 – 121.

Khilnani, S. (2008): Arguing Democracy: Intellectuals and Politics in Modern India, in: L. Guiliani / D. Grimm (Hg.), Jahrbuch 2006 / 2007, Berlin (Wissenschaftskolleg zu Berlin), S. 226 – 240.

Knight, J. (1992): Institutions and Social Conflict, Cambridge (Cambridge University Press).

Knight, J. / *Sened,* I. (1995): Explaining Social Institutions, Ann Arbor (University of Michigan Press).

Kuznets, S. (1965): Economic Growth and Structure: Selected Essays, New York (W. W. Norton).

Landes, D. S. (1970): The Unbound Prometheus. Technological Change and Industrial Development in Western Europe from 1750 to the Present, Cambridge (Cambridge University Press).

Lal, D. (2005): The Hindu Equilibrium: India c. 1500 B.C. – 2000 A.D., Oxford (Oxford University Press).

Leschke, M. (2003): Der Einfluss von Institutionen auf den Wohlstand und das Wachstum. Eine empirische Analyse für die 90er Jahre, in: T. Eger (Hg.), Institutionen und wirtschaftliche Entwicklung, Schriften des Vereins für Socialpolitik N.F. Bd. 298, Berlin (Duncker & Humblot), S. 23 – 55.

Lin, J. Y. (1995): The Needham Puzzle: Why the Industrial Revolution Did Not Originate in China, in: Economic Development and Cultural Change, Vol. 41, S. 269 – 292.

Lin, J. Y. (2007): Development and Transition: Idea, Strategy, and Viability, Marshall Lectures, Cambridge (preliminary draft).

Lucas, R. E. (1988): On the Mechanics of Economic Development, in: Journal of Monetary Economics, Vol. 22, S. 3 – 42.

Maddison, A. (2001): The World Economy. A Millennial Perspective, Paris (OECD).

Maddison, A. (2003): The World Economy: Historical Statistics, Paris (OECD).

Maddison, A. (2007): Contours of the World Economy, 1 – 2030 AD. Essays in Macro-Economic History, Oxford (Oxford University Press).

Mankiw, N. G. (1995): The Growth of Nations, Brookings Papers on Economic Activity 1995 – 1, S. 275 – 326.

Marx, K. (1853 / 1952): Die künftigen Ergebnisse der britischen Herrschaft in Indien, in: K. Marx / F. Engels, Ausgewählte Schriften, Bd. 1, Berlin (Dietz), S. 326 – 332.

Marx, K. (1867 / 1962): Das Kapital. Erster Band, Berlin (Dietz).

Marx, K. (1885 / 1963): Das Kapital. Zweiter Band, Berlin (Dietz).

Marx, K. / *Engels,* F. (1848 / 1952): Manifest der Kommunistischen Partei, in: Dies., Ausgewählte Schriften, Bd. 1, Berlin (Dietz), S. 15 – 54.

Menger, C. (1883 / 1969): Untersuchungen über die Methode der Socialwissenschaften und der Politischen Ökonomie insbesondere, in: Gesammelte Werke Band II, Tübingen (Mohr Siebeck).

Mitterauer, M. (2003): Warum Europa? Mittelalterliche Grundlagen eines Sonderwegs, München (Beck).

Mokyr, J. (2005): Long-term Economic Growth and the History of Technology, in: P. Aghion / S. N. Durlauf (eds.), Handbook of Economic Growth, Vol. IB, Amsterdam (Elsevier), S. 1113 – 1180.

Myrdal, G. (1968): Asian Drama: An Inquiry into the Poverty of Nations, Harmondsworth (Penguin).

Naipaul, V. S. (1977 / 2002): India: A Wounded Civilization, London (Picador).

Needham, J. (1970): Clerks and Craftsmen in China and the West. Lectures and Addresses on the History of Science and Technology, Cambridge (Cambridge University Press).

North, D. C. (1990): Institutions, Institutional Change and Economic Performance, Cambridge (Cambridge University Press).

North, D. C. / *Thomas,* R. P. (1973): The Rise of the Western World. A New Economic History, Cambridge (Cambridge University Press).

Pomeranz, K. (2000): The Great Divergence: China, Europe, and the Making of the Modern World Economy, Princeton (Princeton University Press).

Putnam, R. (1993): Making Democracy Work. Civic Traditions in Modern Italy, Princeton (Princeton University Press).

Rodrik, D. (2005): Growth Strategies, in: P. Aghion / S. N. Durlauf (eds.), Handbook of Economic Growth, Vol. IA, Amsterdam (Elsevier), S. 967 – 1014.

Rodrik, D. (2006): Goodbye Washington Consensus, Hello Washington Confusion? A Review of The World Bank's „Economic Growth in the 1990s: Learning form a Decade of Reform", in: Journal of Economic Literature, Vol. 44(4), S. 973 – 987.

Schumpeter, J. (1911 / 1935): Theorie der wirtschaftlichen Entwicklung. Eine Untersuchung über Unternehmergewinn, Kapital, Kredit, Zins und den Konjunkturzyklus, 4. Aufl., München (Duncker & Humblot).

Schumpeter, J. A. (1942): Capitalism, Socialism, and Democracy, New York (Harper & Brothers).

Smith, A. (1776 / 1976): An Inquiry into the Nature and Causes of the Wealth of Nations, Oxford (Oxford University Press).

Solow, R. M. (1956): A Contribution to the Theory of Growth, in: Quarterly Journal of Economics, Vol. 70, S. 65 – 94.

Solow, R. M. (2005): Reflections on Growth Theory, in: P. Aghion / S. N. Durlauf (eds.), Handbook of Economic Growth, Vol. IA, Amsterdam (Elsevier), S. 3 – 10.

Temple, J. (1999): The New Growth Evidence, in: Journal of Economic Literature, Vol. 37, S. 112 – 156.

Thorbecke, E. (2006): The Evolution of the Development Doctrine, 1950 – 2005, Research Paper No. 2006 / 155, Helsinki (UNU / WIDER).

Vries, J. de / *Woude*, A. van der (1995): Nederland 1500 – 1800. De eerste ronde van moderne economische groei, Amsterdam (Balans).

Wagener, H.-J. (1996): Zur Innovationsschwäche der DDR-Wirtschaft, in: J. Bähr / D. Petzina (Hg.), Innovationsverhalten und Entscheidungsstrukturen. Vergleichende Studien zur wirtschaftlichen Entwicklung im geteilten Deutschland 1945 – 1990, Berlin (Duncker & Humblot), S. 21 – 48.

Wagener, H.-J. (1997): Transformation als historisches Phänomen, Jahrbuch für Wirtschaftsgeschichte 1997 – 2, S. 179 – 191.

Wagener, H.-J. (2005): Buon governo – mal governo. Die Bedeutung guter Regierung für Wohlfahrt und Transformation, in: T. Eger (Hg.), Erfolg und Versagen von Institutionen, Schriften des Vereins für Socialpolitik N.F. Bd. 305, Berlin (Duncker & Humblot), S. 119 – 140.

Weber, M. (1904 – 5 / 1965): Die protestantische Ethik und der „Geist" des Kapitalismus. Archiv für Sozialwissenschaft und Sozialpolitik, Vol. 20, S. 1 – 54 und Vol. 21, S. 1 – 110, wieder abgedruckt in: Ders., Die protestantische Ethik, (J. Winckelmann ed.), München (Siebenstern).

Weber, M. (1920 / 1991): Die Wirtschaftsethik der Weltreligionen. Konfuzianismus und Taoismus. Schriften 1915 – 1920, Max-Weber-Gesamtausgabe Band I / 19, Studienausgabe, Tübingen (Mohr Siebeck).

Weber, M. (1921 / 1998): Die Wirtschaftsethik der Weltreligionen. Hinduismus und Buddhismus. Schriften 1916 – 1920, Max-Weber-Gesamtausgabe Band I / 20, Studienausgabe, Tübingen (Mohr Siebeck).

Weber, M. (1922 / 1956): Wirtschaft und Gesellschaft (Johannes Winckelmann ed.), 4. Aufl. Tübingen (Mohr Siebeck).

Weber, M. (1922 / 2000): Wirtschaft und Gesellschaft. Die Stadt, Max-Weber-Gesamtausgabe Band I / 22 – 5, Studienausgabe, Tübingen (Mohr Siebeck).

Williamson, J. (ed.) (1990): Latin American Adjustment: How much has Happened? Washington, DC (Institute for International Economics).

Korreferat zu dem Beitrag von Hans-Jürgen Wagener

Warum gerade Europa? Langfristige Wirtschaftsentwicklung und Institutionen

Von *Theresia Theurl*, Münster

A. Erklärung von Wachstums- und Entwicklungsphänomenen

Hans-Jürgen Wagener stellt sich in seinem Beitrag einer herausfordernden Aufgabe, nämlich der Erforschung der wirtschaftlichen Entwicklung Europas und dies im Vergleich zu anderen Wirtschaftsräumen, vor allem von China und Indien.

I. Breites Erkenntnisinteresse

Dabei handelt es sich aus unterschiedlichen Gründen um ein schwieriges Unterfangen, vor allem wenn neben den theoretischen Grundlagen, qualitative und quantitative empirische Fakten sowie die bereits vorgelegten Erklärungsversuche in die Analyse einbezogen werden sollen. Das Untersuchungsdesign kann dann nicht aus einem stringenten, jedoch reduzierten, modellanalytischen Rahmen bestehen, zu bedeutend ist der Einfluss institutioneller Gegebenheiten, zu komplex sind die Wirkungszusammenhänge und zu vage stellt sich die Datenlage für den betrachteten langen Zeitraum dar. Viele Interpretationsspielräume gilt es kenntlich zu machen und unterschiedliche Einschätzungen abzuwägen. Der Autor bewältigt diese Herausforderungen sehr überzeugend, wobei er von vorneherein davon ausgeht, dass „eine mehr oder minder plausible dichte Beschreibung" die Zielsetzung und das konkret Leistbare darstellen. Diese Vorgangsweise ermöglicht es ihm, Ergebnisse vorzulegen, die eine breite Diskussion nach sich ziehen können und die als Basis von weiteren Untersuchungen einzelner Aspekte dienen können. So sind unter Anwendung einer Methode, die immer theoriegeleitet und der Problemstellung angemessen ist, neue und interessante Ergebnisse entstanden. Wirtschaftshistorisch, institutionenökonomisch und wachstumstheoretisch fundierte Analysen werden einbezogen und entsprechende Theorieelemente kombiniert. Erklärt werden sollen nicht nur das Zurückbleiben und spätere Aufholen von Japan, China und Indien, sondern auch das langsame Wachstum in Westeuropa vom Mittelalter bis zur industriellen Revolution sowie das darauf folgende deutlich stärkere Wachstum. Diese Entwicklungen gehen aus den inzwischen verfügbaren Daten hervor.

II. Wachstums- und Entwicklungsdeterminanten

Die Erkenntnisgewinnung erfolgt in mehreren Schritten: Zuerst werden die für die langen Zeiträume aus unterschiedlichen Quellen verfügbaren Datenreihen vorgestellt und verglichen. Vor diesem Hintergrund erfolgt eine Prüfung der klassischen und neoklassischen Wachstumstheorie mit der Zielsetzung, Wachstumsdeterminanten auf einer ersten Erklärungsebene zu identifizieren. Danach wird der institutionelle Gehalt der Wachstumstheorie ausgelotet. Auf einer zweiten Erklärungsebene werden formelle Institutionen als Einflussfaktoren für Wachstumsdeterminanten (neoklassische Wachstumstheorie) oder direkt als Wachstumsdeterminanten (klassische Wachstumstheorie) eingeordnet. Solche Institutionen werden auf einer dritten Ebene im politischen System verankert und auf einer vierten Ebene erfolgt die Berücksichtigung informeller Institutionen. Eine Kombination von Elementen dieser vier Ebenen bildet den wesentlichen Gehalt der vergleichenden Erklärung der Entwicklung Europas.

Es ist naheliegend, von den grundlegenden Wachstumsdeterminanten der Wachstumstheorie auszugehen. Im Vordergrund stehen Investitionen in Real- und Humankapital, der technische und der organisatorische Fortschritt sowie Spezialisierung und Arbeitsteilung. Diese finden sich auch in der Erklärung von Hans-Jürgen Wagener, bilden dort jedoch nur den Kern, der um zahlreiche institutionelle Faktoren ergänzt wird. Diese sind es, die in der Interpretation des Autors rationale Kalküle fördern und so eine effiziente Organisation wirtschaftlicher Prozesse ermöglichen, wodurch in letzter Konsequenz Wachstum und Entwicklung entstehen. Es sind im Wesentlichen drei Typen von Institutionen, die auf diese Weise große Bedeutung für den Entwicklungsprozess Europas und der verglichenen Regionen erlangen. Recht und Staat verkörpern erstens die formellen wirtschaftlichen Institutionen. Hervorgehoben werden die individuelle Entscheidungsfreiheit und der Schutz von Eigentumsrechten, diverse marktschaffende und -stützende Institutionen, aber auch Voraussetzungen für Gesundheit und Bildung. Zweitens konkretisieren formelle politische Institutionen die Rolle des Individuums in der Gesellschaft, die Stabilität von Machtstrukturen, den Integrationsgrad von Gesellschaften, die Partizipation wirtschaftlicher Interessen, aber auch den Wettbewerb von Jurisdiktionen. Als informelle Institutionen von großer Relevanz werden drittens die Einschätzung von Veränderung und Risiko durch die Menschen, die „Emanzipation des selbständigen Individuums" sowie der „Wille zur systematischen Beherrschung der Welt" einflussreich. Es ist evident, dass diese für die Entwicklung von Ökonomien und Gesellschaften als wichtig erkannten Faktoren ungleich reichhaltiger, aber auch schwerer fassbar sind als die gängigen wachstumstheoretischen Determinanten, die von ihnen umhüllt werden.

Hans-Jürgen Wagener konkretisiert den europäischen Entwicklungsprozess im Zeitraum vom Mittelalter bis zur industriellen Revolution als einen, der dadurch beeinflusst war, dass sich bereits im Mittelalter marktwirtschaftskonforme Institutionen sowie eine wachstumsfördernde politische Ordnung, mit der Stadtgemeinde als Kern der formellen Institutionen, herausgebildet hatten. Dies wurde durch eine schwache Herrschermacht gefördert, während die Territorialstaaten erst im Entstehen begriffen waren. Die Verleihung der Stadtrechte lag im wirtschaftlichen Interesse der Herrscher. Deren Präferenzen wiesen eine hinreichende Übereinstimmung mit jenen der Kaufleute auf. Das sich herausbildende „kapitalistische Unternehmen" bildete einen Komplex von Verträgen und wurde so zum Gegenstand einer Versachlichung und Verrechtlichung. Vor diesem Hintergrund wurde nach der industriellen Revolution dann einerseits die Umsetzung des technischen Fortschritts zum Wachstumsfaktor. Andererseits wirkte die Entfaltung der informellen Institutionen, vor allem die Kraft von selbständigen Individuen, also die Herausbildung eines entsprechenden Humankapitals. Zusätzlich bildete sich ein Wettbewerb der Nationalstaaten heraus. In dieser kurzen Skizze konnten nur einige der vom Autor betonten Wachstumsfaktoren zusammengefasst werden, um die Komplexität der gezeichneten Entwicklung darzustellen. Seine Analyse bleibt eben nicht auf der ersten Ebene stehen, sondern durchforstet diese nach ihrem institutionellen Gehalt und Hintergrund.

B. Einige Anregungen

Die folgenden Bemerkungen haben den Charakter von Anregungen, die im Rahmen einer Fortführung dieser vielversprechenden Arbeit berücksichtigt werden könnten. Einige würden eine Erweiterung, andere eine Weiterführung der Analyse bedeuten.

I. Erweiterung der Analyse

Sehr interessant sind die in B. skizzierten regionalen Wachstumsmuster innerhalb Europas, die den allgemeinen Entwicklungsprozess begleiteten. Interessant wäre es zu prüfen, ob auch sie mit der Entwicklung jener institutionellen Rahmenbedingungen erklärt werden können, die für die Entwicklungsunterschiede zwischen Europa und Asien identifiziert wurden. In eine ähnliche Richtung geht die Anregung, dem späteren Zurückbleiben Europas gegenüber den USA Beachtung zu schenken und auch dieses im Hinblick auf die institutionellen Gegebenheiten der beiden Wirtschaftsräume zu untersuchen. Daneben drängt sich die Frage auf, ob die gefundenen Erklärungsmuster auch für dauerhafte Entwicklungsrückstände herangezogen werden können, z. B. für die afrikanischen Staaten. Schließlich könnte gefragt werden, ob für andere Regionen der Welt eventuell institutionelle oder andere Substitute zu den wachstumsfördernden Institutionen Europas bestehen oder bestanden. Die Adressierung dieser Fragen und entsprechende Antworten könnten zusätzliche Hinweise auf den Gültigkeitsbereich der herausgearbeiteten Zusammenhänge und die Zulässigkeit von Verallgemeinerungen geben.

II. Weiterführung der Analyse

Eine Vertiefung der Analyse würde es mit sich bringen, wenn folgende Anregungen berücksichtigt werden würden, die vor allem mit der Integration von zusätzlichen institutionenenökonomischen Ergebnissen oder Ansätzen verbunden sind. Hans-Jürgen Wagener berücksichtigt direkte und indirekte Wachstums- und Entwicklungsdeterminanten, die letztlich auf vier Ebenen angesiedelt sind. Vielfältige Zusammenhänge werden ausgelotet, ohne vollständig sein zu können. Dies legt einen Vergleich mit der Institutionenhierarchie von *Oliver E. Williamson* (z. B. 2000) nahe, die er in einem anderen Kontext entwickelt hat. Sie weist einen sehr allgemeinen Charakter auf, ist also für unterschiedlichste Bereiche als Strukturierungsinstrument geeignet. Eine solche Modifikation der Ebenenstruktur könnte vor allem die einzelwirtschaftlichen Entscheidungsräume, die Wachstumsrelevanz haben, stärker und differenzierter integrieren. Denn auch der Autor betont die Verbreitung rationaler einzelwirtschaftlicher Entscheidungen als zentrale Entwicklungsdeterminante.

Wie bei Williamson enthält auch bei Wagener eine vierte Ebene die informellen Institutionen. Auf einer dritten Ebene folgen dann die formellen Institutionen der Politik und der Wirtschaft, die bei Wagener auf zwei unterschiedlichen Ebenen angesiedelt sind. Die zweite Ebene bei Williamson ist jene der Governancestrukturen. Konkret wird auf dieser zwischen verfügbaren Transaktionsregimen oder Wertschöpfungsstrukturen gewählt. Auf einer letzten Ebene sind die eigentlichen Allokations- und Investitionsentscheidungen angesiedelt. Während Wageners Struktur deutlich stärker zwischen Politik und Wirtschaft differenziert, stehen in Williamsons Hierarchie einzelwirtschaftliche Entscheidungen auf zwei Ebenen im Vordergrund. Beide Analyseraster haben ihre Vorzüge. Nichts spricht gegen eine Kombination. In der historischen Entwicklung war das Zusammenspiel zwischen Staat und Wirtschaft entwicklungsbeeinflussend, also macht es Sinn, die beiden Ebenen zu trennen. Doch deutlich weniger explizit wurde von Wagener der Zusammenhang zwischen der Organisation der Wertschöpfung und dem Wachstum thematisiert, wenngleich in Ansätzen durchaus berücksichtigt. Dafür bietet die Ebene der Governancestrukturen von Williamson einen geeigneten Rahmen. So spielten etwa Händler-, Finanz- oder Produktionsnetzwerke (z. B. der Medici, der Rothschilds, der Fugger sowie die Zusammenarbeit der Kaufleute in der Hanse) ebenso eine Rolle wie – in heutiger Diktion – regionale Cluster (vgl. z. B. *Santer* 2004). Studien der theoretischen und empirischen Institutionenökonomik liefern interessante Erkenntnisse über die Zusammenhänge zwischen der Organisation des Wirtschaftens (als Ergebnis eines einzelwirtschaftlichen Optimierungsverhaltens auf einer vorgelagerten Ebene) und dem Wirtschaftswachstum bzw. der Entwicklung von Ökonomien (z. B. *Caballero* 2007). Im Idealfall würde die Berücksichtigung dieser zusätzlichen Ebene es ermöglichen, eine weitere Systematisierung der isolierten institutionellen Einflussgrößen vorzunehmen sowie eine Gewichtung der einzelnen Einflussgrößen nach ihrer Bedeutung, könnte also die Funktion eines Filters übernehmen.

Eine zweite Anregung betrifft die Berücksichtigung weiterer Wirkungsmechanismen zwischen Institutionen und dem Wachstum. Konkret bezieht sich diese Anregung darauf, dass die Modelle der Wachstumstheorie implizit institutionelle Annahmen enthalten. Es seien nur einige Beispiele genannt, auf die nicht eingegangen wurde. So werden in der neoklassischen Wachstumstheorie über die Relation zwischen Investitionen und Ersparnissen Finanzmarktinstitutionen einbezogen. Im Rahmen der endogenen Wachstumstheorie spielen Patentschutzsysteme sowie institutionelle Hintergründe und Lösungen für externe Effekte eine bedeutende Rolle (*Romer* 1986; 1990). Entsprechende institutionelle Rahmenbedingungen bleiben nicht ohne Wirkung auf die einbezogenen Wachstumsfaktoren, wie den technischen Fortschritt oder das Humankapital.

Drittens wäre es interessant, auch im Argumentationsrahmen der Theorie des institutionellen Wandels (z. B. *North* 1990; 2005) das Zusammenwirken von Institutionen und individuellen Kalkülen zu prüfen. Dies vor dem Hintergrund, dass institutioneller Wandel nicht zwingend zu Wachstum führen muss. Im Vordergrund empirischer Analysen stehen meist jene Mechanismen, die den institutionellen Wandel bewirken, vor allem die Wechselwirkungen von Institutionen und Organisationen, Investitionen in Humankapital, die Bedeutung informeller Institutionen sowie die Pfadabhängigkeit des Wandels durch spezifische Investitionen, Lerneffekte und Netzwerkeffekte. Damit ein solcher Wandel entwicklungs- und wachstumsfördernd ist, ist es jedoch notwendig, dass er effizient ist, also tatsächlich institutionelle Innovationen enthält. So könnte die These aufgestellt werden, dass unterschiedliche Phasen des Entwicklungsprozesses auch unterschiedliche institutionelle Settings benötigen, um tatsächlich Wachstumsprozesse in Gang zu bringen oder zu erhalten. Solche unterschiedliche Phasen könnten z. B. einerseits ein Entwicklungsstand nah an der Technologiegrenze und andererseits eine Catch-up-Phase sein (vgl. *Acemoglu / Aghion / Zilibotti* 2006).

Schließlich könnte ein Versuch unternommen werden, die institutionelle Reichhaltigkeit zu straffen und zu ordnen, indem eine sachliche Differenzierung von Institutionenbereichen vorgenommen wird. Das angewendete Kriterium müsste dabei die Isolierung der investitionsrelevanten Institutionenbereiche und ihrer Wirkungskanäle sein. Als drei Beispiele seien die Finanzinstitutionen, die Bildungsinstitutionen sowie Innovationsinstitutionen und deren Wirkungskanäle auf das Wachstum beispielhaft herausgegriffen. Letztere enthalten unter anderem die Risikotransformation, die Entwicklung von Talenten und Patentschutzsysteme.

C. Zusammenfassung

Hans-Jürgen Wagener hat einen außergewöhnlich reichhaltigen Beitrag zur Beantwortung seiner Frage „Warum gerade Europa?" vorgelegt, reich an tiefgehender Analyse, reich an institutionellen Details und reich an theoretischen Zugängen. Seine Antwort, dass sich Europa am stärksten von der ökonomischen Rationalität hat leiten und am wenigsten von anderen Faktoren hat ableiten lassen, wird überzeugend begründet. Besonders positiv hervorzuheben ist erstens die konsequente Integration institutioneller Details in das wachstumstheoretische Untersuchungsgerüst, das zwar einen Analyserahmen abgeben kann, der aber – nicht überraschend – auch seine Grenzen aufweist. Zweitens ist die Bewältigung und Einordnung einer enormen Faktenfülle aus unterschiedlichen Wirtschaftsräumen eine Leistung, die sich sichtbar gelohnt hat. Das so entstandene inspirierende Ergebnis hat zur Konsequenz, dass diese Anmerkungen weniger Kritik enthalten als Anregungen für die Fortsetzung des zugrunde liegenden Forschungsprojekts. Dies sind erstens Anregungen zur Berücksichtigung zusätzlicher Fragestellungen, die mit den nun verfügbaren Informationen adressiert werden können. Dazu kommen zweitens solche, die eine zusätzliche Integration vorhandener institutionenökonomischer Erkenntnisse beinhalten. Beide Gruppen von Kommentaren verfolgen als Stoßrichtung eine weitere Förderung der Stringenz der isolierten Zusammenhänge, wobei keinesfalls auch nur annähernd davon ausgegangen wird, dass es möglich wäre, die relative Entwicklung Europas in das Korsett eines formalen modelltheoretischen Rahmens zu pressen.

Literatur

Acemoglu, D. /*Aghion,* P. /*Zilibotti,* F. (2006): Distance to Frontier, Selection, and Economic Growth, in: Journal of the European Economic Association, Vol. 4, S. 37 – 74.

Caballero, R. (2007): Specificity and Macroeconomics of Restructuring, Cambridge (Mass.).

North, D. (1990): Institutions, Institutional Change and Economic Performance, Cambridge (Mass.).

North, D. (2005): Understanding the Process of Economic Change, New Jersey.

Romer, P. (1986): Increasing Returns and Long-Run Growth, in: Journal of Political Economy, Vol. 94, S. 1002 – 1037.

Romer, P. (1990): Endogenous Technological Change, in: Journal of Political Economy, Vol. 98, S. 71 – 102.

Santer, J. (2004): Die genossenschaftliche Initiative. Ein Baustein der Europäischen Wirtschaft. IfG-Arbeitspapier, Nr. 42, Münster.

Williamson, O. (2000): The New Institutional Economics: Taking Stock, Looking Ahead, in: Journal of Economic Literature, Vol. 38, S. 595 – 613.

Wohlstand der Nationen und der Grad der handlungsrechtlichen Teilzentralisierung

Von *Heike Walterscheid* und *Lothar Wegehenkel,* Ilmenau

A. Einleitung: Begriff und Erfassung des Wohlstands

Wohlstand wird in der Regel als der Grad der Versorgung von Personen, privaten Haushalten oder der gesamten Gesellschaft mit Gütern und Dienstleistungen verstanden und fasst das Ausmaß materieller, aber auch immaterieller Lebensqualität. Die Messung erfolgt vor allem mit unterschiedlichen Sozialproduktgrößen, wie dem *Bruttoinlandsprodukt* (*BIP*) oder dem *Bruttonationaleinkommen* (*BNE*). Für die weiteren Überlegungen wird das BIP als Grundlage genommen, da es üblicherweise verwendet wird, um die Entwicklung der Volkswirtschaft zu messen.[1] Die Wohlstandsmessung mittels der verschiedenen Sozialprodukte und insbesondere auch des BIP wird allerdings zunehmend dahingehend kritisiert, dass durch sie die materiellen Grundlagen des Wohlstands ungenau und die immateriellen Wohlstandsaspekte überhaupt nicht wiedergeben werden können. So wurden und werden zusätzliche Verfahren zur Wohlstandsmessung entwickelt, die die genannten Mängel beheben sollen.

Hierzu zählt etwa der *Human Development Index (HDI)*. Der *HDI* bezieht als international anwendbarer Wohlstandsindikator neben der Entwicklung des BIP pro Kopf Größen wie die Lebenserwartung oder den Bildungsgrad – z. B. gemessen durch die Alphabetisierungsrate – in die Wohlstandsmessung ein (*UNDP* 2008). Zudem wird der Wohlstand einer Gesellschaft auch im Kontext gesellschaftlicher Zufriedenheit auf der Grundlage von Happinessindikatoren diskutiert (*Frey / Stutzer* 2000; 2002). Studien untersuchen die Beziehung zwischen Lebensbedingungen und dem Maß an Zufriedenheit sowie Glücksempfindung und der Entwicklung von Werten (*World Value Survey Association* 2008). Allen diesen Ansätzen ist gemein, dass sie letztlich nur Teilaspekte dessen fassen, was den Wohlstand einer Gesellschaft ausmacht. Mit diesen Ansätzen wird im Wesentlichen der Versuch unternommen, die Mängel der Wohlstandsmessung mittels der Berech-

---

1 So das aktuelle Verfahren der Volkswirtschaftlichen Gesamtrechnung (*Nissen* 2002; *Felderer / Homburg* 2005).

nung aggregierter Sozialprodukte flankierend zu kompensieren. Eine integrierte Lösung des Problems wird nicht angeboten. Tatsächlich sind die Defizite der Aussagekraft der gängigen Sozialprodukte aber tief in der institutionellen Basis einer Gesellschaft verankert.[2] Die von Volkswirtschaft zu Volkswirtschaft unterschiedlichen institutionellen Grundlagen führen auch dazu, dass die BIP verschiedener Volkswirtschaften trotz Standardisierung der Ermittlungsverfahren nur äußerst begrenzt – wenn überhaupt – vergleichbar sind.

Für die weiteren Überlegungen ist auch die *Staatsquote* von Interesse. Gemäß OECD wird die Staatsquote als prozentualer Anteil des BIP ermittelt.[3] Mittlerweile wird in der Literatur darüber diskutiert, welchen Einfluss die Staatsquote auf die Entwicklung des Wohlstands einer Gesellschaft ausübt.[4] Da bereits die Aussagekraft des BIP als Wohlstandsindikator begrenzt ist, gilt dies natürlich auch für die Wertung der Staatsquote. Die Höhe der Staatsquote ist in jedem Falle gleichfalls durch die institutionellen Grundlagen einer Gesellschaft vorgegeben. Daher kann der Einfluss der Staatsquote auf den Wohlstand einer Gesellschaft auch nur aus dieser Sicht einigermaßen unverfälscht gewertet werden.

In den nachfolgenden Ausführungen soll verdeutlicht werden, unter welchen institutionellen Bedingungen die Wohlstandsmessung durch geeignete Sozialprodukte hinreichend genau erfolgen kann. Zugleich ergeben sich dabei genauere Einsichten über die Hintergründe einer hohen oder niedrigen Staatsquote und auch deren Wirkung auf die Wohlstandsentwicklung. Im Ergebnis wird darauf hingewiesen, dass ein Gesamtzusammenhang zwischen der Aussagekraft der Sozialprodukte, dem Umfang der Staatsquote und dem Wohlstand einer Gesellschaft besteht. Die nachfolgenden Ausführungen sind institutionell-evolutionär orientiert.[5] Die Systemumwelt wird als turbulent unterstellt, woraus sich die Notwendigkeit für schnelle dezentrale Anpassungen ergibt. Wir bewegen uns daher im institutionellen Kontext eines Mindestmaßes dezentralisierter, marktwirtschaftlich orientierter Wirtschaftsprozesse. In diesem Zusammenhang interessiert mit Blick auf die Entwicklung des Wohlstands einer Nation insbesondere das „sinnvolle Volumen" dezentral-marktwirtschaftlicher Prozesse in Relation zu staatlichen Aktivitäten, die ihren Ausdruck u. a. in der Staatsquote finden.

---

2 So kann die Unzufriedenheit im Osten Deutschlands auf die divergierende Entwicklung des individuellen Wohlstands (Wendesieger) und dem daraus entstandenen Neid zurückgeführt werden – ein Sachverhalt der institutionell verursacht wurde bzw. wird.

3 Gemäß der Vorgaben der OECD ist die Staatsquote (General government total outlays) definiert als der prozentuale Anteil der laufenden Staatsausgaben einschließlich der Investitionsausgaben am BIP. Es handelt sich bei den Staatsausgaben also um die konsolidierten Ausgaben des gesamten Sektors 84F6 öffentlicher Haushalt", also Bund, Länder und Gemeinden sowie Sozialversicherungen (*OECD* 2008).

4 Für einen Überblick siehe *Kirchgässner* (2004).

5 Zum Wohlstand der Nationen im Kontext des Institutionengefüges siehe *North* (1990).

B. Soziale Systeme, Wirtschaftsprozesse und Ordnungsgrad

Alle Gesellschaftssysteme als soziale Gesamtsysteme müssen sich in irgendeiner Form mit dem Phänomen der Knappheit auseinandersetzen – anders ausgedrückt sind sie genötigt, mit knappen Gütern und Ressourcen entsprechend ihrer relativen Knappheit sparsam umzugehen. Dies ist die Voraussetzung dafür, möglichst hohen Wohlstand aber auch Überlebensfähigkeit im Systemwettbewerb zu erlangen. Jene Aktionen und Interaktionen, die sich auf den Umgang mit knappen Gütern und Ressourcen beziehen, erzeugen bekanntlich die Vielfalt dessen, was mit der Bezeichnung „Wirtschaftsprozesse" belegt wird. Für Art und Ablauf der Wirtschaftsprozesse existieren in allen Gesellschaften Regeln, die mehr oder weniger gut geeignet sind sicherzustellen, dass im Ergebnis alle relevanten Knappheiten erkannt und entsprechend bewertet werden, was aufgrund der somit bestehenden Verhaltensanreize den sparsamen Umgang mit ihnen erst ermöglicht.

Wirtschaftsprozesse laufen stets in irgendeiner Form wettbewerblich ab. Dabei können sie sich allerdings höchst unterschiedlich manifestieren und sowohl in Organisationen als auch auf Märkten ablaufen. Sowohl Organisationen als auch Märkte können wiederum verschiedenen Systemebenen zugeordnet sein – eine Erkenntnis, die sich u. a. mit der Institutionenökonomie verbreitet und die Perspektive hinsichtlich dessen, was unter Wirtschaftsprozessen verstanden werden kann, beträchtlich ausgeweitet hat. Dennoch wollen wir im Weiteren den Begriff Wirtschaftsprozesse auf produktive und konsumtive Vorgänge begrenzen, in deren Koordination Märkte mit Preisbildung involviert sind. Tatsächlich wird sich zeigen, dass über Märkte alles, was wirtschaftlich materiell oder immateriell relevant ist, mindestens indirekt mitbewertet wird – wenn denn in hinreichendem Umfang Märkte existieren.

Wirtschaftsprozesse, die über Märkte koordiniert werden, führen bei geeigneter und hinreichend umfassender Ausgestaltung der für sie gültigen Regeln dazu, dass die eingesetzten Güter und Ressourcen gemäß ihrer relativen Knappheit idealerweise mittels unverzerrten Knappheitspreisen bewertet und genutzt werden. Die Rahmenbedingungen für den Ablauf der Wirtschaftsprozesse sind in die jeweiligen Gesellschaftssysteme inkorporiert und unterliegen mit deren Teilsystemen evolutionärem Wandel.

Soziale Systeme entstehen aus systemtheoretisch-evolutionärer Perspektive dadurch, dass die Vielfalt möglicher Handlungen der Menschen als Elemente (*Parsons* 2003) und die Vielfalt der denkbaren Beziehungen zwischen den Menschen im chaotischen, respektive anarchischen Ausgangszustand durch Strukturbildung (Ordnungsbildung) reduziert werden (*Bertalanffy* 1951; 1956).

Genauer formuliert erfolgt die Entwicklung von Regeln, indem in geeignetem Wechselspiel entweder die Bandbreite der Handlungen durch Verbote begrenzt (Handlungsverbote) oder die Bandbreite möglicher Handlungen positiv in Form von Handlungsrechten[6] beschrieben wird. Die Entwicklung solcher Regeln erhöht, wie später genauer ausgeführt wird, die wechselseitige Sicherheit bei Interaktionen der Wirtschaftssubjekte und erschließt diesen dadurch neue Handlungsmöglichkeiten.

Zu den identifizierbaren Teilsystemen eines Gesellschaftssystems sind Wirtschaftssysteme, politische Systeme, Rechtssysteme und kulturelle Systeme zu zählen. Dabei finden sich die Regeln, die für das jeweilige Wirtschaftssystem gültig sind, innerhalb des entsprechenden Rechtssystems. In stetiger Interaktion mit dem zugehörigen politischen System wird das Rechtssystem idealerweise entsprechend der Vorgaben aus dem relevanten kulturellen System gepflegt und ergänzt (*Vanberg* 1994). Wirtschaftssysteme begründen sich aus strukturierten Handlungen mit dem Sinnverbund der Koordination knapper Güter und Ressourcen. Alle wirtschaftlich relevanten Prozesse laufen dann auf der Grundlage der oben genannten Regeln ab. Je differenzierter die Gesamtheit der Regeln und je besser deren Qualität gerät, umso differenzierter respektive komplexer sind auch die Prozesse der Koordination von Knappheitsmomenten, die innerhalb der Regeln ablaufen können – ein Sachverhalt, der mit dem Begriff des Ordnungsgrades beschrieben werden kann.

Da Märkte die ideellen Orte der Tauschvorgänge innerhalb eines Wirtschaftssystems darstellen, können sie nur entstehen, wenn ein Minimum an Ordnung in Form von Handlungsrechten und Handlungsverboten gegeben ist, da Tausch grundsätzlich die Existenz von exklusiven Rechten an knappen materiellen oder immateriellen Gütern und Ressourcen voraussetzt. In Abhängigkeit von der Qualität der Regeln (*Wegehenkel* 1981) können Märkte in größerer oder geringerer Zahl existieren, gut oder schlecht funktionieren sowie neue Märkte entstehen oder auch nicht. Die Qualität der Regeln bedingt dabei insgesamt die Präzision der Knappheitsmessung durch das gesamte Marktsystem bzw. das Preissystem oder anders formuliert, die Koordinationsleistung eines auf Märkten basierenden Wirtschaftssystems.

Die Präzision der Knappheitsmessung übt aber zweierlei Wirkung aus. Erstens verbesserte sich mit zunehmender Präzision der Knappheitsmessung auch die Aussagekraft etwa des BIP. Zweitens führt präzisere Knappheitsbewertung und deren Berücksichtigung innerhalb der Wirtschaftsprozesse zu höherem Wohlstand.[7]

---

[6] In der Property-Rights-Theorie auch als „Property Rights" oder deutsch „Verfügungsrechte" bezeichnet.

[7] Der Aspekt der Inflation bzw. Deflation als Wirkung aus Knappheitspreisen kann an dieser Stelle nicht berücksichtigt werden, da in diesem Zusammenhang Fragen abzuhandeln sind, die die prinzipielle Form der Geldpolitik eines Gesellschaftssystems betreffen und einer gesonderten Betrachtung bedürfen.

C. Ordnungsgrad, Regeln und Wohlstand

Mit Zunahme des Ordnungsgrades eines sozialen Systems werden die Verhaltensweisen der Menschen stärker durch Regeln geleitet – die Beliebigkeit des Handelns also entsprechend begrenzt. Die Zunahme des Ordnungsgrades ermöglicht zugleich jedoch komplexere soziale Interaktionen. Geeignete Regeln erschließen aus dieser Sicht neue Handlungspotenziale und erweitern somit den Handlungsmöglichkeitenraum. So ist soziale Interaktion im Sinne von Tausch ohne ein Minimum an durchgesetzten Regeln wie Eigentumsrechten (genauer: Bündel aus Handlungsrechten) mit dazu passenden flankierenden Diebstahls- und Raubverboten kaum denkbar (*Alchian* 1979, S. 237; *Demsetz* 1967, S. 31 ff.; *Furubotn / Pejovich* 1972; 1974; *Alchian/Demsetz* 1973). Die Qualität dieses Regelgeflechts ergibt sich aus den Kriterien der Wohldefiniertheit der Handlungsrechte, die gewünschte Handlungen abdecken (Property-rights-Theorie). Diese kann nur durch flankierende Handlungsverbote gewährleistet werden, die dem Kriterium der Allgemeinheit im Sinne Hayeks (*Hayek* 1971, *Hoppmann* 1972) genügen, da diese entsprechende Handlungsanreize beinhalten (*Wegehenkel* 1991; 1992; *Wegehenkel / Walterscheid* 2008).

Derartige Regelgeflechte erzeugen Komplexität eines sozialen Systems im Sinne einer erforderlichen Vielfalt an Problemlösungsmöglichkeiten, mit denen auf Systemstörungen reagiert werden kann. Auf diese Weise erhöhen sich die Chancen, durch vielfältige kurz- und langfristige Tauschvorgänge entsprechend vielgestaltige Formen arbeitsteiliger Produktion zu entwickeln. Handelnde Menschen in einem sozialen System machen sich durch Einführung solcher Regeln hinsichtlich ihres wechselseitigen Verhaltens füreinander berechenbarer, und es entstehen neue abgesicherte Handlungsräume auf der Basis wohldefinierter Handlungsrechte (z. B. Verträge als Ergebnis von Vertragsfreiheit usw.).[8]

In diesem Sinne führen Verbotsregeln, die geeignete Handlungsrechte flankieren, also keineswegs – wie in der Theorie der Verfügungsrechte durch die Formulierung „Attenuation“ oder „Verdünnung“ von Handlungsrechten (dort Verfügungsrechte genannt) suggeriert wird – zu einer Minderung der individuellen Handlungsräume der Menschen, sondern tragen im Gegenteil zu deren Ausweitung bei.[9] So können hochgradig arbeitsteilig orientierte Produktionsaktivitäten, wie etwa das

8 In diesem Kontext sollte nicht außer Betracht bleiben, dass auch die Evolution komplexer Unternehmungsformen als Ergebnis von Abschlüssen vielfältiger Austauschverträge zu interpretieren ist. Zur vertragstheoretischen Interpretation der Unternehmung siehe *Alchian / Demsetz* (1972), *Cheung* (1983).

9 In der Theorie der Verfügungsrechte werden implizit zunächst unbegrenzt umfassende Handlungsrechte an einer Basis unterstellt, die durch internalisierende Regeln, wie Handlungsverbote, ständig weiter verdünnt werden. Tatsächlich ist ein solches Szenario letztlich nur für eine irreale Welt ohne Knappheit und damit grenzenloser Bedürfnisbefriedigung denkbar. Für einen Überblick siehe die Lehrbücher *Richter / Furubotn* (2003) sowie *Erlei / Leschke / Sauerland* (2007).

Erstellen von Immobilien oder das Programmieren von Software, nur durch komplexitätssteigernde Erschließung neuer Handlungsräume nach Weiterentwicklung des Geflechts der Handlungsrechte und Handlungsverbote entstehen. Auch Tauschakte über Aktien kommen erst auf der Basis eines Regelgeflechts zustande, durch das hinreichende Komplexität erzeugt wird.

Diese Überlegungen haben in mehrfacher Hinsicht Auswirkungen auf das, was den Wohlstand von Volkswirtschaften ausmacht und damit auch auf Aggregate wie das BIP. Durch neue Produktionsmöglichkeiten und entsprechend neue Märkte steigt c. p. das BIP. Andererseits mögen zusätzliche Regeln dazu führen, dass neue Formen von Abschreibungen vorgenommen werden müssen, was c. p. entsprechend zu einer Minderung des BIP führt. Inwieweit dieser Saldo kurzfristig positiv oder negativ ausfällt, bleibt zunächst spekulativ. Bei Berücksichtigung des langfristig wirksamen evolutionären Zusammenhangs ist jedoch kaum vorstellbar, dass ein Gesellschaftssystem überlebt, das gemäß seiner eigenen Wertmaßstäbe über seine Kosten lebt, bzw. eine verzerrte Erfassung seines Wohlstandes vornimmt – ein Zusammenhang, der noch verdeutlicht wird.

Da moderne Gesellschaftssysteme sich in aller Regel mit einer turbulenten Umwelt als dynamischer, komplexer und mit Diskontinuitäten versehener Systemaußenwelt (*Ashby* 1956; *Röpke* 1977) auseinandersetzen müssen, sind immer wieder dynamische Anpassungsleistungen des Systems erforderlich. Ohne derartige Anpassungsleistungen läuft ein System Gefahr, jenes Ausmaß an Komplexität zu verfehlen, das für eine erfolgreiche Auseinandersetzung mit der relevanten Systemumwelt erforderlich ist. In diesem Fall fehlt im Sinne Ashby's (*Ashby* 1956, S. 206 f.) erforderliche Vielfalt mit der Wirkung, dass das betreffende System nicht hinreichend flexibel auf Veränderungen der relevanten Systemumwelt reagieren kann. Das betreffende System besitzt also keine hinreichende Problemlösungsfähigkeit, bezeichnete Störungen auszuregeln. Die Selektionsresistenz des Systems in Relation zu anderen Gesellschaftssystemen ist damit gemindert – womit zugleich deutlich wird, dass unterschiedliche Gesellschaftssysteme, soweit sie im wechselseitigen Austausch zueinander stehen und füreinander Teile der relevanten Systemumwelt darstellen, sich in einem selektiven Wettbewerbsverhältnis befinden.

Nun lassen sich jene Veränderungen in der Systemumwelt, die es erforderlich machen, die Komplexität des Systems durch Schaffung neuer Handlungsrechte und Handlungsverbote zu erhöhen, in den Kategorien negativer technologischer externer Effekte ausdrücken. Negative technologische externe Effekte sind Phänomene, die auf neuerdings aufgetretene Knappheitsmerkmale hinweisen, die durch das Wirtschaftssystem noch nicht erfasst werden können (*Wegehenkel* 1991; 1992; *Wegehenkel / Walterscheid* 2008).). Sie machen sich durch Fremdbestimmungen (*Coase* 1960) in den Nutzen- und Produktionsfunktionen der Wirtschaftssubjekte bemerkbar (*Buchanan / Stubblebine* 1962) und führen durch die daher fehlenden exklusiven individuellen Steuerungsmöglichkeiten von Nutzen und Produktion zur Verschwendung knapper Gütern und Ressourcen. Innerhalb des Wirtschaftssystems laufen jene Tauschakte noch nicht oder in unzureichendem Maße ab, die diese neuen Knappheitsmerkmale in Marktpreise übersetzen, die deren relative Knappheit signalisieren. Anders formuliert ist die Komplexität des Wirtschaftssystems zur Erfüllung dieses Zwecks noch nicht hoch genug.

Die Erhöhung der Komplexität des Wirtschaftssystems lässt sich durch Schaffung zusätzlicher geeigneter Handlungsrechte und ihnen entsprechenden Handlungsverbote durch das politische System in Ergänzung des Rechtssystems erreichen. Mit der Erhöhung der Komplexität wäre die beschriebene Fremdbestimmung beseitigt und die Bewertung des neuen Knappheitsmerkmals zu tatsächlichen Knappheitspreisen gesichert (*Wegehenkel / Walterscheid* 2008). Bleiben negative technologische externe Effekte uninternalisiert, erzeugen sie zwischen den beteiligten Wirtschaftssubjekten Konflikte, da bestimmte Handlungen in einem höheren Umfang stattfinden, als unter Effizienzgesichtspunkten wünschenswert ist. Derartige Konflikte üben also eine Signalfunktion aus. Das Wirken negativer technologischer externer Effekte ist folglich leicht zu erkennen.

Demgegenüber deuten positive technologische externe Effekte darauf hin, dass Tauschakte zu noch unerschlossenen, arbeitsteiligen Handlungen mit Synergie- und Netzeffekten führen könnten, die innerhalb des betreffenden Wirtschaftssystems jedoch nicht umsetzbar sind, weil der Abschluss der hierfür erforderlichen Verträge nicht möglich ist. Die Internalisierung aller relevanten negativen technologischen externen Effekte bildet die Voraussetzung dafür, dass im Umgang mit knappen Gütern und Ressourcen überhaupt positive technologische externe Effekte entstehen können, die dann internalisiert werden sollten. Die Internalisierung positiver technologischer externer Effekte kann in der Folge jedoch nur dann erfolgen, wenn die Rechtslage gewährleistet, dass die zur Internalisierung führenden Verträge erlaubt sind (hier können z. B. durch ungeeignetes Wettbewerbsrecht Behinderungen bestehen). Internalisierende Verträge müssen die Möglichkeit eröffnen, jene Handlungen zu fördern, die zu den positiven technologischen externen Effekten führen, um den Umfang ihrer Ausübung auf das optimale Niveau anzuheben.

Positive technologische externe Effekte erzeugen bei den Beteiligten im Wesentlichen Unwohlbefinden mit der Rechtslage und sind von daher eher schwerer erkennbar als der negative Gegenpol. Sowohl bei Fortbestand negativer als auch positiver technologischer externer Effekte wird jedoch die Selektionsresistenz des Gesellschaftssystems nachhaltig negativ beeinträchtigt. Wird unterstellt, dass das rechtliche Teilsystem und seine Weiterentwicklung in Übereinstimmung mit dem kulturell-normativen Teilsystem steht, also sozusagen stets die rechtliche Verfestigung sozialer Werte repräsentiert, befinden sich sowohl das Auftreten als auch die Internalisierung technologischer externer Effekte in vollem Einklang mit dem Gesellschaftssystem. Die relativen Knappheiten und ihre Bewertung nach der Internalisierung spiegeln also die korrekte Einschätzung der materiellen und immateriellen Güter und Ressourcen einer Gesellschaft wider. Es wirken damit Anreize, sie so zu produzieren und zu nutzen, dass vereinfacht ausgedrückt der höchstmögliche Wohlstand innerhalb eines Gesellschaftssystems durch die Lenkung von Knappheiten in ihre bestmöglichen Verwendungen erreicht wird. Es wird aber auch deutlich, dass die Einschätzung dessen, was mehr oder weniger Wohlstand bedeutet, nur im Kontext des sozialen Gesamtsystems vorgenommen werden kann.

D. Dezentralisierende Internalisierung und Wissen

Neue Handlungsrechte und Handlungsverbote müssen also dann geschaffen werden, wenn negative technologische externe Effekte auftreten. Nun haben Handlungen, die zu negativen technologischen externen Effekten führen, ihren Ursprung grundsätzlich auf der Basis Bodenoberfläche. Dies gilt auch dann, wenn die Handlungen sich auf Luftraum- oder Untergrundschichten beziehen oder sich in ihnen abspielen. Insofern kann die Boden- (oder Wasser-) oberfläche als gemeinsamer Nenner der Gesamtheit aller materiellen und auch immateriellen Basen für Handlungsrechte und somit als deren Bezugsgröße dienen.[10]

Wird ein negativer technologischer externer Effekt durch lediglich einen Handlungstyp ausgelöst, bezeichnet man ihn als eindimensional (Beispiel: Viele Schwimmer nutzen gleichzeitig einen dadurch überfüllten See). Beziehen sich unterschiedliche konfligierende Handlungstypen auf verschiedene Basen, entstehen zwei- oder mehrdimensionale negative technologische externe Effekte (*Wegehenkel* 1991; 1992; *Walterscheid* 2004). So kann man sich z. B. vorstellen, dass Schwimmer an der Basis Wasseroberfläche durch Taucher in einer tiefer liegenden Wasserschicht als Basis erschreckt werden und umgekehrt zu viele Schwimmer den für die Taucher wichtigen Lichteinfall stören.

Im Falle eines eindimensionalen negativen technologischen externen Effekts erfolgt die Internalisierung durch die Spezifizierung und personelle Zuordnung eines Handlungsrechts, das den betreffenden Handlungstyp bezogen auf die relevante Basis legitimiert. Dabei muss die Bezugsgröße der Basis geeignet gewählt werden. So sollte etwa ein Fischfangrecht auf den gesamten See bezogen sein. Zur Herstellung der Wohldefiniertheit eines solchen Handlungsrechts sind in der Regel flankierende Handlungsbeschränkungen (Verbote) erforderlich.[11]

Im Falle mehrdimensionaler negativer technologischer externer Effekte muss die internalisierende rechtliche Absicherung der konfligierenden Handlungen so erfolgen, dass die die Handlungen legitimierenden Rechte dergestalt zusammengefasst werden, dass sie unter die Kontrolle eines Wirtschaftssubjektes gelangen (qualitative Bündelung). Hierbei ist zu beachten, dass die Zusammenfassung der Handlungsrechte einen gemeinsamen Nenner erforderlich macht, auf den alle Ba-

[10] Dies rührt einfach daher, dass technologische externe Effekte grundsätzlich aus menschlichen Interaktionen entstehen und Menschen nun einmal Raum benötigen, der bekanntlich jederzeit auf die Bodenoberfläche projiziert werden kann.

[11] Im geschilderten Beispiel könnte zur Gewährleistung von Wohldefiniertheit des Fischfangrechts etwa die Implementierung eines Verbots, ohne Fischfangrecht mit Fischfangausrüstung an Bord abzulegen, erforderlich sein.

sen bezogen werden können. Hierzu bietet sich – wie oben bereits ausgeführt – die Bodenoberfläche an, auf die alle anderen Basen entsprechend ihrer Größenordnung projiziert werden können. Die qualitative Bündelung kann dabei nur erfolgen, wenn die Basen aller Rechte soweit quantitativ zusammengefasst werden, bis ihre Projektion auf die Bodenoberfläche dem gemeinsamen Nenner entspricht (*Walterscheid* 2004, S. 96).

Die Größenordnung der Basen, auf die die Handlungsrechte zu beziehen sind, um die Internalisierung technologischer externer Effekte zu gewährleisten, kann höchst unterschiedlich sein. So müssen Handlungsrechte, die die Erstellung von Infrastruktur sichern, großräumiger verankert werden als Handlungsrechte, die die Nutzung von Wohnraum abdecken. Bei Berücksichtigung dieser Gegebenheit sind zwei Möglichkeiten zu unterscheiden, die qualitative und quantitative Bündelung vorzunehmen.

Die kleinräumiger verankerten Handlungsrechte können unter Auflösung ihrer individuellen Zuordenbarkeit zusammengefasst und mit den großräumiger verankerten Handlungsrechten in der Hand eines Wirtschaftssubjektes vereinigt werden. Diese Vorgehensweise soll als zentralisierende Internalisierung bezeichnet werden, da sie zu groß dimensioniertem Individual- oder Gruppeneigentum bis hin zu „Volkseigentum" führt.

Bleiben die kleinräumiger verankerten Handlungsrechte erhalten und werden die großräumiger verankerten Handlungsrechte der Gruppe der Individualeigentümer als Gemeinschaftseigentum zugeordnet, erfolgt dezentralisierende Internalisierung (*Wegehenkel / Walterscheid* 2008). Tauschprozesse und die mit ihnen verbundene Knappheitsbewertung über Marktpreise setzen einen Bestand an gestreutem exklusivem Individualeigentum voraus. Gestreutes Individualeigentum wiederum kann nur existieren, wenn in einer Gesellschaft ein Mindestmaß an dezentralisierender Internalisierung erfolgt ist. In diesem Umfeld ermöglichen Märkte im Sinne Hayeks die Entdeckung dezentralen Wissens und die Aufdeckung dezentral verstreuter Präferenzen.

Damit kann bereits festgehalten werden, dass der Grad dezentralisierender Internalisierung, da er die Existenz und Streuung des Individualbesitzes in einer Gesellschaft bestimmt, auch Umfang und Präzision der Knappheitsanzeige über Marktpreise bedingt.

Durch dezentralisierende quantitative und qualitative Bündelung der Handlungsrechte und entsprechende personelle Zuordnung werden die Eigentümer angereizt, in ihrem zukünftigen Handeln per se die Handlungsfolgen als private Kosten zu antizipieren, womit die technologischen externen Effekte internalisiert sind. An diesem Sachverhalt ändert sich übrigens auch nichts, wenn aus den gebündelten Handlungsrechten temporär einzelne etwa auf der Basis von Miete und Pacht zur Nutzung für andere Wirtschaftssubjekte freigegeben werden. Da die Zeitdauer, die Art und der Umfang der Nutzung unter der Kontrolle des „Eigentümers" aller gebündelten Handlungsrechte bleiben, wird die Internalisierung nicht aufgehoben.

Derartige sachlich, zeitlich und gegebenenfalls auch persönlich begrenzt freigegebene Handlungsrechte wollen wir im Weiteren als Nutzungsrechte bezeichnen.[12] Solche Nutzungsrechte, die für sich genommen keine wohldefinierten Handlungsrechte darstellen, können natürlich auch auf der Basis von Gruppen- oder Volkseigentum vergeben werden. Sofern die „Eigentümer" der den Nutzungsrechten zugrunde liegenden Handlungsrechte souverän über die Vergabe von Nutzungsrechten entscheiden können, liegt ein internalisierter Zustand vor. Dies gilt nur noch bedingt, wenn „Eigentümer" und diejenigen, die über die Vergabe der Nutzungsrechte verbindlich entscheiden, personell auseinanderfallen.

Da bei dezentralisierender Internalisierung die grobkörniger verankerten Handlungsrechte unter die Kontrolle einer Gruppe geraten, die im Außenverhältnis als ein Wirtschaftssubjekt auftritt, müssen die Präferenzen der Mitglieder dieser Gruppe innerhalb von Gruppenabstimmungsprozessen abgeglichen werden. Bei Einsatz der einfachen Mehrheitsregel ergeben sich hierbei bekanntlich (*Bowen* 1943) dann Probleme, wenn die Präferenzen innerhalb der Gruppe stark spreizen. Die diesbezüglichen Probleme lassen sich allerdings über Zu- und Abwanderungsprozesse lösen (*Tiebout* 1956), wenn die notwendigen Informationen gegeben sind – z. B. durch Informationsmärkte.

Ein wesentliches Ergebnis dezentralisierender Internalisierung besteht nun darin, dass den individuell gehaltenen feinkörnigen Handlungsrechten durch Zuordnung von grobkörnigeren Handlungsrechten, die von der Gruppe derjenigen Wirtschaftssubjekte kontrolliert werden, die bereits die individuell zugeordneten feinkörnigen Handlungsrechte halten, eine zusätzliche qualitative Komponente hinzugefügt wird. Diese zusätzliche qualitative Komponente beeinflusst den Wert der individuell gehaltenen Handlungsrechte u. U. sehr deutlich. So hängt etwa der Marktpreis einer Immobilie innerhalb einer Urbanisation stark von der Qualität der Infrastruktur ab, die innerhalb dieser Urbanisation bereitgestellt wird. Die Beschaffenheit der politischen Gleichgewichte als Folge der Gruppenabstimmungsprozesse über die Nutzung gemeinschaftlich gehaltener Handlungsrechte beinhaltet also unmittelbare Relevanz mit Blick auf den Ablauf und die Ergebnisse von Marktprozessen.

Nach dezentralisierender Internalisierung laufen Tausch- und Bewertungsprozesse auf mehreren Ebenen ab. Erstens befindet sich das Gesellschaftssystem insgesamt nach wie vor ständig im evolutionären Selektionstest. Dies beinhaltet also auch die ständige Bewertung aller Teilsysteme. Zweitens werden die feinkörnig zugeordneten Individualrechte unter Berücksichtigung ihrer qualitativen Zusatzkomponenten über Tauschprozesse ihren wertvollsten Verwendungen zugeführt. Drittens können sich im Ergebnis dieser Tauschprozesse – etwa nach Abschluss langfristiger Verträge – Unternehmungen als Subsysteme des Wirtschaftssystems herausbilden, die sowohl hinsichtlich ihrer Struktur als auch viertens hinsichtlich ihrer Produkte selektiven Prozessen ausgesetzt sind. Mit anderen Worten

[12] Der hier verwendete Begriff der Nutzungsrechte ist nicht zu verwechseln mit dem in der Property-Rights-Theorie gelegentlich verwendeten Begriff „usus fructus".

entsteht erforderliche Vielfalt und das Wissen über eben jene als ein Wohlstandsmerkmal einer Gesellschaft.

Die Entwicklung des Wohlstands, und damit auch die der Überlebensfähigkeit eines Gesellschaftssystems, hängt im Wesentlichen von der Fähigkeit des Wirtschaftssystems ab, die zur Verfügung stehenden knappen Güter und Ressourcen in dem Sinne zu koordinieren, dass sie ihrer im Systemkontext wertvollsten Verwendung zugeführt werden. Hierzu ist erforderlich, dass im Verlaufe des Koordinationsprozesses alle Knappheiten als solche erkannt und entsprechend ihrer relativen Knappheit bewertet werden. Es sei daran erinnert, dass die Präzision und Aussagekraft des BIP davon abhängt, in welchem Umfang dem Erfordernis der unverzerrten Knappheitsbewertung durch marktliche Knappheitspreise entsprochen wird. Damit wird die Qualität der im Abschnitt B. bereits erwähnten Koordinationsleistung eines Systems relevant und bedarf einer näheren Erläuterung.

E. Knappheitsbewertung und Internalisierungsquotient

Die geeignete quantitative und qualitative dezentralisierende Bündelung von Handlungsrechten und damit die Bildung einer Einheit von exklusiven Handlungsrechtsbündeln und deren personelle Zuordnung kann zur Internalisierung technologischer externer Effekte führen. Die Internalisierung konkretisiert sich in den dann möglichen Handlungen, zu denen insbesondere Tauschakte gehören und den sich aus ihnen ergebenden Handlungsfolgen, die etwa angepasste Kosten aber auch Preise beinhalten können und eine Knappheitsbewertung gewährleisten. Eine Internalisierung wird allerdings nur dann tatsächlich vorgenommen, wenn sie ökonomisch auch lohnt – mit einem anderen Begriff gefasst, wenn ein technologischer externer Effekt internalisierungsrelevant ist. In diesem Zusammenhang sind zwei Aspekte zu beachten, die wir mit den Begriffen *Internalisierungsquotient* und *Transaktionsquotient* kennzeichnen wollen.

Nehmen wir realistischerweise an, dass in der Gegenwart negative technologische externe Effekte wirken. Zur Beantwortung der Frage, ob die Internalisierung im Prinzip lohnt, sind jene Investitionen in das Gesellschaftssystem, die zur Internalisierung erforderlich sind, und jene auf den Gegenwartswert abdiskontierten Kosten, die zum Unterhalt der Funktionsfähigkeit neu zu schaffender Institutionen aufgewendet werden müssen, den denkbaren auf den Gegenwartswert abdiskontierten Erlösen aus der Internalisierung gegenüberzustellen.

Die Investitionen in das Gesellschaftssystem bestehen aus jenen investiven Transaktionskosten[13], die nach ihrer Aufwendung in der nunmehr komplexeren

13 Der üblicherweise auf die reinen, vertragsbasierten marktlichen Tauschakte reduzierte Begriff der Transaktionskosten (*Williamson* 1985) wird somit erweitert auf sämliche Akte der Spezifizierung, personellen Zuordnung, Kontrolle und Durchsetzung von Handlungsrechten.

Systemstruktur versinken (*Wegehenkel* 1981; *Walterscheid* 2004, S. 71 f.). Da negative technologische externe Effekte zunächst als solche erkannt werden müssen, zählen zu den genannten investiven Transaktionskosten jene Kosten, die für die Erkennung aufgewendet werden müssen (Aufdeckungskosten). Weiter fallen Kosten für Spezifizierung, personelle Zuordnung und Durchsetzung von Handlungsrechten unter Einschluss der Kosten für die Entwicklung der die jeweiligen Handlungsrechte flankierenden Handlungsverbote an, die gleichfalls in der Systemstruktur versinken. Diese Kosten umfassen auch jene für den Aufbau der benötigten Institutionen mit allen Konsequenzen mit Blick auf die erforderliche Ausstattung.

Zu den Kosten, die für den Unterhalt der institutionellen Funktionsfähigkeit aufzuwenden sind, zählen z. B. Personalkosten für die Polizei, für das Justizwesen und für ähnliche Ordnungsorgane. Auch die sonstigen Aufwendungen für den Unterhalt der angesprochenen Organe, wie etwa für Verbrauchsmaterialien und Aufrechterhaltung der Gebäudesubstanz, sind hier einzuordnen.

Die Erlöse ergeben sich aus der Bewertung von Knappheitsmerkmalen, die bislang nicht bewertet werden konnten, da sie fälschlicherweise als frei behandelt wurden. Anders formuliert entstehen die Erlöse aus den Ergebnissen der Nutzung neuer Handlungsmöglichkeiten, die sich durch die höhere Komplexität des Systems ergeben.

Nun lässt sich die oben beschriebene Relation im Prinzip für jedes neue Knappheitsmerkmal durch einen Quotienten ausdrücken, bei dem im Zähler die dem zu internalisierenden Knappheitsmerkmal zurechenbaren erwarteten Erlöse und im Nenner die entsprechenden zurechenbaren Aufdeckungskosten sowie die zu erwartenden investiven und die institutionelle Funktionsfähigkeit gewährleistenden Transaktionskosten stehen. Der derart beschriebene Internalisierungsquotient[14] gibt Aufschluss darüber, ob es sich lohnt, im konkreten Fall die institutionelle Ergänzung zwecks Internalisierung vorzunehmen – das neu entstandene Knappheitsmerkmal also bewertbar zu machen. Dies ist dann der Fall, wenn der betreffende Internalisierungsquotient den Wert ≥ 1 annimmt. Bleibt der Wert unter 1, lohnt der negative technologische externe Effekt zum Betrachtungszeitpunkt keine Internalisierung – ist also internalisierungsirrelevant. Konnten alle internalisierungsrelevanten negativen technologischen externen Effekte internalisiert und damit alle relevanten Knappheitsmerkmale bewertbar gemacht werden, sind die Grundlagen für die zum Betrachtungszeitpunkt maximal mögliche Komplexität des Systems gelegt. Auf dieser Basis wäre auch die höchste Aussagekraft der verschiedenen Sozialprodukte gegeben.

---

[14] In einer ersten Überlegung wurde der Internalisierungsquotient als gesellschaftlicher Transaktionsquotient gefasst (*Walterscheid* 2004, S. 71 ff.). Diese Bezeichnung wird jedoch aus Gründen der Abgrenzung zum (marktlichen) Transaktionsquotienten und zwecks präziser Erfassung im Weiteren aufgegeben.

F. Internalisierungsquotient und Koordinationsleistung

Dabei können die real zu beobachtenden Internalisierungsquotienten in Abhängigkeit vom Stand des technischen Wissens, der Konfiguration des rechtlichen Teilsystems und der Beschaffenheit des kulturellen Teilsystems des Gesellschaftssystems variieren. Zur Normierung des höchstmöglichen Internalisierungsquotienten – im Weiteren als normierter Internalisierungsquotient bezeichnet – unterstellen wir vollständige Flexibilität bei der Anpassung des rechtlichen und des kulturell-normativen Teilsystems zu Internalisierungszwecken und setzen den zum Betrachtungszeitpunkt gegebenen Stand des technischen Wissens als Basis für die Einschätzung voraus.

Internalisierungshemmnisse, die aus einer historisch beobachtbaren Starrheit des rechtlichen Teilsystems stammen, können bei der Ermittlung des normierten Internalisierungsquotienten deswegen vernachlässigt werden, weil das rechtliche Teilsystem lediglich solche Regeln enthalten sollte, die der Verfestigung von Normen, Werten und Präferenzen dienen, die dem kulturellen Teilsystem entstammen – andernfalls hat sich das rechtliche Teilsystem zu stark verselbständigt (es fehlt im Sinne Luhmanns die strukturelle Kopplung) (*Walterscheid* 2004, S. 213 ff.). Treten nämlich neue Knappheiten auf, können sie nur die Folge von Handlungen sein, die zumindest indirekt der Befriedigung von Bedürfnissen dienen, die sich letztlich innerhalb des kulturellen Teilsystems entwickelt haben.

Stehen demgegenüber die Mittel (Handlungsrechte, Handlungsverbote), deren Anwendung zu Internalisierungszwecken erforderlich ist, im Widerspruch zu gewachsenen Normen, Werten und Präferenzen, liegen innerhalb des kulturellen Teilsystems Inkonsistenzen vor, die zwecks Wahrung der Selektionsresistenz bereinigt werden müssen. Ein derartiger normierter Internalisierungsquotient kann für jeden negativen technologischen externen Effekt entwickelt werden. In einer turbulenten Umwelt beinhaltet der normierte Internalisierungsquotient ein „optimales" Ausmaß an Dezentralisierung, da negative technologische externe Effekte sich in einem eigentumsrechtlich weitgehend dezentralisiert strukturierten System durch Konflikte sozusagen automatisch und unmittelbar offenbaren. Zusätzlicher Aufwand zu ihrer Erkenntnis ist also – anders als in zentralisierten Systemen – nicht erforderlich und senkt im Zeitverlauf den Internalisierungsquotienten durch Skaleneffekte.

Für die eher kurzfristig orientierte Einschätzung der Dynamik eines Wirtschaftssystems mit Blick auf die Koordinationsleistung lässt sich aus dem Internalisierungsquotient der Transaktionsquotient isolieren. „Als Transaktionsquotient soll kurz gefasst das Verhältnis des Wertes von potenziell Tauschbarem zu den für die Vorbereitung, Durchführung und Nachbereitung der Transaktion aufzuwendenden laufenden Transaktionskosten bezeichnet werden. Der Zähler des Transaktionsquotienten enthält genauer den durch den Marktpreis ausgedrückten Wert, der im jeweiligen institutionell und technisch vorgegebenen Szenario kleinsten ökonomisch sinnvollen und personell zugeordneten Einheit des jeweils relevanten Handlungsrechts. Der Nenner umfasst die laufenden Transaktionskosten unter ausdrücklicher

Berücksichtigung der individuellen Kosten für die Durchsetzung und Überwachung der erworbenen Einheit. Nimmt der Transaktionsquotient einen Wert < 1 an, lohnen Tauschakte im vorgegebenen Szenario offensichtlich nicht." (*Wegehenkel / Walterscheid* 2008). Der Transaktionsquotient hängt offensichtlich vom Internalisierungsgrad ab. Je stärker die Internalisierung entsprechend der Erfordernisse zur Umsetzung der normierten Internalisierungsquotienten abläuft, umso höher liegt auch der Wert der einschlägig relevanten Transaktionsquotienten.

Der optimale Internalisierungsgrad ist dann erreicht, wenn durchgängig entsprechend der normierten Internalisierungsquotienten internalisiert und damit zugleich alle Transaktionsquotienten maximiert wurden. Der optimale Internalisierungsgrad beinhaltet insbesondere, dass bei vorgegebenem technischen Wissen der für die Erzeugung von Exklusivität optimale Umfang der Basis der Handlungsrechte gewählt wurde. Der Grad der Exklusivität der Handlungsrechte ist aus dieser Sicht eine Qualität, die in Abhängigkeit von der Höhe der Internalisierungs- und Transaktionsquotienten mehr oder weniger stark gegeben sein kann. Mit anderen Worten findet der Aufbau von Komplexität eines Gesellschaftssystems durch ein entsprechendes Regelgeflecht im Zuge eines gesellschaftlichen Kosten-Nutzen-Kalküls statt.

Der optimale Internalisierungsgrad stellt eine Größe dar, die jeweils nur für einen bestimmten historischen Zeitpunkt gültig ist, faktisch natürlich nie erreicht wird und demgemäß als fiktiv anzusehen ist. Mit dem Erreichen des optimalen Internalisierungsgrades wäre also der Grad der Exklusivität zu einem historischen Zeitpunkt mit dem dann gegebenen technischen Wissen nicht mehr steigerungsfähig. Damit wäre temporär hinsichtlich der Vielfalt der Tauschbarkeit und folglich auch der Vielfalt und Genauigkeit preislicher Bewertung das erreicht, was mit dem aktuell gegebenen technischen Wissen möglich ist. Mit der Weiterentwicklung und Weiterverbreitung des technischen Wissens lässt sich demnach weiterer Spielraum in Sachen Internalisierungsmöglichkeiten eröffnen. So können insbesondere die im Nenner der normierten Internalisierungsquotienten zusammengefassten Kosten durch technischen Fortschritt abnehmen und die Internalisierungsquotienten daher c. p. zunehmen.

Negative technologische externe Effekte, für die der normierte Internalisierungsquotient einen Wert < 1 aufweist, lohnen aktuell im Zuge des gesellschaftlichen Kosten-Nutzen-Kalküls keine Internalisierung und bestehen damit bis auf Weiteres fort. Dies gilt auch für negative technologische externe Effekte, deren Internalisierung aufgrund von Mehrdimensionalität durch qualitative Bündelung erfolgen müsste, jedoch einen Internalisierungsquotienten < 1 aufweisen.

Diese aus Internalisierungsquotienten < 1 resultierende Situation fehlender qualitativer Bündelung ist deutlich von einer anderen handlungsrechtlichen Konstellation abzugrenzen, die gleichfalls durch fehlende qualitative Bündelung gekennzeichnet ist. Qualitative Bündelung unterbleibt tatsächlich in vielen Fällen trotz Internalisierungsrelevanz in voller Absicht. Hier wird eine als Fraktionierung (*Wegehenkel* 1991; *Walterscheid* 2004) bezeichnete Trennung internalisierungsrelevanter Handlungsrechtsbündel betrieben, die aus Gründen der Effizienz in der Hand eines Wirtschaftssubjektes liegen müssten.

Mittels der Internalisierungs- und Transaktionsquotienten lässt sich im Übrigen die Koordinationsfähigkeit eines Wirtschaftssystems ausdrücken. Je mehr Transaktionsquotienten ≥ 1 sind und je deutlicher sie über 1 liegen, umso höher ist die Koordinationsfähigkeit eines Wirtschaftssystems einzustufen. Die Anreize für vermehrte Tauschakte und Innovationen respektive die Entstehung neuer Märkte steigen. Je näher die realen den normierten Internalisierungsquotienten kommen, desto mehr nähern sich gleichzeitig die Transaktionsquotienten ihrer maximal möglichen Höhe. Zugleich nähert sich die Koordinationsleistung ihrem denkbaren Maximum. Es sei hervorgehoben, dass die maximale Koordinationsleistung in turbulenter Umwelt nur erreicht werden kann, wenn in hinreichendem Umfang dezentralisierend internalisiert wird. Mit zunehmender Dezentralisierung findet eine zunehmende Berücksichtigung der dezentral unterschiedlichen Wertschätzung knapper Güter und Ressourcen durch die Wirtschaftssubjekte auf ebenso dezentralen Märkten statt. Einhergehend mit dezentraler und somit – gemäß der unterschiedlichen dezentralen Präferenzen – abweichender Knappheitsbewertung, werden auf Märkten Informationen bereitgestellt, die die Koordination knapper Güter und Ressourcen mit Blick auf eine bestmögliche Verwendung optimieren. Somit kön-nen Störungen aus der turbulenten Umwelt (z. B. steigende Knappheit von Ressourcen (Öl)) schnell erkannt und über Märkte ausgeregelt werden.

Die maximale Koordinationsleistung führt bei dezentralisierender Internalisierung zur höchstmöglichen Genauigkeit der Bewertung aller Güter und Ressourcen, die dem Wirtschaftssystem zu einem bestimmten Zeitpunkt zur Verfügung stehen. Damit würde ein unter diesen Bedingungen ermitteltes BIP seine maximale Aussagekraft erreichen. Zugleich sind die Anreize optimiert, den innerhalb des Systems höchstmöglichen Wohlstand zu erreichen. Dabei umfasst der dann ermittelte Wohlstand sowohl materielle als auch immaterielle Aspekte. Es besteht daher keine Notwendigkeit, alternative Wohlstandsindikatoren anzuwenden.

G. Fraktionierung, Teilzentralisierung und Koordinationsleistung

In realen Systemen werden mehrdimensionale externe Effekte häufig nicht in geeigneter Weise internalisiert. Als Konsequenz bleiben dann Handlungsrechte, die zwecks Internalisierung eigentlich qualitativ gebündelt und unter die Kontrolle eines Wirtschaftssubjektes gelangen müssten, in den Händen unterschiedlicher Wirtschaftssubjekte. Diesen Sachverhalt bezeichnen wir als Fraktionierung internalisierungsrelevanter Handlungsrechte. Erfolgt Fraktionierung in einem Szenario, das durch zuvor stattgefundene dezentralisierende Internalisierung gekennzeichnet ist, kann sich zusätzlich das nachfolgend skizzierte Phänomen einstellen, das wir als Teilzentralisierung bezeichnen wollen.

Bei unterschiedlicher Größenordnung der Basis der existierenden Handlungsrechte werden die feinkörnig und individuell zugeordneten Handlungsrechte nach wie vor getauscht und damit auf Märkten bewertet. Demgegenüber unterliegen die grobkörnig gefassten Handlungsrechte, als vom Individualeigentum losgelöstes Gemeinschaftseigentum in der Regel großer Gruppen, der Koordination über zentrale Wirtschaftspläne durch politische Agenten. Problematisch ist hierbei, dass diese Gruppen eben nicht oder zumindest nicht ausschließlich aus Mitgliedern bestehen, die über die entsprechenden individuell zugeordneten feinkörnigen Handlungsrechte verfügen, alle Mitglieder aber dennoch berechtigt sind, direkt oder indirekt – über die Wahl politischer Agenten – darüber zu entscheiden, wie mit den gemeinschaftlich gehaltenen Handlungsrechten umgegangen wird.

Als Beispiel für Fraktionierung und Teilzentralisierung können die Handlungsrechte an Immobilien in der Bundesrepublik dienen (*Wegehenkel / Walterscheid* 2008), die feinkörnig ausgestaltet und individuell zugeordnet sind und daher auch auf Märkten getauscht und bewertet werden können. Demgegenüber stehen jene grobkörnigeren Handlungsrechte, die die Herstellung und Nutzung der unterschiedlichen Infrastrukturdimensionen rechtlich abdecken, unter der Kontrolle politischer Agenten, deren Prinzipale aus unterschiedlich großen Gruppen von Wahlbürgern bestehen, die überwiegend keine zugehörigen feinkörnigen individuellen Handlungsrechte besitzen.

Die fehlende exklusive individuelle Zuordnung gemeinschaftlich gehaltener Handlungsrechte verhindert, dass Infrastruktur direkt getauscht und bewertet werden kann. Allerdings hängt der Tauschwert von Immobilienbesitz neben der Ausgestaltung der betreffenden Immobilie dennoch *auch* weitgehend von der Qualität der unterschiedlichen Infrastrukturkomponenten ab, in welche die Immobilie eingebettet ist. Infrastruktur wird damit zum Qualitätsmerkmal einer Immobilie, das indirekt über deren Marktpreis mitbewertet wird, allerdings nicht oder nicht ausschließlich durch die Besitzer der Immobilie finanziert und erstellt wird. Da aber unter diesen Umständen – also bei Vorliegen von Fraktionierung und Teilzentralisierung – die Qualität der Infrastruktur durchaus nicht mit den Präferenzen der Individualeigentümer von Immobilien übereinstimmen muss, entstehen hieraus Reibungsverluste eines Gesellschaftssystems aufgrund offener oder auch versteckter gesellschaftlicher Konflikte (*Wegehenkel / Walterscheid* 2008).

Diese Reibungsverluste entstehen daraus, dass die qualitative Bündelung für den Fall der Internalisierung mehrdimensionaler technologischer externer Effekte und damit der Bewertung der den externen Effekten zugrunde liegenden Knappheitsmerkmale unverzichtbar ist. Durch Fraktionierung und Teilzentralisierung geraten daher jene Probleme, die anlässlich der personellen Zuordnung individueller Handlungsrechte zu Internalisierungszwecken durch qualitative Bündelung innerhalb des politischen Teilsystems gelöst werden sollen und nach geeigneter Internalisierung der relevanten mehrdimensionalen technologischen externen Effekte auch gelöst sind, zu Dauerkonflikten.

Bei Teilzentralisierung weist die Auf- oder Abwertung individuell gehaltener Handlungsrechte keine oder geringe Anreizrelevanz für die Nutzung oder Erstellung von Gemeinschaftseigentum auf. So steht die reine Nutzung von gemeinschaftlich durch größere Gruppen von Wahlbürgern gehaltenen Handlungsrechten im Vordergrund. Insgesamt erreicht ein System, in dem Fraktionierung zu verzeichnen ist, damit nicht seine maximale Leistungsfähigkeit, da die Bewertung von knappen Gütern und Ressourcen aus den oben beschriebenen Gründen verzerrt erfolgt.

Die Staatsquote als Teil des BIP ergibt sich nach den vorstehenden Ausführungen aus dem Umfang der Teilzentralisierung. Eine hohe Staatsquote setzt nämlich voraus, dass in entsprechend großem Umfang Handlungsrechte unter der Kontrolle politischer Agenten im Auftrag von Wahlbürgergruppen stehen, die nicht über den unter Internalisierungsgesichtspunkten zugehörigen Individualbesitz verfügen. Eine hohe Staatsquote ist daher stets mit den oben beschriebenen Effizienzverlusten aus fehlender qualitativer Bündelung verbunden. Diese Effizienzverluste werden jedoch dadurch erhöht, dass eine hohe Staatsquote einem hohen Rent-Seeking-Potenzial entspricht.

H. Rent-Seeking und Wohlstandsentwicklung

Mit wachsendem Grad der Teilzentralisierung gewinnen wirtschaftliche Verteilungsaspekte, die durch politische Agenten gehandhabt werden, zunehmend an Bedeutung. Je größer nun die wirtschaftliche Relevanz politischer Entscheidungen aus der Sicht der am Gemeinschaftseigentum beteiligten Wirtschaftssubjekte von diesen eingeschätzt wird, umso mehr lohnt es sich für sie, politischen Einfluss zu gewinnen, um die eigene Position *wirtschaftlich* zu verbessern. Damit beginnt der Wettbewerb um politische Einflussnahme, einer Variante wirtschaftlichen Wettbewerbs, die innerhalb der Theorie des Rent-Seeking ausführlich abgehandelt worden ist (*Buchanan / Tollison / Tullock* 1980; *Rowley / Tollison / Tullock* 1988). Der Spielraum für Wettbewerb um politische Einflussnahme fällt umso größer aus, je stärker Fraktionierung und Teilzentralisierung ausfallen (*Wegehenkel / Walterscheid* 2008). Dies gilt deswegen, weil bei Teilzentralisierung aus dem größeren Umfang politischer Entscheidungsnotwendigkeiten auf größere Verteilungsspielräume für politische Agenten geschlossen werden kann.

Zum besseren Verständnis des Nachfolgenden seien ein paar Bemerkungen zum Begriff der „Rente“ vorangestellt. Einen der zentralen Analysegegenstände der Rent-Seeking-Theorie stellen bekanntlich Typen von Renten dar, die in erheblichem Umfang Reibungsverluste verursachen, wenn sie denn durch die Strukturen des politischen Teilsystems und des Wirtschaftssystems zugelassen werden.

Mit der Bezeichnung „Rente“ werden innerhalb der Wirtschaftswissenschaften zunächst im weitesten Sinne Entlohnungen für die Bereitstellung von materiellen oder immateriellen Ressourcen bezeichnet. Die Entlohnung für die Bereitstellung des Faktors Boden wird etwa bekanntlich als Grundrente bezeichnet.[15] Andere Beispiele für Renten bieten Entlohnungen für die Bereitstellung von schönen Stimmen, Reputation, Patenten und Copyrights. Die Höhe von Renten signalisiert den Knappheitsgrad von Ressourcen für die betreffenden Gesellschaften. Renten üben insofern eine unverzichtbare lenkende Funktion aus. So führen höhere Grundrenten zur intensiveren Nutzung des aus der Sicht der Gesellschaft wertvolleren Bodens und beinhalten damit zunächst sicher keine Ineffizienzmomente. Allerdings entstehen Renten auch aus erworbenen Besitzständen, wie Macht, Pfründen, Marktpositionen und Beziehungsgeflechten. Das Streben nach und die Verteidigung derartiger Renten verursacht erhebliche Effizienzverluste. Dieser Kategorie entstammen die Renten, die innerhalb der Rent-Seeking-Literatur eine zentrale Rolle spielen und keinesfalls als Renten im Sinne der traditionellen Grundrententheorie verstanden werden dürfen.

Nehmen wir zur Verdeutlichung der Wirkung des Rent-Seeking an, eine Gruppe von Unternehmungen biete bislang Festplattenspeicher an, die untereinander substituierbar sind und für den jede dieser Unternehmungen ein Patent hält, und habe sich stabile Marktpositionen erarbeitet. Ein potenzieller Wettbewerber plane, neue, technisch überlegene Flashspeicher als Innovation auf den Markt zu bringen, und könne diese zu einem Preis anbieten, der den Preisen für die eingeführten Produkte entspricht. Dann wären die etablierten Anbieter gezwungen, den Preis für ihre nunmehr technisch veralteten Produkte zu senken. Die Rente aus ihren Patenten und dem durch sie geschützten technischen Wissen würde also sinken. Dann bestünden seitens der Altanbieter wirtschaftliche Anreize, bis zur Höhe des Gegenwartswerts der Minderungen der Renteneinkünfte zu versuchen, die Innovation und damit die Entwertung des von ihnen genutzten technischen Wissens zu verhindern, indem sie politisch Einfluss nehmen. Möglichkeiten hierzu und Anreize, in dieser Richtung zu agieren, sind dann gegeben, wenn im gegebenen Szenario Spielraum für die hierfür geeigneten politischen Entscheidungen besteht. Die Altanbieter könnten dann etwa den Blick der politischen Agenten darauf lenken, dass die neuen Speicher mehr Entsorgungsprobleme als die veralteten Speicher bereiten. Die Erkenntnisbereitschaft politischer Agenten kann z. B. dadurch beeinflusst werden, dass die Altanbieter einschlägige Untersuchungen durch Spenden an Institutionen fördern, die den angesprochenen politischen Agenten nahestehen.

Weniger freundlich formuliert könnten sich die etablierten Anbieter dazu entscheiden, in Lobbyismus zu investieren, und somit ein gesellschaftliches Negativsummenspiel um politische Einflussnahme initiieren. Bei hinreichend homogenem Interesse sind zu diesem Zweck auch Absprachen untereinander zu erwarten. Die Obergrenze der wirtschaftlichen Anreize der Altanbieter für Aufwendungen in Lobbyismus liegt knapp unterhalb der Höhe der Minderung des Gegenwartswerts ihrer Renten durch den Marktzutritt des neuen Wettbewerbers. Bis zu diesem Umfang wären die Altanbieter also bereit, Mittel für politische Einflussnahme ein-

15 Für einen Überblick über die Grundrententheorie siehe *Carell* (1968).

zusetzen, um den Marktzutritt des Innovators zu verhindern. Für den potenziellen Innovator wirkt diese Zahlungsbereitschaft als Markteintrittsbarriere, die er nur überwinden kann, wenn er seinerseits bereit ist, in hinreichendem Umfang in politische Einflussnahme zu investieren.

Durch das präsentierte Beispiel werden zwei grundlegende Erkenntnisse der Theorie des Rent-Seeking verdeutlicht: Je mehr Spielraum für Wettbewerb um politische Einflussnahme besteht, umso mehr Hindernisse stehen vor Innovationen und umso mehr Ressourcen müssen zur Überwindung dieser Barrieren – also unproduktiv – eingesetzt werden. Ein Gesellschaftssystem, das den Wettbewerb um politische Einflussnahme zur Wahrung oder Überwindung von Besitzständen auf ein notwendiges Minimum reduzieren kann, verbessert also die Anreize zu Innovationen mit der Konsequenz höherer Systemkomplexität und als deren Resultat ergibt sich die Zunahme des Wohlstandes.

I. Rent-Seeking und Teilzentralisierung

Der Spielraum für Rent-Seeking innerhalb eines Gesellschaftssystems ergibt sich aus zwei Ursachen. Erstens ruft die personelle Zuordnung neu spezifizierter Handlungsrechte politische Konflikte hervor, da anlässlich dieses Vorgangs ökonomische Werte verteilt werden. Diese Konflikte artikulieren sich im Wettbewerb um politische Einflussnahme. Ist die personelle Zuordnung der Handlungsrechte jedoch einmal endgültig erfolgt, verschwinden auch die wirtschaftlichen Verteilungsräume der politischen Agenten und damit die Anreize zur Teilnahme am Wettbewerb um politische Einflussnahme. Dies ist jedoch nicht der Fall, wenn lediglich temporäre Zuordnungen von Handlungsrechten erfolgen. Zweitens eröffnet handlungsrechtliche Teilzentralisierung den betreffenden politischen Agenten wirtschaftliche Verteilungsräume. Je stärker die handlungsrechtliche Teilzentralisierung ausgeprägt ist, umso mehr Einfluss können politische Institutionen auf den Ablauf der Wirtschaftsprozesse nehmen. Je höher der handlungsrechtliche Teilzentralisierungsgrad, umso mehr Anreize bestehen also, sich am Wettbewerb um politische Einflussnahme gegebenenfalls auch organisiert zu beteiligen, da der Prozess der beliebigen Umverteilung von temporär zugeordneten Handlungsrechten in der Teilzentralisierung unbegrenzt stattfinden kann. Teilzentralisierung führt folglich, anders als der Akt der personellen Zuordnung von Handlungsrechten, zu andauernder Präsenz des Wettbewerbs um politische Einflussnahme mit den entsprechenden negativen Folgewirkungen auf die Leistungsfähigkeit des Systems.

Nun steht den politischen Agenten anlässlich der personellen Zuordnung von Handlungsrechten eine Strategie zur Verfügung, den hierbei auftretenden Konflikten kurzfristig auszuweichen. Werden nämlich neue Handlungsrechte nicht Individuen oder klar abgegrenzten Gruppen mit den dazu passenden individuell gehaltenen Handlungsrechten entsprechend dezentralisierender Internalisierung zugeordnet, sondern stattdessen mehr oder weniger großen Gruppen von Wahlbürgern des Gesellschaftssystems zugeschlagen, lassen sich die Konflikte zwischen den verschiedenen interessierten Gruppen von Wirtschaftssubjekten zunächst verdecken. Damit wird allerdings zugunsten der Konfliktvermeidung auf denkbares Individual- oder Kleingruppeneigentum und damit auf ansonsten mögliche spontane Tauschprozesse verzichtet. Folglich bleiben dezentrale Präferenzen unbefriedigt, da die Informationen zu ihrer Befriedigung nicht entdeckt werden können.

Überdies wird der Grad der Teilzentralisierung erhöht und die Internalisierung des betreffenden mehrdimensionalen technologischen externen Effekts unterbleibt, auch wenn neue Handlungsrechte entstanden sein sollten (die eben qualitativ ungebündelt bleiben), woraus auch verzerrte Knappheitsbewertung resultiert.

Stünde etwa die Spezifizierung und personelle Zuordnung von Handlungsrechten an Bodenschätzen an, kann man kurzfristig den Konflikten, die anlässlich der personellen Zuordnung zu erwarten sind, aus dem Wege gehen, indem man die Handlungsrechte an Bodenschätzen der Allgemeinheit (etwa dem deutschen Volke) zuordnet – also teilzentralisiert –, ein Prozedere, das in Deutschland sozusagen internalisierungsfeindlich sogar durch die Verfassung vorgegeben ist (*Walterscheid* 2004, S. 182 f.). Neben der Konfliktvermeidung bietet diese Strategie für den politischen Agenten noch einen weiteren Vorzug. Durch sukzessive Ausdehnung der Teilzentralisierung entsteht jeweils zusätzlicher Verteilungsspielraum zur Befriedigung der wirtschaftlichen Interessen unterschiedlicher Teilnehmer am Wettbewerb um politische Einflussnahme (*Downs* 1957). Derartige Umstände vermindern im früher beschriebenen Sinne also die Koordinationsleistung des Systems – der reale weicht stark vom normierten Internalisierungsquotienten ab. Die hieraus resultierenden Wirkungen auf den Wohlstand der Gesellschaft wurden zuvor beschrieben.

Sind die Handlungsrechte an Bodenschätzen teilzentralisierend zugeordnet worden, kann die politische Führung danach privilegierten Gruppen im Wege politisch-bürokratischer Zuordnungsprozesse temporär und *widerruflich* das Recht zur Nutzung von Bodenschätzen gewähren (hiermit werden staatlich vergebene Nutzungsrechte begründet). „Eigentümer“ (das Volk) und jene, die verbindlich über die Verwendung der Nutzungsrechte entscheiden, fallen nunmehr personell auseinander.[16] Derartige Nutzungsrechte auf der Basis von Teilzentralisierung können seitens der verantwortlichen politischen Agenten auch ohne Gegenleistung den Begünstigten zur Verfügung gestellt werden. In diesem Fall erfolgt eine direkte temporäre Privilegiengewährung. Die Vergabe solcher Nutzungsrechte kann auch mit der Erhebung von Gebühren und Steuern verbunden sein, womit verteilungs- und damit privilegierungsfähige Einnahmen erzielt werden. Das geschilderte Szenario lässt auch Versteigerungen zu. So erwachsen aus Versteigerungen politischen Agenten gleichfalls finanzielle Verteilungsspielräume. Immerhin werden durch Versteigerung von Nutzungsrechten auf handlungsrechtlich teilzentralisierter Basis nach erfolgter Versteigerung dann Marktprozesse eingeleitet, wenn diese Nutzungsrechte weiterverkauft werden dürfen (*Coase* 1959).

---

16 Siehe bereits die Ausführungen in Abschnitt D.

Marktprozesse auf der Basis von Nutzungsrechten kranken jedoch an der fehlenden langfristigen Planungssicherheit der Wirtschaftssubjekte, da politische Veränderungen auch die Praxis der Vergabe der Nutzungsrechte beeinflussen können. Tatsächlich stehen die Vergaberichtlinien bei und nach jedem politischen Abstimmungsprozess neu zur Disposition. Derartige Rechtsunsicherheiten treten bei konsequenter dezentralisierender Internalisierung nicht auf. Bei Berücksichtigung der fehlenden langfristigen Rechtssicherheit können Nutzungsrechte auf der Basis von Teilzentralisierung nicht Bestandteil eines Systems von wohldefinierten Handlungsrechten sein. Die Planungsunsicherheiten erhöhen sich weiter dadurch, dass die Vergabepraxis von Nutzungsrechten zum Gegenstand von Wettbewerb um politische Einflussnahme wird, da alle Betroffenen wissen, dass die politischen Agenten diesbezüglich über Verteilungsspielraum verfügen. Die sich geradezu aufdrängende Ausweichstrategie der politischen Agenten führt also letztlich zu einer weiteren Erhöhung des Rent-Seeking-Potenzials mit den bereits geschilderten innovationshemmenden Wirkungen. Auch die Vergabe von handelbaren Nutzungsrechten auf der Basis von Teilzentralisierung kann der zuvor beschriebenen Minderung der Koordinationsleistung des Systems und damit des Wohlstands der Gesellschaft nicht abhelfen.

J. Fazit: Wohlstandsminderungen als Resultat von Teilzentralisierung

Wie ausgeführt wurde, hängt die Genauigkeit der Wohlstandsmessung vom Internalisierungsgrad des betreffenden Systems ab. Teilzentralisierung und damit verbunden eine hohe Staatsquote bezeichnet ein Szenario mit systematischen Momenten fehlender Internalisierung. Teilzentralisierung führt daher dazu, dass Sozialprodukte, wie das BIP, die zur Wohlstandmessung hinzugezogen werden, Ungenauigkeiten aufweisen – also Fehlinformationen über die tatsächliche Wohlstandsentwicklung einer Gesellschaft liefern. Dies kann zu fatalen Fehleinschätzungen und damit zu fehlgeleiteter Wirtschaftspolitik führen und erklärt die Konsequenz – nämlich die Entwicklung alternativer Wohlstandsindikatoren.

Mit zunehmender Teilzentralisierung nimmt die Qualität der Knappheitsbewertung ab, da das Wirtschaftssystem zum einen weniger Märkte aufweist und zum anderen die Knappheitsanzeige auf den verbleibenden Märkten ungenauer ausfällt als bei weitgehender Dezentralisierung. Damit sinkt durch Teilzentralisierung die Koordinationsleistung des Systems in einer turbulenten Umwelt. Teilzentralisierung und damit verbunden eine hohe Staatsquote führen aus dieser Sicht zu Wohlstandsverlusten. Dabei besteht bei einmal erfolgter Teilzentralisierung Rent-Seeking-Potenzial, das über den Wettbewerb um politische Einflussnahme Anreize erzeugt, den Grad der Teilzentralisierung weiter zu verstärken. Teilzentralisierung führt damit zum Absinken des realen gegenüber dem normierten Internalisierungsquotienten. Die aus Teilzentralisierung resultierenden Wohlstandsverluste tendieren insofern dazu zuzunehmen. Der normierte Internalisierungsquotient gibt Aufschluss über den optimalen Internalisierungsgrad und damit zugleich über den optimalen Umfang dezentralisierender Internalisierung in turbulenter Umwelt.[17] Die Maßnahmen, die erforderlich sind, den realen Internalisierungsquotienten dem normierten anzunähern, waren nicht Gegenstand dieses Papiers.

Literatur

Alchian, A. A. (1979): Some Implications of Recognition of Property Rights Transaction Costs, in: K. Brunner (ed.): Economics and Social Institutions, Boston u. a. O., S. 233 – 254.

Alchian, A. A. / *Demsetz,* H. (1972): Production, Information Costs and Economic Organization, in: American Economic Review, Vol. 62(5), S. 777 – 795.

Alchian, A. A. / *Demsetz,* H. (1973): The Property Rights Paradigma, in: Journal of Economic History, Vol. 33, S. 16 – 27.

Ashby, W. R. (1956): Introduction to Cybernetics, London.

Bertalanffy, L. v. (1951): Zu einer allgemeinen Systemlehre, in: Biologia Generalis. Archiv für die allgemeinen Fragen der Lebensforschung, Vol. 19, S. 114 – 129.

Bertalanffy, L. v. (1956): General System Theory, in: L. v. Bertalanffy (ed.): General Systems. Yearbook of the Society for the Advancement of General Systems Theory, Bd. 1, Ann Arbor, S. 1 – 10.

Bowen, H. R. (1943): The Interpretation of Voting in the Allocation of Resources, in: Quarterly Journal of Economics, Vol. 58, S. 27 – 48.

Buchanan, J. M. / *Stubblebine,* W. C. (1962): Externality, in: Economia, Vol. 29, S. 371 – 384.

Buchanan, J. M. / *Tollison,* R. D. / *Tullock,* G. (1980) (eds.): Toward a Theory of the Rent-Seeking Society, College Station, Texas.

Carell, E. (1968): Allgemeine Volkswirtschaftslehre, Eine Einführung, 13. Aufl., Heidelberg.

Cheung, St. N. S. (1983): The Contractual Nature of the Firm, in: Journal of Law and Economics, Vol. 26(1), S. 1 – 21.

Coase, R. H. (1959): The Federal Communications Commission, in: Journal of Law and Economics, Vol. 2, S. 26 – 27.

Coase, R. H. (1960): The Problem of Social Cost, in: Journal of Law and Economics, Vol. 3, S. 1 – 44.

Demsetz, H. (1967): Toward a Theory of Property Rights, in: American Economic Review, Vol. 57, S. 347 – 373.

Downs, A. (1957): An Economic Theory of Democracy, New York.

Erlei, M. / *Leschke,* M. / *Sauerland,* D. (2007): Neue Institutionenökonomik, 2. Aufl., Stuttgart.

---

[17] Um Missverständnissen vorzubeugen, sei abschließend darauf hingewiesen, dass nicht der Anspruch erhoben wird, Internalisierungs- und Transaktionsquotient nummerisch messen zu können. Im Fokus stehen die prinzipiellen Zusammenhänge.

Felderer, B. / *Homburg,* St. (2005): Makroökonomik und neue Makroökonomik, 9. Aufl., Heidelberg.

Frey, B. S. / *Stutzer,* A. (2000): Happiness, Economy and Institutions, in: The Economic Journal, Vol. 110(466), S. 918 – 938.

Frey, B. S. / *Stutzer,* A. (2002): What Can Economists Learn from Happiness Research?, in: Journal of Economic Literature, Vol. 40(2), S. 402 – 435.

Furubotn, E. G. / *Pejovich,* S. (1972): Property Rights and Economic Theory: A Survey of Recent Literature, in: Journal of Economic Literature, Vol. 10, S. 1137 – 1162.

Furubotn, E. G. / *Pejovich,* S. (eds.) (1974): The Economics of Property Rights, Cambridge (Mass.).

Hayek, F. A. v. (1971): Die Verfassung der Freiheit, Tübingen.

Hoppmann, E. (1972): Fusionskontrolle, Tübingen.

Kirchgässner, G. (2004): Zum Zusammenhang zwischen staatlicher Aktivität und wirtschaftlicher Entwicklung, Schweizerisches Institut für Aussenwirtschaft und Angewandte Wirtschaftsforschung, *CES*ifo und Leopoldina. University of St. Gallen, Department of Economics, Working Paper 2004–16, verfügbar im Internet unter http:// ideas.repec.org/p/usg/dp2004/2004 – 16.html.

Nissen, H.-P. (2002): Das Europäische System Volkswirtschaftlicher Gesamtrechnung, Heidelberg.

North, D. C. (1990): Institutions, Institutional Change and Economic Performance, Cambridge (Mass.).

OECD (2008): OECD Economic Outlook No. 83, June 2008, verfügbar im Internet unter http:// www.oecd.org/document/18/0,3343,en_2649_33733_20347538_1_1_1_1,00.html.

Parsons, T. (2003): Das System moderner Gesellschaften, 6. Aufl., Frankfurt a.M.

Richter, R. / *Furuboth,* E. G. (2003): Neue Institutionenökonomik, 3. Aufl., Tübingen.

Röpke, J. (1977): Die Strategie der Innovation. Eine systemtheoretische Untersuchung der Interaktion von Individuen, Organisation und Markt im Neuerungsprozeß, Tübingen.

Rowley, Ch. K. / *Tollison,* R. D. / Tullock, G. (eds.) (1988): The Political Economy of Rent-Seeking, Boston, Dordrecht und Lancaster.

Tiebout, C. M. (1956): A Pure Theory of Local Expenditures, in: Journal of Political Economy, Vol. 64, S. 416 – 424.

UNDP (United Nations Development Programme) (2008): Human Development Reports, 2007 / 2008 Human Development Index Rankings, verfügbar im Internet unter http:// hdr.undp.org/en/statistics/.

Vanberg, V. (1994): Kulturelle Evolution und die Gestaltung von Regeln, Tübingen.

Walterscheid, H. (2004): Sozioökonomische Evolution, Internalisierungserfordernisse und das Problem der Fraktionierung, Ilmenau.

Wegehenkel, L. (1981): Gleichgewicht, Transaktionskosten und Evolution, Tübingen.

Wegehenkel, L. (1991): Evolution von Wirtschaftssystemen und Internalisierungshierarchie, in: H. J. Wagener (Hg.): Anpassung durch Wandel, Berlin, S. 101 – 137.

Wegehenkel, L. (1992): Die Internalisierung mehrdimensionaler externer Effekte im Spannungsfeld zwischen Zentralisierung und Dezentralisierung, in: G. R. Wagner (Hg.): Unternehmerische Risikopolitik und Umweltschutz, München, S. 319–335.

Wegehenkel, L. / *Walterscheid,* H. (2008): Rechtsstruktur und Evolution von Wirtschaftssystemen – Pfadabhängigkeit in Richtung Zentralisierung?, in: Jahrbuch für die Ordnung von Wirtschaft und Gesellschaft ORDO, Bd. 59, Stuttgart, S. 313–341.

Williamson, O. E. (1985): The Economic Institutions of Capitalism, New York.

World Values Survey Association (2008): World Value Survey, verfügbar im Internet unter http://www.worldvaluessurvey.org/.

Korreferat zu dem Beitrag von Heike Walterscheid und Lothar Wegehenkel

Wohlstand der Nationen und der Grad der handlungsrechtlichen Teilzentralisierung

Von *Klaus Heine,* Wien

A. Einleitung

Der Beitrag von Heike Walterscheid und Lothar Wegehenkel stellt grundsätzliche Überlegungen zur Fortentwicklung und Anwendung des Property-rights-Ansatzes dar. Die Bandbreite der angesprochenen Themenfelder ist dabei groß: (1) Die wirtschaftsstatistische Messung von Wohlstand durch Indikatoren, wie zum Beispiel das Bruttoinlandsprodukt oder die Staatsquote, (2) die Knappheitsmessung in sozialen Systemen aufgrund von Regeln, die Verhaltensanreize zum sparsamen Umgang mit Gütern setzen, (3) die Generierung und Nutzung von Wissen durch adäquate Zuordnung von Rechten zu Personen und Gruppen sowie (4) die Fehlanreize in sozialen Systemen, die sich durch eine ineffiziente Allokation von Rechten ergeben und im Ergebnis Rent-Seeking zur Folge haben.

Methodisch verstehen die Autoren ihre Ausführungen als institutionell-evolutionär, wobei sich ihre Überlegungen auf ein breites Spektrum an institutionenökonomischen und evolutionären Ansätzen stützen. Es reicht von der klassischen Property-rights-Theorie (Alchian, Demsetz) über die Konstitutionenökonomik (Buchanan) und Public Choice (Downs, Tollison) bis hin zu neo-österreichischen Ansätzen (Hayek, Hoppmann) und zur Systemtheorie (Parsons, Ashby).

Die Vielfalt der angesprochenen Gegenstände und der Rückgriff auf verschiedenste Forschungsansätze lässt die Vermutung zu, dass es den Autoren nicht nur darum geht, geeignete Indikatoren für die Wohlstandsmessung zu identifizieren, sondern auch ein Gesamtsystem zu entwickeln, um den Wohlstand von Nationen ökonomisch zu erfassen und daraus wirtschaftspolitische Handlungsempfehlungen abzuleiten. Diese Vermutung wird zudem dadurch gestützt, dass die Autoren ein zum Teil eigenes Begriffssystem entwickeln, um ihre Überlegungen zu strukturieren und sowohl deskriptive als auch präskriptive Aussagen abzuleiten.

Es handelt sich damit um einen hoch interessanten, aber auch einen sehr komplexen Beitrag, dessen Argumentation in einem Korreferat nur punktuell vertieft und gewürdigt werden kann. Im Folgenden soll in einem ersten Schritt das Grundmuster der Argumentation der Autoren nachgezeichnet werden. Anschließend soll dann aus einer evolutionsökonomischen Perspektive ein spezifischer Kritikpunkt an dem Beitrag von Walterscheid und Wegehenkel geübt werden. Die Kritik bezieht sich dabei auf die zentrale These der Autoren, dass das institutionelle Einfangen aller externen Effekte ein Höchstmaß an Wohlstand auch in dynamischer Perspektive garantiere.

B. Die zentrale Argumentation des Beitrags

I. Zuordnung von Handlungsrechten

Die Ausführungen der Autoren lassen sich zu der Proposition verdichten: Der Wohlstand einer Jurisdiktion wird maximiert, wenn möglichst spezifische, individuell zuordenbare Handlungsrechte geschaffen werden. Dieses Ergebnis erstaunt zunächst nicht, da es im Einklang mit den Erkenntnissen steht, die die Property-rights-Theorie spätestens seit *Coase'* (1960) Analyse des Problems sozialer Kosten immer wieder präsentiert. Und, um es vorwegzunehmen, es geht den Autoren auch gar nicht darum, mit den Erkenntnissen der modernen Institutionenökonomik zu brechen. Vielmehr geht es den Autoren darum, ein konsistentes vertikales System der Zuordnung von Handlungsrechten zu entwerfen, das ein Höchstmaß an Anreizkompatibilität aufweist. Des Weiteren betten sie ihre Überlegungen in ein dynamisch-evolutionäres Verständnis von Wirtschaft ein.

Die vertikale Zuordnung von Handlungsrechten, die damit hergestellte Anreizkompatibilität im Rahmen von Wettbewerbsprozessen und die hierdurch ausgelöste Evolution des Wirtschafts- und Gesellschaftsystems, bildet bei den Autoren eine Analyseeinheit. Um einen leichteren Zugang zu dem von den Autoren entworfenen Gesamtbild zu bekommen, soll im Folgenden zunächst die vertikale Zuordnung von Handlungsrechten unter dem Aspekt der Anreizkompatibilität näher untersucht werden. Anschließend wird auf das evolutionsökonomische Verständnis der Autoren näher eingegangen.

In der Argumentationslogik der Autoren nimmt der Begriff des *Ordnungsgrades* eines Wirtschaftssystems einen zentralen Stellenwert ein. Unter dem Ordnungsgrad wird die Ausprägung des Geflechts an Regeln einer Gesellschaft verstanden, das die Tauschmöglichkeiten innerhalb einer Gesellschaft schafft bzw. begrenzt. Damit bestimmt sich der Ordnungsgrad anhand der Definition und Durchsetzung von Bündeln von Handlungsrechten. Je höher der Ordnungsgrad ist, desto mehr wechselseitig vorteilhafte Transaktionen können vorgenommen werden und desto weiter kann die Wohlstandsgrenze „nach außen" verschoben werden. Dabei weisen die Autoren darauf hin, dass hochgradig arbeitsteilige Gesellschaften quasi spiegelbildlich sehr komplexe und feingliederige Handlungsrechtssysteme aufweisen werden. Daher sei es auch irreführend, von einer Verdünnung (Attenuation) von Handlungsrechten zu sprechen, wenn Handlungsrechte durch Verbotsregeln flankiert würden. Die komplexe Ausdifferenzierung von Handlungsrechten schaffe nämlich erst den nötigen Spielraum für wohlfahrtssteigernde Transaktionen.

Nach dem Gesagten stellt das Auftreten von technologischen externen Effekten den Fall dar, dass der Ordnungsgrad des Handlungsrechtssystems nicht hinreichend hoch ist, um alle Knappheitsrelationen adäquat zu erfassen und in das Tauschsystem zu integrieren. In einer dynamischen und turbulenten Wettbewerbsumwelt, die Anreize zum Innovieren setzt, ist nach Auffassung der Autoren das Auftreten von technologischen Externalitäten zwar ein normales Vorkommnis. Um die neuen Produktionsmöglichkeiten in vollem Umfange für Wohlfahrtssteigerungen nutzen zu können, müsse das Rechtssystem jedoch mit einer Steigerung seiner Komplexität reagieren und die Handlungsrechte so erweitern, dass die Externalitäten eingefangen werden und die Knappheitsrelationen wieder korrekt angegeben werden. Die Autoren sind dabei so zu verstehen, dass je schneller die Internalisierung der externen Effekte durch eine Ausdifferenzierung der Handlungsrechte gelinge, umso größer sei auch der Zugewinn an Wohlfahrt.

Walterscheid und Wegehenkel fragen konsequenterweise im weiteren Verlauf ihrer Untersuchung danach, wie Handlungsrechte auf Personen und Gruppen verteilt werden müssen, damit eine weitestgehende Internalisierung externer Effekte gelingt und ein Maximum an Tauschgelegenheiten geschaffen wird. Dabei arbeiten sie das Problem heraus, dass der Zuschnitt von Handlungsrechten nicht beliebig weit oder eng vorgenommen werden könne, sondern sich an dem technologischen Problem zu orientieren habe, das der Internalisierung bedarf. So mag es Problemlagen geben, in denen ein feinkörniger Zuschnitt der Handlungsrechte auf einzelne Personen adäquat sei, ebenso gebe es aber Problemlagen, in denen Handlungsrechte auf ganze Gruppen verteilt werden müssen, weil zwischen den einzelnen Gruppenmitgliedern ein enger Interaktionszusammenhang bestehe. Damit gibt es ein Kontinuum von Gutskategorien, das vom rein privaten über das Allmende- bis hin zum öffentlichen Gut reicht. Jenseits des reinen privaten Gutes werden entsprechende Abstimmungsprozesse zwischen den Gruppenmitgliedern erforderlich, damit es zu einer effizienten Nutzung des Gutes kommt und die Knappheit des Gutes unverzerrt dem Markt signalisiert wird.

Das Erfordernis, dass ganze Gruppen von Personen über die Nutzung von bestimmten Gütern entscheiden, hat zur Konsequenz, dass die Verfügungsrechtsstruktur an diesen Gütern notwendigerweise komplexer wird. Dabei fordern die Autoren, nach dem Prinzip der „internalisierenden Dezentralisierung" vorzugehen, was bedeutet, dass so viele Verfügungsrechte wie möglich unter der Kontrolle einzelner Personen bleiben sollten und nur zur Internalisierung externer Effekte Gruppenabstimmungsprozesse als Ausprägungen eines Verfügungsrechts vorgesehen werden. Die Nähe dieses Gedankens zum Subsidiaritätsprinzip (z. B. *Homann/Kirchner* 1995) oder zum Prinzip der „fiskalischen Äquivalenz" (*Olson* 1969) ist unübersehbar.

Im Ergebnis führt dezentralisierende Internalisierung zu einer Verfügungsrechtshierarchie, in der individuelle Verfügungsrechte in von Gruppen ausgeübte Verfügungsrechte eingebunden sind. Die Verfügungsrechtshierarchie ist dabei nicht starr, sondern ausgehend von den individuellen Tauschprozessen auf unterster Ebene werden die Verfügungsrechte auf den höheren Ebenen mitbewertet und der marktlichen Koordination sowie dem wettbewerblichen Entdeckungsverfahren (Hayek) zugänglich gemacht. Dies führt im Ergebnis zu einer permanenten Anpassung der Verfügungsrechtshierarchie an den jeweiligen Wissensstand einer Gesellschaft über die Möglichkeiten der Internalisierung von externen Effekten. Dezentralisierende Internalisierung führt darüber hinaus zu einer exakten Knappheitsbewertung, sodass der Wohlstand einer Jurisdiktion sich in einer Messzahl wie dem BIP adäquat abbilden lässt; zusätzliche Indikatoren, die beispielsweise durch Befragung die *Happiness* einer Gesellschaft erfassen sollen (z. B. *Frey/Stutzer* 2002), erübrigen sich.

Bevor in Abschnitt C. ein größerer Kritikpunkt an den Überlegungen der Autoren präsentiert wird, soll an dieser Stelle kurz auf zwei Eigenheiten des Ansatzes hingewiesen werden, die ihn als besonders interessant qualifizieren. Als erstes muss hervorgehoben werden, dass es sich um einen evolutorischen Ansatz handelt. Das rührt nicht vordergründig davon her, weil auf Autoren wie Hayek oder North verwiesen wird, sondern weil eine Hierarchie von Verfügungsrechten entworfen wird, die nicht starr an einem Optimierungskalkül orientiert ist. Die einzelnen Verfügungsrechtsebenen sind so aufeinander bezogen, dass sowohl innerhalb einer Ebene das wettbewerbliche Entdeckungsverfahren ablaufen kann als auch zwischen den einzelnen Ebenen, sodass permanent Wissen darüber geschaffen wird, inwieweit Verfügungsrechte individuell oder gruppenspezifisch zugeteilt werden sollten, um die Knappheitsmessung möglichst exakt durchzuführen. Des Weiteren zeichnet sich der Ansatz von Walterscheid und Wegehenkel dadurch aus, dass er durch die Berücksichtigung von Gruppenabstimmungsprozessen die Anreizanalyse von Verfügungsrechten systematisch mit Erkenntnissen der Neuen Politischen Ökonomik (Public Choice) verbindet. Dadurch wird ein differenzierter und reichhaltiger Analyserahmen für die Gestaltung von Verfügungsrechtsstrukturen geschaffen. Es bleibt gleichwohl abzuwarten, inwiefern sich der von den Autoren entwickelte Analyserahmen beim Herunterbrechen auf konkrete wirtschaftspolitische Probleme bewährt und sich damit für die Ableitung wirtschaftspolitischer Handlungsempfehlungen besser eignet als die neoklassisch geprägte Verfügungsrechtsanalyse.

II. Polit-ökonomische Folgerungen

Nachdem die Autoren abstrakt analytisch ihr Modell zur Zuordnung von Verfügungsrechten in einem marktwirtschaftlichen Wirtschaftssystem dargelegt haben, wenden sie sich einer Abweichungsanalyse zu, die die Unterschiede zwischen dem von ihnen entworfenen Modell und der in der Realität anzutreffenden Zuordnung von Verfügungsrechten herausarbeitet. Abweichungen vom entworfenen Ideal werden mit den Begriffen „Fraktionierung“ und „Teilzentralisierung“ betitelt und beschreiben eine mangelnde Kopplung marktlich getauschter individueller Verfügungsrechte mit denjenigen Verfügungsrechten, die sich in Gruppeneigentum befinden. Die Konsequenz einer solchen defizitären Kopplung ist, dass keine adäquate Mitbewertung des Gruppeneigentums aus dem wettbewerblichen Entdeckungsverfahren des Individualeigentums mehr erfolgt. Damit kann das betreffende Wirtschaftssystem bzw. der betroffene Ausschnitt des Wirtschaftssystems nicht seine maximale Leistungsfähigkeit erreichen – relevante Knappheiten bleiben entweder unentdeckt oder sie sind mehr oder weniger stark verzerrt.

Die mangelhafte vertikale Koordination der Verfügungsrechtssphären von Individual- und Gruppeneigentum verändert das Verhaltensmuster der Wirtschaftssubjekte entscheidend. Denn Verteilungsaspekte gewinnen nun erheblich an Bedeutung: Es wird lohnend, Ressourcen für die politische Einflussnahme aufzuwenden, um auf diese Weise auf die Verfügungsrechtsstruktur an Gemeinschaftseigentum einzuwirken und bislang erreichte Verteilungspositionen abzusichern bzw. sich zusätzliche Renten anzueignen. Als wirtschaftspolitische Folge dieses Rent-Seeking diagnostizieren die Autoren ein Steigen der Staatsquote. Das heißt im Umkehrschluss für die Autoren, dass eine hohe Staatsquote ein großes Ausmaß an Rent-Seeking signalisiere. Darüber hinaus deute eine hohe Staatsquote darauf hin, dass die Wirtschaftskraft einer Jurisdiktion unter ihrem potenziellen Maximum liegt, da infolge des Rent-Seekings die Knappheitsrelationen verzerrt werden.

Die Verbindung von Verfügungsrechts- und polit-ökonomischer Analyse in einem evolutorischen Kontext ist ambitioniert und es ist zweifellos lohnend, diesen Forschungsansatz weiter zu verfolgen. Bei der weiteren Ausarbeitung des Ansatzes wird es jedoch nötig sein, in theoretischer und empirischer Hinsicht noch stichhaltiger zu argumentieren. Damit ist gemeint, dass bislang eine empirische Überprüfung der gemachten Aussagen noch aussteht. Denn es werden von den Autoren lediglich einige Anwendungsbeispiele genannt, die aber nur illustrativen Charakter haben. In Bezug auf die Theorie des Ansatzes wäre es wünschenswert, wenn konkurrierende Theorien stärker in die Argumentation miteinbezogen würden und deren Erklärungsgehalt mit reflektiert würde. So gibt es beispielsweise in der Finanzwissenschaft seit langem eine anhaltende Diskussion über die Ursachen einer steigenden Staatsquote (z. B. *Dluhosch/Zimmermann* 2008), wobei Rent-Seeking nur eine mögliche Erklärung ist. Es wäre ohne Weiteres denkbar, dass auch bei einer aus Sicht der Autoren idealen Verfügungsrechtsstruktur die Staatsquote steigt. Es könnte sogar sein, dass eine im Sinne der Autoren sich ideal entwickelnde Volkswirtschaft eine steigende Staatsquote notwendig bedingt. Mit anderen Worten, Rent-Seeking führt zu einer steigenden Staatsquote, aber der Umkehrschluss, dass eine hohe Staatsquote auf Rent-Seeking hindeute, ist zumindest fraglich.

C. Wachstum und Evolution

Eine zentrale Aussage des Beitrags von Walterscheid und Wegehenkel ist, dass eine Verfügungsrechtsstruktur, die eine Internalisierung aller externen Effekte ermöglicht, zu einem Maximum allokativer Effizienz führt. In dynamischer Perspektive bedeutet dies ein maximales Ausschöpfen des Wachstumspotenzials einer Gebietskörperschaft. Neuere Ansätze der Wachstumstheorie stellen jedoch komplexere Wirkungsketten zwischen dem Auftreten von externen Effekten, deren Internalisierbarkeit durch Private und dem vom Staat hierfür bereitgestellten institutionellen Rahmen dar. Namentlich sind hier die Arbeiten aus dem Bereich der Neuen Wachstumstheorie zu nennen (z. B. *Romer* 1990; *Grossman/Helpman* 1991; *Aghion/Howitt* 1998).

Die Arbeiten der Neuen Wachstumstheorie weisen in besonderem Maße auf die Rolle von Wissen und Innovation im Wirtschaftsprozess hin und greifen auf Argumentationsketten zurück, die sich bereits bei Schumpeter finden. In diesem Zusammenhang ist ein Zitat *Schumpeter*s (1950, S. 138) besonders aufschlussreich: „Ein System – jedes System, nicht nur jedes Wirtschaftssystem, sondern auch jedes andere –, das zu jedem gegebenen Zeitpunkt seine Möglichkeiten möglichst vorteilhaft ausnützt, kann dennoch auf lange Sicht hinaus einem System unterlegen sein, das dies zu keinem gegebenen Zeitpunkt tut, weil diese seine Unterlassung eine Bedingung für das Niveau oder das Tempo der langfristigen Leistung sein kann.“ Damit nimmt Schumpeter den theoretisch interessanten und in der Neuen Wachstumstheorie diskutierten Fall vorweg, dass die Wachstumsrate bei Existenz von positiven Externalitäten unter bestimmten Umständen höher sein kann als bei deren Internalisierung.

Die Neue Wachstumstheorie leitet ihre Ergebnisse zweifellos unter oftmals heroischen Annahmen ab (*Solow* 1991), dennoch eröffnet sie vielfältige neue Betrachtungsweisen bezüglich des Zustandekommens von Wachstum. Sie liefert ebenfalls ein theoretisches Fundament für staatliche Eingriffe (Forschungs- und Technologiepolitik), die zur optimalen Wachstumsrate einer Gebietskörperschaft führen sollen. Es ist demnach durchaus denkbar, dass das Wachstum einer Gebietskörperschaft maximiert wird, wenn gegen das Gebot der dezentralisierenden Internalisierung verstoßen wird und der Ordnungsgrad eines Wirtschaftssystems verringert wird.

Die Überlegungen von Walterscheid und Wegehenkel könnten durch Berücksichtigung von Argumentationsfiguren der Neuen Wachstumstheorie weiter geschärft werden. Nicht nur, dass das Gebot der dezentralisierenden Internalisierung weiter ausdifferenziert werden könnte im Kontext der von den Autoren hervorgehobenen Bedeutung von Wissen für die Wohlstandsentwicklung einer Gesellschaft, sondern der Beitrag könnte auch weiter an Profil gewinnen in Auseinandersetzung mit der Neuen Wachstumstheorie. Eine Profilierung scheint insbesondere hinsichtlich der Tatsache möglich, dass in der Neuen Wachstumstheorie zwar staatliche Maßnahmen zur Internalisierung positiver externer Effekte diskutiert werden, aber nicht die Möglichkeit der Coase'schen Verhandlungslösung zwischen den Akteuren, die die Externalität erzeugen bzw. von ihr betroffen sind (*Hahn* 1993). Hier könnte sich eine hoch interessante Verknüpfung zwischen dem evolutionär-institutionenökonomischen Ansatz von Walterscheid und Wegehenkel und der Neuen Wachstumstheorie ergeben.

Abschließend sei nochmals auf das evolutionsökonomische Verständnis der Autoren zurückgekommen, das stark von Hayek und neo-österreichischen Autoren inspiriert ist und die Aufdeckung dezentral verstreuten Wissens in das Zentrum der Aufmerksamkeit stellt. Aus hayekianischer Sicht wirken die evolutionären Kräfte immer wieder gleichgewichtsbildend, bis der Adaptionsprozess im stationären Zustand des Allgemeinen Gleichgewichts endet – sofern es zu keinem exogenen Zufluss von neuem dezentralem Wissen kommt. Der von Walterscheid und Wegehenkel entworfene evolutionäre Ansatz hat damit als normative Hintergrundfolie das paretianische wohlfahrtsökonomische Referenzsystem. Wie das obige Zitat Schumpeters andeutet, muss eine evolutionäre Deutung von Wirtschaftsprozessen jedoch keineswegs eine Gleichgewichtsorientierung implizieren und als normatives Referenzsystem das Pareto-Kriterium postulieren. Es wäre daher spannend zu erfahren, ob der Ansatz von Walterscheid und Wegehenkel auch bei Einbezug gleichgewichtsstörender Kräfte in die Analyse zu ähnlichen Schlussfolgerungen kommt. Dies ist jedoch ein Vorschlag für zukünftige Forschungen und mindert den Wert des vorliegenden Beitrags in keiner Weise.

Literatur

Aghion, P. / *Howitt*, P. (1998): Endogenous Growth Theory, Cambridge (Mass.).

Coase, R. H. (1960): The Problem of Social Cost, in: Journal of Law and Economics, Vol. 3, S. 1–44.

Dluhosch, B. / *Zimmermann*, K. W. (2008): Zur Anatomie der Staatsquote, in: S. Bayer / K. W. Zimmermann (Hg.), Die Ordnung von Reformen und die Reform von Ordnungen. Facetten politischer Ökonomie, Marburg, S. 37–116.

Frey, B. S. / *Stutzer*, A. (2002): What can Economists Learn from Happiness Research?, in: Journal of Economic Literature, Vol. 40, S. 402–435.

Grossman, G. M. / *Helpman*, E. (1991): Innovation and Growth in the Global Economy, Cambridge (Mass.).

Hahn, F. R. (1993): Neuere Entwicklungen in der Wachstumstheorie, in: Monatsberichte des WIFO, Heft 8, S. 432–438.

Homann, K. / *Kirchner*, C. (1995): Das Subsidiaritätsprinzip in der Katholischen Soziallehre und in der Ökonomik, in: L. Gerken (Hg.), Europa zwischen Ordnungswettbewerb und Harmonisierung, Berlin u. a., S. 45–69.

Olson, M. (1969): The Principle of „Fiscal Equivalence", in: American Economic Review, Vol. 59, S. 479–487.

Romer, P. M. (1990): Endogenous Technological Change, in: Journal of Political Economy, Vol. 98, S. s71 – s102.

Schumpeter, J. (1950): Kapitalismus, Sozialismus und Demokratie, Bern.

Solow, R. M. (1991): New Directions in Growth Theory, in: B. Gahlen / H. Hesse / H. J. Ramser (Hg.), Wachstumstheorie und Wachstumspoltik – Ein neuer Anlauf, Tübingen, S. 3 – 17.

Zweiter Teil

Qualitatives Wachstum

Was wissen wir über die Qualität der Institutionen?

Von *Philipp Harms,* Aachen

A. Einleitung

Dass sich die Qualität politischer, ökonomischer und sozialer Institutionen auf die wirtschaftliche Leistungsfähigkeit eines Landes auswirkt, ist eine Vermutung, der sich die meisten Sozialwissenschaftler anschließen würden und deren Plausibilität durch eine breite historische und anekdotische Evidenz gestützt wird.

Allerdings scheiterte eine systematische empirische Überprüfung dieser Vermutung lange am Fehlen von Daten, mit denen sich institutionelle Rahmenbedingungen, wie etwa das politische System, das Ausmaß an Korruption, die Effektivität der Verwaltung, oder die Rechtssicherheit in einem Lande, erfassen ließen. Ein wichtiger Fortschritt gelang der Forschung Mitte der 1990er Jahre, als eine Reihe von Studien das Potenzial auszuschöpfen begann, das in den von öffentlichen Einrichtungen und privaten Firmen veröffentlichten Länderratings steckt. So verwendete beispielsweise *Mauro* (1995) Indikatoren von *Business International,* um die Beziehung zwischen Korruption und Wirtschaftswachstum zu untersuchen. *Knack/Keefer* (1997) griffen auf Daten zurück, welche die Firma Political Risk Services in ihrem *International Country Risk Guide* veröffentlicht, um den Einfluss von Faktoren wie Rechtssicherheit oder Korruption auf das Wirtschaftswachstum zu analysieren. Und *Hall/Jones* (1999) verwendeten ebenfalls Daten aus dem *International Country Risk Guide* als Maß für die „soziale Infrastruktur", der sie einen wichtigen Einfluss auf die Totale Faktorproduktivität nachwiesen.

Die Erforschung des Zusammenhangs zwischen der Qualität der Institutionen und wirtschaftlichen Erfolgsindikatoren, wie etwa Wachstum, Inflation und dem Zufluss ausländischer Direktinvestitionen, hat sich seither zu einer veritablen „Wachstumsbranche" entwickelt. Sehr früh zeigte sich allerdings ein Problem, das den meisten Studien in diesem Bereich gemeinsam ist: Bei Verwendung eines einzelnen Indikators, mit dem ein bestimmter Aspekt des institutionellen Rahmens abgebildet werden soll, besteht immer die Gefahr, dass dieser Aspekt verzerrt dargestellt wird und dass diese Verzerrung sich auf den ermittelten statistischen Zusammenhang zwischen institutioneller Qualität und wirtschaftlicher Leistung auswirkt. Gründe für solche Verzerrungen gibt es viele: Selbst wenn man von ideologischen Prädispositionen absieht, ist es unwahrscheinlich, dass zwei Maße für

Korruption, die aus verschiedenen Quellen stammen, exakt das gleiche Urteil fällen. Zum einen kommt es auf die exakte Definition von Korruption an, zum anderen spielt es eine Rolle, ob sich das Urteil auf eine breit angelegte Befragung von Unternehmen bzw. Einwohnern oder die Einschätzung von „Experten" stützt. Und schließlich ist die betrachtete Länderstichprobe von Bedeutung: So dürfte beispielsweise das Urteil zur Korruption in Italien nicht zuletzt davon abhängen, ob man auch Entwicklungs- und Schwellenländer berücksichtigt oder ob man sich auf Mitglieder der EU beschränkt.

Vor diesem Hintergrund setzte sich ein Team von Wissenschaftlern Ende der 1990er Jahre im Auftrag der Weltbank zum Ziel, aus der Flut verfügbarer Indikatoren so etwas wie einen Konsens zu einigen klar definierten Aspekten von „Governance" zu destillieren.[1] Ergebnis dieses Forschungsprojekts „Worldwide Governance Indicators" (WGI) ist ein Datensatz, der seit 1999 jährlich erweitert wird und der mittlerweile für die meisten Länder der Welt und den Zeitraum zwischen 1996 und 2007 Informationen zu demokratischen Partizipationsrechten, politischer Stabilität, Korruption, der Effektivität der Verwaltung, der Qualität der Regulierung und Rechtssicherheit bietet.[2] Um diese Daten zu generieren, verwenden *Kaufmann et al.* (1999a) ein Verfahren, das von der Hypothese ausgeht, dass die verfügbaren Einzelindikatoren – beispielsweise die Einschätzungen von *Business International* oder des *International Country Risk Guide* zur Korruption – einerseits von der „wahren" (aber nicht beobachtbaren) Korruption abhängen, andererseits aber auch von (ebenfalls nicht beobachtbaren) Störeinflüssen, welche die oben skizzierten Fehlerquellen repräsentieren. Ziel des eingesetzten Unobserved-components-Verfahrens ist, aus den beobachtbaren Größen jenen gemeinsamen Kern – die „unbeobachtete Komponente" – herauszufiltern. Das Ergebnis der Schätzung erlaubt damit eine Beurteilung, die wesentlich weniger für Verzerrungen aller Art anfällig ist als die Einzelindikatoren.

Tatsächlich stehen die ermittelten Punktschätzungen im Zentrum des wissenschaftlichen Interesses, seit die ersten Ergebnisse des WGI-Projekts der Öffentlichkeit zugänglich gemacht wurden, und zahlreiche Studien verwenden die Daten von *Kaufmann et al.* (1999a) an Stelle der früher eingesetzten speziellen Indikatoren. Sehr viel weniger beachtet wird dagegen ein „Kuppelprodukt" des Prozesses, auf dessen Bedeutung *Kaufmann et al.* (1999a) selbst immer wieder hinweisen: Ein großer Vorteil des Unobserved-components-Verfahrens – etwa im Gegensatz zu

---

[1] Der Begriff „Governance", den *Kaufmann et al.* (1999a, 1999b) verwenden, ist wohl am besten mit „guter Regierungsführung" übersetzt. Tatsächlich wird damit allerdings das erfasst, was manche Autoren – z. B. *Acemoglu et al.* (2005) – in einer sehr breiten Definition als „institutions" bezeichnen. Wir vermeiden eine Stellungnahme in der Debatte, ob der Institutionenbegriff nicht viel enger gefasst werden sollte (vgl. auch *Glaeser et al.* 2004) und halten uns an die – zugegebenermaßen etwas ungenaue – Synonymisierung von „Governance" und „institutioneller Qualität".

[2] Diese Daten sind auf der Homepage der Weltbank frei zugänglich. Bis inklusive 2002 liegen die Indikatoren lediglich in Zwei-Jahres-Abständen vor, seit 2002 kann man auf Jahresdaten zurückgreifen.

einer simplen Durchschnittsbildung – besteht nach Darstellung der Autoren darin, dass neben den Punktschätzungen auch sogenannte „Standardfehler“ ermittelt werden können. Diese Standardfehler wiederum geben an, mit wie viel Unsicherheit eine bestimmte Punktschätzung behaftet ist. Wie *Kaufmann et al.* (1999a) zeigen, ist diese Unsicherheit teilweise beträchtlich, sodass es – insbesondere bei Ländern, die sich im Hinblick auf die Punktschätzungen nicht sehr stark unterscheiden – kaum möglich ist, eine klare Differenzierung bezüglich der institutionellen Qualität vorzunehmen.

Der WGI-Datensatz bietet also neben einer (viel beachteten) Einschätzung der „institutionellen Qualität“ auch Informationen darüber, wie groß die Unsicherheit über das tatsächliche Ausmaß an demokratischer Freiheit, politischer Stabilität, Korruption etc. ist, und die berechneten Standardfehler können gewissermaßen als „Maß unserer Unwissenheit“ über die Zustände in einem Land interpretiert werden. Dies ist der Ausgangspunkt für unsere Untersuchung, die statt der „Governance“ gewissermaßen die „Ignorance“ ins Zentrum des Interesses rückt und die der Frage nachgeht, welche Faktoren für die Präzision verantwortlich sind, mit der wir uns ein Bild von der Qualität der Institutionen in einem Land machen bzw. machen können. Hängt diese Präzision von der Größe und der wirtschaftlichen Bedeutung einer Volkswirtschaft ab? Gibt es klar erkennbare regionale Unterschiede? Welche Rolle spielt der Ausbildungsstand der Bevölkerung, die Qualität der Infrastruktur oder die Intensität der Handelsbeziehungen mit dem Rest der Welt? Und schließlich: Ist die Ungenauigkeit bei der Lagebeurteilung wiederum eine Funktion der institutionellen Qualität?

Um uns diesen Fragen zu nähern, gehen wir folgendermaßen vor: Im nächsten Abschnitt rekapitulieren wir die Methode, mit der *Kaufmann et al.* (1999a) die Punktschätzungen und Standardfehler zur institutionellen Qualität berechnen. Anschließend untersuchen wir mit Hilfe von Regressionen, welche Faktoren einen signifikanten Einfluss auf die Präzision der Schätzung haben. Eine Zusammenfassung und ein Ausblick auf mögliche weitere Anwendungen schließen die Arbeit ab.

B. Die vernachlässigten Größen: Quellenzahl und Standardfehler

Ziel dieses Abschnitts ist, das methodische Vorgehen von *Kaufmann et al.* (1999a) knapp zusammenzufassen. Während spätere Revisionen (*Kaufmann et al.* 2002; *Kaufmann et al.* 2007; 2008) die Datenbasis sowohl im Hinblick auf die betrachteten Länder und Zeitperioden als auch bezüglich der ausgewerteten Indikatoren erweiterten, blieb die Methode, mit der diese Indikatoren aggregiert werden, im Wesentlichen unverändert.

Das wichtigste Ziel des Verfahrens ist, die Flut verfügbarer Daten zu Indikatoren zu verdichten, die möglichst verlässliche Informationen zu den folgenden sechs Aspekten von „Governance“ bieten (*Kaufmann et al.* 2007, S. 3–4):

„**Voice:** measuring the extent to which a country's citizens are able to participate in selecting their government, as well as freedom of expression, freedom of association, and free media.

Political Stability: measuring perceptions of the likelihood that the government will be destabilized or overthrown by unconstitutional or violent means, including domestic violence or terrorism.

Control of Corruption: measuring the extent to which public power is exercised for private gain, including both petty and grand forms of corruption, as well as 'capture' of the state by elites and private interests.

Government Effectiveness: measuring the quality of public services, the quality of the civil service, and the degree of its independence from political pressures, the quality of policy formulation and implementation, and the credibility of the government's commitment to such policies.

Regulatory Quality: measuring the ability of the government to formulate and implement sound policies and regulations that permit to promote private sector development.

Rule of Law: measuring the extent to which agents have confidence in and abide by the rules of society, and in particular the quality of contract enforcement, the police, and the courts as well as the likelihood of crime and violence."

Die Notwendigkeit einer solchen Reduktion ergibt sich aus der Beobachtung, dass zwischen den vielen verfügbaren Einzelindikatoren ein hohes Maß an Heterogenität herrscht und dass jeder dieser Indikatoren ein potenziell verzerrtes Bild der institutionellen Qualität vermittelt. Ursache solcher Verzerrungen kann zum einen die Tatsache sein, dass verschiedene Einzelindikatoren den gleichen Governance-Aspekt unterschiedlich interpretieren bzw. definieren. Hinzu kommt das Problem, dass zwischen Indikatoren enorme Unterschiede bezüglich der Erhebungsmethode – z. B. Experteneinschätzungen vs. Umfragen – bestehen. Und schließlich hängt das Rating eines Landes nicht zuletzt davon ab, mit welchen Ländern es verglichen wird (vgl. *Kaufmann et al.* 1999a, S. 5 – 6).

Bei der Berechnung jedes einzelnen der oben genannten sechs „Governance-Indikatoren" gehen *Kaufmann et al.* (1999a) folgendermaßen vor:[3] In einem ersten Schritt wird entschieden, welche Einzelindikatoren dem betrachteten Governance-Aspekt zugeordnet werden. Im nächsten Schritt werden die aus unterschiedlichen Quellen stammenden Daten auf eine Skala zwischen null und eins normiert. Der Wert $x(j, k)$ von Einzelindikator k, der die Länder $j = 1, 2, 3, \ldots J(k)$ berücksichtigt, wird also folgendermaßen transformiert:[4]

---

[3] Wenn wir im Folgenden von „Einzelindikatoren" sprechen, so meinen wir das Ausgangsmaterial – etwa die Indikatoren des *International Country Risk Guide* oder der *Economist Intelligence Unit* – das *Kaufmann et al.* (1999a) verwenden, um ihre sechs aggregierten „Governance-Indikatoren" zu berechnen.

$$y(j,k) = \frac{x(j,k) - x^{\min}(k)}{x^{\max}(k) - x^{\min}(k)}, \tag{1}$$

wobei $x^{\max}(k)$ und $x^{\min}(k)$ für den maximalen bzw. minimalen Wert steht, den Einzelindikator k annehmen kann, und vorher – gegebenenfalls durch eine entsprechende Inversion – sichergestellt wurde, dass ein ansteigender Wert eines Einzelindikators eine höhere Qualität der Institutionen abbildet.

Der dritte und entscheidende Schritt besteht nun darin, aus den (normierten) Einzelindikatoren, die einem bestimmten Governance-Indikator zugeordnet sind, die gemeinsame „unobserved component" herauszufiltern. Ausgangspunkt ist dabei die folgende lineare Gleichung:

$$y(j,k) = \alpha(k) + \beta(k) \cdot \left[g(j) + \varepsilon(j,k)\right]. \tag{2}$$

Dabei ist $g(j)$ die unbeobachtete Komponente und $\varepsilon(j,k)$ ein ebenfalls unbeobachteter Störterm – gewissermaßen der Messfehler, der zu einer Abweichung des (normierten) Einzelindikators von der gemeinsamen Basis $g(j)$ führt. Hinzu kommen die Parameter $\alpha(k)$ und $\beta(k)$, die sich potenziell über die Einzelindikatoren hinweg unterscheiden. Die Gründe für diese Unterschiede liegen in der oben beschriebenen Heterogenität der Einzelindikatoren und werden von *Kaufmann et al.* (1999a, S. 10 – 11) detailliert dargestellt.

Unter Verwendung einer Reihe von Annahmen, deren Plausibilität und Konsequenzen von *Kaufmann et al.* (1999a, S. 20 ff.) ausführlich diskutiert wird, können die Parameter $\alpha(k)$ und $\beta(k)$ für jeden Einzelindikator geschätzt werden.[5] Darüber hinaus kann die Varianz $\sigma_\varepsilon^2(k)$ geschätzt werden, welche die (Un-)Genauigkeit widerspiegelt, mit der Einzelindikator k den zur Debatte stehenden Governance-Aspekt misst.[6]

Der Punktschätzer des entsprechenden Governance-Indikators für Land j ergibt sich als der folgende gewichtete Durchschnitt:

$$E\left[g(j) | y(j,1), \ldots, y(j,K(j))\right] = \sum_{k=1}^{K(j)} w(k) \, \frac{y(j,k) - \alpha(k)}{\beta(k)}, \tag{3}$$

wobei das Gewicht von Einzelindikator *w(k)* desto höher ist, je präziser dieser den Governance-Aspekt misst – je geringer also die Varianz $\sigma_\varepsilon^2(k)$ ist:

---

4 Tatsächlich wird die im Folgenden beschriebene Prozedur für jedes Land j für verschiedene Jahre t (t = 1996, 1998, 2000, …, 2007) durchgeführt. Der besseren Übersichtlichkeit halber verzichten wir aber auf den Zeitindex.

5 Zentral ist insbesondere die Annahme, dass g und ε normalverteilt sind. Dies ermöglicht die Schätzung mit Hilfe des Maximum-Likelihood-Verfahrens.

6 Diese Varianz ist desto höher, je geringer die Werte von Einzelindikator k mit denen der anderen Einzelindikatoren korreliert sind (*Kaufmann et al.* 1999a, S. 18).

$$(4) \qquad w(k) = \frac{\sigma_\varepsilon^2(k)^{-2}}{1 + \sum_{k=1}^{K(j)} \sigma_\varepsilon^2(k)^{-2}}.$$

In der Verwendung endogen bestimmter Gewichte liegt ein zentraler Vorteil des von *Kaufmann et al.* (1999a) verwendeten Verfahrens gegenüber einer simplen Durchschnittsbildung.

Der Standardfehler, der die Ungenauigkeit der Schätzung von $g(j)$ widerspiegelt, wird mit der folgenden Formel ermittelt:

$$(5) \qquad SE\left[g(j) | y(j,1) \ldots, y(j,K,(j))\right] = \left(1 + \sum_{k=1}^{K(j)} \sigma_\varepsilon(k)^{-2}\right)^{-1/2}.$$

An diesem Ausdruck zeigt sich, welche Faktoren für die Präzision verantwortlich sind, mit der ein bestimmter Governance-Aspekt in Land j erfasst wird: Der Standardfehler (SE) ist umso geringer, je mehr Einzelindikatoren für seine Berechnung verwendet werden – d. h., je höher $K(j)$ ist – und je präziser diese Einzelindikatoren im Durchschnitt sind, was sich in niedrigen Werten von $\sigma_\varepsilon^2(k)$ ausdrückt. Dies ist einleuchtend: Je weniger Einzelindikatoren sich mit Land j befassen, desto weniger verlässlich ist die – wie auch immer aggregierte – Einschätzung zu diesem Land. Bei gegebenem $K(j)$ entscheidet die Präzision der verwendeten Indikatoren über die Genauigkeit, mit der sich Governance-Aspekt k in Land j einschätzen lässt. Je höher der Standardfehler $SE[g(j)]$ ausfällt, desto breiter ist etwa ein 90-Prozent-Konfidenzintervall um den geschätzten Wert von $g(j)$.[7] Abbildung 1 stellt den Zusammenhang zwischen $K(j)$ und $SE[g(j)]$ für die einzelnen Governance-Aspekte dar – wobei wir Länder, für die lediglich ein Einzelindikator verwendet wurde (d. h. $K(j) = 1$), nicht berücksichtigt haben. Wie aufgrund von Gleichung (5) zu erwarten war, ist der Zusammenhang sehr stark. Gleichzeitig ist aber auch zu sehen, dass bei gegebenen Werten von $K(j)$ beträchtliche Unterschiede zwischen den Standardfehlern bestehen.

Die Tatsache, dass die Präzision, mit der die institutionelle Qualität eines Landes gemessen wird, insbesondere von der Anzahl der verfügbaren Einzelindikatoren abhängt, führt uns zu einer wichtigen Einsicht: Offenbar – und nicht wirklich überraschend – ist das Wissen über die verschiedenen Governance-Aspekte in einem Land zu einem beträchtlichen Teil endogen und wird durch das *Interesse* bestimmt, das diesem Land entgegengebracht wird: Die oben bereits eingeführte „Ignoranz" lässt sich also in zwei Komponenten zerlegen: „Desinteresse", das sich in einer geringen Zahl von Einzelindikatoren widerspiegelt, und „Opazität", die bei einem

---

7 Den Durchschnittswert von $g(j)$ normieren *Kaufmann et al.* (1999a) auf null. In Verbindung mit der Annahme, dass $g(j)$ standardnormalverteilt ist, führt das dazu, dass 95 Prozent aller berechneten Werte in das Intervall [–2.5, 2.5] fallen, wobei höhere Werte eine höhere Qualität der Institutionen widerspiegeln.

gegebenen Wert von $K(j)$ für die unterschiedliche Streuung der publizierten Einschätzungen verantwortlich ist. Auf den folgenden Seiten werden wir uns sowohl mit der Frage befassen, welche Faktoren das „Interesse" an den verschiedenen Aspekten von Governance beeinflussen, als auch mit der Frage, ob diese Faktoren die Genauigkeit unserer Einschätzung lediglich über das „Interesse" oder zusätzlich über einen Effekt auf die „Opazität" bestimmen.

C. Die Determinanten unserer Ignoranz

I. Ausgangsüberlegungen und Daten

Im Zentrum unserer Untersuchung steht die Frage, von welchen Faktoren die Unschärfe bei der Beurteilung institutioneller Qualität abhängt, die sich in den Standardfehlern der WGI-Daten widerspiegelt. Wie wir in Abschnitt B. gezeigt haben, ist eine zentrale Determinante unserer Unwissenheit die Aufmerksamkeit, die einem Land von Seiten privater und offizieller Rating-Agenturen entgegengebracht wird und die sich in der Anzahl der Einzelindikatoren $\left(K(j)\right)$ ausdrückt, die zur Berechnung eines Governance-Aspekts zur Verfügung stehen. Das Ausmaß an „Ignoranz" lässt sich also in die Komponenten „Interesse" und „Opazität" aufteilen. Diesem Prinzip werden wir auch in diesem Abschnitt folgen. Im Rahmen einer Regressionsanalyse werden wir zunächst untersuchen, welche ökonomischen, politischen und geographischen Faktoren einen signifikanten Einfluss auf $K(j)$ ausüben. Anschließend werden wir der Frage nachgehen, ob sich diese Faktoren – bei gegebenen Werten von $K(j)$ – auf die Standardfehler $\left(SE(j)\right)$ auswirken, die mit den Punktschätzungen verbunden sind. Auf diese Weise versuchen wir, die zwei Bestimmungsgrößen unserer Unwissenheit – „Interesse" („Was wollen wir wissen?") und „Opazität" („Wie genau können wir es wissen?") – zu trennen.

Ausgangspunkt unserer Untersuchung ist zunächst eine Stichprobe, die 167 Länder und die Jahre 1996, 1998, 2000 und 2002 bis 2005 umfasst. Um zu vermeiden, dass unsere Ergebnisse von einer kleinen Gruppe von „Zwergstaaten" beeinflusst werden, nehmen wir alle Länder, deren Bevölkerungsgröße im Jahr 2000 unter einer Million lag, aus der Stichprobe. Darüber hinaus werden diejenigen Länder nicht berücksichtigt, für die lediglich *ein* Einzelindikator vorliegt. Übrig bleibt eine Stichprobe von ca. 700 Beobachtungen, wobei die Zahl der Beobachtungen von dem konkreten Governance-Indikator abhängt, den wir im Blick haben.

II. Die Determinanten von $K(j)$: Spezifikation

In einem ersten Schritt untersuchen wir, welche Faktoren die Anzahl an Einzelindikatoren $K_{j,t}^{i}$ bestimmen, die zu einem gegebenen Zeitpunkt t in die Berechnung des Governance-Indikators i für Land j eingehen. Dafür schätzen wir die Parameter der folgenden Regressionsgleichung:

(6) $$K^i_{j,t} = \beta^i_o + \sum_{n=1}^{N} \beta^i_n x_{n,j,t} + y^i \zeta_t + \varepsilon^i_{j,t}\,.$$

In (6) steht der Index i für den betrachteten aggregierten Governance-Indikator – mit $i \in$ {Voice, Political Stability, Corruption, Government Effectiveness, Regulatory Quality, Rule of Law}, j steht für das betrachtete Land und t für das betrachtete Jahr. Die Variable $x_{n,j,t}$ steht für den Regressor n, ζ_t steht für einen Zeitdummy, mit dem sich zeit-, aber nicht länderspezifische Effekte berücksichtigen lassen, und $\varepsilon^i_{j,t}$ steht für den Störterm, über dessen Eigenschaften wir die üblichen Annahmen treffen. Da wir diese Regression für die einzelnen Governance-Indikatoren schätzen, unterscheiden sich die geschätzten Koeffizienten $(\beta^i_o, \beta^i_n, \gamma^i)$ möglicherweise.[8] Was die Regressoren x_n betrifft, so verwenden wir die folgenden Variablen:

Bevölkerungsgröße: Es ist plausibel, dass „großen" Ländern ein höheres Interesse entgegengebracht wird als kleinen, sodass wir einen positiven Effekt der Bevölkerungsgröße erwarten würden. Dies liegt zum einen an der höheren politischen Bedeutung, aber auch an der Tatsache, dass größere Länder ceteris paribus einen größeren Markt für ausländische Unternehmen bieten und aus diesem Grund eine höhere Nachfrage nach länderspezifischen Informationen besteht. Es kann allerdings argumentiert werden, dass der Zusammenhang nicht notwendigerweise linear ist, denn bei sehr großen Ländern dürfte die hohe Präsenz in der allgemeinen Berichterstattung die Notwendigkeit von Expertenurteilen reduzieren. Vor diesem Hintergrund verwenden wir als Regressor neben der logarithmierten Bevölkerungsgröße (POP) auch das Quadrat dieser Zahl (POP_SQ).[9]

Pro-Kopf-Einkommen: Ähnliche Überlegungen rechtfertigen die Betrachtung des Pro-Kopf-Einkommens (gemessen als Bruttoinlandsprodukt pro Kopf in inflations- und kaufkraftbereinigten US-Dollars) als potenzielle Determinante des Interesses, das einem Land gilt: Je höher das Pro-Kopf-Einkommen ist, desto lohnender sollte es sein, die institutionelle Qualität in einem Land zu kennen. Allerdings ist auch dieser Zusammenhang möglicherweise nicht monoton, und daher verwenden wir neben dem (logarithmierten) Pro-Kopf-Einkommen (INCOME) auch das quadrierte (logarithmierte) Pro-Kopf-Einkommen (INCOME_SQ) als Regressor.[10]

---

8 Alternativ zur getrennten Schätzung der einzelnen Gleichungen bietet sich eine simultane Schätzung mit dem „Seemingly Unrelated Regressions (SUR)"-Verfahren (*Zellner* 1962) an. Das SUR-Verfahren erlaubt eine effizientere Schätzung, indem die isomorphe Struktur der Schätzgleichungen und die (potenzielle) Korrelation zwischen den Störtermen der einzelnen Gleichungen ausgenützt wird. Werden in allen Gleichungen dieselben Regressoren verwendet, so liefert das SUR-Verfahren allerdings das gleiche Ergebnis wie eine getrennte Schätzung.

9 Genauere Informationen zu Daten und Datenquellen finden sich im Appendix.

10 Die Verwendung von Logarithmen dient vor allem dazu, die Streuung der Einkommen zu reduzieren. Verwenden wir stattdessen eine Variable, die das (nicht-logarithmierte) Pro-Kopf-BIP relativ zu den USA abbildet, so erhalten wir ganz ähnliche Ergebnisse.

Handelsoffenheit: Es ist plausibel, dass Länder, die intensive Handelsbeziehungen mit dem Rest der Welt unterhalten, ein größeres Interesse auf sich ziehen als Länder, die relativ abgeschottet sind. Daher verwenden wir den Quotienten aus der Summe des Handelsvolumens (Importe und Exporte) und dem Bruttoinlandsprodukt als ein Maß für Handelsoffenheit (OPENNESS) und vermuten, dass diese Variable einen positiven Einfluss auf $K(j)$ hat.[11]

Infrastruktur: Die Infrastruktur im Bereich der Telekommunikation dürfte ebenfalls eine Rolle spielen, und wir verwenden daher die Anzahl von Festnetzanschlüssen pro 1000 Einwohner als weiteren Regressor. Allerdings ist die Richtung des Effekts nicht von vornherein klar: Zwar sollte eine gute Infrastruktur den Zugang zu relevanten Informationen erleichtern und damit die Kosten vermindern, die mit der Erfassung der institutionellen Qualität verbunden sind. Gleichzeitig kann dies aber auch die Nachfrage nach Expertenmeinungen reduzieren und damit $K(j)$ vermindern.

Dummy-Variablen: Außer den bereits genannten Regressoren verwenden wir in der Ausgangsspezifikation eine Reihe von Dummy-Variablen, die die regionale Zugehörigkeit, den Status als Transformationsland (TRANSITION) oder als Öl- bzw. Gasexporteur (EXP_FUELS) widerspiegeln.[12]

III. Die Determinanten von $K(j)$: Ergebnisse

Tabelle 1 zeigt die Ergebnisse der Schätzung von (6) für die einzelnen Governance-Indikatoren.[13] Die Bevölkerungsgröße hat einen signifikanten – und in den meisten Fällen nichtlinearen – Einfluss auf die Anzahl der Einzelindikatoren, die in die Berechnung von *Voice* etc. eingehen. Das Interesse an einem Land steigt mit zunehmender Größe, allerdings mit abnehmender Rate. Bei den meisten Governance-Indikatoren führt auch ein höheres Pro-Kopf-Einkommen zu einer signifikant höheren Anzahl an Einzelindikatoren, und bei *Regulatory Quality* und *Rule of Law* ist dieser Effekt nicht-linear. Weder das Ergebnis für die Bevölkerungsgröße noch das für das Pro-Kopf-Einkommen ist besonders überraschend: Politisch und ökonomisch „gewichtigere" Länder ziehen offenbar ceteris paribus mehr Aufmerksam-

---

11 Auch bei OPENNESS und den weiteren genannten Regressoren haben wir mit nichtlinearen Spezifikationen experimentiert. Die quadrierten Terme waren jedoch durchgehend insignifikant.

12 Die Koeffizienten der Regionaldummies verstehen sich relativ zu Westeuropa (als ausgelassener Region). Der Dummy für Osteuropa / Zentralasien stimmt nicht komplett mit dem Dummy für die Transformationsländer überein, da die Türkei geographisch Zentralasien zugeordnet, aber nicht als Transformationsland betrachtet wird.

13 In Klammern finden sich Standardfehler, die aus einer gebenüber Heteroskedastie und Autokorrelation robusten Kovarianz-Matrix hervorgehen. Der besseren Übersichtlichkeit halber verzichten wir auf eine Präsentation der Zeitdummies. Diese spiegeln die Tatsache wider, dass die Zahl der verfügbaren Einzelindikatoren im Zeitablauf für alle Länder zugenommen hat.

keit auf sich. Wichtig ist darüber hinaus die Handelsoffenheit (OPENNESS). Auch hier bestätigt das Ergebnis in den meisten Fällen unsere Ausgangsvermutung: Bei Volkswirtschaften, die stärker in den internationalen Handel integriert sind, ist die institutionelle Qualität – insbesondere für die Handelspartner – von größerem Interesse als bei verhältnismäßig isolierten Ländern. Interessant ist schließlich, dass das südliche Afrika und Lateinamerika ceteris paribus von signifikant mehr Einzelindikatoren berücksichtigt werden als etwa Nordafrika oder Asien.

Tabelle 2 führt einen weiteren Regressor ein, den wir bis jetzt vernachlässigt haben: Die Variable SCHOOLING bildet die durchschnittliche Schulbesuchsdauer der erwachsenen Bevölkerung ab – also den durchschnittlichen Ausbildungsstand bzw. den Bestand an Humankapital. Ähnlich wie bei TELEPHONES ist der Einfluss dieser Variable auf K a priori nicht klar. Ein höherer Ausbildungsstand macht ein Land für ausländische Investoren und Geschäftspartner interessanter, er erleichtert es aber auch, auf anderen Wegen an Informationen zur institutionellen Qualität heranzukommen. Wie die Zahlen in Tabelle 2 zeigen, ist der Einfluss für alle Indikatoren signifikant positiv.

In Tabelle 3 gehen wir der Frage nach, ob die Qualität der Institutionen selbst sich auf das Interesse an einem Land auswirkt. Möglicherweise ist die Messung von Korruption nur für diejenigen Länder nötig, in denen Korruption tatsächlich ein Problem ist. Um dies zu untersuchen, nehmen wir für jeden WGI-Indikator die entsprechende Punktschätzung (GOVERNANCE) in die Regression auf. Die Ergebnisse in Tabelle 3 zeigen, dass GOVERNANCE in der Tat einen signifikanten Einfluss auf K hat, dass wir uns mit unserer Vermutung über das Vorzeichen des Koeffizienten aber getäuscht haben: Je höher die Qualität der Institutionen in einem Land ist, desto mehr Einzelindikatoren sind ceteris paribus im Umlauf, die diese Institutionen messen. Wichtig ist schließlich, dass die bisherigen qualitativen Resultate auch bei dieser erweiterten Spezifikation nicht beeinflusst werden. Das heißt: Der signifikante Einfluss beispielsweise des Pro-Kopf-Einkommens resultierte nicht lediglich daraus, dass Pro-Kopf-Einkommen und institutionelle Qualität korreliert sind.

IV. Die Determinanten von $SE(j)$: Spezifikation

Wie wir im zweiten Abschnitt dargestellt haben, hängt die Präzision der WGI-Indikatoren „by construction" von der Zahl der verwendeten Einzelindikatoren ab. Konkret sinkt der Standardfehler $SE(j)$ ceteris paribus, wenn sich $K(j)$ erhöht. Allerdings haben wir auch gezeigt, dass dieser Zusammenhang nicht deterministisch ist (siehe Abbildung 1): Bei gegebenem „Interesse" gibt es Länder, über die sich eine genauere Aussage treffen lässt – die also eine geringere „Opazität" und eine geringere Anlage zum Dissens aufweisen – als andere.

Um zu ermitteln, welche Faktoren über die Anzahl der Einzelindikatoren hinaus das Ausmaß an „Opazität" beeinflussen, schätzen wir die folgende Gleichung:

(7) $$SE^i_{j,t} = \delta^i_o + \sum_{n=1}^{N} \delta^i_n x_{n,j,t} + \phi K^i_{j,t} + \gamma^i \zeta_t + \varepsilon^i_{j,t}\,.$$

Auf der linken Seite steht nun also der Standardfehler, der von *Kaufmann et al.* (2007) für Indikator i in Land j und Periode t ermittelt wurde. Als Regressoren verwenden wir neben den bereits im letzten Abschnitt eingeführten Variablen die Anzahl der Einzelindikatoren (NUMBER). Die geschätzten Koeffizienten (δ^i_n) zeigen, ob es einen *direkten* Einfluss der einzelnen Regressoren auf $SE^i_{j,t}$ gibt, der über den indirekten Einfluss (über $K^i_{j,t}$) hinausgeht.

Tabelle 4 zeigt das Ergebnis der Schätzung. Nicht überraschend ist, dass $K^i_{j,t}$ in fast allen Spalten einen hochsignifikant negativen Effekt auf $SE^i_{j,t}$ ausübt. Überraschender dagegen ist, dass eine Reihe von Variablen auch dann noch signifikant bleibt, wenn man den indirekten Einfluss explizit berücksichtigt. Insbesondere die Koeffizienten etlicher Regionaldummies sind nach wie vor signifikant und haben verschiedene Vorzeichen.

Haben wir bisher die Anzahl der verfügbaren Einzelindikatoren linear in die Regression aufgenommen, so lässt Abbildung 1 vermuten, dass eine nicht-lineare Spezifikation zu noch besseren Ergebnissen führt. Wie die Ergebnisse in Tabelle 5 zeigen, steigt das Bestimmtheitsmaß in der Tat erheblich an, wenn man neben K (NUMBER) auch noch die quadrierte Anzahl (NUMBER_SQ) in die Regression aufnimmt.[14] Und tatsächlich ist der Koeffizient des quadrierten Terms signifikant positiv. Was die anderen Regressoren betrifft, so überrascht, dass die Bevölkerungsgröße offenbar einen positiven Einfluss auf die Unschärfe hat, mit der *Regulatory Quality* gemessen wird. Ähnlich überraschend ist der positive Effekt von OPENNESS auf *Voice* sowie von TELEPHONES auf *Political Stability* und *Government Effectiveness*. Offenbar führen bessere Kommunikationsmöglichkeiten nicht notwendigerweise zu einem Konsens über die Qualität der Institutionen.

In Tabelle 6 schließlich verwenden wir neben NUMBER und NUMBER_SQ auch die Punktschätzung von GOVERNANCE. Damit gehen wir der Frage nach, ob die *Qualität* der Institutionen sich auf die *Genauigkeit* auswirkt, mit der diese Institutionen beurteilt werden. Die Ergebnisse zeigen, dass GOVERNANCE im Falle von *Voice* und *Regulatory Quality* einen signifikant *positiven* Einfluss auf die Standardfehler hat. Dies ist erstaunlich: Offenbar resultiert eine bessere institutionelle Qualität in einer größeren Anzahl von Einzelindikatoren. Gleichzeitig geht sie aber auch – zumindest im Falle von *Voice* und *Regulatory Quality* – mit einer weniger präzisen Einschätzung einher.

---

14 Die Verwendung weiterer Polynome verbessert zwar den Fit des Modells, ändert aber nichts an den qualitativen Ergebnissen. Daher beschränken wir uns auf die Präsentation der quadratischen Spezifikation.

D. Zusammenfassung und Ausblick

Durch die systematische Aggregation verschiedener Einzelindikatoren erlaubt es das WGI-Programm der Weltbank seit einigen Jahren, die institutionelle Qualität in vielen verschiedenen Ländern einzuschätzen, ohne dabei von den ideologischen Prädispositionen oder Messfehlern einzelner Quellen abhängig zu sein. Wie die Mitglieder der WGI- Forschergruppe aber immer wieder betonen, sind diese Einschätzungen mit hoher Unsicherheit behaftet – einer Unsicherheit, die sich in der Höhe der Standardfehler der entsprechenden Punktschätzungen ausdrückt. Ziel unserer Untersuchung war, das Potenzial auszuloten, das in diesem bisher eher nachlässig behandelten „Kuppelprodukt" des WGI-Programms steckt, denn die von *Kaufmann et al.* (1999a) berechneten Standardfehler können als Maß für die Unwissenheit („Ignoranz") interpretiert werden, die unser Urteil zur institutionellen Qualität in verschiedenen Ländern charakterisiert.

Wie wir gezeigt haben, lässt sich diese Unwissenheit auf zwei Komponenten zurückführen: In der Methode, nach der die Standardfehler berechnet werden, ist angelegt, dass diese in der Anzahl der für ein bestimmtes Land zu einem bestimmten Zeitpunkt verfügbaren Einzelindikatoren sinken. Dieser Zusammenhang ist intuitiv einleuchtend: Je größer das „Interesse" der Öffentlichkeit an einem Land ist, desto verlässlicher sollte das Urteil sein, das sich bilden lässt. Hinzu kommt allerdings eine weitere Komponente, die wir als „Opazität" bezeichnet haben: Eine gegebene Anzahl von Indikatoren kann für verschiedene Länder verschieden hohe Standardfehler liefern. Dies lässt sich als Zeichen dafür interpretieren, dass es bei gegebenem „Interesse" unterschiedlich schwierig sein kann, zu einer verlässlichen Einschätzung der institutionellen Qualität zu kommen.

Ziel des vorliegenden Aufsatzes war, empirisch einige der Faktoren zu identifizieren, die „Interesse" und „Opazität" bestimmen. Wie wir gezeigt haben, hängt die Anzahl der Einzelindikatoren, die ein Land erfassen, in den meisten Fällen positiv (aber nicht-linear) von seiner Bevölkerungsgröße und seinem Pro-Kopf-Einkommen ab. Darüber hinaus haben wir gezeigt, dass diese Variablen die Standardfehler vor allem über ihren Effekt auf die Zahl der Einzelindikatoren beeinflussen. Allerdings ist für manche Indikatoren auch ein direkter Effekt nachzuweisen: So besteht beispielsweise ein positiver Effekt der Handelsoffenheit auf den Standardfehler des aggregierten *„Voice"*-Indikators, selbst wenn für die Anzahl verwendeter Einzelindikatoren kontrolliert wird.

Die Richtung der Effekte entspricht nicht immer dem, was wir a priori erwartet hätten. Kontraintuitiv ist beispielsweise der Befund, dass die Qualität der Institutionen in manchen Fällen einen positiven Einfluss auf die „Opazität" ausübt. Vor diesem Hintergrund sollte unsere Untersuchung als ein erster Schritt zu einem besseren Verständnis der Faktoren interpretiert werden, die unser Wissen über die Qualität der Institutionen bestimmen.

Während wir uns in der vorliegenden Untersuchung mit der Frage auseinandergesetzt haben, welche Größen für die Präzision verantwortlich sind, mit der die institutionelle Qualität in einem Land eingeschätzt werden kann, liegt es nahe, die Informationen, die in den von *Kaufmann et al.* (1999a etc.) berechneten Standardfehlern enthalten sind, auch in anderen Zusammenhängen zu nützen. So existiert beispielsweise ein breiter Konsens darüber, dass Informationsdefizite eine wichtige Rolle für das Volumen und die Richtung internationaler Investitionen spielen (*Portes / Rey* 2005; *Van Nieuwerburgh / Veldkamp* 2009). Der WGI-Datensatz liefert eine attraktive Proxy-Variable, mit der sich diese Defizite im internationalen Kontext empirisch fassen lassen. Es bietet sich daher an, die Maße für „Ignoranz" und „Opazität" in diesem Zusammenhang, aber auch in anderen Kontexten als potenzielle Determinante makroökonomischer Erfolgsindikatoren zu betrachten.[15]

E. Literatur

Acemoglu, D. / *Johnson,* S. / *Robinson,* J. A. (2005): Institutions as a Fundamental Cause of Long-Run Growth, in: P. Aghion / S. N. Durlauf (eds.), Handbook of Economic Growth Vol. 1A, Amsterdam (Elsevier), S. 385 – 472.

Fidrmuc, J. / *Harms,* P. (2009): Governance or Ignorance? The Role of Institutional Quality and Institutional Uncertainty for Investment and Growth, *unveröffentlichtes Manuskript.*

Glaeser, E. / *La Porta,* R. / *Lopez-de-Silanes,* F. / *Shleifer,* A. (2004): Do Institutions Cause Growth?, in: Journal of Economic Growth, Vol. 9, S. 271 – 303.

Hall, R. / *Jones,* C. (1999): Why do Some Countries Produce so much more Output per Worker than Others?, in: Quarterly Journal of Economics, Vol. 114, S. 83 – 116.

Kaufmann, D. / *Kraay,* A. / *Zoido-Lobatón,* P. (1999a): Aggregating Governance Indicators, World Bank Policy Research Working Paper No. 2195.

Kaufmann, D. / *Kraay,* A. / *Zoido-Lobatón,* P. (1999b): Governance Matters, World Bank Policy Research Working Paper No. 2196.

Kaufmann, D. / *Kraay,* A. / *Zoido-Lobatón,* P. (2002): Governance Matters II: Updated Indicators for 2000 / 01, World Bank Policy Research Working Paper No. 2772.

Kaufmann, D. / *Kraay,* A. / *Mastruzzi,* M. (2007): Governance Matters VI: Aggregate and Individual Governance Indicators, Word Bank Policy Research Paper No. 4280.

Kaufmann, D. / *Kraay,* A. / *Mastruzzi,* M. (2008): Governance Matters VII: Aggregate and Individual Governance Indicators 1996 – 2007, Word Bank Policy Research Paper 4654.

Knack, S. / *Keefer,* P. (1997): Institutions and Economic Performance: Cross-Country Tests Using Alternative Institutional Measures, in: Economics and Politics, Vol. 7, S. 207 – 227.

Mauro, P. (1995): Corruption and Growth, in: Quarterly Journal of Economics, Vol. 110, S. 681 – 712.

Portes, R. / *Rey,* H. (2005): The Determinants of Cross-Border Equity Flows, in: Journal of International Economics, Vol. 65, S. 269 – 296.

Van Nieuwerburgh, S. / *Veldkamp,* L. (2009): Information Immobility and the Home Bias Puzzle, forthcoming in: Journal of Finance.

---

15 Einen ersten Schritt in diese Richtung unternimmt *Fidrmuc / Harms* (2009).

Zellner, A. (1962): An Efficient Method of Estimating Seemingly Unrelated Regressions and Tests of Aggregation Bias, in: Journal of the American Statistical Association, Vol. 57, S. 500–509.

F. Daten

EAST ASIA etc.: Dummy-Variablen für regionale Zugehörigkeit. Quelle: *Weltbank* (Fixed Factors Database).

EXP_FUELS: Dummy-Variable für Exporteure von Öl und Gas. Quelle: *Weltbank* (Fixed Factors Database).

GOVERNANCE: Aggregierter Governance-Indikator (Voice, Political Stability, etc.). Quelle: *Kaufmann et al.* (2007).

INCOME: Reales Bruttoinlandsprodukt pro Kopf in konstanten internationalen Dollars. Quelle: *Weltbank* (World Development Indicators).

NUMBER: Anzahl der verwendeten Einzelindikatoren. Quelle: *Kaufmann et al.* (2007).

OPENNESS: (Exporte + Importe) / BIP. Quelle: *Weltbank* (World Development Indicators).

POPULATION: Bevölkerungsgröße. Quelle: *Weltbank* (World Development Indicators).

SE: Standardfehler des Governance-Indikators. Quelle: *Kaufmann et al.* (2007).

TELEPHONES: Zahl von Festnetzanschlüssen pro 1000 Einwohner. Quelle: *Weltbank* (World Development Indicators).

TRANSITION: Dummy-Variable für Transformationsländer. Quelle: *Weltbank* (Fixed Factors Database).

G. Abbildungen und Tabellen

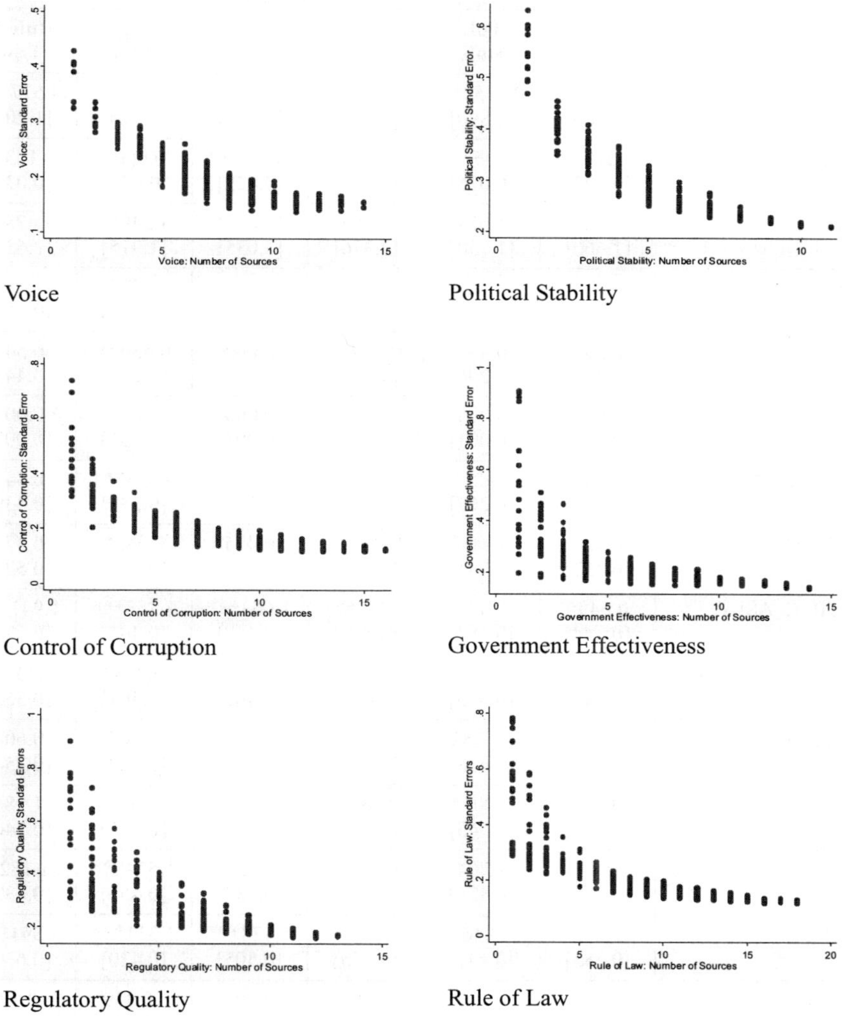

Quelle: Kaufmann et al. 2007.

Abbildung 1: Der Zusammenhang zwischen der Anzahl der verwendeten Einzelindikatoren (*K*) und dem Standardfehler (*SE*) für die sechs Governance-Indikatoren von *Kaufmann et al.*

Tabelle 1

Determinanten von *K* (Ausgangsspezifikation)

	Voice	Pol. Stab.	Corrup-tion	Gov. Effect.	Reg. Qual.	Rule of Law
POP	2.955*** [0.800]	2.535*** [0.890]	3.002** [1.237]	3.158*** [0.985]	2.737*** [0.910]	4.577*** [1.205]
POP_SQ	–0.070*** [0.023]	–0.052** [0.026]	–0.057 [0.037]	–0.067** [0.029]	–0.060** [0.027]	–0.103*** [0.035]
INCOME	3.302** [1.660]	1.077 [1.730]	3.666 [2.376]	4.183** [2.035]	4.348** [1.915]	5.678** [2.631]
INCOME_SQ	–0.163 [0.101]	0 [0.105]	–0.158 [0.146]	–0.195 [0.127]	–0.215* [0.119]	–0.280* [0.164]
OPENNESS	0.233 [0.278]	0.445 [0.296]	0.799** [0.350]	0.534* [0.321]	0.550** [0.258]	0.549 [0.441]
TELEPHONES	0.000 [0.001]	0.000 [0.001]	0.000 [0.001]	0.000 [0.001]	0.000 [0.001]	0.001 [0.002]
TRANSITION	–0.226 [0.189]	–0.295 [0.207]	0.141 [0.304]	–0.578** [0.263]	0.624*** [0.237]	0.346 [0.339]
EAST ASIA	0.136 [0.352]	–0.262 [0.381]	0.951** [0.447]	0.475 [0.445]	0.642* [0.386]	0.471 [0.529]
E. EUR / C. ASIA	0.649* [0.344]	0.421 [0.383]	1.751*** [0.508]	1.663*** [0.468]	1.858*** [0.402]	1.941*** [0.579]
M. EAST / N. AFRICA	0.537 [0.343]	0.48 [0.395]	0.459 [0.499]	0.382 [0.462]	0.768* [0.401]	0.359 [0.552]
SOUTH ASIA	0.01 [0.477]	–0.282 [0.628]	0.574 [0.686]	0.391 [0.656]	0.867 [0.629]	0.608 [0.754]
NORTH AMERICA	–0.578* [0.295]	–1.207** [0.543]	–1.095** [0.495]	–0.971* [0.540]	–0.642* [0.377]	–1.386* [0.740]
S.S. AFRICA	1.359*** [0.399]	0.704 [0.471]	1.184** [0.580]	1.472*** [0.539]	1.574*** [0.455]	1.182* [0.637]
LATIN AMERICA	1.555*** [0.383]	0.46 [0.441]	1.756*** [0.555]	1.328*** [0.505]	1.311*** [0.420]	1.891*** [0.630]
EXP_FUELS	–0.129 [0.341]	0.132 [0.280]	0.004 [0.454]	–0.383 [0.359]	–0.339 [0.357]	–0.129 [0.516]
COSTANT	–42.358*** [9.480]	–32.881*** [10.279]	–50.363*** [15.122]	–51.418*** [11.843]	–46.153*** [11.003]	–69.717*** [15.782]
R^2	0,81	0,79	0,76	0,82	0,77	0,80
Beobachtungen	744	736	722	733	743	743

Heteroskedastie- und autokorrelations-robuste Standardfehler in Klammern.

***, **, *: Signifikanz auf dem 1 %-, 5 %-, 10 %-Niveau.

Tabelle 2

Determinanten von *K* (mit SCHOOLING)

	Voice	Pol. Stab.	Corrup- tion	Gov. Effect.	Reg. Qual.	Rule of Law
POP	3.326*** [0.988]	3.025*** [0.990]	3.832*** [1.027]	3.881*** [0.977]	3.320*** [0.965]	5.544*** [1.275]
POP_SQ	–0.082*** [0.029]	–0.066** [0.029]	–0.079*** [0.030]	–0.088*** [0.029]	–0.078*** [0.028]	–0.129*** [0.037]
INCOME	4.025** [1.970]	1.869 [1.721]	4.417* [2.313]	5.784*** [2.158]	5.564*** [1.960]	6.235** [2.692]
INCOME_SQ	–0.223* [0.115]	–0.074 [0.102]	–0.236* [0.140]	–0.323** [0.131]	–0.317*** [0.118]	–0.352** [0.162]
SCHOOLING	0.140** [0.058]	0.206*** [0.052]	0.297*** [0.061]	0.223*** [0.052]	0.174*** [0.051]	0.304*** [0.068]
OPENNESS	0.234 [0.267]	0.585** [0.240]	1.151*** [0.265]	0.715*** [0.252]	0.642*** [0.237]	0.923*** [0.315]
TELEPHONES	0.000 [0.001]	–0.001 [0.001]	0.000 [0.001]	0.000 [0.001]	0.000 [0.001]	0.000 [0.001]
TRANSITION	–0.891** [0.342]	–0.935** [0.380]	–1.068* [0.557]	–1.090** [0.532]	0.082 [0.438]	–0.753 [0.636]
EAST ASIA	0.093 [0.281]	–0.368 [0.291]	0.787* [0.419]	0.255 [0.395]	0.431 [0.343]	0.22 [0.448]
E. EUR / C. ASIA	0.573* [0.330]	0,404 [0.342]	1.887*** [0.483]	1.532*** [0.448]	1.656*** [0.379]	2.071*** [0.543]
M. EAST / N. AFRICA	0.31 [0.309]	0.314 [0.345]	0.427 [0.486]	0.13 [0.414]	0.398 [0.330]	0.276 [0.492]
SOUTH ASIA	–0.286 [0.399]	–0.557 [0.542]	0.434 [0.610]	0.066 [0.588]	0.427 [0.573]	0.433 [0.655]
NORTH AMERICA	–0.705** [0.317]	–1.562*** [0.539]	–1.719*** [0.505]	–1.395*** [0.521]	–0.932** [0.362]	–2.035*** [0.736]
S.S. AFRICA	0.995** [0.397]	0.465 [0.440]	1.283** [0.577]	1.278** [0.547]	1.135** [0.465]	1.231** [0.616]
LATIN AMERICA	1.137*** [0.337]	0,133 [0.358]	1.577*** [0.496]	0.928** [0.446]	0.829** [0.372]	1.719*** [0.527]
EXP_FUELS	–0.283 [0.350]	0.117 [0.295]	0.019 [0.554]	–0.221 [0.409]	–0.221 [0.375]	–0.259 [0.569]
CONSTANT	–47.048*** [11.227]	–39.489*** [10.309]	–60.093*** [13.542]	–63.019*** [11.849]	–54.317*** [10.865]	–79.469*** [16.112]
R^2	0,81	0,82	0,79	0,83	0,78	0,82
Beobachtungen	540	535	529	535	539	539

Heteroskedastie- und autokorrelations-robuste Standardfehler in Klammern.

***, **, *: Signifikanz auf dem 1%-, 5%-, 10%-Niveau.

Tabelle 3

Determinanten von *K* (mit GOVERNANCE)

	Voice	**Pol. Stab.**	**Corrup-tion**	**Gov. Effect.**	**Reg. Qual.**	**Rule of Law**
POP	3.428*** [0.952]	3.356*** [0.965]	4.157*** [0.970]	4.080*** [0.868]	3.355*** [0.904]	6.350*** [1.248]
POP_SQ	–0.083*** [0.028]	–0.075*** [0.029]	–0.087*** [0.028]	–0.093*** [0.025]	–0.078*** [0.027]	–0.151*** [0.037]
INCOME	4.803*** [1.812]	1.977 [1.651]	5.085** [2.193]	6.023*** [1.939]	6.025*** [1.800]	7.060*** [2.545]
INCOME_SQ	–0.282*** [0.107]	–0.083 [0.098]	–0.294** [0.133]	–0.363*** [0.117]	–0.356*** [0.107]	–0.422*** [0.153]
SCHOOLING	0.111** [0.055]	0.206*** [0.049]	0.287*** [0.059]	0.194*** [0.049]	0.167*** [0.046]	0.262*** [0.062]
OPENNESS	0,318 [0.242]	0.570** [0.232]	1.155*** [0.259]	0.598** [0.233]	0.557** [0.219]	0.868*** [0.287]
TELEPHONES	–0.01 [0.001]	–0.001 [0.001]	–0.001 [0.001]	–0.001 [0.001]	0.000 [0.001]	–0.001 [0.001]
TRANSITION	–1.134*** [0.318]	–1.152*** [0.422]	–0.987* [0.520]	–1.027** [0.437]	0,191 [0.402]	–0,548 [0.565]
EAST ASIA	0.081 [0.263]	-0.345 [0.298]	0.901** [0.429]	0.465 [0.389]	0.416 [0.314]	0.267 [0.467]
E. EUR / C. ASIA	0.675** [0.320]	0.578 [0.384]	2.137*** [0.495]	2.029*** [0.433]	1.569*** [0.347]	2.161*** [0.555]
M. EAST / N. AFRICA	0.573* [0.299]	0.387 [0.340]	0.579 [0.484]	0.508 [0.365]	0.48 [0.303]	0.341 [0.493]
SOUTH ASIA	–0.507 [0.407]	–0.452 [0.540]	0.378 [0.625]	0.119 [0.575]	0.341 [0.548]	0.155 [0.689]
NORTH AMERICA	–0.657** [0.284]	–1.547*** [0.515]	–1.710*** [0.462]	–1.294*** [0.444]	–0.913** [0.361]	–1.923*** [0.669]
S.S. AFRICA	0.953** [0.370]	0,498 [0.439]	1.364** [0.554]	1.455*** [0.494]	1.132** [0.432]	1.300** [0.606]
LATIN AMERICA	1.019*** [0.328]	0.18 [0.358]	1.861*** [0.492]	1.373*** [0.412]	0.748** [0.346]	2.074*** [0.555]
EXP_FUELS	–0.145 [0.355]	0.238 [0.314]	0.207 [0.567]	0.162 [0.453]	0.027 [0.351]	0.117 [0.602]
GOVERNANCE	0.513*** [0.195]	0.193 [0.147]	0.585*** [0.204]	0.932*** [0.183]	0.416** [0.180]	0.861*** [0.285]
CONSTANT	–50.526*** [10.434]	–42.679*** [9.708]	–64.823*** [12.976]	–63.943*** [11.120]	–55.733*** [10.391]	–88.477*** [15.567]
R^2	0,82	0,83	0,8	0,85	0,79	0,83
Beobachtungen	540	535	529	535	539	539

Heteroskedastie- und autokorrelations-robuste Standardfehler in Klammern.

***, **, *: Signifikanz auf dem 1%-, 5%-, 10%-Niveau

Tabelle 4

Determinanten von *SE* (mit NUMBER)

	Voice	Pol. Stab.	Corrup-tion	Gov. Effect.	Reg. Qual.	Rule of Law
POP	–1.650* [0.903]	–1.667 [1.417]	–0.589 [1.362]	–1.821 [1.142]	1.058 [1.458]	–0.288 [1.949]
POP_SQ	0.052* [0.027]	0.047 [0.040]	0.021 [0.039]	0.055* [0.032]	–0.029 [0.042]	0.011 [0.055]
INCOME	0.001 [2.012]	–3.988 [2.652]	–1.573 [3.129]	–1.853 [2.113]	3.156 [2.852]	–1.697 [4.107]
INCOME_SQ	0.021 [0.121]	0.247 [0.162]	0.074 [0.182]	0.102 [0.124]	–0.213 [0.171]	0.056 [0.243]
SCHOOLING	0.006 [0.047]	–0.143** [0.065]	–0.019 [0.061]	–0.046 [0.052]	–0.012 [0.076]	-0.06 [0.091]
OPENNESS	0.340* [0.201]	–0.402 [0.290]	–0.22 [0.265]	0.083 [0.210]	0.255 [0.429]	–0.230 [0.414]
TELEPHONES	0.001 [0.001]	-0.001 [0.002]	–0.001 [0.001]	0.001 [0.001]	–0.002 [0.002]	0.001 [0.002]
TRANSITION	–0.590* [0.299]	–0.276 [0.453]	–1.49*** [0.366]	–0.327 [0.415]	0.189 [0.863]	–1.179 [0.816]
EAST ASIA	0.132 [0.218]	–0.068 [0.328]	–0.494* [0.267]	0.238 [0.182]	0.237 [0.408]	0.172 [0.384]
E. EUR/C. ASIA	0.653** [0.272]	0,321 [0.476]	1.006* [0.441]	1.074*** [0.321]	2.418* [0.546]	1.626*** [0.565]
M. EAST/N. AFRICA	0.088 [0.259]	–0.955* [0.510]	–0.586 [0.375]	0.071 [0.277]	0.435 [0.506]	–0.454 [0.488]
SOUTH ASIA	0,238 [0.454]	–0.772 [0.734]	–1.313** [0.543]	–0.199 [0.361]	1.783*** [0.634]	–0.047 [0.690]
NORTH AMERICA	–0.211 [0.202]	0.108 [0.346]	0.083 [0.288]	0.052 [0.248]	0.397 [0.410]	–0,068 [0.452]
S.S. AFRICA	1.838*** [0.356]	0.038 [0.648]	0.977 [0.600]	1.004** [0.450]	0.731 [0.592]	1.223 [0.808]
LATIN AMERICA	–0.016 [0.255]	–0.291 [0.503]	0.229 [0.440]	0.415 [0.371]	0.895 [0.550]	1.000 [0.657]
EXP_FUELS	0.126 [0.272]	0.274 [0.341]	0.352 [0.462]	0.362 [0.492]	0.121 [0.342]	–0.454 [0.590]
NUMBER	–1.155*** [0.095]	-2.369*** [0.125]	–1.308*** [0.093]	–1.078*** [0.073]	–2.584 [0.170]	–1.168*** [0.144]
CONSTANT	39.461*** [12.089]	74.573*** [18.872]	42.868** [18.843]	55.201*** [14.038]	23,968 [18.853]	44.185* [26.158]
R^2	0,87	0,85	0,87	0,87	0,82	0,71
Beobachtungen	540	535	529	535	539	539

Heteroskedastie- und autokorrelations-robuste Standardfehler in Klammern.

***, **, *: Signifikanz auf dem 1%-, 5%-, 10%-Niveau.

Tabelle 5

Determinanten von *SE* (mit NUMBER und NUMBER *SQ*)

	Voice	Pol. Stab.	Corrup-tion	Gov. Effect.	Reg. Qual.	Rule of Law
POP	–0.857 [0.673]	0.249 [0.529]	0.801 [1.054]	–1.151 [0.922]	2.386* [1.327]	1.402 [1.327]
POP_SQ	0.031 [0.020]	–0.011 [0.016]	–0.021 [0.030]	0.036 [0.026]	–0.067* [0.038]	–0.039 [0.037]
INCOME	–0.226 [1.735]	–0.901 [1.108]	–1,469 [2.512]	–1.963 [1.934]	–0.243 [2.915]	–2.783 [3.002]
INCOME_SQ	0.047 [0.105]	0.046 [0.065]	0.075 [0.148]	0.111 [0.113]	0 [0.173]	0.139 [0.178]
SCHOOLING	0.013 [0.041]	–0.113*** [0.042]	–0.023 [0.046]	–0.028 [0.045]	0.014 [0.064]	–0.031 [0.070]
OPENNESS	0.301** [0.150]	–0.127 [0.166]	–0.109 [0.199]	0.156 [0.182]	0.397 [0.404]	–0.138 [0.312]
TELEPHONES	0.001 [0.001]	0.001* [0.001]	0.000 [0.001]	0.002* [0.001]	–0,001 [0.001]	0.001 [0.001]
TRANSITION	–0.495* [0.290]	0.159 [0.321]	–1.008*** [0.252]	–0.026 [0.406]	0.986 [0.820]	0.15 [0.406]
EAST ASIA	0.014 [0.188]	0.096 [0.155]	–1.016*** [0.243]	0.006 [0.161]	–0.496* [0.265]	–0.489 [0.317]
E. EUR / C. ASIA	0.349 [0.251]	–0.143 [0.202]	–0.083 [0.382]	0.327 [0.283]	–0.644 [0.524]	–0.802* [0.483]
M. EAST / N. AFRICA	0.106 [0.266]	–0.176 [0.234]	–0.476 [0.317]	–0.059 [0.269]	0.094 [0.394]	–0.512 [0.437]
SOUTH ASIA	0.034 [0.300]	0.009 [0.278]	–1.224** [0.508]	–0.447 [0.292]	0.408 [0.575]	–0.626 [0.475]
NORTH AMERICA	–0.433* [0.248]	0.505** [0.247]	–0.06 [0.245]	–0.11 [0.238]	–0.094 [0.328]	–0.188 [0.341]
S.S. AFRICA	1.532*** [0.291]	0.246 [0.359]	0.504 [0.498]	0.578 [0.369]	–0.66 [0.562]	–0.32 [0.561]
LATIN AMERICA	–0.09 [0.227]	0.25 [0.257]	–0.034 [0.342]	0.08 [0.313]	0.652 [0.516]	0.226 [0.505]
EXP_FUELS	0.005 [0.243]	0.531 [0.352]	0.211 [0.413]	0.308 [0.473]	–0.058 [0.341]	–0.718* [0.395]
NUMBER (*K*)	–3.203*** [0.203]	–6.852*** [0.163]	–3.470** [0.220]	–2.732** [0.312]	–10.084*** [0.454]	–5.147*** [0.542]
NUMBER (*K_SQ*)	0.133*** [0.012]	0.382*** [0.015]	0.136** [0.013]	0.107** [0.018]	0.515*** [0.030]	0.189*** [0.023]
CONSTANT	38.885*** [10.502]	58.143*** [6.812]	37.769*** [14.135]	54.827*** [12.222]	50.296*** [18.133]	51.552*** [18.397]
R^2	0,91	0,95	0,93	0,89	0,92	0,86
Beobachtungen	540	535	529	535	539	539

Heteroskedastie- und autokorrelations-robuste Standardfehler in Klammern.

***, **, *: Signifikanz auf dem 1%-, 5%-, 10%-Niveau.

Tabelle 6

Determinanten von *SE* (mit NUMBER, NUMBER_*SQ* und GOVERNANCE)

	Voice	Pol. Stab.	Corruption	Gov. Effect.	Reg. Qual.	Rule of Law
POP	–0.524 [0.490]	0.597 [0.556]	0.858 [1.105]	–1.283 [0.902]	2.588* [1.322]	1.785 [1.305]
POP_SQ	0.024* [0.014]	–0.02 [0.016]	–0.023 [0.031]	0.039 [0.025]	–0.072* [0.038]	–0.049 [0.036]
INCOME	0.777 [1.411]	–0.761 [1.071]	–1.37 [2.455]	–2.143 [1.865]	0.485 [2.779]	–2.399 [2.995]
INCOME_SQ	–0.024 [0.086]	0.035 [0.063]	0.067 [0.143]	0.127 [0.109]	–0.056 [0.165]	0.109 [0.177]
SCHOOLING	–0.007 [0.034]	–0.110*** [0.039]	–0.023 [0.046]	–0.026 [0.045]	0.014 [0.063]	–0.039 [0.070]
OPENNESS	0.397*** [0.135]	–0.131 [0.161]	–0.103 [0.197]	0.166 [0.185]	0.331 [0.404]	–0.139 [0.304]
TELEPHONES	0.001 [0.001]	0.001 [0.001]	0.000 [0.001]	0.002** [0.001]	–0.001 [0.001]	0,001 [0.001]
TRANSITION	–0.786*** [0.273]	–0.045 [0.328]	–1.002*** [0.255]	–0.017 [0.412]	1.121 [0.862]	0.213 [0.403]
EAST ASIA	0.003 [0.166]	0.113 [0.148]	–1.000*** [0.244]	–0.046 [0.180]	–0.501* [0.280]	–0.474 [0.321]
E. EUR / C. ASIA	0.471** [0.212]	0.016 [0.203]	–0,047 [0.389]	0.185 [0.316]	–0.702 [0.514]	–0.75 [0.495]
M. EAST / N. AFRICA	0.386* [0.212]	–0.102 [0.248]	–0.455 [0.318]	–0.146 [0.289]	0.2 [0.414]	–0.485 [0.449]
SOUTH ASIA	–0.212 [0.258]	0.1 [0.289]	–1.229** [0.511]	–0.459 [0.298]	0.314 [0.592]	–0.716 [0.469]
NORTH AMERICA	–0.437** [0.205]	0.500** [0.248]	–0.066 [0.237]	–0.101 [0.244]	–0.119 [0.324]	–0.188 [0.331]
S.S. AFRICA	1.536*** [0.283]	0.283 [0.349]	0.518 [0.485]	0.512 [0.375]	–0.627 [0.584]	–0.285 [0.556]
LATIN AMERICA	–0.144 [0.228]	0.296 [0.253]	0.006 [0.344]	–0.038 [0.347]	0.595 [0.528]	0.372 [0.552]
EXP_FUELS	0.122 [0.249]	0.642* [0.374]	0.233 [0.422]	0.227 [0.467]	0.208 [0.322]	–0.598 [0.453]
K	–3.352*** [0.187]	–6.892*** [0.159]	–3.479** [0.218]	–2.704** [0.314]	–10.213*** [0.463]	–5.191*** [0.538]
K_SQ	0.139*** [0.011]	0.384*** [0.014]	0.136** [0.012]	0.107** [0.018]	0.521*** [0.030]	0.191*** [0.022]
GOVERNANCE	0.511*** [0.127]	0.173 [0.105]	0.072 [0.189]	–0.209 [0.182]	0.466* [0.261]	0.29 [0.338]
CONSTANT	32.618*** [7.973]	54.665*** [6.944]	36.944** [14.265]	56.416*** [11.758]	46.579** [17.790]	47.119** [18.143]
R^2	0,91	0,95	0,93	0,89	0,92	0,86
Beobachtungen	540	535	529	535	539	539

Heteroskedastie- und autokorrelations-robuste Standardfehler in Klammern.

***, **, *: Signifikanz auf dem 1%-, 5%-, 10%-Niveau.

Korreferat zu dem Beitrag von Philipp Harms

Was wissen wir über die Qualität der Institutionen?

Von *Thomas Eger,* Hamburg

Ausgangspunkt des interessanten Beitrags von Philipp Harms sind die von einem Team der Weltbank um D. Kaufmann entwickelten „World Governance Indicators". Hierbei handelt es sich um einen Versuch, die zahlreichen Einzelindikatoren, die von verschiedenen Organisationen zu unterschiedlichen Aspekten der Qualität von Institutionen in den Staaten dieser Welt erstellt werden, auf intelligente Weise zu aussagekräftigen Messgrößen verschiedener Aspekte von „Governance", wie beispielsweise politische Stabilität, Korruptionskontrolle, Regulierungsqualität und „Rule of Law", zusammenzufassen.

Die Berechnung der insgesamt sechs „Governance-Indikatoren" erfolgt in drei Schritten.

1. Entscheidung, welche Einzelindikatoren dem jeweiligen Governance-Aspekt zugeordnet werden.

2. Normierung der Werte der Einzelindikatoren auf eine Skala zwischen null und eins.

3. Herausfilterung der (wahren) „unobserved component" aus der Menge der durch die Einzelindikatoren verfügbaren Beobachtungen. Dies geschieht durch eine lineare Gleichung, welche die (normierten) Einzelindikatoren durch die unbeobachtete Komponente und einen ebenfalls unbeobachtbaren Störterm erklärt. Jeder der sechs Governance-Indikatoren wird nun als gewichteter Durchschnitt der entsprechenden Einzelindikatoren berechnet, wobei sich das Gewicht mit der Präzision der Messung vergrößert (bzw. mit der Varianz als Maß für die Ungenauigkeit der Messung verringert).

Philipp Harms interessiert sich nun für ein Nebenprodukt der Ermittlung der Governance-Indikatoren, welches darin besteht, dass neben den Punktschätzungen auch Standardfehler ermittelt werden, die angeben, mit wie viel Unsicherheit die Punktschätzungen behaftet sind. Der Standardfehler misst also letztlich den Grad unserer Unwissenheit über die Qualität der Institutionen in einem Land.

Diese *Unwissenheit* besteht aus zwei Komponenten:

1. dem *Desinteresse* an dem entsprechenden Land, ausgedrückt durch die (geringe) Anzahl an verfügbaren Einzelindikatoren, und
2. der *Opazität* (Undurchlässigkeit), gemessen durch die Streuung der beobachteten Werte bei gegebener Anzahl an Einzelindikatoren.

Genau hier setzt das Paper von Philipp Harms an, indem er die weiterführende Frage stellt, von welchen Faktoren diese Unwissenheit letztlich abhängt. Dabei wird sehr gekonnt und nach allen Regeln der Kunst mithilfe multipler Regressionen untersucht, welche ökonomischen, politischen und geographischen Faktoren das Interesse an einem Land und die Opazität der beobachteten Werte bestimmen.

Harms kommt unter anderem zu den folgenden Ergebnissen.

1. Determinanten des Interesses (Zahl der Einzelindikatoren):

- Die *Bevölkerungsgröße* hat einen signifikanten positiven und in den meisten Fällen nicht-linearen Einfluss auf die Anzahl der Einzelindikatoren.
- Das *Pro-Kopf-Einkommen* hat bei den meisten Governance-Indikatoren einen signifikanten positiven, in zwei Fällen nicht-linearen Einfluss auf die Anzahl der Einzelindikatoren.
- Die *Handelsoffenheit* hat in den meisten Fällen einen signifikanten positiven Einfluss auf die Anzahl der Einzelindikatoren.
- *Durchschnittliche Schulbesuchsdauer der erwachsenen Bevölkerung* hat bei allen Indikatoren einen signifikanten positiven Einfluss auf die Anzahl der Einzelindikatoren.

2. Determinanten der Opazität:

- Eine Reihe von Variablen bleibt auch dann noch signifikant, wenn man den indirekten Einfluss über die Anzahl der Einzelindikatoren explizit herausrechnet.

Ich möchte mich in meinen Anmerkungen weniger mit der Frage beschäftigen, wie diese Ergebnisse im Einzelnen einzuschätzen sind, sondern möchte einen Schritt vorher einsteigen. Mich beschäftigt die Frage, ob die von der Weltbank berechneten Werte, welche die besten sind, die uns zur Verfügung stehen, tatsächlich etwas darüber aussagen, wie viel wir über die wahre Qualität der Institutionen eines Landes wissen. Ist das Beste gut genug?

Wenn ich das recht sehe, wird durch die von der Weltbank verwendeten Methoden zunächst einmal die *Reliabilität* (d. h. die Zuverlässigkeit) der verschiedenen Einzelfaktoren gemessen. Dieses Gütekriterium gibt an, „mit welcher Sicherheit eine Wiederholung des Tests unter anderen Bedingungen die gleichen Ergebnisse liefert, etwa bei wiederholten Messungen“ (*Gigerenzer* 2002, S. 343). Mit anderen Worten: Es wird ermittelt, inwiefern das, was gemessen wird, auch zuverlässig gemessen wird. Das lässt aber noch keine Aussage darüber zu, wie gut ein Indikator tatsächlich das misst, was er messen soll. Dies wird durch ein zweites Gütekriterium, die *Validität,* definiert. Eine hohe Reliabilität ist zwar notwendig, aber nicht hinreichend für eine hohe Validität (*Gigerenzer* 2002, S. 347).

Ich habe einige Zweifel, ob die seitens der Weltbank verwendeten Methoden tatsächlich zuverlässige Aussagen über die Validität, d. h. über die Präzision der Messung der entsprechenden institutionellen Qualität, zulassen. Lassen Sie mich meine Skepsis anhand von drei Punkten verdeutlichen:

- Zunächst einmal wird unterstellt, dass die beiden Parameter α und β, die dazu dienen, einen Zusammenhang zwischen der (unbeobachtbaren) tatsächlichen institutionellen Qualität und den beobachteten normierten Einzelindikatoren herzustellen, für alle Länder gleich sind. Das scheint mir eine sehr starke Annahme zu sein (z. B. Befragungen zu Korruption in autoritären und demokratischen Ländern, in Ländern mit hoher und geringer Bildung etc.).
- Weiterhin wird unterstellt, dass es einen festen Maßstab für die Qualität bestimmter Institutionen gibt, der für alle Länder identisch und unabhängig von der Qualität der anderen Institutionen ist. Ich halte diese Annahme für problematisch. Nehmen wir als Beispiel die Regulierung: Ist die Qualität der Regulierung tatsächlich umso besser, je weniger Zeit und Genehmigungen erforderlich sind, um eine Unternehmung zu gründen? Können eine geringe Zeit und eine geringe Anzahl an Genehmigungen nicht auch darauf hindeuten, dass die Interessen der von der Unternehmensgründung möglicherweise negativ betroffenen Nachbarn oder sonstigen Personengruppen unzureichend geschützt werden? Eine minimale Regulierung ist nicht notwendiger Weise mit der volkswirtschaftlich optimalen Regulierung identisch. Darüber hinaus ist zu berücksichtigen, dass die Qualität von Institutionen nicht unabhängig vom Pro-Kopf-Einkommen und vom Bildungsstand der Bevölkerung bestimmt werden kann. So kann beispielsweise die Schadensprävention sowohl durch ein geeignetes Haftungsrecht (ex post) als auch durch eine Regulierung (ex ante) erreicht werden. In armen Ländern mit geringem Bildungsstand entfaltet das Haftungsrecht erfahrungsgemäß nur eine sehr eingeschränkte Steuerungswirkung, so dass eine Regulierung in vielen Fällen auch dort das geeignete Mittel ist, wo reichere Länder in stärkerem Maße auf geeignete haftungsrechtliche Lösungen zurückgreifen (sollten) (*Schäfer* 2006). Ein hohes Maß an Regulierung kann somit nicht nur Ursache, sondern auch Folge eines geringen Pro-Kopf-Einkommens sein.
- Schließlich basieren zahlreiche Einzelindikatoren auf Befragungen von Geschäftsleuten. Hieraus resultiert eine doppelte Verzerrung (*Kurtz / Schrank* 2007, S. 542): Zum einen haben die Geschäftsleute in der Regel ein Interesse an der Abwesenheit von regulatorischen Auflagen und langwierigen Genehmigungsverfahren, auch wenn diese unter Berücksichtigung der Interessen der Nutznießer dieser Maßnahmen effizient sein sollten. Zum anderen besteht insofern ein Selektionsproblem, als ausschließlich erfolgreiche Geschäftsleute, die tatsächlich eine wirtschaftliche Aktivität in dem entsprechenden Land aufgenom-

men haben, in die Befragungen einbezogen werden, nicht aber solche, die auf wirtschaftliche Aktivitäten in dem Land verzichtet haben.

Unter diesem Gesichtspunkt hat Philipp Harms eine interessante Untersuchung zu der Frage geliefert, welche Faktoren die Reliabilität der Indikatoren bestimmen. Dies ist aber nur ein erster Schritt zur Beantwortung der Frage, wie viel wir tatsächlich über die Qualität der Institutionen wissen und wovon dieses Wissen wiederum abhängt.

Literatur

Gigerenzer, G. (2002): Das Einmaleins der Skepsis, Berlin.

Kurtz, M. J. / *Schrank,* A. (2007): Growth and Governance: Models, Measures, and Mechanisms, in: The Journal of Politics, Vol. 69, S. 538 – 554.

Schäfer, H.-B. (2006): Rechtliche Anreize zur Unfallverhütung in Entwicklungsländern, in: W. Brandes / T. Eger / M. Kraft (Hg.): Wirtschaftswissenschaften zwischen Markt, Norm und Moral. Festschrift für Peter Weise, Kassel, S. 371 – 395.

Internationale Klimapolitik nach Kyoto: Architekturen und Institutionen

Von *Bernd Hansjürgens**, Halle und Leipzig

A. Einleitung

Der Wohlstand der Nationen wird weltweit durch den anthropogen verursachten Klimawandel beeinflusst. Dies ist gegenwärtig eine der größten Herausforderungen der Menschheit. Wenn keine Vermeidungsmaßnahmen ergriffen werden, wird bis zum Ende des 21. Jahrhunderts ein durchschnittlicher Temperaturanstieg auf der Erde von 2 bis mehr als 6 Grad Celsius erwartet (*IPCC* 2007a, S. 69 ff.). Seit den Veröffentlichungen des Vierten Berichts des IPCC im Jahre 2007 mehren sich die Anzeichen, dass ein Szenario mit höheren Emissionen an Treibhausgasen sehr wahrscheinlich ist. Hierfür spricht insbesondere, dass die Emissionsraten der Entwicklungsländer, allen voran China und Indien, weit stärker ansteigen als im IPCC Report angenommen (*Stern* 2008, S. 4 f.). Nimmt man mit *Stern* (2008, S. 2) als mittleren Wert der Temperaturänderung etwa 4–5 Grad Celsius Anstieg, so hat es derart hohe Temperaturen auf der Erde seit Menschengedenken noch nie gegeben. Vor etwa 3 Millionen Jahren lagen die Temperaturen ca. 2–3 Grad höher als heute. Eine Temperatur auf der Erde, die durchschnittlich 5 Grad höher war, hat es zuletzt vor rund 35 bis 50 Millionen Jahren gegeben (*Stern* 2008, S. 6).

Vor 10.000 bis 12.000 Jahren waren die Temperaturen auf der Erde rund 5 Grad *niedriger* als heute – dies hatte seinerzeit die Eiszeit zur Folge, sodass die Gebiete bis nördlich von London oder südlich von New York im Eis versunken waren (*Stern* 2008, S. 6). Ein Temperatur*anstieg* von 4–5 Grad hat höchst wahrscheinlich ähnlich dramatische Folgen, wenn auch in eine andere Richtung. Einige der zu erwartenden Effekte sind: Anhebung des Meeresspiegels, Abschmelzen der Polkappen und Gletscher, Veränderungen der Permafrostböden, Zunahme von Extremereignissen, wie Dürren, schwere Stürme, Hochwasser usw. Viele der Effekte können dabei im Einzelnen heute nicht abgeschätzt werden. Was die Abschätzung so schwierig macht, ist, dass im Allgemeinen nicht bekannt ist, bei welchen Temperaturanstiegen bestimmte Schwellenwerte überschritten werden, wann ökologische Systeme „umkippen", wann Meeresströmungen sich verändern oder Ähnliches

---

* Die Ausführungen in diesem Beitrag bauen in Teilen auf einer früheren Veröffentlichung des Verfassers auf (*Hansjürgens* 2007), erweitern und vertiefen diese aber in erheblichem Umfang. Für Unterstützung und Zuarbeiten danke ich Frau Monika Nussbaum.

mehr. Hier besteht „echte Ungewissheit“, bei der weder Schadenshöhen noch Schadenswahrscheinlichkeiten angegeben werden können. Von der in der Ökonomie gebräuchlichen Unsicherheit im Sinne *Frank Knight*s (1921) ist man also denkbar weit entfernt. Es ist zudem zu beachten, dass die durch den Menschen verursachten Klimaänderungen nicht in Jahrtausenden oder Jahrmillionen erfolgen, wie es in der Erdgeschichte bisher der Fall war, sondern in gerade einmal weniger als 100 Jahren.

Die erwarteten ökonomischen und sozialen Schäden sind enorm. Der Stern-Report kommt zu dem Ergebnis, dass bei einem „businnes as usual“ (BAU) im Jahre 2100 jährliche Schäden in Höhe von etwa 5–20 Prozent des Welt-Sozialprodukts zu erwarten sind. Dabei treten die Effekte in den Ländern der Erde höchst unterschiedlich auf: Manche tief liegende Länder würden sehr stark betroffen sein – sie würden u. U. ganz von der Landkarte verschwinden; andere Länder hätten wesentlich moderatere Schäden zu erwarten; und es gibt natürlich auch Regionen und Länder in der Welt, die einen Nutzen aus dem Klimawandel ziehen. Die „Verwundbarkeit“ von Regionen (Staaten, wirtschaftlichen Sektoren, Individuen) hängt dabei nicht nur davon ab, wie stark und auf welche Weise sie klimatischen Veränderungen ausgesetzt sind („exposure“), sondern auch davon, inwieweit sie in der Lage sind, mit Schäden umzugehen und sich anzupassen („coping capacity“). Es ist zu erwarten, dass arme Länder mit einer hohen Abhängigkeit vom Agrarsektor oder mit wassersensitiven Bereichen am stärksten vom Klimawandel betroffen sind (siehe im Detail *IPCC* 2007b). Erwartete durchschnittliche Schäden in Höhe von 5–20 Prozent des Welt-Sozialprodukts sind daher eine Größenordnung, bei der man sich kaum vorstellen kann, welche Effekte sich dahinter im Einzelnen verbergen.

Dass die Weltengemeinschaft das Problem der anthropogen bedingten Erderwärmung zunehmend erkannt hat, kann man an den Anstrengungen in der Klimapolitik ablesen. Die Klimarahmenkonvention der Vereinten Nationen wurde 1992 verabschiedet; sie ist mittlerweile von 189 Staaten unterzeichnet worden. Das Kyoto-Protokoll wurde im Gefolge auf der dritten Nachfolgekonferenz im Jahre 1997 verabschiedet. In ihm wurden erstmalig Mengenreduktionen klimarelevanter Treibhausgase für einzelne Länder bzw. Ländergruppen festgelegt. Diese beiden Verträge machen den Kern der Welt-Klimapolitik aus – sie stellen die heute existierende „Architektur“ der Klimapolitik dar. Aber sie sind heftig umstritten, insbesondere das Kyoto-Protokoll. Und es ist absehbar, dass für eine Fortführung des Kyoto-Protokolls eine neue veränderte Klima-Rahmenordnung spätestens auf der Vertragsstaatenkonferenz in Kopenhagen, der COP 15, gefunden werden muss, weil die derzeitigen Regelungen bald auslaufen.

Die Welt steht in der Klimafrage somit an einem Scheidepunkt. Dies ergibt sich zum einen aus dem Zeitfenster – es wird unten noch gezeigt werden, dass das Zeitfenster für das Ergreifen klimapolitischer Maßnahmen sehr schmal ist. Es ergibt sich aber auch aus der Größe der Aufgabe. Die Zukunft – das Überleben vieler Menschen und der „Wohlstand der Nationen“ – hängt ganz entscheidend davon ab, welche Nachfolgeregelungen für die Klimarahmenkonvention und das Kyoto-Protokoll gefunden werden. Es ist insbesondere entscheidend, ob und inwieweit es gelingt, geeignete Architekturen und Institutionen für die Post-Kyoto-Welt zu finden.

An dieser Stelle setzt der vorliegende Beitrag an: Es sollen Überlegungen zu den Architekturen und Institutionen der Klimapolitik für die Zeit nach Gültigkeit des Kyoto-Protokolls angestellt werden. Die Begriffe „Architekturen" und „Institutionen" beziehen sich dabei auf die grundlegenden und langfristig ausgelegten Regelungen und Weichenstellungen der nationalen und internationalen Klimapolitik – im Gegensatz zu Politikmaßnahmen in einzelnen Feldern und deren konkrete Ausgestaltung.[1]

In den folgenden Abschnitten werden zunächst die ökonomischen Besonderheiten des Klimaproblems dargelegt (Abschnitt B.) und Kriterien für die Gestaltung einer zukünftigen Klima-Architektur entwickelt (Abschnitt C.). In Abschnitt D. wird dann auf die Klimarahmenkonvention und das Kyoto-Protokoll sowie die hieran geäußerte Kritik eingegangen; Klimarahmenkonvention und Kyoto-Protokoll bilden den Ausgangspunkt zukünftiger Klimapolitik, und zwar unabhängig davon, ob die „Folge-Architekturen" in der Tradition ihrer Vorgänger stehen oder nicht. In Abschnitt E. werden wesentliche Bausteine einer zukünftigen alternativen Klima-Architektur entwickelt. In Abschnitt F. wird daran anknüpfend gefragt, ob und inwieweit sich diese Bausteine im Sinne eines Top-down-Ansatzes zu einer in sich geschlossenen Architektur zusammenfügen lassen oder ob eher fragmentierte Bottom-up-Ansätze entstehen. Abschnitt G. fasst die wichtigsten Ergebnisse zusammen.

B. Zum Charakter des Klimaproblems aus ökonomischer Sicht

Beim Klimaproblem sind einige ökonomische Besonderheiten von herausragender Bedeutung, die Auswirkungen auf die Architektur und die Institutionen einer Klimaordnung haben. Drei Aspekte sollen hier besonders betont werden:

Erstens ist das Klimaproblem durch ein extrem hohes Maß an Unsicherheit gekennzeichnet. „The only certainty is uncertainty" (*McKibbin/Wilcoxen* 2002, S. 108 ff.). „We are in the realm of unknown unknowns" (*Summers* 2007, S. xx). Was in den globalen Klimamodellen errechnet wird, sind zunächst Veränderungen der Durchschnittstemperaturen, hervorgerufen durch menschliche Aktivitäten, vor

---

1 Der Begriff Architektur wurde erstmals von *Schmalensee* (1998) verwendet. Er grenzt ihn von „policy details" ab (*ebenda,* S. 137 ff.): „Central to this task (of climate policy, B.H.) must be the establishment of effective institutions for policy-making, as well as a policy architecture that permits efficient transitions between particular policies. When time is measured in centuries, the creation of durable institutions and frameworks seems both legally prior to and more important than choices of a particular policy program that will almost surely be viewed as too strong or too weak within a decade." Mit „architectures" meint Schmalensee somit die „long-term practical policies".

allem durch die Nutzung fossiler Energieträger, aber auch durch die Art der Landnutzung. Ausgehend von diesen globalen Modellen stellt sich die Frage, welche regionalen Auswirkungen Klimaänderungen haben. Man weiß z. B., dass die Veränderungen an den Polen der Erde größer sind als am Äquator. Man weiß auch, dass die Effekte auf der Nordhalbkugel größer sein werden als auf der Südhalbkugel. Dennoch ist das Wissen in vielen Bereichen immer noch sehr begrenzt. Welche Rolle die Emission von Treibhausgasen (und nicht andere Faktoren, wie etwa die Sonnenstrahlung) für die Veränderungen des Klimas spielt, wie dabei die Wolkenbildung wirkt, wie Veränderungen des Wasserdampfes auf das Klima wirken, wie andere chemische Stoffe (z. B. Schwefel oder Aerosole) es beeinflussen, wie sich ein durchschnittlicher Temperaturanstieg auf die Wahrscheinlichkeit von Extremereignissen, z. B. Hochwasserkatastrophen oder lang andauernde Trockenheit, auswirkt, dies alles ist bisher nur zum Teil oder gar nicht erforscht. Die vergangenen Jahre in der Klimaforschung haben zwar erhebliche Fortschritte gebracht, dennoch sind die genannten Einflussfaktoren (und vieles andere mehr) so komplex, dass Vorhersagen in hohem Maße unsicher bleiben. Eine Ökonomie des Klimawandels" hat es daher vor allem mit Risikobetrachtungen unter expliziter Einbeziehung von Unsicherheit zu tun.

Zweitens ist das Klimaproblem durch sehr lange Zeiträume gekennzeichnet. Die Verweildauer von Kohlendioxid in der Atmosphäre beträgt mehr als 100 Jahre, bei anderen klimarelevanten Treibhausgasen (wie z. B. Methan) sind es tausende bis zehntausende Jahre. Was wir heute an CO_2-Konzentration in der Atmosphäre vorfinden, ist das Ergebnis von Emissionen klimarelevanter Gase der vergangenen Jahre und Jahrzehnte (siehe Abbildung 1). Der vorindustrielle Wert dieser Gase in der Atmosphäre (also vor 1850) betrug 280 ppm (parts per million) Kohlendioxidäquivalente (CO_2-eq). Der heutige Wert beträgt für alle Treibhausgase rund 430 ppm CO_2-eq (*Stern* 2008, S. 4)[2] und jedes Jahr kommen etwa 2,5 bis 3 ppm CO_2-eq hinzu (angesichts der rasanten wirtschaftlichen Entwicklung in China und Indien können bis 2030 sogar 3 bis 4 ppm CO_2-eq jährlich hinzukommen, vgl. *Stern* 2008, S. 5). Beim Klimaproblem kommt es demnach vor allem auf die Bestände an – es sind neben den „flows" auch die „stocks" zu beachten. Aus den Betrachtungen historischer Emissionen der vergangenen rund 200 Jahre ergibt sich, dass die Industriestaaten Verursacher von etwa 80 Prozent der CO_2-Emissionen und 64 Prozent der Gesamtemissionen in der Atmosphäre sind.

Die lange Verweildauer von Treibhausgasen in der Atmosphäre deutet zugleich darauf hin, dass der „Bremsweg" für eine Umkehr von Trends sehr lang ist. Selbst wenn wir heute in der Lage wären, die Emissionen von Treibhausgasen auf null zu reduzieren, würde das nur eine langsame Verringerung der Konzentration in der Atmosphäre nach sich ziehen. Aber eine solche Umkehr in Form einer Null-

2 Hier ist darauf zu verweisen, dass sich die Kalkulation der Kohlenstoffdioxidäquivalente bei Stern etwa 50 ppm CO_2-eq an Nicht-CO_2-Treibhausgasen einschließen. In vielen Veröffentlichungen findet man den Wert von 380 – dieser Wert bezieht sich nur auf CO_2.

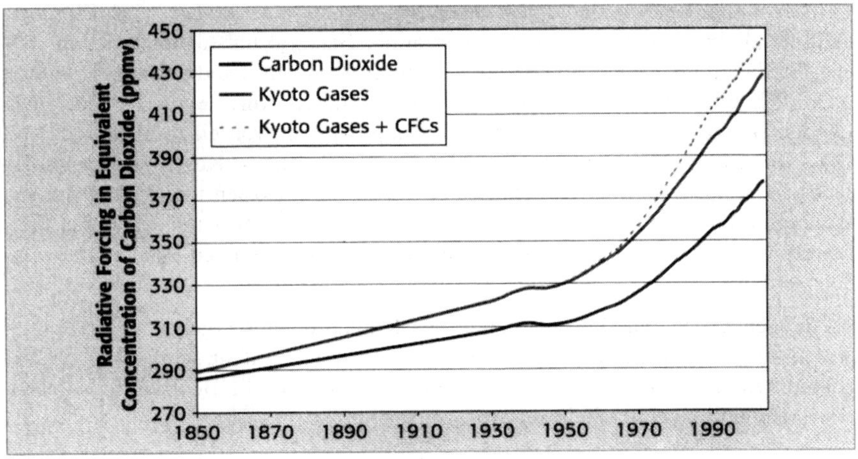

Quelle: Stern (2007, S. 5).

Abbildung 1: Zunahme der Treibhausgase

emission ist derzeit überhaupt nicht zu erwarten. Im Gegenteil: Die derzeit beobachtbare Entwicklung vieler Staaten wird absehbar einen weiteren Anstieg der CO_2-Konzentration nach sich ziehen. *Barrett* (2007) berichtet, dass in China derzeit alle 10 bis 14 Tage ein Kohlekraftwerk ans Netz geht. Es wird erwartet, dass bis zum Jahre 2030 etwa 80 Prozent der Energieversorgung Chinas auf Kohle beruhen. Auch Indien plant, seine zukünftige Energieversorgung primär auf Kohle zu basieren. Und auch in Deutschland handelt es sich bei der ganz überwiegenden Zahl der derzeit geplanten Kraftwerke um Kohlekraftwerke. Dies hat Konsequenzen, weil Übergangslösungen gesucht werden müssen, wenn fossile Energieträger für lange Zeit absehbar eine so bedeutsame Rolle spielen (siehe unten). Man kann davon ausgehen, dass neue Technologien und alternative Energieträger sich erst langsam durchsetzen, die bestehenden Kraftwerksanlagen noch eine lange Laufzeit haben und der Klimaschutz in vielen Ländern erst mit höheren Einkommen bezahlbar wird (*Schelling* 2002 / 2005, S. 584). Vor diesem Hintergrund muss es zunächst also darum gehen, überhaupt einen Wendepunkt bei den jährlichen Treibhausgasemissionen herbeizuführen. Die Weichen für eine solche Trendumkehr müssen recht bald gestellt werden, jede Verzögerung wirkt wie eine massive Steigerung der Kosten zu einem späteren Zeitpunkt (*Ackerman* 2007, S. 19). Der Grund liegt darin, dass eine Umkehr umso schwieriger wird, je mehr Emissionen in der Atmosphäre akkumulieren.

Als dritte Besonderheit des Klimaproblems ist darauf zu verweisen, dass es durch den Charakter eines globalen öffentlichen Gutes gekennzeichnet ist. „This greenhouse problem, if problem proves to be, is truly one of the global common" (*Schelling* 1992, S. 3). Für das Auftreten des Klimaproblems ist es unbedeutend, an welcher Stelle der Erde und durch welches Land CO_2 ausgestoßen wird. Entscheidend ist allein die globale CO_2-Konzentration. Genauso unbedeutend ist, an welcher Stelle auf der Welt die Vermeidung erfolgt. Wenn ein Land vermeidet, kommt dies allen gleichermaßen zugute. Hieraus resultieren Anreize für die einzelnen Länder, sich als Freifahrer zu verhalten: Sie profitieren von einer Absenkung der CO_2-Konzentrationen, sind aber nicht bereit, hierfür eigene Kosten aufzuwenden. Jedes Land hofft, dass jeweils ein anderes Land diese Kosten trägt. Weil es keine Weltregierung gibt, die hoheitlich Maßnahmen durchsetzen kann, kann das Freifahrerproblem nur durch (freiwillige) Kooperation zwischen den Staaten überwunden werden.

Aus den genannten Besonderheiten des Klimaproblems ergeben sich Implikationen für die Architektur einer Klimarahmenordnung. Auf sie wird daher zurückzukommen sein. Zuvor sollen aber zentrale Kriterien für die Beurteilung von Klima-Architekturen entwickelt werden.

C. Kriterien zur Beurteilung von Klima-Architekturen

Für die Beurteilung von Klima-Architekturen können verschiedene Kriterien herangezogen werden. Einige von ihnen lehnen sich an die bekannten umweltökonomischen Kriterien zur Beurteilung umweltpolitischer Instrumente an (*Michaelis* 1996; *Sterner* 2003), andere gehen stärker auf Besonderheiten ein, die sich aus dem Klimaproblem ergeben. Die im Folgenden dargelegten Kriterien orientieren sich an *Aldy / Barrett / Stavins* (2003) und *Gupta et al.* (2007).

Umweltbezogene Zielerreichung (ökologische Effektivität)

Zuallererst ist von einer Klima-Architektur zu fordern, dass sie ökologisch effektiv ist. Dies bedeutet konkret, dass sie die Stabilisierung der Treibhausgasemissionen in der Atmosphäre im gewünschten Ausmaß erreicht. Eine große Rolle spielt hierbei, ob eine Architektur nur Reduktionen in wenigen Ländern herbeiführt und ansonsten eine Verlagerungen von Produktion – und damit Emissionen – in andere Länder bewirkt, oder ob sie so umfassend angelegt ist, sodass dieser sogenannte „carbon leakage"-Effekt unterbleibt.

Partizipation

Für eine internationale Klima-Architektur ist die Anzahl der Länder, die sich beteiligen, bedeutsam. Die einzelnen Länder wägen Nutzen und Kosten des Klimaschutzes gegeneinander ab. Sofern die länderspezifischen Nutzen kleiner sind als der globale Nutzen, kann es zum Unterbleiben von Klimaschutzmaßnahmen kommen, und die Länder verhalten sich angesichts des Öffentlichen-Guts-Charakters des Klimaschutzes als Freifahrer. Eine Klima-Architektur muss ausreichende Anreize setzen, um dieses Freifahrerverhalten zu überwinden. Ein wichtiger Aspekt ist hierbei, ob eine Klima-Architektur „eng“, aber sehr „tief“ (im Sinne von anspruchsvollen Mengenreduktionen) ist, oder „breit“ und „flach“, also viele Länder mit einzubeziehen versucht, dafür aber weniger ambitionierte Mengenreduktionen vorschreibt. Dabei muss berücksichtigt werden, dass eine enge und tiefe Ausrichtung die Gefahr des „carbon leakage“ beinhaltet. Das „carbon leakage“ stellt daher ein Argument zugunsten breiterer und wenig anspruchsvoller Ansätze dar.

Gerechtigkeit

Bei der Einbeziehung von Staaten in eine Post-Kyoto-Architektur ist das Kriterium der Gerechtigkeit zentral („exceptionally important“; *Aldy / Barrett / Stavins* 2003, S. 377). Es beinhaltet mehrere Elemente: Erstens die Verantwortung eines Landes für historische Emissionen, die zu der Akkumulation der Treibhausgase in der Atmosphäre geführt haben. Zweitens die Fähigkeit, eine Finanzierung von Klimaschutzmaßnahmen leisten zu können. Und drittens eine gerechte Verteilung der Finanzierungslasten nach den Vorteilen, d. h. den vermiedenen Schäden. Die ersten beiden Aspekte zielen insbesondere auf eine Einbeziehung der Industrieländer in internationale Klima-Architekturen, mit entsprechenden Minderungsverpflichtungen. Der letztgenannte Aspekt würde Entwicklungsländer mit einbeziehen, da sie in besonderer Weise verwundbar gegenüber den Effekten des Klimawandels sind (siehe dazu im einzelnen *IPCC* 2007b). Dabei kommt es zum Konflikt, wenn die betroffenen Staaten nicht leistungsfähig (im Sinne von zahlungsfähig) sind.

Gerechtigkeitsüberlegungen beziehen sich aber nicht nur auf das Verhältnis von Industrie- und Entwicklungsländern. Sie betreffen auch das Verhältnis zwischen gegenwärtigen und zukünftigen Generationen. So ist eine wichtige Frage, ob knappe Mittel für die Vermeidung von Schäden („mitigation“) für zukünftige Generationen eingesetzt werden sollen oder besser für die Armen in den Entwicklungsländern der gegenwärtigen Generation, damit sie sich besser an die veränderten Bedingungen und die zu erwartenden Schäden anpassen kann („adaptation“).[3] Von einigen Autoren wird nicht zuletzt vor dem Hintergrund dieser ethischen Frage eine stärkere Fokussierung der Klimapolitik auf „adaptation“ gefordert (*Pielke et al.* 2007). Anstatt Mittel für den Schutz zukünftiger Generationen aufzuwenden, von denen wir nicht genau wissen, in welcher Weise sie von Klimaänderungen betroffen sein werden, sollten hier und heute die Armen der Welt in ihren Anpassungsbemühungen unterstützt werden.

---

3 „A world with ‚too much‘ climate change investment and ‚too little‘ non-climate policy investment may make future generations worse-off, not better-off. More broadly, *Schelling* (1998) has highlighted the trade-off that may exist between policies to address intergenerational equity and those that address ... distributional equity: acting to protect future generations (who presumably will be better-off materially than current ones) means that fewer resources will be available to help today's poor in developing countries“ (*Aldy / Barrett / Stavins* 2003, S. 377).

Dynamische Effizienz

Dynamische Effizienz bezeichnet den Tatbestand, dass eine zukünftige Klima-Architektur sich an den Nutzen und Kosten des Klimaschutzes orientieren soll – die marginalen Nutzen sollen über den marginalen Kosten liegen. Diese Forderung ist aus ökonomischer Sicht eigentlich selbstverständlich – sie besagt ja lediglich, dass politische Maßnahmen nur ergriffen werden sollen, wenn sie in monetären Größen ausgedrückt sinnvoll sind. In der Klimapolitik erscheint dieses Kriterium allerdings außerordentlich schwer, wenn nicht gar unmöglich, umsetzbar. Dies ergibt sich daraus, dass insbesondere die Schäden der Klimaänderungen, wenn überhaupt, nur mit sehr großen Unsicherheiten monetär abzuschätzen sind. Um die obige Argumentation zu Unsicherheit noch einmal aufzurufen: Unsicher sind u. a. die Zusammenhänge zwischen (1) jährlichen Emissionen und Akkumulation von Treibhausgasen in der Atmosphäre, (2) Treibhausgasen in der Atmosphäre und durchschnittlichem Temperaturanstieg, (3) durchschnittlichem Temperaturanstieg und Wirkungen („impacts") sowie (4) den durchschnittlichen Effekten und einzelnen regional oder zeitlich auftretenden extremen Effekten. – Wegen dieser hohen Unsicherheiten sollte statt der dynamischen Effizienz auf Kosteneffizienz als Kriterium abgestellt werden.

Kosteneffizienz

Kosteneffizienz erfasst die Abschätzung der Kosten zur Erreichung eines gegebenen Umweltziels. Sie ist im Grunde Teil der dynamischen Effizienz, doch sind die Anforderungen, die von diesem Kriterium ausgehen, geringer, weil die problematische Bewertung der Schäden nicht erforderlich ist. Von einer Klima-Architektur wird unter dem Gesichtspunkt der Kosteneffizienz lediglich erwartet, dass sie Klimaschutz zu minimalen volkswirtschaftlichen Kosten bewirkt. Zumeist wird hiermit die Einführung ökonomischer Anreizinstrumente begründet.

Institutionelle Passfähigkeit

Institutionelle Aspekte begrenzen die Möglichkeiten zur Einführung neuer Klima-Architekturen. Ökonomen analysieren Instrumente und Strategien häufig in einer idealisierten Welt, ohne Beachtung der institutionellen Regelungen, insbesondere ohne ausreichende Berücksichtigung gegebener rechtlicher Vorgaben (*Gupta et al.* 2007, S. 752). Daneben spielen auch informelle Restriktionen, wie kulturelle Gegebenheiten oder die vorgeprägten Einstellungen der Menschen, eine wichtige Rolle. Eine alternative Klima-Architektur hat daher die Passfähigkeit ihrer Elemente mit den gegebenen institutionellen Regelungen zu beachten.

Flexibilität angesichts neuer Informationen

Das Kriterium der Flexibilität ist vor dem Hintergrund der hohen Unsicherheiten zu sehen. Eine Klima-Architektur muss die Möglichkeit eröffnen, bei neuen Informationen einen Richtungswechsel oder eine -anpassung vornehmen zu können. In diesem Sinne müssen alle gewählten Strategien und Maßnahmen eine gewisse Offenheit aufweisen, um an neue Entwicklungen angepasst werden zu können. Dies spricht in besonderer Weise für sequenzielle Maßnahmen, die schrittweise erfolgen.

Ausgestattet mit diesen Kriterien können nun verschiedene Klima-Architekturen näher analysiert werden. Ausgangspunkte sind dabei die bestehenden institutionellen Strukturen der internationalen Klimapolitik, die Klimarahmenkonvention und das Kyoto-Protokoll.

D. Der bestehende institutionelle Rahmen: UN-Rahmenkonvention und Kyoto-Protokoll

Die bestehende Rahmenkonvention zum Klimawandel, die auf der Konferenz von Rio de Janeiro (1992) verabschiedet wurde und seitdem Gegenstand der Folgetreffen der Vertragsstaaten war, hat das Ziel, die Konzentration der Treibhausgase in der Atmosphäre auf einem Niveau zu stabilisieren, „das einen gefährlichen Einfluss der menschlichen Aktivitäten auf das Klimasystem verhindert" (Artikel 2). Unterzeichnet wurde die Rahmenkonvention bis heute von 189 Staaten, darunter auch den USA und China. Das auf der Konferenz in Kyoto (1997) verhandelte Protokoll zur Klimarahmenkonvention, das Kyoto-Protokoll, legt für die Unterzeichnerstaaten konkrete Minderungspflichten und Zeitskalen fest und beinhaltet darüber hinaus Vorschläge zu umweltpolitischen Instrumenten (siehe im Einzelnen *Grupp* 2003; *Schwarze* 2000). Die zentrale Regelung im Kyoto-Protokoll ist die Vereinbarung von Emissionsreduktionen der klimarelevanten Treibhausgase. Diese sollen von den Industrienationen erbracht werden und umfassen bis 2008/2012 durchschnittlich rund 5 Prozent Minderung, bezogen auf das Basisjahr 1990. Es sind allein die Industrieländer, die Annex I Staaten des Kyoto-Protokolls, die diese Emissionsminderungen erbringen müssen. Die Entwicklungsländer setzten sich bei den Verhandlungen in Kyoto mit der Argumentation durch, dass die Industrieländer für den derzeitigen Zustand der Atmosphäre wegen ihrer historischen Emissionen verantwortlich seien. Sie unterliegen daher in der ersten Phase des Kyoto-Protokolls (2008 bis 2012) keinen Minderungspflichten; sollen aber über projektbasierte Maßnahmen mit einbezogen werden. Die im Kyoto-Protokoll vereinbarten Instrumente sind der Emissionshandel als emissionsbezogene Maßnahmen sowie projektbasierte Maßnahmen (Joint Implementation und Clean Development Mechanism). Der Emissionshandel erlaubt Annex I Staaten, Emissionsrechte untereinander zu tauschen, Joint Implementation erlaubt es diesen Ländern, untereinander projektbasierte Maßnahmen durchzuführen, während der Clean Development Mechanism Projekte zur Emissionsminderung durch Annex I Staaten in Entwicklungsländern vorsieht.

Während die Klimarahmenkonvention eher einen allgemeinen Rahmen bildet, stellt das Kyoto-Protokoll eine konkrete Architektur dar, in der bestimmte Länderbeteiligungen, Ziele und Instrumente festgelegt sind. Ihm werden aber verschiedene Nachteile und Mängel nachgesagt. Als Beispiel für die Kritik am Kyoto-Protokoll seien hier *McKibbin / Wilcoxen* (2002, S. 107) wiedergegeben: „Ongoing negotiations conducted under the auspices of the United Nations Framework Convention on Climate Change have so far produced the Kyoto Protocol, a *deeply flawed agreement* that manages to be both economically inefficient and politically impractical" (Hervorhebung B.H.). Als wichtige Kritikpunkte am Kyoto-Protokoll werden genannt:

Schwaches ökologisches Ziel

Obwohl 1997 beschlossen, wurde das Kyoto-Protokoll erst im Februar 2005 ratifiziert. Voraussetzung dafür war, dass mindestens 55 Staaten und 55 Prozent der CO_2-Emissionen des Jahres 1990 durch das Protokoll erfasst werden. Durch Zugeständnisse an Russland, Japan und Australien wurde die ohnehin schon schwache Emissionsverpflichtung des Kyoto-Protokolls im Ratifizierungsprozess weiter ausgehöhlt,[4] und das Umweltziel wurde deutlich abgeschwächt (*Stavins* 2004, S. 23 f.).

Schaut man allein auf Europa, so muss man feststellen, dass selbst dort die Klimapolitik im Gefolge des Kyoto-Protokolls weitgehend versagt hat, obwohl sich Europa selbst als Vorreiter im Klimaschutz sieht. Die Reduktionspflichten des Kyoto-Protokolls in Höhe von 8 Prozent Vermeidung von 1990 bis 2008 / 2012 wurden in den 15 Staaten der EU bis zum Jahre 2006 nicht erreicht – die Emissionen waren gerade einmal 2,2 Prozent niedriger als 1990 (*EEA* 2008, S. 11). Dabei gilt es zusätzlich zu berücksichtigen, dass die Entwicklung in Europa sehr stark durch Sondereinflüsse bei den beiden größten Emittenten Deutschland und Großbritannien geprägt war, die mehr als ein Drittel der Gesamtemissionen in der EU ausmachen. Die deutsche Reduktion von –18,5 Prozent bis 2006 (das Reduktionsziel für 2008 / 2012 betrug –21 Prozent) war ganz wesentlich durch die deutsche Wiedervereinigung geprägt. Eine Emissionsminderung fand eigentlich nur bis etwa 1998 statt, als der Transformationsprozess in der ostdeutschen Wirtschaft prägend war; seitdem stagnieren die Treibhausgasemissionen auf einem konstanten Niveau.[5] Das britische Reduktionsziel von –12,5 Prozent wurde mit –15,1 Prozent zwar übererfüllt, doch hierfür waren Umstrukturierungen in der britischen Stromwirtschaft entscheidend, die im Zuge der Privatisierung während der Thatcher-Ära

---

4 Das Kyoto-Protokoll würde unter Beteiligung aller Staaten einschließlich den USA und hochgerechnet auf das Jahr 2050 zu einer Emissionseinsparung von insgesamt 13 Prozent pro Jahr führen. Ohne die USA würde es nur zu einer 3- bis 5-prozentigen Emissionseinsparung kommen. Durch die Zugeständnisse an Australien, Kanada, Japan und Russland würde die aggregierte Emissionsvermeidung nur etwa 1 – 2 Prozent pro Jahr betragen (*Böhringer* 2001, S. 61 ff.). Dies war laut *Böhringer* (2001) letztlich der Weg der Klimaverhandlungen von Kyoto bis zur Nachfolgekonferenz in Bonn, „from little to nothing".

5 Das bedeutet, dass eine jährliche Steigerung der Energieeffizienz vorliegt, die gerade einmal dem jährlichen Anstieg des BSP entspricht. Bei einem höheren Wirtschaftswachstum in Deutschland hätte man sich von dem erreichten Stand 18,5 Prozent wieder entfernt.

einen Übergang von Kohle zu Gas als Energieträger vorsahen.[6] In vielen anderen europäischen Ländern wurden die vorgesehenen Emissionspfade demgegenüber bei Weitem verfehlt, sodass die EU-15 ihr im Kyoto-Protokoll zugesagtes Reduktionsziel nicht erreichen wird.[7]

Geringe Partizipation

Der Kreis derjenigen, die zu einer Verringerung der CO_2-Konzentration in der Atmosphäre beitragen, ist im Kyoto-Protokoll sehr klein. Im Protokoll ist nur für 38 Staaten eine Minderungsquote vorgegeben worden; alle anderen Staaten – vor allem die Entwicklungsländer – unterliegen keiner Minderungsverpflichtung. Berücksichtigt man zudem, dass viele Staaten (Russland, die Ukraine und Osteuropa) eine Quote ausgehandelt haben, die weit über ihren tatsächlichen Emissionen lag – sogenannte „hot air"[8] –, so verbleiben lediglich 25 Staaten mit einer „echten" Minderung, von denen zwei – die USA und Australien – das Protokoll nicht unterzeichnet haben. „Echte" Minderungsquoten wurden letztlich nur bei 23 der 188 Unterzeichnerstaaten der Klimarahmenkonvention festgelegt. Dabei ist zu berücksichtigen, dass durch den großen Anteil an „hot air" aus Russland, der Ukraine und anderen osteuropäischen Staaten ein Überangebot an fiktiven Emissionen geschaffen wurde, das die Staaten mit Minderungspflichten, vor allem die EU, leicht in die Lage versetzte, die erforderlichen Minderungsleistungen von dort „einzukaufen". Damit bleibt festzuhalten, dass insgesamt drei der weltweit fünf größten Emittenten, nämlich China, Indien und Russland, weitgehend ohne Emissionsreduktionen sind, und der größte Emittent, die USA, das Kyoto-Protokoll nicht ratifiziert haben (*Aldy / Stavins* 2007a, S. 11)

Kurze Zeitfristen und hohe Kosten

Die mit dem Kyoto-Protokoll angestrebten Minderungen bezogen sich auf den Durchschnitt der Jahre 2008 bis 2012. Die rund 15 Jahre von der Verabschiedung

---

6 Angesichts gestiegener Gaspreise findet gegenwärtig in Großbritannien wieder ein umweltbezogen bedenklicher Energieträgerwechsel („switch") von Gas zu Kohle statt.

7 Der „Trick", der nun in der EU-Klimapolitik angewendet wird, um die Verpflichtungen des Kyoto-Protokolls zu erreichen, liegt in der Berücksichtigung der Zugangsstaaten, die in der Zwischenzeit in die EU aufgenommen wurden. Diese Staaten haben sämtlich starke Emissionsreduktionen durch den wirtschaftlichen Transformationsprozess erzielt. Die EU-27 können auf diese Weise eine Emissionsreduktion von –7,7 Prozent aufweisen. Doch selbst die EU-27 liegen damit immer noch 2,9 Indexpunkte oberhalb eines gedachten linearen Emissionspfades von 1990 bis 2020, in dem das EU-Ziel auf –20 Prozent festgelegt wurde (vgl. *EEA* 2008, S. 10 f.).

8 Die Emissionen der früheren Sowjetunion und der osteuropäischen Staaten sind allein im Zeitraum 1990 bis 1999 um 39 Prozent (!) gesunken. (vgl. *McKibbin / Wilcoxen* 2002, S. 109). „Hot air" bezeichnet daher den Tatbestand, dass bei den Verhandlungen in diesen Staaten um Treibhausgasemissionen verhandelt wurde, die wegen des wirtschaftlichen Transformationsprozesses in den Zentralverwaltungswirtschaften der postkommunistischen Welt gar nicht mehr existent waren.

des Kyoto-Protokolls (1997) bis zu diesem Zieljahr hätten in einigen stark wachsenden Volkswirtschaften unzumutbar hohe Kosten nach sich gezogen. In den USA beispielsweise hätten zu Beginn des 21. Jahrhunderts im Vergleich zum „business as ususal“ Emissionsreduktionen von 25 bis 30 Prozent vorgenommen werden müssen (vgl. *Aldy / Barrett / Stavins* 2003, S. 380; *Stavins* 2004, S. 29). Dies wäre nur mit einem erheblichen volkswirtschaftlichen Kostenaufwand möglich gewesen. In diesem Sinne vertreten vor allem US-amerikanische Autoren die Auffassung, dass Kyoto „too little – too fast“ verlangte (*Stavins* 2004, S. 26; *Aldy / Barrett / Stavins* 2003, S. 377; *Olmstead / Stavins* 2006, S. 36): Too little, weil die ökologischen Zielwerte langfristig zu gering seien (und zudem abgeschwächt wurden – siehe oben); too fast, weil die Zeitfristen zu kurz gewählt seien und einigen Volkswirtschaften zu viel abverlangt würde. Die kurze Zeitperspektive des Kyoto-Protokolls sei grundsätzlich unvereinbar mit den Zeitdimensionen des Klimawandels.

Einseitige Fokussierung auf „outcomes“ – nicht auf „actions“

Die Fokussierung des Kyoto-Protokolls auf die Emissionen eines Landes berücksichtigt nicht ausreichend länderspezifische Besonderheiten oder historische Situationen. Manche Länder sind großzügig mit regenerierbaren Ressourcen ausgestattet, andere setzen aus Gründen der Versorgungssicherheit auf fossile Energieträger und wieder andere auf Nuklearenergie. Einige Länder haben eher moderate Wachstumsraten – wie z. B. viele Länder in Europa –, während andere – wie die USA oder China – sehr viel stärker wachsen. Der outcome, also die Emissionsmenge an Kohlendioxidemissionen, kann daher nicht oder nur in begrenztem Maße von den Regierungen eines Landes durch eigene Politikmaßnahmen beeinflusst werden. Aus diesem Grunde werden die Minderungsquoten im Kyoto-Protokoll kritisiert, und es wird gefordert, im Rahmen internationaler Klimavereinbarungen anstelle des „outcome“ auf die „actions“ (Politiken und Maßnahmen) des jeweiligen Landes abzustellen (*Barrett / Stavins* 2003, S. 359; *Victor* 2007). Auf diese Weise würde den jeweiligen Anstrengungen eines Landes unter Berücksichtigung der landesspezifischen Besonderheiten besser Rechnung getragen. Verstärkt wird die Kritik an den Quoten des Kyoto-Protokolls durch das hohe Maß an Unsicherheit. Während derartige Unsicherheiten nicht grundsätzlich eine vorsorgeorientierte Politik ausschließen, so sind sie doch mit absoluten Grenzwerten im Sinne von outcomes für die einzelnen Länder unvereinbar (*Schelling* 2002 / 2005, S. 584).

Keine ausreichenden Compliance-Mechanismen

Das Kyoto-Protokoll sieht vor, dass die Emissionsverpflichtungen der Staaten rechtlich verbindlich sind. Gleichzeitig verbietet Art. 18 des Kyoto-Protokolls die Annahme von verbindlichen Regelungen, solange sie nicht in Novellierungen des Protokolls verabschiedet sind. Somit fordert das Protokoll Emissionsreduktionen, verweigert aber deren Durchsetzung (außer durch Novellierungen des Protokolls). Erst im Jahre 2001 wurden auf der Vertragsstaatenkonferenz in Bonn Sanktionsmechanismen verabschiedet. Sie sehen vor, dass fehlende Emissionsrechte in der

Folgeperiode nachgekauft werden und eine Strafe von 30 Prozent der fehlenden Emissionsrechte verhängt wird (*Barrett / Stavins* 2003, S. 353 f.).

Die Sanktionsregeln des Kyoto-Protokolls sind als sehr schwach zu bezeichnen. Für *Barrett* (2003, S. 360) sind die mangelnden Sanktionsmöglichkeiten sogar die entscheidende Schwäche des Kyoto-Protokolls. Dies hat gleich mehrere Ursachen (vgl. *Barrett* 2003; *Aldy et al.* 2003, S. 381): Erstens kann die Überprüfung der Einhaltung der Reduktionsverpflichtungen („compliance") immer erst nachträglich, in der nächsten Verpflichtungsperiode, erfolgen. Wenn ein Land erkennt, dass es die Zielmengenwerte nicht einhält, kann es im Rahmen der Verhandlungen für die nächste Verpflichtungsperiode versuchen, höhere Zielmengenwerte zugestanden zu bekommen. Zweitens beruhen alle Sanktionen auf Selbstkontrollen der Staaten. Die gemeldeten CO_2-Konzentrationen können dabei leicht manipuliert werden. Drittens kann sich ein Staat auch immer aus dem Kyoto-Prozess herausziehen (*Sandalow / Bowles* 2001, S. 1840) – so wie es die USA und Australien durch die Nicht-Ratifizierung getan haben. Und viertens: Wenn mehrere Länder die Zielwerte nicht erreichen – wie gegenwärtig der Fall – ist die Durchsetzung von Sanktionen sehr schwer. Es ist nicht vorstellbar, dass die internationale Staatengemeinschaft Sanktionen gegen einzelne (vor allem einflussreiche) Länder durchsetzt. *Schelling* (2002 / 2005, S. 588) hat in diesem Zusammenhang auf den Europäischen Stabilitätspakt hingewiesen. Obwohl die Abgabe souveräner nationalstaatlicher Rechte und das Ausmaß an Politikintegration in der Europäischen Gemeinschaft weit ausgeprägter ist als dies im internationalen Klimaschutz zurzeit überhaupt denkbar ist, ist es selbst dort nicht zum Ergreifen von Sanktionsmaßnahmen gegen Deutschland und Frankreich gekommen, als diese beiden Staaten im Jahre 2004 die EU-Verschuldungskriterien verletzten. Vor diesem Hintergrund scheinen Sanktionsmaßnahmen gegen Staaten, die ihre Emissionsgrenzen überschreiten, politisch nahezu unmöglich.

Mit den genannten Punkten zeigt sich die gesamte Problematik des Kyoto-Protokolls: Es fehlt ihm an Breite (Länderbeteiligung), wirklicher Tiefe (Emissionsvermeidung), einem angemessenen Zeithorizont, überprüfbaren Maßstäben und einem wirksamen Vollzug. Es liefert keine Anreize für Länder, Investitionen in Klimaschutzmaßnahmen zu tätigen, die sich in der weiteren Zukunft auszahlen (*Barrett* 2007, S. 240).

E. Bausteine einer alternativen Klima-Architektur

Ob das Kyoto-Protokoll angesichts der umfangreichen Kritik weiter besteht, erscheint mehr als zweifelhaft.[9] Nicht zuletzt aus diesem Grunde werden zurzeit

---

9 Für die Beibehaltung des Kyoto-Protokolls kann aber angeführt werden, dass es „the only game in town" ist (*Michaelowa* 2003). *Michaelowa* fordert daher (2003, S. 205): „Instead of suggesting ‚alternatives', economists should concentrate on convincing policymakers how to get the long-term climate policy instruments right that build on Kyoto's foundations".

intensiv alternative Architekturen einer zukünftigen Klimapolitik diskutiert. Die vorgeschlagenen Architekturen knüpfen an der Kritik am Kyoto-Protokoll an und beziehen sich u. a. auf folgende Aspekte:

- vermehrte Anreize zur Erhöhung der Partizipation (*Barrett* 2003; 2006; 2007);
- neue oder andere Instrumente der Klimapolitik (manche sehen Preislösungen als überlegene Alternative an, andere fordern „hybride" Instrumente, also eine Mischung aus Preis- und Mengenlösung – vgl. *McKibbin / Wilcoxen* 2002; *Bradford* 2002; *Nordhaus* 2005; 2006);
- die Begrenzung der Kosten des Kyoto-Protokolls (etwa durch preispolitische Instrumente statt Emissionshandel[10] oder durch die Festlegung eines „safety valve"[11]);
- die Entwicklung nationaler Maßnahmen bei Verzicht auf ein internationales Abkommen (*Pizer* 2006a; 2006b; 2007; *Bodansky et al.* 2004);
- eine internationale Anstrengung der Industrieländer zur Finanzierung eines Klimaweltschutzprogramms analog zum Marshall-Plan (*Schelling* 2002 / 2005);
- die Entwicklung neuer bahnbrechender („breakthrough") Technologien (*Barrett* 2006; *Stern* 2008).

Mit Blick auf die bestehende Literatur fällt auf, dass sich die ökonomischen Arbeiten bisher sehr stark auf die Instrumentenwahl in der Klimapolitik konzentrieren. Die grundlegendere Frage, wie die Anreize zur Kooperation in der internationalen Klimapolitik aussehen und welche Maßnahmen erforderlich sind, um diese Anreize zu stärken, sind demgegenüber vergleichsweise wenig analysiert worden. Vermutlich liegt *Pizer* (2007, S. 290) bei der Suche nach Gründen hierfür richtig: „To a large part, it is because this work (on conflict and cooperation, B.H.) is not particularly constructive – explaining why cooperation is so hard, not how to make it happen."

Die im Folgenden entwickelten Bausteine einer Klima-Architektur umfassen sechs Komponenten. Sie sollen in diesem Abschnitt zunächst isoliert vorgestellt und diskutiert werden, bevor im nächsten Abschnitt auf die Frage einer möglichen Zusammenfügung – im Sinne einer Klima-Architektur – eingegangen wird. Die einzelnen Bausteine umfassen (I.) Festlegung von Zielwerten, (II.) Überlegungen zur Erhöhung der Partizipation, (III.) Emissionshandel, (IV.) Technologieentwicklung und Technologietransfer, (V.) Wiederaufforstung und (VI.) Ergreifen von Adaptionsstrategien.

---

10 Diese Autoren berufen sich dabei auf *Weitzman* (1974), der gezeigt hat, dass im Fall von Unsicherheit bei steilen Vermeidungskostenkurven und flachen Schadenskostenkurven Preislösungen gegenüber Mengenlösungen vorzuziehen sind. Vgl. *Kolstad* (1996); *Newell / Pizer* (2003); *Pizer* (2007, S. 287 f.).

11 Ein „safety valve" ist eine festgelegte Obergrenze für den Preis handelbarer Emissionsrechte. Dadurch wird erreicht, dass die Unternehmen eine kalkulierbare Größe für ihre langfristigen Investitionsentscheidungen erhalten. Die Preisrisiken des Emissionshandels werden begrenzt, freilich um den Preis des ökologischen Risikos (vgl. *Jacoby / Ellerman* 2004).

I. Die Festlegung von Zielwerten: Das Risikomanagement des Klimawandels

Am Anfang einer Klima-Architektur steht die Festlegung zu ergreifender Ziele und deren Aufteilung auf teilnehmende Länder. Es sind somit die tolerablen Emissionen an Treibhausgasen in die Atmosphäre sowie die hieraus resultierenden Temperaturänderungen als Zielwert festzulegen. „The relation between the stock of GHG in the atmosphere and the resulting temperature increases is at the heart of any risk analysis“ (*Stern* 2008, S. 4). Da die Temperaturänderungen auch von anderen Einflussgrößen abhängen, wird zumeist eine Orientierung an Treibhausgasemissionen in der Atmosphäre empfohlen. Die Klimapolitik muss Zielgrößen sowohl für die akkumulierten Bestände („stocks“), die sich aus der Verweildauer der Treibhausgase in der Atmosphäre ergeben, als auch für die laufenden Einträge von Treibhausgasen in die Atmosphäre („flows“) festlegen.

Die für die Ökonomik maßgebenden Aussagen zu den „stocks“ and „flows“ basieren auf den naturwissenschaftlichen Untersuchungen der Klimaforscher. Diese besagen, dass der Bestand an Treibhausgasen in der Atmosphäre unter 550 ppm CO_2-eq bleiben soll, besser sogar bei nur 500 ppm CO_2-eq. Das würde in etwa einen durchschnittlichen Temperaturanstieg zwischen 1,5 bis 5,3 Grad bis zum Jahre 2100 bedeuten (siehe Abbildung 2). Die Wahrscheinlichkeit, dass der Temperaturanstieg bei diesem Zielwert 3 Grad Celsius (4 Grad Celsius) übersteigt, beträgt laut *Stern* (2008, S. 5) immer noch 69 Prozent (24 Prozent) (siehe Tabelle 1). Das BAU-Szenario deutet hingegen auf einen Anstieg der Treibhausgase von 750 ppm CO_2-eq bis Ende des Jahrhunderts hin (*ebenda*). Dies bedeutet eine 50-prozentige Wahrscheinlichkeit, dass die durchschnittliche Temperatur auf der Erde sogar um 5 Grad Celsius ansteigt. Hier würden die oben beschriebenen Schäden mit einer sehr hohen Wahrscheinlichkeit auftreten. Und auch bei einer Begrenzung der Treibhausgaskonzentrationen auf 650 ppm CO_2-eq besteht immer noch eine Wahrscheinlichkeit von 58 Prozent, dass es zu einem durchschnittlichen Temperaturanstieg von mehr als 4 Grad kommt.

Tabelle 1

Wahrscheinlichkeit (in Prozent), dass Temperaturwerte überschritten werden

Stabilization level (in ppm CO_2-eq)	2°C	3°C	4°C	5°C	6°C	7°C
450	78	18	3	1	0	0
500	96	44	11	3	1	0
550	99	69	24	7	2	1
650	100	94	58	24	9	4
750	100	99	82	47	22	9

Quelle: Stern (2007, S. 220).

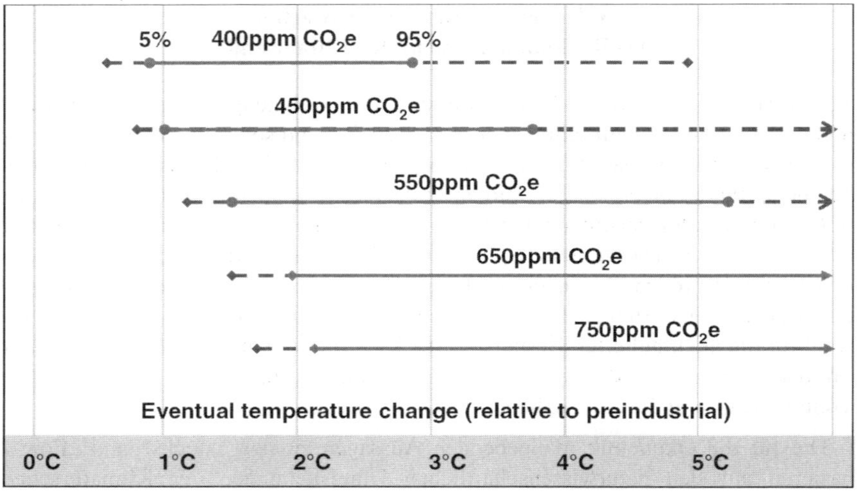

Quelle: Stern (2007, S. 16).

Abbildung 2: Stabilisierungsniveaus von Treibhausgasemissionen und eventuelle Temperaturänderungen

Angesichts der zu erwartenden Schäden dürfte der Wert von 550 ppm CO_2-eq eine Obergrenze für zulässige Treibhausgase in der Atmosphäre sein, wenn man die in der Einleitung beschriebenen dramatischen Folgen des Treibhauseffektes für das menschliche Leben und den Wohlstand der Nationen in vielen Teilen der Welt verhindern will. Wenn man – ausgehend von den derzeitigen 430 ppm CO_2-eq in der Atmosphäre – den Wert von 550 ppm CO_2-eq oder weniger anvisiert, so bedeutet dies laut Stern-Report jährliche Kosten in Höhe von etwa 1 Prozent des jährlichen BSP. Würde man demgegenüber den Wert 450 ppm CO_2-eq anstreben, so wären die geschätzten Kosten drei- bis viermal so hoch (*Stern* 2008, S. 6 f.). Wenn mit dem Ergreifen von Maßnahmen 30 Jahre gewartet wird, so würden sich bis dahin etwa 530 ppm CO_2-eq in der Atmosphäre akkumulieren. Versucht man zu diesem späteren Zeitpunkt, den Zielwert von 550 ppm CO_2-eq zu erreichen, so hätte man ebenfalls geschätzte Kosten, die drei- bis viermal so hoch wären, verglichen mit einem sofortigen Eingreifen (*Stern* 2008, S. 7). Das wären also in etwa die gleichen Kosten, die aufgebracht werden müssen, wenn heute das Ziel von 450 ppm CO_2-eq festgelegt würde. Diese Überlegungen unterstreichen, dass das Zeitfenster für das Ergreifen von Vermeidungsmaßnahmen sehr klein ist. „Under most reasonable assumptions on growth and discounting, a flow of 1 percent of GDP for 50–100 years starting now would be seen as much less costly than a flow for a similar period of 4 percent or so of GDP, starting 30 years later“ (*Stern* 2008, S. 7). Das angestrebte Ziel von 550 ppm CO_2-eq erscheint daher unter Risiko-Kosten-Betrachtungen sinnvoll – und zwar nicht erst in 30 Jahren.

Die bisherigen Betrachtungen stellen auf die Bestände an Treibhausgasen in der Atmosphäre ab. Man kann hieraus Aussagen zu den „flows" ableiten. Sie ergeben sich aus den jährlichen Werten der Reduktionspfade. Wie immer diese Reduktionspfade im Einzelnen auch aussehen mögen: Der Wendepunkt der jährlichen Treibhausgasemissionen muss in etwa 20 Jahren erreicht sein.[12] Bei einem Zielwert von 550 ppm CO_2-eq bedeutet dies eine Reduzierung der weltweiten Emissionen bis 2050 um mindestens 30 Prozent, bei einem Zielwert von 500 ppm um etwa 50 Prozent und bei einem Zielwert von 450 ppm um 70 Prozent – jeweils im Vergleich zum BAU (*Stern* 2008, S. 7). Wenn man berücksichtigt, dass das Weltsozialprodukt bis Mitte des Jahrhunderts etwa dreimal so groß ist wie jetzt, so bedeutet dies, dass eine weltweite Begrenzung der absoluten Mengen an Treibhausgasen um 50 Prozent eine 80- bis 90-prozentige Reduktion pro Einheit des Outputs ausmacht. Wenn man weiter bedenkt, dass sich nicht alle anthropogenen Treibhausgasemissionen auf null reduzieren lassen (dies dürfte etwa im Agrarbereich schwierig sein), so impliziert dies weiter, dass die Industrieländer bis zum Jahre 2050 Nullemissionen im Verkehrs- oder Energiebereich aufweisen müssen (*Stern* 2008, S. 7). Auf einem Reduktionspfad dorthin müssten bis 2030 rund 20 Gt CO_2-eq an Treibhausgasen weltweit (von etwa 60 Gt CO_2-eq bei einem BAU auf etwa 40 Gt – das sind etwas weniger als der heutige Stand von 40 bis 45 Gt CO_2-eq) reduziert werden (siehe Abbildung 3). Das wäre nach den Modellrechnungen laut Stern-Report zu einem Preis von 30 Euro je Tonne möglich.

Die dargelegten Zielwerte orientieren sich am Stern-Report (*Stern* 2007) und an *Stern* (2008). Es findet an dieser Stelle keine ausführliche Herleitung und Begründung dieser Werte statt; dies würde den Rahmen der vorliegenden Ausarbeitung übersteigen. Es wird jedoch auf Basis der bestehenden Literatur und der klimapolitischen Diskussionen die Auffassung vertreten, dass die Argumente des Stern-Reports weit besser abgesichert erscheinen als die Gegenargumente der Kritiker. Zudem sind die Schätzungen des Stern-Reports als eher konservativ einzustufen: Sie unterschätzen die auftretenden Wirkungen eher als dass sie sie überschätzen. In diesem Sinne wird hier die Position von *Frank Ackerman* geteilt (2007, S. 3): „Indeed, criticism could more accurately be pointed in the opposite direction: if anything, Stern understates the urgency of the climate problem, and misses some of the strongest arguments for immediate action."

Eine weitere Anmerkung zum Ende dieses Abschnitts betrifft die Rolle der Ökonomik bei der Bestimmung von Zielwerten. Es geht bei den angestellten ökonomischen Betrachtungen nicht darum, die naturwissenschaftlichen Überlegungen zu ersetzen, sondern darum, angesichts von Risiko-Kosten-Betrachtungen das Ausmaß des Klimaproblems zu erfassen und Risiken des Handelns oder Nichthandelns abzuschätzen. Die Kernfrage lautet: Welche maximalen atmosphärischen Konzen-

12 Von 1980 bis 2000 sind die jährlichen Treibhausgasemissionen um das 1,8-fache gestiegen. Für die Zeit 2000 bis 2020 deutet sich jetzt schon ein wesentlich stärkeres Wachstum der jährlichen Emissionen an. Diesen Wachstumstrend gilt es möglichst bald umzukehren.

trationen von CO_2 mit unakzeptablen Klimawirkungen sollen mit hoher Wahrscheinlichkeit ausgeschlossen werden? (ähnlich *Ackerman* 2007, S. 23). Es ist zu betonen, dass dies eine zentrale ökonomische – und keinesfalls nur eine naturwissenschaftliche – Aufgabe ist. Diese Perspektive stellt deshalb den Ausgangspunkt von Klima-Architekturen dar, weil die gewählten Architekturen so gestaltet sein müssen, dass sie die aus diesen Risiko-Kosten-Betrachtungen abgeleiteten Zielgrößen auch erreichen (helfen).

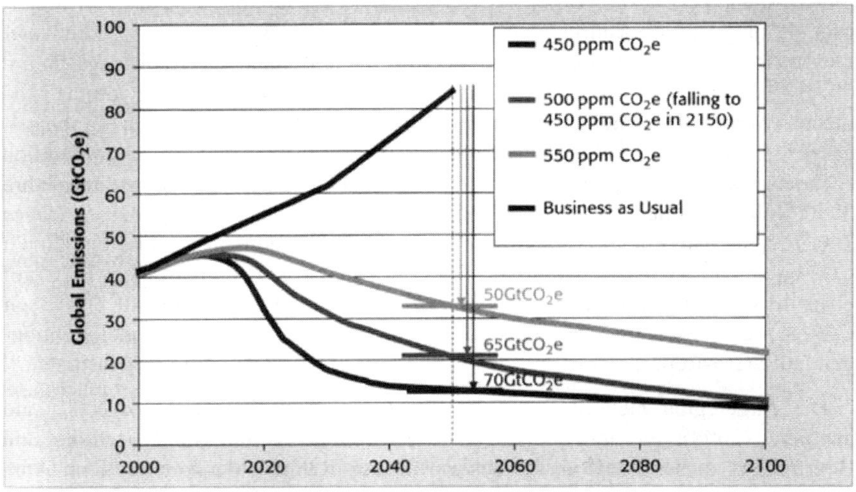

Quelle: Stern Report (2007, S. 233).

Abbildung 3: BAU-Emissionen und Reduktionspfade für 450 – 550 ppm CO_2e

II. Erhöhung der Partizipation

1. Anreizstrukturen, Verteilung und Gerechtigkeit

Zentraler Ansatzpunkt einer Klima-Architektur ist, ein hohes Ausmaß an Partizipation zu erreichen, also möglichst viele Staaten in ein internationales Vertragswerk einzubinden. Im Gegensatz zum Kyoto-Protokoll müssen insbesondere die USA und die Entwicklungsländer China, Indien und Brasilien einbezogen werden – sie weisen im Weltmaßstab die höchsten CO_2-Emissionen auf. Die Entwicklungsländer haben mittlerweile einen höheren Ausstoß an Treibhausgasen als die Industrieländer. Für einen hohen Grad an Partizipation spricht auch, dass die Kosteneinsparungen, die mit einem Emissionshandel realisiert werden, höher sind, wenn eine möglichst große Anzahl von Teilnehmern (Ländern) einbezogen ist (siehe unten). Die Nichtteilnahme von Ländern führt zudem dazu, dass emissionsintensive Industrien in diese Länder ausweichen können. Damit würden diese Länder mehr CO_2-intensive Produktionen attrahieren, und es käme zum „carbon leakage“ (*Stavins* 2004; *Pizer* 2007, S. 296).

Einen Anknüpfungspunkt für die Einbeziehung möglichst vieler Länder in eine alternative Klima-Architektur kann die Klimarahmenkonvention bieten. In den Artikeln 3 und 4 ist das Prinzip der „gemeinsamen, jedoch unterschiedlichen Verantwortlichkeit“ („common but differentiated responsibilities“) enthalten. Dies bedeutet, dass einerseits *alle* Staaten aufgefordert sind, sich an einer Lösung des Klimaproblems zu beteiligen – dies folgt aus dem globalen Charakter des Problems –, dass aber eine Beteiligung der Staaten mit unterschiedlichen Reduktionsverpflichtungen einhergehen kann.

Entscheidend für das Ausmaß an Partizipation sind vor allem Verteilungs- und Gerechtigkeitsaspekte. Als Kriterien für die Beteiligung an einer Reduktionspflicht für Treibhausgase sind die historische Verantwortung eines Landes, sein Wohlstand, seine Leistungsfähigkeit, aber auch die Vorteile aus vermiedenen Umweltschäden zu sehen. Hier stehen sich Industrieländer und Entwicklungsländer mit unterschiedlicher Argumentation gegenüber. Insbesondere von den Industrieländern werden wegen ihrer historischen Emissionen erhebliche Reduktionen gefordert. Diese Zuweisung von Verantwortung wird von den Industrieländern auch weitgehend akzeptiert. Die G8 Industrieländer haben im Juni 2007 in Heiligendamm und im Juni 2008 in Japan zugestanden, Bemühungen zu unternehmen, um die weltweiten Treibhausgasemissionen bis 2050 um 50 Prozent (bezogen auf das Basisjahr 1990) zu reduzieren. Das Ziel bezieht sich dabei auf die *weltweiten* Treibhausgas-Emissionen (also nicht nur die der Industriestaaten) – es folgt damit dem Prinzip der „gemeinsamen, aber unterschiedlichen Verantwortung“.

Einige Zahlenbetrachtungen können die Ausgangsposition für Verhandlungen und die Anforderungen an die Industrieländer verdeutlichen (siehe zum Folgenden *Stern* 2008, S. 28 f.): Der bisherige jährliche Anteil an Treibhausgasen in der Atmosphäre beträgt etwa 40 bis 45 Gt CO-eq (siehe nochmals obige Abbildung 3). Dies entspricht bei einer Weltbevölkerung von 6 Mrd. rund 7 Tonnen Emissionen pro Kopf. Wenn man bis 2050 eine Reduktion um etwa 20 Gt erreichen will (von etwas über 60 Gt, die bei einem BAU erwartet werden, hin zu 40 bis 45 Gt, um in einen Pfad einzuschwenken, der das 550 ppm Ziel erreichen soll), bedeutet das bei einer Bevölkerung von rund 9 Mrd. Menschen einen Anteil von 2 bis 2,5 Tonnen Emissionen pro Kopf. Da rund 8 Mrd. der dann 9 Mrd. Menschen in armen Ländern leben, dürfte dieses Niveau dort den Zielwert darstellen. Schon hieran wird klar, dass jede Architektur die armen Länder perspektivisch in den Mittelpunkt stellen muss, denn das größte Wachstum an Treibhausgasemissionen findet in diesen Ländern statt. Dies gilt insbesondere für die drei großen Staaten China, Indien und Brasilien. Gemäß dem BAU ist zu erwarten, dass z. B. China in 20 bis 25 Jahren wegen seiner großen Bevölkerungszahl kumuliert genauso hohe Emissionen haben wird wie die USA und Europa in den vergangenen 100 Jahren.

Die heute reichen Länder sind zu knapp 70 Prozent für die jetzigen Bestände an Treibhausgasen in der Atmosphäre verantwortlich und tragen zurzeit (und ganz sicher für die nächsten 20 Jahre) noch wesentlich zum Anwachsen der Bestände bei. Die USA, Kanada und Australien emittieren zurzeit 20 Tonnen pro Kopf der Bevölkerung, die EU-Staaten 10 Tonnen, China mehr als 5 Tonnen und Indien etwa 2 Tonnen (siehe Abbildung 4). Viele arme Länder mit hohem Bevölkerungswachstum emittieren nahezu 0 Tonnen pro Kopf der Bevölkerung. Eine Reduktion der USA, Kanadas und Australiens um 80 Prozent bis 2050 würde diese Staaten bei 4 Tonnen pro Kopf belassen, das wäre immer noch doppelt so hoch wie das erforderliche durchschnittliche Pro-Kopf-Niveau für 2050. Eine 50-prozentige Reduktion im globalen Maßstab bis 2050 und eine 80-prozentige Reduktion der Industriestaaten würde den Industrieländern (im Vergleich zu den Entwicklungsländern) also immer noch ein überdurchschnittliches Niveau an Treibhausgasemissionen belassen.

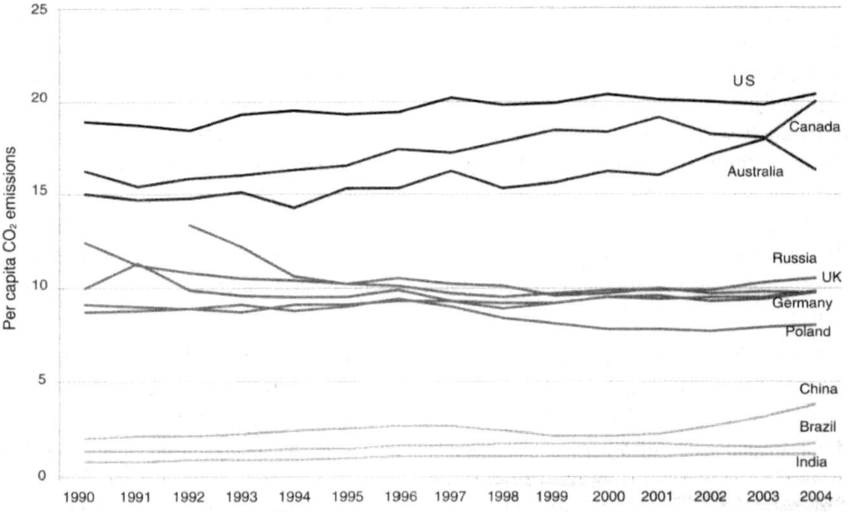

Quelle: Stern (2008, S. 29).

Abbildung 4: Pro-Kopf-Emissionen an CO_2 (in Tonnen)

Wenn man die Betrachtung auf die Bestände erweitert, so ist eine entscheidende Frage, wo man den Anfangspunkt setzt: Bei den vorindustriellen Werten um 1850 (280 ppm CO_2-eq), der Zeit vor 20 Jahren, als man das Klimaproblem entdeckte (390 ppm CO_2-eq), oder heute (430 ppm CO_2-eq). Betrachtet man den Zielwert von 550 ppm CO_2-eq, so kann diese Größe als „Auffüllungsreservoir" gesehen werden. Der anthropogen verursachte Beitrag zu diesem Reservoir beträgt entsprechend 270, 160 oder 120 ppm CO_2-eq. Dieses Reservoir ist bisher – wie gesagt – ganz entscheidend von den Industrieländern genutzt worden. Es ergeben sich aber ganz unterschiedliche Verantwortlichkeiten, je nachdem, welchen Zeitpunkt man aus Gerechtigkeitserwägungen als Ausgangspunkt wählt.

Diese Zahlenüberlegungen wurden nicht angestellt, um darauf aufbauend Reduktionspfade für die Post-Kyoto-Verhandlungen auf dem Reißbrett zu entwerfen. Es geht vielmehr darum, die Verhandlungspositionen der beteiligten Industrie- und Entwicklungsländer deutlich zu machen und zu verstehen. „Any global deal will have to involve some implicit or explicit understanding over the sharing of this reservoir“ (*Stern* 2008, S. 30). Erst auf dieser Basis kann in Verhandlungen eingetreten werden. Neben diesen generellen Überlegungen zu den kumulierten Treibhausgasemissionen, den Verursacherbeiträgen der Industrieländer sowie den damit verbundenen Verteilungs- und Gerechtigkeitsargumenten sind insbesondere die spezifischen Entscheidungssituationen in den USA und in den Entwicklungsländern zu beachten. Sie spielen für die Entwicklung einer Klima-Architektur nach Kyoto die entscheidende Rolle.

2. Zur Einbeziehung der USA

Fragt man, wie die USA in naher Zukunft wieder in den Prozess der internationalen Klimaverhandlungen eingebunden werden können, so dürfte deutlich geworden sein, dass dies nicht im Rahmen der gegenwärtigen Klima-Architektur mit ihren engen „targets and timetables“ erfolgen wird. Die USA haben das Kyoto-Protokoll nicht unterzeichnet, und ein Großteil der oben geäußerten Kritik am Kyoto-Protokoll stammt aus den USA. Es ist daher nach anderen Wegen zu suchen, die die besondere Situation in den USA berücksichtigen.

Noch vor wenigen Jahren erschien eine Beteiligung der USA an der internationalen Klima-Architektur nahezu ausgeschlossen. Unter Präsident Bush hatten sich die USA auf einen anderen Pfad in der Klimapolitik begeben. Seit der „Valentinsrede“ des Präsidenten am 18. Februar 2002 werden anstelle der absoluten „caps“ des Kyoto-Protokolls „intensity targets“ (Intensitätsziele) vorgeschlagen (vgl. *Kolstad* 2005; *Peterson* 2008). Diese Intensitätsziele legen die Zielwerte für die Energieintensität der Volkswirtschaft in Relation zum BSP fest. Die „Carbon-Intensität“ der USA sollte danach von 2002 bis 2012 um 18 Prozent gesenkt werden. In einer wachsenden Volkswirtschaft bedeutet dies, dass eine Entkopplung zwischen Wirtschaftswachstum und CO_2-Ausstoß angestrebt wird. Der US-Vorschlag von 18 Prozent war dabei wenig ambitioniert: In den Jahren 1990 bis 2000 betrug dieser Wert bereits 17,1 Prozent, das heißt: Jedes Jahr wurde das amerikanische Bruttosozialprodukt mit knapp 2 Prozent weniger CO_2-Emissionen produziert. Im Wesentlichen ergaben sich die CO_2-Minderungen in den USA somit aus den strukturellen Veränderungen in der Volkswirtschaft, ohne dass nennenswerte Politikmaßnahmen dies unterstützen mussten.[13] Zusätzlich zu den „intensity targets“

13 Die Verbesserungen in der Energie- und CO_2-Intensität sind dabei im Übrigen in den USA ähnlich wie in Europa. Rechnet man Deutschland und Großbritannien aus den Min-

schlug die Bush-Administration ein umfangreiches Subventionsprogramm für technische Entwicklungen, speziell in erneuerbare Energien und zur Steigerung der Energieeffizienz, sowie zusätzliche Ausgaben für Forschung und Entwicklung in klimaarme Technologien vor.

Dieses Bild einer weitgehend „abgekoppelten" Klimapolitik in den USA, das zumindest auf der Bundesebene vorherrschend war, hat sich in den vergangenen Jahren verändert. Heute wird erwartet, dass in den USA absolute Begrenzungen von Treibhausgasen innerhalb der nächsten fünf Jahre verabschiedet werden (*Szymanski / Stone* 2008, S. 134). Unklar ist aber, wie stark die Emissionsbegrenzungen sein werden und ob dazu der Marktmechanismus in Form des Emissionshandels als Instrument genutzt wird. Die Initiativen in den USA gehen nur zum Teil von der Bundesebene aus – hier ist an erster Stelle der von den Senatoren Lieberman und Warner im Dezember 2007 eingebrachte Vorschlag von mengenmäßigen Begrenzungen zu nennen (die sogenannte Lieberman-Warner-Bill). Der Vorschlag wurde im US-Kongress zwar abgelehnt, markierte aber eher den Beginn der klimapolitischen Diskussionen im US-Kongress als deren Ende (*ebenda,* S. 136). Daneben gab und gibt es verschiedene regionale Klimainitiativen, so die Regional Greenhouse Gas Initiative (RGGI) in den nordöstlichen Staaten, ein Programm in Kalifornien sowie ein weiteres Programm in den westlichen US-Bundesstaaten, die Western Climate Initiative (vgl. *Szymanski / Stone* 2008, S. 137).

Einerseits geben diese neuen Ansätze Anlass zur Hoffnung auf einen klimapolitischen Wandel in den USA – und damit auf Chancen für eine neue Klima-Architektur. Dennoch ist es fraglich, ob es bis zu den Verhandlungen in Kopenhagen im Dezember 2009 eine bekundete Reduktionsverpflichtung der USA geben wird. Die Diskussion in den USA ist immerhin Jahre hinter dem Stand der Diskussionen in Europa zurück. Immer noch gibt es viele Stimmen im politischen Prozess, die den Klimawandel als solchen bezweifeln oder die heimische Wirtschaft schützen wollen. Es ist daher mehr als fraglich, ob die USA das Kyoto-Protokoll ratifizieren oder sich auf eine nennenswerte Reduktionsverpflichtung einlassen. Eine vorherrschende Meinung in den USA ist auch, dass zwingend die Entwicklungsländer bindende Reduktionspflichten auf sich nehmen müssten, bevor die USA dies alleine tun. Damit gerät man mit einer globalen Klima-Architektur in folgendes Dilemma:

> „Any pragmatic proposal addressing developing country participation must confront a difficult trade-off if the United States is to participate as well. If a proposal includes aggressive developing country commitments, the agreement may be expected to fail to elicit developing country participation, since nearly all developing countries believe that the industrialized world should take on binding emissions commitments first. On the other hand, if a proposal recommends modest or near-term emissions commitments by developing countries, the agreement may be expected to fail to gain political acceptance in the US ..., which called for a similar treatment of industrialized and developing countries in any international agreement on global climate change" (*Barrett / Stavins* 2003, S. 357).

derungen der EU heraus, so sind die amerikanischen Verbesserungen in der CO_2-Intensität sogar größer als in der Rest-EU (siehe *Kolstad* 2005, S. 96 ff.).

Vor diesem Hintergrund ist für eine internationale Klima-Architektur insbesondere bedeutsam, offen für Ansätze zu sein, die nicht in der Tradition der „targets and timetables“ stehen, sondern u. U. schwächere Reduktionsverpflichtungen beinhalten, relative Emissionsziele berücksichtigen oder auf andere Maßnahmen übergehen. Eine entscheidende Frage wird dabei sein, ob und inwieweit verschiedene Klimapolitiken verknüpft werden können. Dies hat Konsequenzen für die Ausgestaltung von zukünftigen Klima-Architekturen (siehe unten).

3. Gezielte Anreize für die Entwicklungsländer?

Für viele Ökonomen ist die Frage der Einbeziehung von Entwicklungsländern allein eine Frage der angebotenen Anreize: „It is just a matter of making China and India a good enough offer, in terms of extra allowances for growth or side payments in one form or another, to institute a binding policy“ (*Pizer* 2007, S. 294). Hierfür steht eine ganze Reihe von positiven und negativen Anreizen zur Verfügung. Sie sind zum Teil aus der Spieltheorie bekannt, zum Teil stammen sie aber auch aus anderen Anwendungsbereichen als dem Klimaschutz. Jedoch ist bei ihrer Übertragung auf das Klimaproblem stets genau zu prüfen, ob die institutionellen Voraussetzungen („capacities“) für ihren erfolgreichen Einsatz in den jeweiligen Ländern vorliegen oder nicht. Im Folgenden sollen hierzu die wichtigsten Anreizmechanismen kurz vorgestellt und geprüft werden.

Als eine Form zur Überwindung des Freifahrerverhaltens werden Seitenzahlungen – also ein direkter monetärer Transfer an Entwicklungsländer – genannt. Sofern die Seitenzahlung groß genug ist, um den Nutzen-Kosten-Saldo im jeweiligen Entwicklungsland umzukehren, kann sie die Anreizstrukturen ändern und die Partizipation erhöhen. Üblicherweise werden solche Seitenzahlungen von den Gewinnern internationaler Kooperation an die Verlierer gezahlt. In der Praxis kommen sie allerdings nur selten zustande. Dies kann bspw. daran liegen, dass mit ihnen eine implizite Anerkennung der zugrunde liegenden Struktur der Verfügungsrechte einhergeht.[14] Für den Klimaschutz sind allgemeine Seitenzahlungen eher unwahrscheinlich. Erstens sind die Gewinner des Klimaschutzes – wie oben erwähnt – angesichts der Unsicherheiten keineswegs klar. Zweitens sind die Seitenzahlungen selbst ein öffentliches Gut. Jedes Industrieland wird versuchen, andere Industrieländer im Rahmen internationaler Verhandlungen zu Seitenzahlungen zu bewegen, seinen eigenen Anteil aber möglichst gering halten.[15]

---

[14] Wie dies bspw. im syrisch-israelischen Konflikt um Wasserressourcen der Fall war (*Dombrowsky* 2007).

[15] *Barrett/Stavins* (2003, S. 360) haben jedoch darauf hingewiesen, dass der Handel von Emissionsrechten auch wie eine solche Seitenzahlung – quasi als implizite Seitenzahlung – interpretiert werden kann. Bei einem gegebenen „cap“ und unterschiedlichen Grenzvermeidungskosten fließt Geld von dem Land mit hohen Implementationskosten zu demjenigen mit niedrigen Implementationskosten.

Als weitere Variante zur Erhöhung der Partizipation wird „issue linkage“ – die Verknüpfung von unterschiedlichen Politikbereichen – diskutiert. So könnte daran gedacht werden, Maßnahmen für den Klimaschutz mit anderen Kooperationsfeldern, wie z. B. der Entwicklungspolitik, zu koppeln. Die mit dem Klimaschutz „verknüpften“ Bereiche können dem Klimabereich entstammen oder ganz andere Politikfelder betreffen. Zumeist wird „issue linkage“ jedoch in bilateralen Verhandlungen – und nicht bei internationalen Absprachen zwischen mehreren Staaten – diskutiert. Für eine Klima-Architektur, die Verhandlungen mit vielen Staaten enthält, scheidet diese Variante daher im Allgemeinen aus.

Der Emissionshandel stellt eine weitere Variante zur Steigerung der Partizipation dar. Sofern ein Handel von Emissionsrechten zustande kommt, kann er die Partizipation der beteiligten Staaten befördern. Dies ergibt sich aus den ökonomischen Vorteilen des Handels – der Verkäufer von Treibhausgasemissionsrechten erwirtschaftet Erlöse, der Käufer wird in die Lage versetzt, Klimaschutz für weniger Geld zu betreiben. Beide Handelspartner haben also einen Vorteil. Es ist aber zu beachten, dass eine die Partizipation fördernde Wirkung nur dann eintritt, wenn neue Partner diesem Handel beitreten. Stehen die Partner eines Emissionshandels erst einmal fest, handelt es sich um ein Nullsummenspiel.

Viele Vorschläge zur Erhöhung der Partizipation von Entwicklungsländern sehen explizite oder implizite Transferzahlungen an Entwicklungsländer vor. Dabei wird vor allem der Technologietransfer als konkrete Maßnahme vorgeschlagen. Die Entwicklung und Diffusion neuer Technologien ist aus Sicht aller Beteiligten profitabel: Die Anbieter neuer Technologien aus den Industrieländern können ihre Produkte in den Entwicklungsländern verkaufen, die Nutzer in den Entwicklungsländern erhalten moderne Technik und können Lerneffekte für eigene Technologieentwicklung realisieren. Die auf beiden Seiten resultierenden Anreize sind für *Barrett* (2003; 2006; 2007) das entscheidende Argument, um auf Technologieentwicklung als zentralen Grundpfeiler einer alternativen Klima-Architektur zu setzen.[16] Er sieht vor allem den Vorteil, dass über die Aufteilung von Kooperationsgewinnen

16 Wie revolutionär die Diskussion um neue technische Lösungen in der Klimapolitik ist, wird an folgender Äußerung deutlich: „Die globale Klimaerwärmung, die Mutter aller Umweltkrisen, hat in den vergangenen zehn bis zwanzig Jahren eine politische Bewegung in Gang gesetzt, die bislang quasi nur eine Richtung kennt: herunter mit den Treibhausgasemissionen, Rauchverbot für den Patienten Erde! Um jeden Preis und unter Aufbietung des geballten globalen wissenschaftlichen Sachverstandes und einer neuen Art Meta-Gutachtergremium, dessen Mitglieder seither fest entschlossen von einer Konferenz zur nächsten pendeln, hat man den Kampf gegen die Kohlendioxidemittenten aufgenommen ... Sechzig bis siebzig Prozent Reduktion, ein Vielfaches der aktuellen Kyoto-Ziele, müssen, nach Überzeugung der Auguren, bis Mitte dieses Jahrhunderts erreicht werden – eine heroische, utopisch erscheinende Marke. Demgegenüber gelten Maßnahmen der Anpassung, Wege, wie die vom Klimawandel betroffenen Staaten sich auf Erwärmung, Verwüstung oder drohende Überflutung umzustellen und zu investieren haben, bei vielen als zweitrangig, ja kommunikationstechnisch als kontraproduktiv. Ebenso wie technische Lösungen jenseits der Energietechnik. Die Industriestaaten, so will es die *political correctness,* sind das Problem und können deshalb nicht die Lösung sein“ (*Müller-Jung* 2006, H.i.O.).

bei technischen Neuerungen leichter Einigkeit zu erzielen ist als bei Verhandlungen über Reduktionsverpflichtungen von CO_2-Konzentrationen – bei ersterem geht es um die Verteilung zusätzlicher Gewinne, bei letzterem hingegen um Schrumpfung (*Barrett* 2006).

Direkte Transferzahlungen, die nicht mit dem Verkauf von Technologien in Entwicklungsländern einhergehen, dürften demgegenüber nur schwer durchsetzbar sein. Angesichts der Dimensionen des Klimaproblems müssten Milliardensummen aufgebracht und von den Industrie- in die Entwicklungsländer transferiert werden. Beobachter des politischen Prozesses bezweifeln, ob die Industrieländer zu einem Transfer solch hoher Summen bereit sind. Hieraus weist z. B. *Summers* (2007, S. xxiii) für die USA hin: „... but it seems likely that achieving full international efficiency requires transfers in the range of tens of billions of dollars ... I am sceptical that that US policy would ever contemplate transfers in the billions of dollars".

So wichtig positive Anreize zur Beteiligung von Staaten auch sein mögen – sie werden wahrscheinlich nicht ausreichen, um wirksame internationale Klimapolitik betreiben zu können. Negative Anreize sind insbesondere dann erforderlich, wenn es gilt, den Vollzug von internationalen Klimaübereinkommen zu gewährleisten. „Providing positive incentives for participation and compliance is not difficult, but such provision is not sufficient to overcome severe free-riding problems that plague efforts to address this global public goods problem. Negative incentives are also required" (*Barrett/Stavins* 2003, S. 370). Damit negative Anreize ihre Wirkung entfalten, müssen sie glaubhaft und ausreichend ernsthaft sein (*Schelling* 1960). Auf die schwachen Vollzugsregelungen des Kyoto-Protokolls ist bereits eingegangen worden. Sie können als Sanktionen für mangelnden Vollzug angesehen werden.

Darüber hinaus werden als Sanktionen vor allem reziproke Maßnahmen und Handelsbeschränkungen diskutiert. Reziproke Maßnahmen lassen sich im Klimabereich allerdings nur schlecht durchsetzen. Sie funktionieren zumeist nur, wenn wenige Länder beteiligt sind. Es muss zusätzlich gewährleistet sein, dass sich die beteiligten Länder in Verhandlungen wiederholt treffen (also wiederholte Spielsituationen auftreten). Je mehr Partner in Verhandlungsrunden eingebunden sind, desto unwahrscheinlicher ist das Zustandekommen einer Entscheidung über reziproke Maßnahmen (*Barrett/Stavins* 2003, S. 363). Dies hat zwei Gründe: Erstens ist die Durchsetzung reziproker Maßnahmen wiederum ein öffentliches Gut (jeder fordert reziproke Maßnahmen, möchte sie aber nicht selbst durchsetzen). Zweitens verursachen reziproke Maßnahmen Kosten. Sind bei der Entscheidung über reziproke Maßnahmen mehrere Länder betroffen, so müssen sie gemeinsam die Kosten aufwenden. Auch hier versucht jedes Land, sich als Freifahrer zu verhalten.

Handelsbeschränkungen haben im Wesentlichen drei Funktionen: Sie können eingeführt werden, um (1) das Phänomen des „carbon leakage" zu reduzieren oder zu vermeiden (etwa durch Zölle auf CO_2-intensive Güter); (2) die Produktion in kooperierende Staaten zu verlagern; und (3) eine größere Partizipation an internationalen Agreements herbeizuführen (*Barrett / Stavins* 2003, S. 364). Es dürfte jedoch praktisch sehr schwer sein, Produkte nach ihrer CO_2-Intensität vom internationalen Handel auszuschließen, etwa indem Zölle erhoben werden. Hierfür sprechen nicht nur technische Gründe, es würde auch allen Bemühungen der WTO zuwiderlaufen.[17]

Zusammenfassend kann man festhalten, dass für eine internationale Klima-Architektur die Einführung und Umsetzung positiver wie auch negativer Anreize (zur Erhöhung der Partizipation von Entwicklungsländern) schwierig sein dürfte. Einige der diskutierten Lösungen erscheinen überhaupt nicht geeignet. Zudem sind die Transaktionskosten derartiger Regeln zu berücksichtigen; sie können mitunter sehr hoch sein. Außerdem müssen in allen Ländern die institutionellen Voraussetzungen gegeben sein, um derartige Regelungen – seien es Seitenzahlungen, issue linkage oder der Emissionshandel – einführen zu können (*Barrett / Stavins* 2003, S. 361). Von den genannten Alternativen scheinen am ehesten technische Lösungen eine höhere Partizipation von Entwicklungsländern herbeizuführen.

III. Treibhausgasreduktionen zu minimalen volkswirtschaftlichen Kosten: Emissionshandel

Während die Festlegung von Zielwerten für Treibhausgasminderungen und die Erhöhung der Partizipation darauf abzielen, inakzeptable Risiken von Klimaänderungen auszuschließen, steht bei den instrumentellen Überlegungen die kostenminimale Zielerreichung im Vordergrund. Die zentrale Frage lautet hier: Können akzeptable Risiken in der Klimapolitik zu minimalen Kosten erreicht werden? Hierzu wird auf die übliche umweltökonomische Diskussion zu den Instrumenten der Umweltpolitik zurückgegriffen. Danach sind marktorientierte Instrumente, wie Steuern oder handelbare Emissionsrechte, einer ordnungsrechtlichen Regulierung vorzuziehen. Der Grund ist darin zu sehen, dass dem einzelnen Emittenten Freiheitsgrade eingeräumt werden; er hat die Wahl, Maßnahmen zur Vermeidung von Treibhausgasemissionen zu ergreifen oder aber eine Steuer zu entrichten (bzw. ein Emissionsrecht zu kaufen). Durch den Abwägungsprozess von Grenzvermeidungskosten und Steuersatz (bzw. Emissionsrechtepreis) findet die Vermeidung von Treibhausgasemissionen bei den Emittenten statt, bei denen dies am kostengünstigsten möglich ist. Hierdurch kann Umweltschutz zu minimalen volkswirtschaftlichen Kosten erreicht werden.

---

17 „WTO is essentially a system of detailed reciprocal undertakings; infractions tend to be bilateral, and specific as to commodities. Offended parties can undertake retaliation and make the punishment fit the crime (thus exercising the principle of reciprocity). Fulfilling or failing WTO commitments is piecemeal, not holistic. There is no overall target to what a WTO member is committed. In contrast, if a greenhouse-regime nation fails to meet its target there is no particular offended partner to take the initiative and penalize the offender. There is no obvious formula to make the punishment fit the crime“ (*Schelling* 2002 / 2005, S. 589).

Steuern (als Preislösungen) und Zertifikate (als Mengenlösungen) sind unter idealen Bedingungen gleichermaßen effektiv. In dem einen Fall wird der Steuerpreis festgelegt und die Menge passt sich an, im anderen Fall ist es umgekehrt. Bei großen Unsicherheiten über die Schadenskurven hat die Mengenlösung aber einen wesentlichen Vorteil: Die Gesamtemissionsmenge wird direkt reguliert, d. h. die zulässigen Gesamtemissionen an Treibhausgasen werden nicht überschritten. Mit diesem „cap" ist eine sichere Zielerreichung gewährleistet. Vor allem ein hohes Risiko steigender Schäden spricht für die Mengenlösung.[18] Das Klimaproblem kann nicht nur aus diesem Grunde als idealer Anwendungsfall für das Instrument Emissionshandel angesehen werden (*Hansjürgens* 2005): Die Gesamtmenge an Treibhausgasen kann reguliert werden, sodass das ökologische Ziel sicher erreicht wird; es besteht keine Hot-spot-Problematik, es gibt ferner keine bestehende Regulierung von CO_2, die sich störend auf die Wirksamkeit des Emissionshandels auswirken würde. Somit kann ein einheitlicher Zertifikatepreis für CO_2 generiert werden, an den sich die Wirtschaftssubjekte anpassen können.

Weitere Gründe für den Emissionshandel ergeben sich aus den Erfahrungen mit diesem Instrument: So wurde der Emissionshandel in den vergangenen Jahren sehr erfolgreich implementiert. Bereits im Kyoto-Protokoll genannt, ist er mittlerweile in der EU eingeführt worden (*Ellerman / Buchner* 2008; *Ellerman / Joskow* 2008). Der europäische CO_2-Emissionshandel ist die Blaupause für einen internationalen Emissionshandel. Eine wichtige Eigenschaft ist dabei bereits im EU-System angelegt: Die Verknüpfung mit anderen Systemen. Der EU-Emissionshandel sieht nämlich vor, dass die Emissionsgutschriften aus projektbezogenen Maßnahmen, wie dem Clean Development Mechanismus (CDM) und dem Joint Implementation (JI), angerechnet werden können. Diese Vorschrift soll nach Vorstellung der EU in Zukunft (konkret ab 2013, wenn der EU-Emissionshandel in eine neue Phase eintritt) erheblich erweitert werden (*EU* 2008, S. 34): „Es können Abkommen geschlossen werden, die die gegenseitige Anerkennung von Zertifikaten im Rahmen des Gemeinschaftssystems und von Zertifikaten vorsehen, die im Rahmen anderer verbindlicher Handelssysteme für Treibhausgasemissionen mit Obergrenzen für absolute Emissionen vergeben werden, die in Drittländern oder in subföderalen oder regionalen Verwaltungseinheiten bestehen." Ferner heißt es: „Mit Drittländern oder subföderalen oder regionalen Verwaltungseinheiten können nicht bindende Vereinbarungen getroffen werden, um eine administrative und technische Koordinierung in Bezug auf Zertifikate im Rahmen des Gemeinschaftssystems oder anderer Handelssysteme für Treibhausgasemissionen mit Obergrenzen für absolute Emissionen vorzusehen" (*ebenda*).

Für die Erfolgsaussichten des Emissionshandels ist insbesondere wichtig, möglichst breit angelegt zu sein, breit hinsichtlich der einbezogenen Treibhausgase,

---

18 Dies kann gleichzeitig aber zur Folge haben, dass die CO_2-Preise extrem ansteigen, und es zu starken Belastungen für die Emittenten kommt. Wenn man die Preiseffekte begrenzen möchte, um die Unternehmen nicht zu stark zu belasten, bietet sich die Steuerlösung an, in der der Steuerpreis eine Obergrenze für die Belastungen der Unternehmen darstellt.

aber auch hinsichtlich der einbezogenen Teilnehmer und Sektoren. Je umfassender der Emissionshandel in diesem Sinne ist, desto besser können seine Vorteile, insbesondere kosteneffektive Zielerreichung, realisiert werden. Für das globale Klimaproblem reicht der regionale CO_2-Emissionshandel in der EU ohnehin bei Weitem nicht aus.[19] Für den Emissionshandel als Instrument der internationalen Klimapolitik mag daher auf den ersten Blick zusätzlich sprechen, dass gegenwärtig in den USA, Kanada und vielen anderen Ländern ebenfalls Aktivitäten zu beobachten sind, einen Emissionshandel einzuführen. Damit könnten sich Ansatzpunkte für eine Verknüpfung von unterschiedlichen Emissionshandelssystemen – ein „linking" – ergeben, genauso wie es im genannten Vorschlag der EU-Kommission angelegt ist.

Doch was auf den ersten Blick als günstig erscheint, könnte sich auf den zweiten Blick als ungünstig erweisen. Der Grund hierfür ist darin zu sehen, dass die vorgeschlagenen Systeme institutionell sehr unterschiedlich sind (*Lyster* 2007; *Mace / Anderson* 2008). Damit wird aber das Kriterium der institutionellen Passfähigkeit verletzt. Dies kann beispielhaft an dem gegenwärtigen kanadischen Gesetzesentwurf abgelesen werden (*Brophy* 2008): Während es sich in der EU um ein sogenanntes „cap-and-trade-System" handelt, bei dem eine Obergrenze für Treibhausgasemissionen festgelegt wird und *alle* Emissionen gehandelt werden, stellt das kanadische System ein „baseline-and-credit-system" dar, bei dem nur die über einer bestimmten Norm („baseline") *zusätzlich* emittierten Emissionen („credits") gehandelt werden sollen. Zudem wird in der EU (wie auch im Kyoto-Protokoll) von *absoluten* Emissionsbegrenzungen ausgegangen, während das kanadische System auf „intensity targets", also *relativen* Zielgrößen, beruht. Darüber hinaus können weitere Design-Varianten differieren: Preisobergrenzen („safety valve"), der Umfang der einbezogenen Gase oder Anlagen, Banking (= Anspar)-Vorschriften usw. Die Unterschiede begründen zum Teil fundamental andere Ansätze. Wenn derartig unterschiedliche Systeme erst einmal implementiert sind, dürfte es aus technisch-institutionellen und politischen Gründen oft viel schwieriger sein, eine Verknüpfung herzustellen, als wenn nur ein Systemtyp existiert. „From a market perspective, linking with other trading schemes provides greater liquidity and should help reduce compliance costs. But if different systems have vastly different systems and quality control, then it could affect the environmental integrity of the schemes" (*Stowell* 2005, S. 214). Dies gilt im Übrigen nicht nur für das Verhältnis zwischen den nationalen Systemen (also etwa dem EU-Emissionshandel und anderen nationalen und subnationalen Systemen), sondern auch innerhalb eines Staates, so z. B. innerhalb der USA, wo die dezentralen Initiativen in den einzelnen *states* als Hindernis für eine bundesstaatliche Regelung gesehen werden.

---

[19] Innerhalb der EU werden durch den Emissionshandel nur etwa 40 Prozent der Treibhausgasemissionen erfasst (etwa 45 Prozent der CO_2-Emissionen), die EU selbst trägt nur zu rund 10 Prozent zu den globalen Treibhausgasemissionen bei.

IV. Technologieentwicklung und Technologietransfer

Im Rahmen der internationalen Klimapolitik wird davon ausgegangen, dass es Vermeidungsmöglichkeiten für Treibhausgasemissionen gibt, die mit Win-win-Situationen einhergehen: Es können gleichzeitig Energieeinsparungen und Emissionsreduktionen realisiert werden. Dies ist allein durch eine Steigerung der Energieeffizienz möglich. Diese „low hanging fruits“ können daher geerntet werden, ohne Kosten aufzuwenden. Für weitere Vermeidungsoptionen gibt es Abschätzungen zu den damit verbundenen Kosten. Energieträgerwechsel, konventionelle Vermeidungstechnologien oder Maßnahmen zur Verhinderung von Abforstung und Brandrodung (siehe unten) hängen dabei jeweils vom CO_2-Preis ab. Die (meist ingenieurwissenschaftlichen) Abschätzungen zeigen, wie viele Treibhausgasemissionen mit welchen Technologien und zu welchen Preisen vermieden werden können (*Enkvist / Naucler / Rosander* 2007). Aus diesen Untersuchungen geht hervor, dass die mit verfügbaren Techniken realisierbaren Treibhausgasminderungen erheblich sind. Um aber die gewaltigen geforderten Emissionsminderungen bis 2050 erreichen zu können, bedarf es neuer technischer Lösungen, z. B. neue Vermeidungsmaßnahmen oder CO_2-freie Energiegewinnung. Auch die Entwicklung neuer Technologien wird entscheidend vom CO_2-Preis beeinflusst.

Da die Entwicklung neuer Technologien mit positiven Externalitäten einhergeht, ist eine Subventionierung durch öffentliche Mittel gerechtfertigt. Die zu entwickelnden Technologien weisen zum Teil sogar eine Größenordnung auf, die die Möglichkeiten eines Landes übersteigen und gemeinsame Forschungsanstrengungen mehrerer Länder erfordern. Eine besondere Rolle spielt in diesem Zusammenhang die Abtrennung und Speicherung von CO_2 („carbon capture and sequestration“ – CCS). Ohne CCS wird eine Reduktion von Treibhausgasen bis 2050 in der geforderten Größenordnung kaum möglich sein, da in den nächsten 30 bis 40 Jahren viele Länder in starkem Maße auf Kohle als Energieträger zurückgreifen. China wird beispielsweise 80 Prozent seiner Energie in den nächsten 30 Jahren aus Kohle decken (*Stern* 2008, S. 10). Umweltaktivisten fürchten CCS wegen nichtintendierter Nebeneffekte und langfristiger Unsicherheiten. Jedoch ist dem der Optionswert entgegenzuhalten, ohne den erhebliche Schwierigkeiten bestehen, die geforderten Minderungen zu leisten (*Summers* 2007). Die staatliche Förderung von neuen Technologien ist daher ein ganz unbestreitbarer Bestandteil einer internationalen Klima-Architektur. Die schwierige Frage ist dabei allerdings abzuschätzen, inwieweit bei den die neuen Techniken produzierenden Unternehmen Skaleneffekte anfallen, die eine Begrenzung und ein Auslaufen der Subventionierung erfordern.

Für die Einbeziehung von Technikförderung in eine internationale Klima-Architektur sprechen auch Aspekte der Partizipation. Denn durch Technologiezusammenarbeit kann das Freifahrerverhalten überwunden werden. „The arguable advantages are that, unlike mitigation where the benefits are non-excludable and everyone shares the improved climate, technology cooperation yields benefits that could be limited to participants; namely, appropriate knowledge. This provides greater stability in the agreement because deviating from the commitment means foregoing the technology benefits" (*Pizer* 2007, S. 290).

V. Schutz der Regenwälder

Von den weltweiten Emissionen an Treibhausgasen entstehen rund zwei Drittel aus energiebedingten Emissionen. Etwa ein Drittel der Emissionen ergeben sich aus Nicht-Energieemissionen, vor allem im Rahmen der Landnutzung. Hierbei spielen Brandrodung und Abholzung der tropischen Regenwälder die weitaus größte Rolle. Durch Brandrodung zur Gewinnung landwirtschaftlicher Nutzflächen entweicht der gespeicherte Kohlenstoff als Gas in die Atmosphäre. Durch Abholzung zur Gewinnung von tropischen Hölzern geht der Wald als Kohlenstoffspeicher verloren. Beides begünstigt den anthropogenen Klimawandel. Treibhausgasemissionen aus Entwaldung und Abholzung machen etwa 20 Prozent der vom Menschen produzierten Treibhausgase aus (*IPCC* 2007a). Ein zentraler Baustein einer Klima-Architektur liegt entsprechend darin, Maßnahmen zur Konservierung tropischer Regenwälder zu ergreifen. Hierfür könnten finanzielle Anreize für Staaten gesetzt werden, damit sie ihre tropischen Regenwälder schützen. Dafür spricht insbesondere, dass diese Maßnahmen relativ kostengünstig sind: Sie könnten für geschätzte 5 US-Dollar pro Tonne CO_2-Vermeidung realisiert werden (*Stern* 2008), was geringer ist als die Grenzkosten konventioneller Vermeidungsoptionen in den Industriestaaten.

Für den Schutz des tropischen Regenwaldes werden primär zwei Instrumente diskutiert: Zum einen direkte finanzielle Anreize in Form von Transferzahlungen von Industrieländern an Entwicklungsländer, zum anderen eine Integration der Regenwälder in den internationalen Emissionshandel. Beide Instrumente zielen auf den Erhalt des Regenwaldes als Kohlenstoffspeicher ab. Beim sogenannten REDD- (Reducing Emissions from Deforestation and Degradation) Mechanismus würden die durch eine Vermeidung tropischer Entwaldung reduzierten Kohlenstoffemissionen anerkannt und bewertet (*Anger/Sahaye* 2008, S. 1). Die Entwicklungsländer könnten auf diese Weise durch den Schutz ihrer Regenwälder Emissionsrechte generieren und diese an die Industrieländer verkaufen. Dazu müsste sich der Preis der Emissionsrechte an den Opportunitätskosten der Regenwaldnutzung orientieren. Die Entwicklungsländer hätten hieraus einen finanziellen Vorteil, und die Industrieländer könnten relativ preisgünstig Klimaschutz betreiben.

Freilich hängt die Umsetzung einer solchen Lösung von einer Reihe von Voraussetzungen ab, die wiederum auf der technisch-institutionellen Ebene und der politischen Ebene liegen (*Anger/Sahaye* 2008, S. 2): Damit die Vermeidung der Entwaldung anerkannt wird, muss eine Referenzsituation definiert werden, beispielsweise mithilfe historischer Abholzungsraten. Des Weiteren müssen umfangreiche Monitoringsysteme etabliert werden. Ferner muss die illegale Abholzung bekämpft werden. Auch hier besteht die Gefahr, dass sich Länder strategisch verhalten. So kann ein Land seine Wälder abholzen, um sich die Wiederaufforstung als Emissionssenke später anrechnen zu lassen (*Pies/Schröder* 2002, S. 27).

VI. Adaptation und Partizipation

Die Möglichkeit, sich an den Klimawandel anzupassen, wurde für lange Zeit von Wissenschaftlern und Politkern zurückgewiesen, weil man befürchtete, dass die Diskussionen über weitreichende Anpassungsmaßnahmen den Druck auf die Vermeidung mindern würden. Auf diese Weise würde ein weitergehender Ausstoß von Treibhausgasen in die Atmosphäre zugelassen oder gar akzeptiert. Jedoch haben sich die Betrachtungsweisen geändert. Heute ist Anpassung („adaptation") in Ergänzung zu Vermeidung („mitigation") ein wesentlicher und integraler Teil der Klimapolitik. In der laufenden Klimadiskussion werden wenigstens drei Argumente für die Notwendigkeit der Berücksichtigung von Anpassung angeführt (*Pielke et al.* 2007):

- *Unterschiedliche Zeitskalen.* Es ist ganz offensichtlich, dass die Reduzierung von Treibhausgasen in der Atmosphäre einen langen Zeitpfad beanspruchen wird – selbst wenn eine internationale Übereinkunft über die Klimapolitik in naher Zukunft erreicht würde. Die historischen Emissionen der industrialisierten Industrieländer sind verantwortlich für den Tatbestand, dass eine Klimaänderung bereits stattfindet. Es wird lange Zeit brauchen, diesen Pfad umzukehren. „With current climate change mitigation policies and related sustainable development practices, global GHG emissions will continue to grow over the next few decades. In the meantime, societies have no choice other than to adapt to the impacts of climate change" (*IPCC* 2007c, S. 4).
- *Die Verwundbarkeit von Gesellschaften.* In vielen Gesellschaften hat deren Verwundbarkeit in den vergangenen Jahren gegenüber dem Klimawandel zugenommen. Verantwortliche Faktoren hierfür sind z. B. demographische Veränderungen, Zugang zu Wasserressourcen, soziale Ungleichheit, Urbanisierung, Kriege usw. Obwohl diese Entwicklungen zu einem großen Teil unabhängig vom Klimawandel auftreten, machen sie die Gesellschaften gegenüber den Veränderungen des Klimas verwundbarer. Eine Zunahme der Fähigkeit von Gesellschaften (Individuen, Unternehmen, Regionen), besser mit den Folgen von Klimaänderungen umzugehen („coping capacities"), könnte ihre Resilienz verbessern und sie somit vor den Wirkungen von Klimawandel schützen.
- *Größerer Einfluss derer, die vom Klimawandel besonders getroffen sind.* In internationalen Verhandlungen fordern die teilnehmenden Staaten, die in besonderer Weise vom Klimawandel betroffen sind, zunehmend Strategien und Maßnahmen zur Anpassung, die sie besser in die Lage versetzen, mit dem Klimawandel umzugehen. Diese Forderungen werden unabhängig vom Ausmaß der Vermeidungsbemühungen gestellt, die nach wie vor als notwendig angesehen werden.

Die betroffenen (Entwicklungs-)Länder weisen darauf hin, dass Mittel, anstatt sie für mögliche Schäden und Bedrohungen für zukünftige Generationen auszugeben, für die Verbesserung der Lebensbedingungen der gegenwärtigen Generation verwendet werden sollten.

Betrachtet man diese Argumente, so wird klar, dass Anpassung nicht nur als ein „passiver" Vorgang gesehen wird, bei dem Maßnahmen nur eine Reaktion auf von außen gesetzte und unvermeidliche Klimaänderungen darstellen, sondern auch aktive Strategien und Maßnahmen beinhalten, die darauf abzielen, Gesellschaften robuster und weniger verwundbar zu machen. Einige Adaptionsmaßnahmen sind marktgetrieben, z. B. wenn neue Pflanzensorten entwickelt werden. Einige sind regionaler Natur, z. B. wenn der Hochwasserschutz an besonders betroffenen Fließgewässern verbessert wird. Einige Adaptionsmaßnahmen betreffen aber die Entwicklungsländer, die nicht in der Lage sind, diese selbst zu finanzieren (*Barrett* 2007, S. 244). Eine Klima-Architektur muss diesen Aspekt insbesondere mit Blick auf diese Entwicklungsländer berücksichtigen. Deren Zustimmung zu einem internationalen Vertrag wird sehr stark davon abhängen, ob Maßnahmen zur Anpassung darin auch – zumindest ergänzend – vorgesehen sind.

F. Der internationale Rahmen: Top-down oder bottom-up?

Nachdem im vorangegangenen Abschnitt die Bausteine einer internationalen Klimapolitik herausgearbeitet wurden, soll in diesem Abschnitt die Frage behandelt werden, wie diese einzelnen Bausteine in einem internationalen Regime – einer Architektur – verknüpft werden können. Es ist zu betonen, dass die einzelnen Bausteine für sich genommen in der Literatur zumeist nicht strittig sind. So würden viele Autoren den genannten Elementen einer Klima-Architektur zustimmen und allenfalls an einzelnen Stellen abweichende Auffassungen vertreten. Was aber das Zusammenfügen der Bausteine, die eigentliche Klima-*Architektur* anbetrifft, so gehen die Auffassungen über das, was sinnvoll und machbar ist, weit auseinander, und es werden grundsätzlich verschiedene Positionen vertreten.

Die vorhandenen Vorschläge für alternative Klima-Architekturen (vgl. im Überblick *Aldy / Barrett / Stavins* 2003; *Aldy / Stavins,* 2007b) sollen an dieser Stelle in zwei Gruppen eingeteilt werden: (1) Ganzheitliche Top-down-Ansätze und (2) fragmentierte Bottom-up-Ansätze. Top-down-Ansätze sind vom Anspruch her umfassender; sie zielen darauf ab, aus einer übergeordneten Sicht einen Gesamtrahmen für die internationale Klimapolitik vorzuschlagen, einen „global deal" (*Stern* 2008, S. 26 ff.). Wichtige Elemente dieses Ansatzes sind: Eine umfassende Partizipation, bindende Ziele und Zeitpfade, ein internationaler Emissionshandel und spezielle Anreize für Entwicklungsländer. Bottom-up-Ansätze zielen demgegenüber nicht auf Vollständigkeit und sind „lockerer" gestrickt; sie gehen davon aus, dass eine internationale Top-down-Übereinkunft nicht zustande kommt und plädieren aus diesem Grunde für nationale Aktivitäten. Diese können zunächst unabhängig voneinander von den Nationalstaaten entwickelt werden; sie stehen „fragmentiert" nebeneinander, können aber im Gefolge koordiniert werden und nähern sich u. U. so einer internationalen Klima-Architektur an.

I. Top-down-Ansätze – der „global deal"?

Ganzheitliche Top-down-Ansätze sind dem Bau einer gotischen Kathedrale vergleichbar (*Jacoby* 2007, S. 271): Sie sind sorgsam geplant, bestehen aus der kunstvollen Zusammenfügung zahlreicher Elemente und beanspruchen eine lange Bauzeit. Das Kyoto-Protokoll kann als typisches Beispiel für einen Top-down-Ansatz angesehen werden. Verhandelt wurde mit nahezu allen Ländern, es wurde ein hohes Maß an Partizipation angestrebt, im Vordergrund der Verhandlungen standen quantitative Mengenbegrenzungen für relativ kurze Zeitfristen (bis 2008/2012), instrumentell wurde ein internationaler Emissionshandel vorgeschlagen, und zusätzlich wurden mit dem CDM Anreize für die Einbeziehung von Entwicklungsländern gesetzt.

Aus ökonomischer Sicht lässt sich die Suche nach einem „Super-Kyoto" im Rahmen einer Top-down-Vorgehensweise sehr gut begründen: Klimapolitik ist wahrlich ein globales öffentliches Gut, sodass möglichst *alle* Staaten in die Verpflichtung einer Emissionsreduktion einbezogen werden sollten. Die Reduzierung *aller* Treibhausgase soll durch *absolute* Emissionsbegrenzungen erreicht werden und damit für eine sichere Erreichung der Zielwerte sorgen. Der im Kyoto-Protokoll verankerte internationale Emissionshandel ist ein Musterbeispiel ökonomischer Politikempfehlung; Ökonomen weisen stets auf die Kosteneffektivität des Emissionshandels hin. Sie betonen darüber hinaus, dass Kosteneinsparungen besonders groß sind, wenn alle Länder, alle Treibhausgase und alle Sektoren in einen solchen Handel einbezogen sind. Gestützt werden kann die Top-down-Betrachtung durch die oben in Anlehnung an *Stern* (2008) angestellten Überlegungen zu einer „gerechten" Lastenverteilung zwischen Industrie- und Entwicklungsländern. Danach sind die laufenden wie auch die historischen Emissionen der einzelnen Länder heranzuziehen, um auf dieser Basis zu Minderungspflichten zu gelangen. Langfristig wird dabei zumeist von identischen Pro-Kopf-Emissionen für Industrie- und Entwicklungsländer ausgegangen. Auf dem Weg dorthin werden unterschiedliche Minderungsziele für die verschiedenen Länder oder Ländergruppen veranschlagt, die nach ihrem Pro-Kopf-Einkommen oder anderen Indikatoren gruppiert werden (*Frankel* 2007; *Selke/Bardt* 2008). Letztlich zielen derartige Überlegungen darauf ab, „Formeln" zu entwickeln, um den mit dem Kyoto-Protokoll eingeleiteten Weg schrittweise fortzuentwickeln und zu vertiefen. Das verfolgte Prinzip lautet „graduation" und „deepening" (*Michaelowa* 2007). Dieser Ansatz, „Formeln" für Minderungsleistungen für einzelne Staaten zu entwickeln, passt besonders gut zum Bild der Kathedrale, zum umfassenden Design der Klima-Architektur.

Jedoch dürfte eine ganzheitliche Top-down-Klima-Architektur mit großen Problemen einhergehen, die ihre Entstehung und Umsetzung letztlich behindern. Vier Argumente seien hier genannt:

Erstens sprechen die Interessenlagen der beteiligten Verhandlungspartner gegen eine solche Lösung. Das Klimaproblem hat den Charakter eines globalen öffentlichen Gutes, bei dem Freifahrerverhalten die Regel und Kooperation die Ausnahme ist. Diese Grundkonstellation ist und bleibt prägend für die Verhandlungsprozesse in der internationalen Klimapolitik. Das Auseinanderfallen von Kosten und Nutzen zwischen Industrie- und Entwicklungsländern, aber auch innerhalb der Industrie- oder der Entwicklungsländer, macht eine Einigung auf absolute Mengenbegrenzungen höchst unwahrscheinlich. So sprechen gegen kurzfristige Reduktionsziele, die auf wenige Jahre (etwa 2020) angelegt sind, ganz eindeutig die Erfahrungen des Kyoto-Protokolls. Es erscheint aber ebenso fraglich, dass sich Staaten an längerfristige Reduktionsziele binden, die bis 2030 oder 2050 reichen. Hinzu kommt das Argument der Unsicherheit, das diesen Effekt noch verstärkt. Wenn ein Land nicht sicher ist, ob es tatsächlich von Klimaänderungen negativ betroffen sein wird, wird es der Festlegung von Mengenbegrenzungen im Zweifel nicht zustimmen. Die unterschiedlichen Interessenlagen im Rahmen internationaler Verhandlungen können auch nicht durch „Formeln" für Minderungsquoten aufgelöst werden. Die Zahlenangaben zu historischen und laufenden Emissionen stellen allenfalls eine Argumentationshilfe dar, um Beiträge einzelner Staaten zum globalen Klimaproblem zu veranschaulichen. Sie mögen auch zeigen, warum bestimmte Staaten eine „Verantwortung" tragen und bestimmte Minderungsleistungen übernehmen sollen. Die „Formeln" ersetzen jedoch in keiner Weise Verhandlungen – sie sind eher ein „conservation-starter", um etwa über Seitenzahlungen oder Entwicklungspolitik zu diskutieren (*Wiener* 2007, S. 70).

Zweitens sind – damit zusammenhängend – die Transaktionskosten einer allumfassenden, breit angelegten Top-down-Klima-Architektur sehr hoch. Auch hier bietet Kyoto anschauliche Lehren: Der Kyoto-Prozess war ein gigantischer Verhandlungsprozess. Angestoßen durch die Klimarahmenkonvention 1992 kam es erst nach fünf Jahren zur Verabschiedung des eigentlichen Protokolls; es dauerte weitere acht Jahre (bis 2005), bis das Kyoto-Protokoll die vorgesehene Zustimmung erlangt hatte. Bis dahin waren jedoch einige Unterzeichner aus dem Prozess ausgestiegen.[20] Hinter diesen Zeitskalen verbergen sich umfangreiche Verhandlungsprozesse. Es ist zu beachten: Je größer die Zahl der Teilnehmer, desto höher die Transaktionskosten. Es spricht vieles dafür, einen Verhandlungsprozess lieber mit einer kleinen Anzahl von „Kernländern" zu beginnen und dann schrittweise zu erweitern.

20 Wenn hier die kritischen Argumente bezüglich des Kyoto-Protokolls besonders betont werden, so ist doch zu sagen, dass das Protokoll eine Reihe von positiven Entwicklungen gebracht hat: Der EU-Emissionshandel wurde etabliert, Diskussionsprozesse eingeleitet und die Etablierung internationaler Institutionen wurde begonnen, z. B. durch die Einführung eines Sekretariats.

Drittens beinhaltet die Top-down-Klima-Architektur als zentrales Element einen Transfer von Mitteln von Industrieländern in Entwicklungsländer. Die Summen hierfür dürften erheblich sein. Thomas Schelling spricht von einer Aufgabe, die in ihrer Größenordnung allenfalls mit dem Aufbau der NATO vergleichbar sei. Mit einer Umwidmung von Geldern für Entwicklungshilfe in solche für Klimaanpassung ist es nicht getan. Es ist kaum vorstellbar, dass die Industrieländer bereit sind, die erforderlichen Transfers zu leisten, vor allem wenn damit nicht zugleich Vorteile für ihre eigenen Volkswirtschaften verbunden sind. Auch der Emissionshandel, der häufig als Königsweg angepriesen wird, weil mit der Anfangsausstattung an Emissionsrechten eine Besserstellung von Entwicklungsländern möglich ist und insofern „implizite Transfers" gewährt werden können (wenn z. B. eine Pro-Kopf-Verteilung der Emissionsrechte vorgenommen wird), kann dieses Problem nicht lösen. Denn auch der Emissionshandel kommt ja nicht von selbst – er muss vielmehr politisch verhandelt und im Rahmen internationaler Abkommen verabschiedet werden. Die Teilnehmer in diesen Aushandlungsprozessen werden die mit der Anfangsausstattung verbundenen Verteilungseffekte sehr genau kennen, eine „Verteilungsillusion" dürfte diesbezüglich kaum bestehen. Damit bleibt vor allem der Technologietransfer als mögliches Element bestehen, Industrie- und Entwicklungsländer gemeinsam in eine internationale Klima-Architektur einzubinden.

Viertens setzen internationale Top-down-Lösungen starke Institutionen auf der internationalen (wie übrigens auch der nationalen) Ebene voraus. Diese internationalen Institutionen (Organisationen und institutionelle Regelungen, wie z. B. Verträge) spielen nicht nur im Rahmen von Verhandlungen, z. B. beim Agenda-setting oder der Willensbildung, eine wichtige Rolle. Sie sind auch dafür verantwortlich, dass nationale Zusagen tatsächlich überprüfbar vollzogen werden. Dies bedeutet beispielsweise, dass ein Monitoring von Treibhausgasemissionen in den einzelnen Ländern tatsächlich stattfindet, dass nationale Maßnahmen im Klimaschutz auch international überprüft werden und dass bei Non-compliance Sanktionen ausgesprochen werden können. Schon auf der nationalen Ebene sind die genannten Voraussetzungen in vielen Staaten nicht erfüllt. Noch viel weniger liegen sie auf der internationalen Ebene vor. „... serious action must be anchored by capable institutions. And the most capable institutions exist at the level of nation states (and some regions, notably the European Union). International institutions – especially global institutions rooted in the United Nations – are relatively weak" (*Victor* 2007, S. 134). Besonders anschaulich kann dieser Mangel an adäquaten Institutionen am Clean-Development-Mechanismus gezeigt werden. Das Verfahren ist aufwändig, mit zweifelhafter umweltbezogener Wirksamkeit, hohen Kosten und Misstrauen bei vielen Klima-Vertragspartnern verbunden (*Victor* 2007, S. 147, S. 149; *Stern* 2008, S. 30). Generell kann man hieraus folgern: Internationale Verträge sind nur insoweit wirksam, wie angepasste Institutionen sowie ein entsprechendes Vertrauen in die Wirksamkeit dieser Institutionen vorliegen. Sind diese Voraussetzungen nicht gegeben, kommen internationale Übereinkünfte auch nur schwer zustande.

Die genannten Kritikpunkte weisen deutlich auf die Grenzen einer Top-down-Architektur hin. Top-down-Ansätze sind zu ambitioniert, zu voraussetzungsvoll, mit exorbitant hohen Transaktionskosten verbunden, zu wenig flexibel und damit zu anfällig für neue Entwicklungen.[21] Sie unterschätzen den Öffentlichen-Guts-Charakter von Klimapolitik und die damit verbundene Freifahrerproblematik (oder sind zumindest zu optimistisch bezüglich der Möglichkeiten der Überwindung der Freifahrerproblematik). Sie setzen Annahmen über das Verhalten politischer Akteure voraus, die nicht vorauszusetzen sind.[22] Und sie setzen Institutionen voraus, die nicht bestehen. Die zentralen Elemente, die nicht ausreichend berücksichtigt werden, sind letztlich Anreize und Institutionen (*Carraro* 2007). Ein weiterer Grund liegt darin, dass ein ganzheitliches System, das auf die Summe der Teile und deren Zusammenwirken angewiesen ist, immer sehr anfällig ist. Wenn auch nur ein Teil ausfällt, ist oft die gesamte Architektur gefährdet (*Schelling* 2007, S. 343).

Die Aussage lautet trotzdem nicht, dass internationale Abkommen der beschriebenen Art unmöglich sind, dass die gotische Kathedrale nicht gebaut werden kann. Sie lautet aber, dass der Bau der Kathedale angesichts zahlreicher Widrigkeiten sehr unwahrscheinlich und das fertig gestellte Gebäude sehr fragil ist.

II. Bottom-up-Ansätze, graduelle Maßnahmen und Koordination

Wenn aus den genannten Gründen eine übergeordnete Top-down-Klima-Architektur eher unwahrscheinlich ist, so muss an dem angesetzt werden, was da ist.

Es gibt zahlreiche nationale Aktivitäten in fast allen Annex I Staaten des Kyoto-Protokolls. Gerade in den vergangenen zwei Jahren haben sich viele Staaten freiwillig auf erhebliche Reduktionen verpflichtet (*Stern* 2008, S. 27 f.). Diese Entwicklung ist insofern überraschend, als aus ökonomischer Sicht eigentlich ein Freifahrerverhalten erwartet werden müsste. Gleichwohl sehen die nationalen Aktivitäten ganz unterschiedlich aus: Sie beinhalten Aufklärung, freiwillige Vereinbarungen, ordnungsrechtliche Maßnahmen, Steuerlösungen, Subventionen, Technologieförderung oder Emissionshandel. Sie umfassen in einzelnen Ländern abso-

---

21 Dies ist genau die Folgerung, die mit Blick auf das Kyoto-Protokoll gezogen wird: „But, in trying to introduce, from the top down, a global market in all greenhouse gases and all sources and sinks, the Kyoto approach tries to do too much, too soon, especially in the absence of binding legal frameworks to enforce contracts among parties who are not bound by other strong ties (*Prins / Rayner* 2007, S. 974).

22 Man ist an dieser Stelle an die Auseinandersetzungen um das Handeln politischer Akteure erinnert: Ein wohlwollenden Staat („benevolent dictator") auf der einen Seite und eigennutzorientierte politische Akteure gemäß dem Public-Choice-Ansatz auf der anderen Seite. So ist beispielsweise vollkommen offen, inwieweit Regierungen bereit sind, einen effektiven Emissionshandel in ihrem Land einzuführen, oder ob sie nicht danach trachten, ihre Unternehmen im internationalen Wettbewerb besser zu stellen. Letzteres kann Erleichterungen im Emissionshandelssektor des Landes nach sich ziehen.

lute Emissionsbegrenzungen, in anderen Ländern wird hingegen ein Wachstum der Emissionen zugestanden oder es wird auf relative Ziele abgestellt. Oft werden auch klimapolitische Ziele mit anderen Zielsetzungen verknüpft (z. B. bei der Frage der Versorgungssicherheit im Energiebereich oder dem Schutz der Biodiversität im Falle des tropischen Regenwaldes). Die Aktivitäten beziehen sich auf Vermeidung oder auf Anpassung. Sie sind zum Teil auf der Zentralebene des Staates angesiedelt, zum Teil aber auch auf nachgelagerten staatlichen Ebenen, wie bspw. bei den regionalen Klimaschutzbemühungen der *states* in den USA (*Pizer* 2007, S. 298 ff.). Es gibt also sehr viele, aber unterschiedliche Aktivitäten.

Darüber hinaus gibt es Entwicklungen, die in einzelnen Bereichen auf eine Annäherung zwischen den Staaten hindeuten. So wurde bei der Einführung von Abgabenlösungen in Neuseeland explizit der CO_2-Preis berücksichtigt, der sich im europäischen Emissionshandelssystem ergeben hat. Überhaupt nähern sich die CO_2-Preise, die weltweit in den verschiedenen Ländern für Vermeidungsmaßnahmen angesetzt werden, einander an.

Was schließlich auch vorhanden ist und als Grundlage einer Bottom-up-Architektur dienen kann, sind die bestehenden internationalen Regelungen, wie die Klimarahmenkonvention und das Kyoto-Protokoll. Diese sind zwar vielfach kritisiert worden, haben aber trotzdem für manche Länder richtungweisenden Charakter. Sie haben in diesen Ländern die Verabschiedung bestimmter Maßnahmen herbeigeführt und Lerneffekte induziert.

Fasst man zusammen, so stellen die gegenwärtige Vereinbarungen, Aktivitäten und Maßnahmen keine gotische Kathedrale dar, sondern ein fragmentiertes System unterschiedlichster Ansätze. Die bestehende Architektur erinnert mehr an eine Favela als an ein schönes, wohlgeplantes Gebäude und schon gar nicht an eine Kathedrale (*Jacoby* 2007, S. 271).

Trotzdem hat man weit mehr als nichts. Nimmt man diese Entwicklungen als Ausgangspunkt einer Klima-Architektur, so hat man erst einmal den Vorteil, dass an gegenwärtigen Fakten anknüpft werden kann, nicht an Plänen über Minderungsziele oder Absichtserklärungen für die Zukunft. Auf diesem Ansatz kann man aufbauen. Man kann ihn für die Entwicklung einer internationalen Klima-Strategie gezielt weiter verfolgen. Aber nicht indem man bindende Ziele vorschreibt oder auf ein spezielles System setzt, sondern indem man das erweitert, was vorhanden ist, dabei mehr Wert auf „actions“ als auf „outcomes“ legt, statt bindender Ziele weiche Ziele zulässt, die Vielfalt Vielfalt sein lässt, aber die vorhandenen Ansätze intensiv kommuniziert und über die Zeit zu verknüpfen sucht. Man kann diesen Ansatz umschreiben als „Handeln – dann Lernen – dann Handeln“ (*Pizer* 2007, S. 282). Die Bottom-up-Strategie würde also lauten: „encourage at a global level more of what we are beginning to see happening, regionally and domestically, right now, in advance of stronger international efforts as institutions evolve“ (*Pizer* 2007, S. 281).

Die verschiedenen nationalen und subnationalen Erfahrungen sollten dazu regelmäßig berichtet, ausgewertet und verbessert werden. In einem solchen Rahmen werden einige Länder ihre Treibhausgasemissionen in einem bestimmten Umfang ausweiten. Andere Länder sind nicht bereit, sich auf absolute Mengenbegrenzungen einzulassen und gehen stattdessen auf relative Intensitätsziele über.[23]

Neben den nationalen Politiken, die die Basis einer solchen Klima-Strategie darstellen, werden auch weiterhin internationale Agreements zustande kommen, nur eben nicht mit einem allumfassenden und ganzheitlichen Anspruch. So wird das Kyoto-Protokoll in irgendeiner Weise fortbestehen. Zumindest die Länder, die im Rahmen des Protokolls zugestimmt haben, Minderungen zu leisten, und die auch entsprechende Maßnahmen ergriffen haben, werden bis 2008 / 2012 bemüht sein, die versprochenen Zielwerte zu erreichen. Und sie werden hierauf aufbauen wollen. Vor diesem Hintergrund ist nicht zu erwarten, dass auf der COP 15 in Kopenhagen im Jahre 2009 eine neue umfassende Architektur verabschiedet wird. Vielmehr ist es ein Nebeneinander von unterschiedlichen Aktivitäten, was wahrscheinlicher ist. Von diesen Aktivitäten sind einige bindend, andere freiwillig. In jedem Fall werden die nationalen Strategien und Maßnamen nicht den internationalen Abkommen folgen, sondern umgekehrt: Die internationalen Abkommen werden sich als Ergebnis der nationalen Aktivitäten einstellen, sodass ein vielfältigeres, offeneres Bild entsteht.[24]

Zwei weitere Komponenten können in dieser Strategie eine tragende Rolle spielen: Zum einen ist es wichtig, Entwicklungsländer gezielt einzubeziehen. Hier sollten alle Möglichkeiten des bilateralen oder multilateralen Austausches genutzt und für die Zwecke der Klimapolitik eingesetzt werden. Die Berücksichtigung der Interessen der Entwicklungsländer und ihre Einbeziehung geschieht dabei nicht allein durch Seitenzahlungen oder den Emissionshandel, sondern vielmehr durch ein Geflecht weiterer Maßnahmen. Die Notwendigkeit hierzu ergibt sich schon daraus, dass die Emissionsvermeidung in den Entwicklungsländern bei Weitem am kostengünstigsten ist.

Die Bottom-up-Vorgehensweise hat gegenüber der Top-down-Architektur entscheidende Vorteile: Sie ist bescheidener, sie ist nicht so umfassend, sie kann auch lediglich auf Einzelelementen beruhen, ohne dass das ganze System in Frage gestellt wird oder gar zusammenbricht (*Schelling* 2007). Sie ist damit auch fehlerfreundlicher, offener und flexibler. Sie verarbeitet besser das dezentrale Wissen

---

23 „When we sit down to design an international climate agreement, therefore, we need to recognize that domestic circumstances and opportunities differ; that, at least right now, at the beginning of a perhaps century-long global effort to address climate change, binding emission limits, prices, or standards are unlikely to be helpful; and that formal mechanism to equalize marginal costs (at this initial phase) are less important for efficiency than suggested in the literature. Instead, we should encourage countries to make some commitment to mandatory action, and focus our energy on a clear commitment to evaluate what actually happens" (*Pizer* 2007, S. 304).

24 „Rather than a centrally planned global solution of one flavour or another, we are likely to see a suite of domestic (or sub-domestic) responses that are gradually podded and caroused into rough harmonisation" (*Pizer* 2007, S. 284).

und betont stärker das evolutorische Element von Lernen und Handeln in der Politik. Die große Frage ist, ob solche dezentralen Maßnahmen ausreichen. Man mag das bezweifeln. Aber die Aussagen zu den dezentralen Bottom-up-Lösungen wurden an dieser Stelle nicht aus normativen Überlegungen abgeleitet, was wünschenswert ist, sondern aus positiven Überlegungen, was realistisch erscheint.

Kommt es vor diesem Hintergrund zukünftig überhaupt zu einer internationalen Abstimmung? Wahrscheinlich ja. Dabei kommt es darauf an, lediglich einen kleinen Kreis von Ländern in die Klimaverhandlungen einzubeziehen. Die Initiative kann dabei von den G8 oder G8 plus 5 Staaten ausgehen, sie kann sich auch einfach auf die 20 stärksten Emittenten beziehen, wie dies der kanadische Premierminister Martin vorgeschlagen hat. In jedem Fall wären die Transaktionskosten bei einer graduellen Vorgehensweise in der internationalen Klimapolitik deutlich geringer.

G. Zusammenfassung

In diesem Beitrag wurden Überlegungen für eine internationale Klimapolitik in der Post-Kyoto-Welt angestellt. Ausgegangen wurde von den Besonderheiten des Klimaproblems, die in langen Zeitpfaden, dem Problem der Unsicherheit und der Freifahrerproblematik liegen. Aufbauend auf den Kriterien, die für eine internationale Klimapolitik zu berücksichtigen sind, wurde zunächst eine Beurteilung der bestehenden Strukturen in der internationalen Klimapolitik, den Regelungen der Klimarahmenkonvention und des Kyoto-Protokolls, vorgenommen. Hier zeigte sich, dass das Kyoto-Protokoll schwerwiegende Konstruktionsmängel aufweist und daher massiven Kritikpunkten ausgesetzt ist. Aus den Mängeln des Kyoto-Protokolls lässt sich aber für alternative Klima-Architekturen Vieles lernen. Die zentralen Voraussetzungen, die im Kyoto-Protokoll nicht ausreichend berücksichtigt wurden, bestehen in Anreizen und institutionellen Bedingungen. Bei den möglichen Alternativen zum Kyoto-Prozess wurden zunächst einzelne Bausteine diskutiert. Sie können für sich stehen oder in einer Klima-Architektur zusammengefügt sein. Bei den Klima-Architekturen wurde ganzheitlichen Top-down-Ansätzen eine Absage erteilt. Diese Absage ergab sich weniger aus dem Umstand, dass Top-down-Ansätze nicht entwickelt werden *sollen,* sondern vielmehr aus dem Tatbestand, dass sie nicht erfolgreich entwickelt werden *können,* weil die Anreize der Beteiligten dem entgegenstehen und die entsprechenden Institutionen fehlen. Zukünftige Klima-Architekturen sollten diese Aspekte berücksichtigen und sich dieser Grenzen bewusst sein. Hieraus folgt, dass alternative Klima-Architekturen viel bescheidener in dem Sinne sein sollen, stärker an Bestehendem anzuknüpfen. Dies spricht in starkem Maße für das Nebeneinander nationaler und subnationaler Regelungen, die sich in einem Prozess einander annähern.

Literatur

Ackerman, F. (2007): Debating Climate Economics: The Stern Review vs. Its Critics, Manuscript, July 2007.

Aldy, J. E. / *Barrett,* S. / *Stavins,* R. N. (2003): Thirteen Plus One: A Comparison of Global Policy Architectures, in: Climate Policy, Vol. 3, S. 373 – 397.

Aldy, J. E. *et al.* (2003): Beyond Kyoto. Advancing the International Effort against Climate Change, PEW Center on Global Climate Change, Dec. 2003.

Aldy, J. E. / *Stavins,* R. N. (2007a): Introduction: International Policy Architecture for Global Climate Change, in: J. E. Aldy / R. N. Stavins (eds.): Architectures for Agreement: Addressing Global Climate Change in the Post-Kyoto-World, Cambridge: Cambridge University Press, S. 1 – 27.

Aldy, J. E. / *Stavins,* R. N. (eds.) (2007b): Architectures for Agreement: Addressing Global Climate Change in the Post-Kyoto-World, Cambridge: Cambridge University Press.

Anger, N. / *Sahaye,* J. (2008): Schutz der Regenwälder erhöht die Effizienz der weltweiten Klimapolitik, in: ZEWnews, Juni 2008, S. 1 –2.

Barrett, S. (2003): Environment and Statecraft: The Strategy of Environmental Treaty-Making, Oxford: Oxford University Press.

Barrett, S. (2006): Climate Treaties and „Breakthrough" Technologies, in: American Economic Review, Vol. 96 (2), S. 22 – 25.

Barrett, S. (2007): A Multi-Track Climate Treaty System, in: J. E. Aldy / R. N. Stavins (eds.): Architectures for Agreement: Addressing Global Climate Change in the Post-Kyoto-World, Cambridge: Cambridge University Press, S. 237 – 259.

Barrett, S. / *Stavins,* R. N. (2003): Increasing Participation and Compliance in International Climate Change Agreements, in: International Environmental Agreements: Politics, Law and Economics, Vol. 3, S. 349 – 376.

Bodansky, D. / *Diringer,* E. / *Pershing,* J. / *Wang,* X. (2004): Strawman Elements: Possible Approaches to Advancing International Climate Change Efforts, Washington (D.C.), PEW Centre on Global Climate Change.

Böhringer, C. (2001): Climate Policies from Kyoto to Bonn: From Little to Nothing?, in: The Energy Journal, Vol. 23 (2), S. 61 –71.

Bradford, D. F. (2002): Improving on Kyoto: Greenhouse Gas Control as the Purchase of a Global Public Good, Princeton University Working Paper, 30 April Draft.

Brophy, A. (2008): The Canadian Regulatory Framework for Carbon Trading: Sailing Away from Consensus while Waiting for the US Federal Scheme, in: Carbon & Climate Law Review, Vol. 2 (2), S. 140 – 149.

Carraro, C. (2007): Incentives and Institutions. A Bottom-up Approach to Climate Policy, in: J. E. Aldy / R. N. Stavins (eds.): Architectures for Agreement: Addressing Global Climate Change in the Post-Kyoto-World, Cambridge: Cambridge University Press, S. 161 –172.

EEA (European Environmental Agency) (2008): Annual European Community Greenhouse Gas Inventory 1990–2006 and Inventory Report 2008. Submission to the UNFCCC Secretariat, Copenhagen, 27. May 2008.

Ellerman, A. D. / *Buchner,* B. (2008): A First Look at How the EU Emissions Trading System is Working. Based on 2005 – 06 Emission Data, appears in: Environmental and Resource Economics, quoted from manuscript.

Ellerman, A. D. / *Joskow,* P. (2008): The European Union's Emissions Trading System in Perspective, PEW Centre for Global Climate Change, May 2008.

Enkvist, P.-A. / *Naucler,* T. / *Rosander,* J. (2007): A Cost Curve for Greenhouse Gas Reduction, in: The McKinsey Quarterly, Vol. 1, S. 35 – 45.

EU (Europäische Kommission) (2008): Vorschlag für eine Richtlinie des Europäischen Parlaments und des Rates zur Änderung der Richtlinie 2003 / 87 / EG zwecks Verbesserung und Ausweitung des EU-Systems für den Handel mit Treibhausgasemissionszertifikaten, KOM(2008) 16 endg. vom 23. 01. 2008, Brüssel.

Dombrowsky, I. (2007): Conflict, Cooperation and Institutions in International Water Management. An Economic Analysis, Cheltenham: Edward Elgar.

Frankel, J. (2007): Formulas for Quantitative Emission Targets, in: J. E. Aldy / R. N. Stavins (eds.): Architectures for Agreement: Addressing Global Climate Change in the Post-Kyoto-World, Cambridge: Cambridge University Press, S. 31–56.

Grubb, M. (2003): The Economics of the Kyoto Protocol, in: World Economics, Vol. 4 (3), S. 143 – 189.

Gupta, S. / *Tirpark,* D. A. / *Burger,* N. / *Gupta,* J. / *Höhne,* N. / *Boncheva,* A. I. / *Kanoan,* G. M. / *Kolstad,* C. / *Kruger,* J. A. / *Michaelowa,* A. / *Murase,* S. / *Pershing,* J. / *Saijo,* T. / *Sari,* A. (2007): Policies, Instruments and Co-operative Arrangements, in: IPCC (2007c), Climate Change 2007: Mitigation. Contribution of Working Group III to the Fourth Assessment Report of the Intergovernmental Panel on Climate Change, Cambridge (UK), S. 745 – 807.

Hansjürgens, B. (2005): Concluding Observations, in: Ders. (ed.): Emissions Trading for Climate Policy, Cambridge: Cambridge University Press, S. 250 – 264.

Hansjürgens, B. (2007): Thomas Schelling und das Klimaproblem, in: I. Pies / M. Leschke (Hg.): Thomas Schellings strategische Ökonomik, Tübingen: Mohr-Siebeck, S. 85 – 111.

IPCC (International Panel on Climate Change) (2007a): Technical Summary, in: Climate Change 2007: The Physical Science Basis. Contribution of Working Group I to the Fourth Assessment Report of the Intergovernmental Panel on Climate Change, Cambridge (UK).

IPCC (International Panel on Climate Change) (2007b): Climate Change 2007. Impacts, Adaptation and Vulnerability. Contributions of Working Group II to the Fourth Assessment Report of the Intergovernmental Panel on Climate Change, Cambridge (UK).

IPCC (International Panel on Climate Change) (2007c): Summary for Policymakers. In: Climate Change 2007: Mitigation. Contribution of Working Group III to the Fourth Assessment Report of the Intergovernmental Panel on Climate Change, Cambridge (UK).

Jacoby, H. D. (2007): Climate Favela, in: J. E. Aldy / R. N. Stavins (eds.): Architectures for Agreement: Addressing Global Climate Change in the Post-Kyoto-World, Cambridge: Cambridge University Press, S. 270 – 279.

Jacoby, H. D. / *Ellerman,* A. D. (2004): The Safety Valve and Climate Policy, in: Energy Policy, Vol. 32, S. 481– 491.

Knight, F. H. (1921): Risk, Uncertainty, and Profit, Boston (MA): Hart, Schaffner & Marx; Houghton Mifflin Company.

Kolstadt, C. (2005): Climate Change Policy Viewed from the USA and the Role of Intensity Targets, in: B. Hansjürgens (ed.): Emissions Trading for Climate Policy, Cambridge: Cambridge University Press, S. 96 – 113.

Kolstad, C. (1996): Learning and Stock Effects in Environmental Regulation: The Case of Greenhouse Gas Emissions, in: Journal of Environmental Economics and Management, Vol. 31, S. 1 – 18.

Lyster, R. (2007): Separating the Wheat from the Chaff: Regulating Greenhouse Gases in a Climate of Uncertainty, in: Carbon & Climate Law Review, Vol. 2 (2), S. 89 – 104.

Mace, M. J. / *Anderson,* J. (2008): Transnational Aspects of a Linked Carbon Market, in: Carbon & Climate Law Review, Vol. 2, S. 190 – 196.

McKibbin, W. J. / *Wilcoxen,* P. J. (2002): The Role of Economics in Climate Change Policy, in: Journal of Economic Perspectives, Vol. 16 (2), S. 107 –129.

Michaelis, P. (1996): Ökonomische Instrumente in der Umweltpolitik, Heidelberg: Physica Verlag.

Michaelowa, A. (2003): Global Warming Policy, in: Journal of Economic Perspectives, Vol. 17 (3), S. 204 – 205.

Michaelowa, A. (2007): Graduation and Deepening, in: J. E. Aldy / R. N. Stavins (eds.): Architectures for Agreement: Addressing Global Climate Change in the Post-Kyoto-World, Cambridge: Cambridge University Press, S. 81 – 104.

Müller-Jung, J. (2006): Schleusen auf und weg damit, in: Frankfurter Allgemeine Zeitung, 10. 8. 2006.

Newell, R. / *Pizer,* W. A. (2003): Regulating Stock Externalities under Uncertainty, in: Journal of Environmental Economics and Management, Vol. 45, S. 416 – 432.

Nordhaus, W. D. (2005): Life After Kyoto: Alternative Approaches to Global Warming Policies, Yale University, 9. December 2005.

Nordhaus, W. D. (2006): After Kyoto: Alternative Mechanism to Control Global Warming, in: American Economic Review, Vol. 96 (2), S. 31 – 34.

Olmstead, S. M. / *Stavins,* R. N. (2006): An International Policy Architecture for the Post-Kyoto Era, in: American Economic Review, Vol. 96 (2), S. 35–38.

Peterson, S. (2008): Intensity Targets: Implications for the Economic Uncertainties of Emissions Trading, in: B. Hansjürgens / R. Antes (eds.): Economics and Management of Climate Change. Risks, Mitigation and Adaptation, New York / Berlin u. a.: Springer, S. 97 – 110.

Pielke, R. Jr. / *Prins,* G. / *Rayner,* S. / *Sarewitz,* D. (2007): Lifting the Taboo on Adaptation, in: Nature, 8. February 2007, Vol. 445, S. 597 – 598.

Pies, I. / *Schröder,* G. (2002): Causes and Consequences of Global Warming. How Rational is Our Policy on Climate Change?, Münster.

Pizer, W. A. (2006a): The Evolution of a Global Climate Change Agreement, in: American Economic Review, Vol. 96 (2), S. 26 – 30.

Pizer, W. A. (2006b): Economics Versus Climate Change, Resources for the Future, Discussion Paper RFF 06 – 04, February 2006.

Pizer, W. A. (2007): Practical Global Change Policy, in: J. E. Aldy / R. N. Stavins (eds.): Architectures of Agreement: Addressing Global Climate Change in the Post-Kyoto-World, Cambridge: Cambridge University Press, S. 280 – 314.

Prins, G. / *Rayner,* S. (2007): Time to Ditch Kyoto, in: Nature, Vol. 445, Oct. 2007, S. 973 – 974.

Sandalow, D. B. / *Bowles,* I. A. (2001): Fundamental of Treaty-Making on Climate Change, in: Science, Vol. 292, S. 1839 – 1840.

Schelling, T. C. (1960): The Strategy of Conflict, Cambridge: Cambridge University Press.

Schelling, T. C. (1992): Some Economics of Global Warming, in: American Economic Review, Vol. 82 (1), S. 1 – 14.

Schelling, T. C. (1998): Costs and Benefits of Greenhouse Gas Reduction, American Enterprise Institute, Washington (D.C.): AEI Press.

Schelling, T. C. (2002 / 2005): What Makes Greenhouse Sense? Time to Rethink the Kyoto Protocol, in: Foreign Affairs, Vol. 81 (2002), No. 3, S. 2 – 9; reprinted in: Indiana Law Review, Vol. 38 (2005), S. 580 – 593.

Schelling, T. C. (2007): Epilogue: Architectures for Agreement, in: J. E. Aldy / R. N. Stavins (eds.): Architectures for Agreement. Addressing Global Climate Change in the Post-Kyoto-World, Cambridge: Cambridge University Press, S. 343 – 349.

Schmalensee, R. (1998): Greenhouse Policy Architectures and Institutions, in: W. D. Nordhaus (ed.): Economics and Policy Issues in Climate Change, Washington (D.C.): Resources for the Future, S. 137 – 158.

Schwarze, R. (2000): Internationale Klimapolitik, Marburg: Metropolis.

Selke, J.-W. / *Bardt,* H. (2008): A New Climate Policy Framework for Post 2012, in: CESifo Forum 1 / 2008, S. 35 – 38.

Stavins, R. N. (2004): Forging a More Effective Global Climate Treaty, in: Environment, Vol. 46 (10), S. 23 – 30.

Stern, N. (2007): The Economics of Climate Change. The Stern Review, Cambridge: Cambridge University Press.

Stern, N. (2008): The Economics of Climate Change, in: American Economic Review, Papers & Proceedings, Vol. 98 (2), S. 1 – 41.

Sterner, T. (2003): Policy Instruments for Environmental and Natural Resource Management, Washington D.C.: RFF Press.

Stowell, D. (2005): Climate Trading – Developments of Greenhouse Gas Markets, Hampshire.

Summers, L. (2007): Foreword, in: J. E. Aldy / R. N. Stavins (eds.): Architectures for Agreement. Addressing Global Climate Change in the Post-Kyoto-World, Cambridge: Cambridge University Press, S. xviii – xxvii.

Szymanski, T. / *Stone,* S. (2008): U.S. Efforts on Climate Change: New Beginnings and Enduring Realities, in: Carbon & Climate Law Review, Vol. 2 (2), S. 134 – 139.

Victor, D. G. (2007): Fragmented Carbon Markets and Reluctant Nations: Implications for the Design of Effective Architectures, in: J. E. Aldy / R. N. Stavins (eds.): Architectures for Agreement: Addressing Global Climate Change in the Post-Kyoto-World, Cambridge: Cambridge University Press, S. 133 – 160.

Weitzman, M. (1974): Prices Vs. Quantities, in: Review of Economic Studies, Vol. 41, S. 477 – 491.

Wiener, J. B. (2007): Incentives and Meta-Architecture, in: J. E. Aldy / R. N. Stavins (eds.): Architectures for Agreement: Addressing Global Climate Change in the Post-Kyoto-World, Cambridge: Cambridge University Press, S. 67 – 80.

Korreferat zu dem Beitrag von Bernd Hansjürgens

Internationale Klimapolitik nach Kyoto: Architekturen und Institutionen

Von *Thomas Apolte,* Münster

Bernd Hansjürgens behandelt sehr ausführlich die Frage, in welche Architektur eine künftige Klimapolitik eingebettet werden kann und soll. Der Beitrag greift weit aus und erläutert zunächst die voraussichtlichen Folgen des Klimawandels, die ökonomischen Grundlagen des Klimaproblems, den bestehenden institutionellen Rahmen der Klimapolitik und entwirft dabei Kriterien zur Beurteilung möglicher Klima-Architekturen. Im Anschluss werden ausführlich die üblichen Instrumente der Klimapolitik beleuchtet und aus umweltökonomischer Sicht bewertet. Auf dieser Basis kommt Hansjürgens dann zu seinen eigentlichen Aussagen über eine mögliche Architektur der Klimapolitik. Hierzu unterscheidet er Top-down-Ansätze von Bottom-up-Ansätzen und damit zugleich sehr unterschiedliche Strategien zur Implementierung einer wirksamen Klimapolitik.

Der größte Teil des Beitrags hat Surveycharakter und ist insofern gut dazu geeignet, sich ein Bild über den Stand der Klimapolitik aus ökonomischer Sicht zu verschaffen. Im letzten Teil des Beitrags bezieht der Verfasser ausdrücklich Position mit Blick auf Erfolg versprechende Ansätze zur Entwicklung einer internationalen Klimaschutzarchitektur. Dabei kritisiert er ausführlich die Top-down-Ansätze und kommt zu dem Schluss, dass diese als ungeeignet und unrealistisch einzustufen sind. Etwas knapper und kursorischer widmet er sich im Anschluss den Bottom-up-Ansätzen und gibt diesen schließlich nicht nur den Vorzug vor den Top-down-Ansätzen, sondern attestiert ihnen auch eine grundlegende Eignung für die Entwicklung einer wirksamen Klimaschutzarchitektur.

An dieser Stelle setzt meine Kritik an. Die Vorbehalte des Verfassers gegenüber den Top-down-Ansätzen überzeugen spontan. Angesichts der Größe des Problems und der zum wirksamen Klimaschutz notwendigen dramatischen Reduktion der weltweiten CO_2-Emissionen wäre ein Top-down-Ansatz im günstigsten Falle wirkungslos, im schlimmsten Falle aber führte er in einen weltweiten Krieg um Emissionsrechte. Mit einem gewissen Zweckoptimismus entscheidet sich Hansjürgens dann für die Bottom-up-Ansätze und bescheinigt diesen zumindest implizit die potenzielle Fähigkeit, das Klimaproblem unter Kontrolle zu bringen. Leider folgt aus der offenkundigen Unfähigkeit des einen Ansatzes aber nicht die Fähigkeit des anderen. Daran ändert auch die Tatsache nichts, dass es defätistisch erscheinen mag, angesichts des drängenden Klimaproblems allen denkbaren Ansätzen grundsätzliche Unfähigkeit zu bescheinigen. Ich fürchte aber, dass sich genau das am Ende nicht vermeiden lässt und dass sich der Verfasser um genau diese unangenehme Wahrheit drücken will – womit er sich freilich in guter Gesellschaft befindet. Das zu sagen, bedeutet zwar nicht, der schieren Untätigkeit in Sachen Klimaschutz das Wort zu reden. Es bedeutet aber schon, dass ein überzeugendes Konzept zum Klimaschutz offensichtlich noch nicht vorliegt.

Der zentrale Einwand gegen den Bottom-up-Ansatz ist das klassische *Common-Pool*-Problem, welches weithin bekannt ist. Wäre dies das einzige Problem, so hätte Hansjürgens Recht mit der Feststellung, dass man es mit dem Bottom-up-Ansatz in jedem Falle versuchen müsse, auch wenn die positiven Externalitäten verhindern, dass dazu die nötige Anreizintensität entfaltet wird. Schließlich handelt es sich bei den größten Emittenten um Staaten oder – wie im Falle der EU – politisch stark integrierte Staatengemeinschaften. Aber leider ist das *Common-Pool*-Problem nicht das einzige Problem, worauf *Sinn* (2007) hingewiesen hat. Zu Recht bemängelt er, dass die gängigen Klimaschutzkonzepte allein die Reduktion der Nachfrage nach fossilen Brennstoffen fokussieren, während das Angebot in aller Regel unbeachtet bleibt. Solange die weltweite Nachfrage aber nicht zu einem lückenlosen Monopson zusammengefasst ist, führt ihre Reduktion an einer Stelle lediglich zu einer Preissenkung an den internationalen Märkten und darüber zu einer Nachfrageausweitung an anderer Stelle. Soweit man dieser Feststellung folgt, muss der Blick auf die Angebotsseite gerichtet werden, die in dem Papier von Bernd Hansjürgens aber – ebenso wie in fast allen anderen Publikationen zu diesem Thema – außen vor bleibt.

Die Argumentation von Sinn ist wie folgt. So lange es für die fossilen Brennstoffe keine vollständigen Substitute gibt, muss theoretisch damit gerechnet werden, dass über kurz oder lang der gesamte Bestand an fossilen Brennstoffen aufgebraucht wird. Dies muss für das Klima keine Katastrophe sein, wenn der Zeitraum, innerhalb dessen dies geschieht, lang genug ist. Insoweit ist die zeitliche Verteilung der Nutzung dieser Brennstoffe entscheidend. Für die Ölförderländer ist der eigene Vorrat an diesen Rohstoffen ein Teil des volkswirtschaftlichen Vermögens, welches abstrakt gesehen durch Förderung und Verkauf im Rahmen einer Portfolioentscheidung in alternative Aktiva umgewandelt werden kann. Die Entscheidung darüber entlang der Zeitachse hängt von der impliziten Ertragsrate der noch nicht geförderten Rohstoffe in Form künftiger Preissteigerungen sowie den Ertragsraten alternativer Aktiva ab. Erwarten Ölförderländer beispielsweise künftige Rohölpreissteigerungen aufgrund der zunehmenden Knappheit dieses Rohstoffes, so werden sie mit der Förderung zuwarten. Je höher also künftige Rohölpreise im Vergleich zu den heutigen sind, desto mehr wird die Ölförderung auf künftige Zeiträume verschoben und damit die Klimagasbelastung reduziert. Je größer umgekehrt die Zeitpräferenzrate der Ölförderer ist – zum Beispiel aufgrund unsicherer Verfügungsrechte oder der begrenzten eigenen Lebenserwartung eines Autokraten –, desto mehr wird die Förderung in die Gegenwart verlagert.

Aus der Einbeziehung der Angebotsseite ergibt sich eine Reihe von Einsichten, welche dem *common sense* der Umweltökonomik teilweise widersprechen. Hiervon seien zwei herausgegriffen:

- Es ist nicht nur abgeschwächt wirksam, sondern vollkommen wirkungslos, wenn unterhalb der kompletten Weltnachfrage Bemühungen zur Reduktion der Nachfrage nach fossilen Brennstoffen entfaltet werden. In der Folge wird die Nachfrage allein auf andere Regionen verlagert.
- Eine Politik, welche in zunehmendem Maße – zum Beispiel mit zunehmendem Ausmaß erkennbarer Klimaschäden – die Nachfrage nach fossilen Brennstoffen drosselt, führt dazu, dass die Förderländer in der Erwartung künftiger (Netto-) Preissenkungen ihre Rohstoffproduktion in die Gegenwart verlagern und damit die Zeit verkürzen, innerhalb derer die Vorkommen an Öl, Kohle und Gas verbrannt werden.

Im Ergebnis kann die in dem Bottom-up-Ansatz beschriebene und von Bernd Hansjürgens auch empfohlene Politik sogar das Gegenteil dessen erreichen, worauf sie eigentlich zielt. Denn wenn die Förderländer beobachten, dass sich im Zeitablauf Zug um Zug immer mehr Länder zu einer immer schärferen Nachfragereduktion nach fossilen Brennstoffen zusammenfinden, dann werden sie künftige Preissenkungen (oder auch nur geringere Preiszuwächse) dadurch zu antizipieren versuchen, dass sie ihre Fördermengen in der Gegenwart erhöhen. Das Klimaproblem verschärft sich dadurch.

Man muss der Analyse von Sinn nicht in jedem Punkt folgen. Insbesondere ist es ratsam, die noch relativ grob gestrickten theoretischen Aussagen zu verfeinern, indem man sie beispielsweise in Modelle überlappender Generationen einbettet. Ignorieren darf man die Forderung nach einer Einbeziehung der Angebotsseite indes sicher nicht. Welch absurde Blüten es auf politischer Ebene treiben kann, wenn die Angebotsseite ignoriert wird, konnte man im Zuge der Ölpreisexplosion im Sommer 2007 beobachten. Während im Zuge der Klimadiskussion intensiv über Wege zur Reduktion der CO_2-Emissionen gestritten wurde, diskutierte man zugleich Wege zur Dämpfung des Ölpreisanstiegs. Will man aber Ernst machen mit dem Klimaschutz, dann wird man die Ölförderung pro Jahr dramatisch reduzieren müssen, mit allen Folgen für die Weltmarktpreise. Wie das jenseits einer totalitären Weltregierung funktionieren soll, entzieht sich bis heute meiner Vorstellung. Denn eine totalitäre Weltregierung, die es vermag, die Wohlstandsverluste einer derart dramatischen Förderdrosselung zu verteilen, ohne damit in einem Weltkrieg um Rohstoffe zu münden, ist kaum realistisch; und könnte es sie doch geben, so mag man die Folgen eines solchen Regimes an anderer Stelle kaum ausmalen. Ein Bottom-up-Ansatz erscheint doch eher eine Schönwetterveranstaltung zu sein, welche ihr Ende nimmt, wenn es wirklich ernst wird mit den Wohlstandsverlusten. Sollte die Veranstaltung indes weiter gehen, so mag sie aus den genannten Portfolioeffekten der Rohstoffförderländer am Ende gar das Klimaproblem verschärfen. Wie man es auch dreht, findet man keinen Anlass zu Optimismus. Zumindest scheint die Suche nach wirklich geeigneten Konzepten zum Klimaschutz dringlicher zu sein denn je.

Literatur

Sinn, H.-W. (2007): Public Policies against Global Warming, in: International Tax and Public Finance, Vol. 15, S. 360 – 394.

Sind wir über Böhm hinaus?

Zur postkommunistischen Ausweitung der Privatrechtsordnung aus einer Lückenordnung in die vorherrschende Ordnung

Von *Bruno Schönfelder*, Freiberg

Nachfolgend werden einige Vermutungen über den postkommunistischen Weg zum Rechtsstaat resümiert und die Frage erörtert, ob und gegebenenfalls warum sie sich bewahrheitet haben. Der Aufsatz versucht nicht, die in diesem Zusammenhang erhobenen Tatsachenbehauptungen empirisch zu belegen. Hierfür bedarf es des Seitenumfangs eines kompletten Buches. Der Autor dieser Zeilen hofft, dieses Buch demnächst vorlegen zu können. Ein Leser, der manche der nachfolgend dargestellten Behauptungen mit ungläubigem Erstaunen zur Kenntnis nimmt, wird sich also noch etwas gedulden müssen.[1]

Anlass für die Forschungsarbeit, deren Ergebnisse hier vorgestellt werden, war ein Unbehagen an der Art und Weise, wie die Institutionenökonomik mit Recht und Rechtsstaat umging, nachdem sie diese jahrzehntelang eher vernachlässigte Thematik in den neunziger Jahren für sich wiederentdeckt hatte. Den Anlass für diese Wiederentdeckung hatte nicht zuletzt der Postkommunismus geliefert. Die Art und Weise, wie sich viele Ökonomen nach der Wiederentdeckung über den Rechtsstaat äußerten, glich recht oft der Rede von Blinden über die Farbe. Genau genommen handelte es sich sogar um Blinde, die relativ leicht verfügbare Möglichkeiten zur Stärkung ihrer Sehkraft nicht zu nutzen wünschten. Sonst hätten sie sich stärker darum bemüht, die rechtstheoretische und -historische Literatur aufzuarbeiten, die sich mit diesen Themen allemal schon seit einigen Jahrhunderten befasst. In diesem Aufsatz geht es auch darum, die Fruchtbarkeit dieser Quellen für die volkswirtschaftliche Diskussion über Recht und Rechtsstaat zu zeigen.

Durchaus symptomatisch für die Defizite der volkswirtschaftlichen Rechtsstaatsdebatte ist die kuriose Rechtskreislehre, die Shleifer, Vishny und Mitstreiter entwickelt haben und die die „rechtstheoretische“ Diskussion der Volkswirte seitdem ziemlich stark geprägt hat.[2] Sie behauptet eine Kausalitätsbeziehung zwischen

---

1 *Schönfelder* (2009).

2 Wegen eines Überblicks siehe: *La Porta / Lopez-de-Silanes / Shleifer* (2008). Auf die Fragwürdigkeit der in dieser Debatte vorgetragenen Argumente hat u. a. *Voigt* (2008) hingewiesen. Er befasst sich mit der Wahl des anzuwendenden Rechts bei Schiedsgerichtsvereinbarungen im internationalen Handel. Hätten *La Porta et al.* (2008) Recht, so müsste man erwarten, dass

Rechtskreiszugehörigkeit und Wirtschaftswachstum, wobei es angeblich die großen Kodifizierungsprojekte des 18. und 19. Jahrhunderts waren, die die kontinentaleuropäische Rechtspflege in eine für die wirtschaftliche Entwicklung weniger vorteilhafte Richtung gelenkt oder die bereits zuvor vorhandenen Unterschiede entscheidend verfestigt haben.[3] Der Rechtsgeschichte wurde dabei reichlich Gewalt angetan. Wie schwach das Rechtsbewusstsein und das ordnungstheoretische Verständnis vieler der beteiligten Ökonomen entwickelt war, wurde erkennbar, als einige der ökonomischen Analyse des Rechts verpflichteten Autoren den vier Kreisen, die in der ökonomischen Kreisdiskussion üblicherweise aufgeboten werden,[4] einen fünften hinzugesellten. Dies war der sogenannte sozialistische Rechtskreis. Man stellte ihn ganz nonchalant auf eine Stufe mit den anderen vieren, beispielsweise indem man aus der modelltheoretischen Analyse gewonnene rechtstheoretische Aussagen ausgerechnet mit Beispielen aus diesem Rechtskreis illustrierte.[5] Bei der darin liegenden impliziten Anerkennung des sozialistischen Rechts als Rechtskreis gleichrangiger Qualität ging eine (früher) auch bei eher „links" stehenden Juristen noch vorhandene Erkenntnis wieder verloren,[6] gemäß der sich die sozialistischen Systeme vor allem durch ihre Rechtsferne auszeichneten. Im Einklang mit dieser Einsicht wird, wie die Überschrift dieses Aufsatzes deutlich macht, der Ausgangspunkt des postkommunistischen Wegs zum Rechtsstaat nicht als Unrechts-, sondern als Ohnrechtsstaat aufgefasst.[7]

---

die Parteien meist die Anwendung von englischem oder amerikanischem Recht vereinbaren. Das tun sie aber keineswegs.

3 „The civil law tradition ... uses statutes and comprehensive codes as a primary means of ordering legal material ... although we speak of common law and French civil law in terms of pure types, in reality there has been a great deal of mutual influence. ... There is a good deal of legislation in common law countries, and a good deal of judicial interpretation in civil law countries. But the fact that the actual laws of real countries are not pure types does not mean that there are no systematic differences ... even legislation in common law countries expresses the common law way of doing things." Vgl. *La Porta et al.* (2008, S. 289–291). Trotz aller Relativierungen und Einschränkungen sind sie damit doch wieder bei der „üblichen" Sicht der Dinge angelangt.

4 Dies sind der angelsächsische, französische, deutsche und skandinavische. Der skandinavische Rechtskreis taucht in diesen Untersuchungen gewissermaßen als Restgröße auf, weil das Abgrenzungskriterium nicht passt. Das Abgrenzungskriterium zwischen dem französischem und dem deutschen Rechtskreis, dem beispielsweise auch die Schweiz „beigesellt" wird, bleibt in diesen Untersuchungen eher unklar. Es wird auch nicht erläutert, warum der Unterschied ökonomische Bedeutung haben soll.

5 So z. B. *Shavell* (1995). In diesem Aufsatz wird der Instanzenzug als Mittel zur Sicherung der juristischen Richtigkeit eines Urteils modelliert. Diesen Ansatz auf die sozialistische Rechtspflege anzuwenden, bedeutet, Apologetik zu betreiben. Diese Funktion hatten die Berufungs- und Revisionsinstanzen der kommunistischen Länder noch nicht einmal nach ihrem eigenen Selbstverständnis.

6 Vgl. z. B. *Raiser* (1967).

7 Dieser Begriff findet sich bei *Dilber* (1997). Kennzeichnend für spätsozialistische Verhältnisse war nicht die Allgegenwart von Unrecht, sondern die weitgehende (nicht totale!) Abwesenheit von Recht, was keineswegs ein und dasselbe ist. Die Unrechtsstaatsthese lenkt

Wer fundierte theoretische Aussagen über die Entstehungsbedingungen des Rechtsstaates sucht, tut auch heute noch gut daran, die Arbeiten der Freiburger Schule zu konsultieren. Die Freiburger Schule wusste von der Rechtsferne der sozialistischen Systeme und betonte die Interdependenz zwischen Rechtsstaat und Marktwirtschaft. Wenn sie vom Recht sprach, war ihr dies ein vertrauter Gegenstand. Bei Franz Böhm, dem wohl bedeutendsten Juristen der Schule, finden sich einige weitsichtige, aber relativ wenig beachtete Äußerungen über die Probleme, die man im Postkommunismus mit dem Recht haben dürfte. Akzeptiert man die Freiburger Interdependenzaussagen zumindest als Arbeitshypothese, dann ist eine Übergangszeit, wie der Postkommunismus, von beträchtlichem Interesse, weil zu vermuten ist, dass sich in ihr die Interdependenzbeziehung zwischen Recht und Marktwirtschaft in besonderer Weise enthüllt. Die Interdependenzthese ist nicht unumstritten. Die Erfindung des fünften Rechtskreises läuft darauf hinaus, sie in Abrede zu stellen.

Dass die Ökonomen so unbeholfen agierten, als der Postkommunismus sie zu einer Wiederentdeckung des Rechtes führte, weist darauf hin, dass es ihnen an gesichertem Wissen über diese Interdependenzbeziehung mangelte. Deswegen könnte es sich lohnen, nach dem Postkommunismus zu prüfen, ob das, was Böhm über diese Interdependenzbeziehung und ihre Wirksamkeit im Postkommunismus vermutete, bestätigt wurde und ihm Neues hinzugefügt werden kann. Böhm wurde nie so viel gelesen wie Eucken oder gar Hayek. Seine Schriften sind abgesehen von wenigen Ausnahmen im Buchhandel schon lange nicht mehr erhältlich. Es mag daher angebracht sein, seine einschlägigen Äußerungen kurz zu resümieren.

A. Die Auffassungen von Böhm

Ausgangspunkt der Böhm'schen Überlegungen ist die Entwicklung des Rechtsstaats im 18. und 19. Jahrhundert. Er legt dar, dass es vor der Einführung der Gewerbefreiheit in Mitteleuropa zwar eine Vielzahl von organisierenden Eingriffen der absolutistischen Herrscher in das Wirtschaftsleben gab, also Bemühungen dieser Herrscher, die Wirtschaft beispielsweise mit Hilfe des Zunftzwangs, Einschränkungen der Freizügigkeit ihrer Arbeitnehmer, die Errichtung von Staatsbetrieben usw. zu organisieren, eine Taxis im Sinne von Hayek zu errichten. Aber zwischen diesen Elementen von Taxis verblieben stets weite Regelungslücken, sodass sich das herkömmliche Privat- und Gewohnheitsrecht als „Lückenordnung" erhalten

den Blick einseitig auf das politische Strafrecht und vernachlässigt alle anderen Teile der „Rechtsordnung". Obwohl sie als radikale Kritik daherkommt, tritt die Unrechtsstaatsthese oft im Verbund mit einer bedenklichen Kritiklosigkeit gegenüber den relativ unpolitischen Teilen der spätsozialistischen „Rechtsordnungen" auf. *Mögelin* (2003) etwa, der sich um eine Verwissenschaftlichung der Unrechtsstaatsthese bemüht, meint, dass es im spätsozialistischen Alltag meist beinahe rechtsstaatlich zugegangen sei. Genau das bestreitet die Ohnrechtsstaatsthese.

und weiterentwickeln und nach der Einführung der Gewerbefreiheit das Entstehen einer spontanen Ordnung fördern konnte. Böhm schildert die Entwicklung, die auf dem europäischen Kontinent meist erst durch die französische Revolution herbeigeführt wurde, wohingegen sie sich in England viel früher und gemächlicher vollzog, mit den folgenden Worten: „... in der alten Stände- und Privilegiengesellschaft des christlichen Abendlandes, deren Ordnung ziemlich locker gewebt und die – in ihrer großzügigen Lässigkeit – im Gewähren von Asylen für Eigenmächtigkeiten und Extraturen nicht kleinlich war, gab es ein Privatrecht als geltendes Recht ... und zwar im rechtlich eigentlichen Sinn [als] einen bloßen Lückenbüßer. Zwar wurde dieser Lückenbüßer im Laufe der Jahrhunderte immer wichtiger ... Mit dieser sehr langen und sehr legitimen Inkubationszeit der Privatrechtsgesellschaft hängt es wohl zusammen, dass es im Grunde nicht das Einströmen des Privatrechts in alle Bereiche des gesellschaftlichen Daseins war, was sich dem Gedächtnis der Menschheit eingeprägt hat, als vielmehr der geräuschvolle Zusammenbruch der alten Gesellschaftsordnung. Jedenfalls stabilisierte sich das neue Recht in den evakuierten Bereichen ganz ohne jedes Aufsehen.“[8] Damit ist auch der bei Böhm zentrale Begriff der Privatrechtsordnung oder -gesellschaft eingeführt, der in der Literatur seitdem allerdings ein Kümmerdasein führt.[9]

Böhm legt ferner dar: „Wo immer in der geschichtlichen Wirklichkeit vollständige Konkurrenz stattfindet, da lehrt die Erfahrung, daß es keineswegs schwierig ist, ein leistungsfähiges Recht zur Verfügung zu stellen, und desgleichen keineswegs schwierig, diesem Recht praktisch Geltung zu verschaffen. Wo immer tauschwirtschaftlich verflochtene, miteinander konkurrierende Wirtschaftssubjekte dem Markte gegenüber ohnmächtig sind, erfüllen die überkommenen, in jahrtausendealter Bemühung erarbeiteten Rechtssysteme der zivilisierten Völker ohne weiteres die Ordnungsfunktionen, die ihnen im Rahmen einer Wettbewerbswirtschaft zugedacht sind, und finden die Gebote dieser Rechtsordnungen ... überraschend geringen Reibungs- und Ungehorsamswiderstand. Die Unebenheiten des geltenden objektiven Rechts, die Irrtümer der Gerichte, die vorkommenden Rechtsbrüche wie Vertragsverletzungen, Eigentumsdelikte, Betrugs- und Gewalthandlungen und Verstöße gegen die Gebote des lauteren Wettbewerbs schlagen dann so wenig zur Buch, daß sie die gesamtwirtschaftliche Ordnungskraft des Wettbewerbssystems kaum beeinträchtigen ... Diese überaus günstige Konstellation entfällt aber in dem Maße ...“,[10] in dem die Märkte vermachtet statt von Wettbewerb geprägt sind. Oder mit anderen Worten: Der Schlüssel zur Lösung der Aufgabe ist die Herstellung von Wettbewerb. Wenn das erreicht ist, ist es nicht allzu schwierig, ein einigermaßen hinreichendes Maß an Rechtstreue zumindest gegenüber den wichtigsten Normen des Privatrechts zu erreichen.

---

8 *Böhm* (1980, S. 106 f.).

9 Bemerkenswert ist wohl vor allem seine geringe Beachtung durch die Ökonomen. Die juristische Literatur hat demgegenüber einige interessante Arbeiten hervorgebracht, so etwa jüngst *Ladeur* (2006).

10 *Böhm* (1950, S. 29).

Daraus folgt für Böhm nun aber nicht, dass der Übergang von der Zentralverwaltungswirtschaft zur Privatrechtsordnung eine Kleinigkeit ist. Im Gegenteil: „Wenn sich ein solches System (gemeint ist die Zentralverwaltungswirtschaft – B.S.) einmal konsolidiert hat, dann ist es ferner auch überaus schwer, ja beinahe unmöglich, es wieder zu beseitigen ... Dies eben ist der Fluch überspitzter Herrschaftsordnungen, daß ihr Zusammenbruch das vollständige Chaos nach sich ziehen muß ... Es könnte scheinen, als seien hier der Krieg von außen, die völlige militärische Besetzung des Landes die einzigen Mittel, die es ermöglichen, in einem Volke mit zentraler Wirtschaftslenkung eine Ordnung der Freiheit wieder aufzurichten. Ich möchte aber glauben, daß es hier noch einen anderen Weg gibt ...“.[11] Diesen Weg skizziert Böhm in dem Sinne, dass die zunehmende Komplexität des Wirtschaftsprozesses, der mit wirtschaftlicher Entwicklung einhergeht, die Herrschenden dazu nötigt, ihren Untertanen gewisse Freiräume und „Extraturen“ zuzugestehen, in denen sich das Privatrecht erneut als Lückenordung etablieren kann.[12]

Wie verträgt sich der Optimismus des ersten Zitats mit dem Pessimismus des zweiten? Gibt es hier einen Widerspruch? Vielleicht nicht, denn an anderer Stelle hat Böhm einen Gedanken dargelegt, in dem wohl der eigentliche Grund für seine recht pessimistische Sicht des Postkommunismus steckt. Er besteht darin, dass die Herrschaft der Exekutive, die für die Zentralverwaltungswirtschaft charakteristisch ist, zur Folge hat, dass das Verständnis für Recht und Rechtsstaat verloren geht. Dies hielt Böhm für einen Vorgang, der kurzfristig nicht rückgängig gemacht werden kann. „Sobald die Exekutive ihre Hand am Hebel der Gesetzgebung hält, beginnt eine atemraubende Gesetzesmacherei, eine Inflationierung mit Rechtsnormen ... kurz eine Entwicklung, die dahin tendiert, aus dem Gesetz ein schlagkräftiges Mittel im Dienst des Tageskampfes um die Macht und im Dienst rein exekutiver Vielregiererei zu machen. Die Exekutive ist die geborene Feindin des Gesetzes ... Die Exekutive beraubt das Gesetz ... seiner Dauer und damit seiner Berechenbarkeit, des eigentlichen Geheimnisses seiner Autorität. Die Exekutive denkt kurzfristig, während das Gesetz ein Gebilde der langen Linien ist ... Leider besteht die große Gefahr für den Rechtsstaat darin, daß eine obrigkeitliche Regierung, wenn sie zwei Generationen lang am Werk war, fast immer das Volk zu ihrer eigenen Ansicht der Dinge zu bekehren vermag, während es einer jahrhundertewährenden, unter dauernden Kämpfen erzwungenen Gewöhnung an rechtsstaatliches Denken bedarf, bis sich Bürokratien endlich daran gewöhnen, den Wahrheitsgehalt der rechtsstaatlichen Konzeption zu begreifen. Es ist jedenfalls ein unendlich schwieriges Unterfangen, die Zustände, die durch den vielregierenden Exekutivstaat geschaffen werden, in die Zustände eines durch Gesetze gesteuerten Rechtsstaats zurückzubilden“.[13]

---

[11] *Böhm* (1950, S. 45).

[12] *Böhm* (1950) zog daraus den Schluss, dass der „Westen“ den kommunistischen Ländern bei der Entwicklung ihrer Wirtschaft helfen solle. Dieser Vorschlag entsprach im Jahre 1950, als er dies zu Papier brachte, gewiss nicht der herrschenden Meinung.

[13] *Böhm* (1960) S. 101.

Was sind die Grundsätze, denen man Geltung verschaffen muss, damit sich diese Zurückbildung vollziehen kann? Diesbezüglich war Böhm der Auffassung, dass bei marktwirtschaftlichen Rechtsreformen auf viele „Verfeinerungen" der Rechtsordnung verzichtet werden könne und „Unebenheiten" solcher Art, wie sie das gemeine Recht (*ius commune*) des 18. und 19. Jahrhunderts aufwies, tatsächlich nicht allzu sehr störten, dass es also auf „einige wenige lapidare Grundmaximen ... der Rechtsordnung und einige wenige Spielregeln" ankomme, denen man „die Kraft zutrauen [könne], eine Gesellschaft freier Menschen sehr verschiedener Kulturstufe, verschiedener Denkweise und verschiedener Zeitalter zu ordnen".[14] Was die weitere Entwicklung der Rechtsordnung anbetrifft, so betont Böhm die Bildung von Gewohnheitsrecht. Er schreibt: „Die Anhänger des Rechtsstaates neigen zu der Annahme, daß, wenn die Entscheidung zugunsten des Rechtsstaats einmal gefallen ist, Recht und Gesetz nicht gemacht, sondern gefunden werden und daß dies jedenfalls für die elementaren Grundsätze und Grundeinrichtungen des Gesetzes gilt ... Wenn die Menschen ... zueinander in ein solches Verhältnis gebracht werden, daß keiner dem anderen seinen Willen aufzwingen kann, vielmehr sich alle miteinander verständigen müssen, ... dann ergeben sich für ihre Beziehungen gewisse Grundregeln, die aus der Natur der Sache folgen ... Aus diesem Grund entspricht der rechtsstaatlichen Vorstellung von Rechtserzeugung am meisten die Gewohnheitsrechtsbildung ... Aber auch das Gesetzesrecht wird nicht so sehr ‚gemacht' als gefunden. Um beim Bild von der Sprache zu bleiben: die Funktion der gesetzgebenden Gewalten ist nicht so sehr eine sprachgestaltende als eine sprachfeststellende Gewalt, ähnlich der Funktion einer Akademie, die mit geläutertem Urteil ausspricht, was in der Sprache gilt und sich ziemt".[15] Was den Begriffsinhalt von Gewohnheitsrecht anbetrifft, sollte man wissen, dass Böhm entsprechend den Gepflogenheiten seiner Zeit Präjudizienrecht mit Gewohnheitsrecht gleichsetzte und es ihm gewiss nicht darauf ankam, einen Unterschied zwischen diesen beiden Arten von Recht herauszuarbeiten.[16]

Die hier vorgetragene Interpretation der Freiburger Lehrmeinungen ist nicht völlig unumstritten. In einer umfangreichen exegetischen Literatur werden vorzugsweise Äußerungen zitiert, in denen Böhm die „rational ablaufende Marktwirtschaft" folgendermaßen charakterisiert: „Vielmehr fordert dieses sich selbst steuernde System das Vorhandensein und die dauernde Pflege und Verbesserung einer ganzen Reihe von politischen, rechtlichen, sozialen, zivilisatorischen Vorbedingungen, das Vorhandensein einer ziemlich hochgezüchteten sozialen Parklandschaft".[17] „Die Wettbewerbswirtschaft wiederum ist ein kulturelles Wunderwerk, das auf ein hohes Maß von pfleghafter Verwaltungskultur, einsichtiger

---

14 Op. cit. S. 83.

15 Op. cit. S. 97–98.

16 So schrieb z. B. auch *Weber* (1980, S. 449): „Das Präjudizienrecht ist die älteste Form der Neubildung von ‚Gewohnheitsrecht'".

17 *Böhm* (1980, S. 200).

Grundsatzfestigkeit, Achtung vor der individuellen Freiheit, Liebe zur individuellen Freiheit, Willen diese Freiheit zu behaupten, und von Rechtsbewußtsein angewiesen ist, das also nur bei hochgespannter Daueranstrengung eines politisch geschulten, freiheitsliebenden Volkes vor Verfall geschützt werden kann".[18] Die Lektüre seiner Schriften zeigt jedoch, dass er alle diese anspruchsvollen Bedingungen, die im Postkommunismus sicherlich nicht erfüllt werden können, keineswegs als erforderliche Voraussetzungen dafür sah, dass die Verkehrswirtschaft existieren und auch ganz ordentlich funktionieren kann, sondern nur als Desiderata, die erfüllt werden müssen, damit sie „zur optimalen Entfaltung" kommt und „zu einer Wettbewerbsordnung veredelt"[19] wird. Er unterscheidet zwischen einem System, das man gewissermaßen die ordinäre Verkehrwirtschaft nennen könnte, und dem Idealtyp der Wettbewerbsordnung, den er also ORDO bezeichnet. Diese ordinäre Verkehrswirtschaft charakterisierte er auch als „Interventionssystem" oder „Zerrform der Verkehrswirtschaft". Er erachtete diese Zerrform für den Normalzustand der Verkehrswirtschaft in westlichen Demokratien.[20] Die Wettbewerbsordnung zeichnet sich demgegenüber dadurch aus, dass in ihr private Monopolmacht sowie staatlicher Interventionismus und die mit ihnen einhergehende „Willkür" keine Rolle mehr spielen. Nur die ORDO ist eine „hochgezüchtete Parklandschaft", ein „Wunderwerk". Die ordinäre, verzerrte Verkehrswirtschaft erachtete Böhm indes als ein erstaunlich robustes Wesen, dem ein beachtliches Maß an „praestabilisierter Harmonie" innewohne. Sie erbringe trotz mannigfaltiger Störungen und unsachgemäßer Eingriffe erstaunlich gute Leistungen und strafe auf diese Weise ihre Gegner Lügen. Sehr deutlich bringt er diesen Gedanken beispielsweise in seiner Schrift „Wirtschaftsordnung und Geschichtsgesetz" zum Ausdruck,[21] in der er darlegt, warum es so bemerkenswert ist, dass die Marktwirtschaft den Angriff der Sozialisten überlebt hat, obwohl sie durch vielerlei konfuse und systemwidrige Interventionen entstellt und geschwächt war und in der öffentlichen Meinung schlecht dastand. „Marx hat die sozialistische Lösung mit unvergleichlich größerer Kraft verfochten, als die marktwirtschaftliche und ‚liberale' Lösung seit der schweren Panne in der ersten Hälfte des 19. Jahrhunderts von irgendeinem Denker des liberalen Lagers verfochten worden ist. Das erklärt den Sieg von Marx über seine ideologischen Widersacher. Aber Marx hat sich geirrt. Und dies erklärt die erstaunliche Widerstandskraft der Marktwirtschaft ... Der Marktmechanismus ... arbeitet, solange man ihm nicht die Stromzufuhr sperrt, automatisch und entfaltet seine

18 Op. cit. S. 27.

19 Op. cit. S. 40, S. 42.

20 „... eine Verkehrswirtschaft, in der ... ein Dutzend Bundes- und viele Dutzend Länderressorts, dazu aber auch noch hunderte von privaten Verbänden, Kartellen, Gewerkschaften ... mit Interventionen der mannigfaltigsten Art im Dienste der mannigfaltigsten politischen Absichten, Doktrinen, Parteiwünschen, Gruppeninteressen und Sonderbelangen kreuz und quer, über- und gegeneinander, ohne jeden Zusammenhang und ohne jeden Gesamtplan eingreifen, hineinpfuschen und hineindilletieren ..." (*Böhm* 1980, S. 22).

21 *Böhm* (1980).

Vorzüge auch dann, wenn es gelingt, seine Kenner literarisch einzuschüchtern. So geschah es denn also, daß die ‚praestabilierte Harmonie', über die vier Generationen von Denkern und Intellektuellen nicht laut genug lachen konnten, ... dem marktwirtschaftlichen System ... zuhilfe eilte und mit ihren automatischen Potenzen ... unter die Arme griff, ähnlich wie es die Göttin Pallas Athene im trojanischen Krieg mit den Griechen zu halten pflegte. Ihrer Hilfe allein ist es zuzuschreiben, daß die Marktwirtschaft geschichtlich überlebt hat ... Würde die praestabilisierte Harmonie nicht mit so erstaunlichem Erfolg interveniert haben, dann würde wohl mit einem sehr hohen Grad von Unvermeidlichkeit die von Marx für gewiß gehaltene revolutionäre Situation ... eingetreten sein".[22]

Aus diesen Äußerungen lassen sich fünf Thesen gewinnen, die empirisch gehaltvoll sind und zumindest im Prinzip am Beispiel der postkommunistischen Länder überprüft werden können. Danach lässt sich feststellen, ob sie widerlegt sind und ob wir sie modifizieren oder gar verwerfen müssen. Dies sind die Thesen:

1. Die Lückenordnungsthese: Je weiter sich die Privatrechtsordnung im Schoße der Taxis bereits als Lückenordnung entwickelt hat, umso leichter fällt der Übergang zur Marktwirtschaft und umso geräuschloser kann sich die neue Ordnung etablieren.

2. Die Lapidarthese: Die eigentliche Schwierigkeit mit den „Institutionen" der Marktwirtschaft oder Privatrechtsordnung besteht nicht darin, dass sie schwer zu schaffen sind oder die Durchsetzung eines freiheitlichen Rechts an sich große oder vielleicht übergroße Schwierigkeiten bereitet. Entgegen einer weitverbreiteten Vorstellung besteht das Problem auch nicht darin, dass neues Recht leicht geschrieben, aber schwer mit Leben erfüllt ist. Im Gegenteil: Sofern Wettbewerb herrscht und einige „lapidare Grundsätze" beherzigt werden, lassen sich zumindest die wichtigsten Grundsätze einer Privatrechtsordnung recht leicht durchsetzen. Der Ungehorsamswiderstand ist gering.

An diesem Punkt drängt sich die Frage auf, ob die zweite These im Widerspruch zur ersten steht. Das ist durchaus möglich. Die erste These lässt sich allerdings in einer Weise auslegen, die den Widerspruch beseitigt. Gemäß dieser Auslegung übt der Ausbildungsgrad, den die Lückenordnung erreicht hat, nicht deswegen einen Einfluss auf die Leichtigkeit und Schwierigkeit des Übergangs aus, weil die Lückenordnung gewissermaßen als Trainingsplatz für die Privatrechtsgesellschaft benötigt wird und es einen großen Vorteil bedeutet, mit gut durchtrainierten Akteuren in die neue Ordnung aufzubrechen. Solches Training kann nicht von großer Bedeutung sein, wenn es an sich keine sonderlich schwierige Aufgabe ist, nach den Regeln der Privatrechtsordnung zu leben. Stattdessen liegt es an etwas anderem. Dieses andere ist Gegenstand der dritten These.

3. Die Verlustthese: Die Schwierigkeit des Postkommunismus besteht in dem Verlust des Verständnisses für die Privatrechtsordnung und die rechtsstaatliche

---

[22] *Böhm* (1980, S. 180 – 181).

Konzeption und dem daraus folgenden Widerstand dagegen, nach ihren Regeln zu leben, und die Ordnung, die sie gewährleisten, als für die meisten wirtschaftlichen Vorgänge zureichend zu erachten. Der Totalitarismus hat es mit sich gebracht, dass den meisten das Gegenteil des Rechtsstaats, der Aktionen- und Ermessensstaat, als die natürlichste Sache der Welt erscheint, auf die sie fast instinktiv immer wieder zurückfallen. Daran lässt sich in der kurzen Frist nicht viel ändern.

4. Die Etatismusthese: Ein solcher Rückfall ist es auch, wenn die meisten Ökonomen das Recht der Privatrechtsordnung im Wesentlichen als etatistisches Recht[23] auffassen, als ein Recht, das vom Staat erzeugt wird, und, sobald ein Problem aufritt, nach mehr etatistischem Recht rufen. Das Recht der Privatrechtsordnung ist in erster Linie ein Gewohnheits- und Präjudizienrecht, es wird nicht gemacht, sondern erkannt. Es folgt aus der „Natur der Sache", d. h. es ergibt sich nicht zuletzt aus wirtschaftlichen Zusammenhängen.
5. Die Pallas-Athene-These: Dass der Aktionenstaat auch im Postkommunismus in Aktion bleibt und die postkommunistische Marktwirtschaft weit mehr mit einem „Interventionssystem" zu tun haben dürfte als mit der ORDO, ist kein Grund, in Resignation zu verfallen. Böhm ist weder ein Anhänger einer Öltropfentheorie, wie sie Mises zugeschrieben wird,[24] noch glaubt er an ein Dilemma der Gleichzeitigkeit, wie es *Elster* (1990) und *Offe/Adler* (1991) behauptet haben und wie es vielen pessimistischen Sichtweisen des Postkommunismus zugrunde lag. Vielmehr sieht er die Marktwirtschaft als ein ziemlich robustes Wesen, das sich durchaus behaupten kann, sofern man ihm nicht die „Stromzufuhr abschneidet".

B. Die Konfrontation der Thesen mit der postkommunistischen Erfahrung

Die Fallbeispiele, an denen der Autor den Wahrheitsgehalt dieser Thesen zu überprüfen versucht hat, sind Bulgarien, Kroatien, die Slowakei und Tschechien. Er hat nicht versucht, die Privatrechtsordnung gewissermaßen in ganzer Breite durchzuprüfen. Damit wäre er hoffnungslos überfordert. Die Fakten, auf denen die weiteren Schlüsse beruhen, sind nur einem recht begrenzten Teilgebiet entnommen, nämlich dem Kreditsicherungsrecht und denjenigen Teilen des öffentlichen Rechts, nämlich des Prozessrechts und des Rechts der Gerichtsverfassung und -organisation, die insbesondere benötigt werden, um dem Kreditsicherungsrecht

23 Zu diesem Begriff siehe z. B. *Bydlinski* (1994).

24 Hier soll nicht behauptet werden, dass Mises (oder Hayek, dem dies ebenfalls nachgesagt wird) diese Theorie wirklich vertreten hat. Seine Ansichten werden jedoch oft dahingehend resümiert, dass bereits ein Minimum an Interventionismus, an systemwidrigen Eingriffen zur Zerstörung der Marktwirtschaft führen muss, weil diese bescheidenen Anfängen „unvermeidlich" zu einer Eskalation, zu einer Interventionsspirale führen.

die nötige Durchsetzungskraft zu verleihen. Dazu gehört insbesondere das Recht der Zwangsvollstreckung oder Exekution einschließlich der Gesamtvollstreckung, der Insolvenz oder Generalexekution. Die Exekution privatrechtlich begründeter Forderungen ist ein Rechtsgebiet, das nach 1990 weitgehend neu entstehen musste, weil es von den Kommunisten stark ausgedünnt und geschwächt wurde. Soweit es in den kommunistischen Ländern eine Privatrechtsordnung gab, war dies eine Ordnung, die weitgehend ohne derartigen Rechtszwang auskommen musste. Der Rechtszwang war soweit abgeschwächt, dass er zumindest in den Jahren des staatlichen Autoritätsverfalls, der dem Sturz der kommunistischen Regime vorausging, viele kaum mehr beeindrucken konnte. Diese Abschwächung des Rechtszwangs, die wohlgemerkt nur das Privatrecht betraf, wurde von den Kommunisten in den ersten Jahren ihrer Herrschaft durchaus bewusst betrieben, um die ordnenden Potenzen der Privatrechtsordnung zu schwächen und auszuhebeln. Böhm sagt uns zwar, dass „bei Wettbewerb" der Ungehorsamswiderstand gegen das Privatrecht an sich erstaunlich gering ist. Dennoch könnte es sein, dass die Mittel, die das von den Kommunisten hinterlassene Prozess- und Zwangsvollstreckungsrecht bereithielt, sogar für die Überwindung dieses schwachen Widerstandes nicht ausreichten.

I. Der Einfluss der Lückenordnung

Die Lückenordnungsthese, gemäß der es für eine gedeihliche postkommunistische Entwicklung außerordentlich vorteilhaft ist, wenn sich die Privatrechtsordnung noch vor dem Ende der kommunistischen Herrschaft als Lückenordnung neu etabliert hat, wird vom empirischen Befund allenfalls teilweise gedeckt. Zwischen den verschiedenen kommunistischen Ländern gab es erhebliche Unterschiede hinsichtlich des Ausmaßes, in dem sich vor 1990 eine Privatrechtsordnung als Lückenordnung etablieren und festigen konnte. Für „Ostmitteleuropa" und bestimmte Balkanländer konnte gezeigt werden, dass sie ihren Bürgern im Spätsozialismus durchaus bestimmte subjektive Rechte einräumten und die Justiz diese auch einigermaßen schützte. Wenn der Bürger, dessen Rechte verletzt worden waren, vor Gericht zog, hatte er gute Aussichten, Recht zu bekommen. Bei diesen subjektiven Rechten handelte es sich sowohl um öffentliche als auch um private. Diese Rechte begründeten eine geschützte Privatsphäre von nennenswerter Extension. Sie schufen Lücken in dem vom Staat beherrschten Bereich, vor staatlicher Willkür geschützte Zonen, innerhalb derer das Privatrecht nachhaltig ordnend wirksam werden konnte. Es war, wie Markovits treffend formuliert, eine „enge Enklave des Rechts", die von „einem weiten Umfeld der Parteipolitik" umschlossen war, „in der das Recht nichts zu sagen hatte".[25]

---

[25] Vgl. *Markovits* (2006, S. 195). Wir dürfen davon ausgehen, dass es sich in der Tschechoslowakei, Polen und vielleicht auch in Ungarn ähnlich verhielt. Dies konstatiert beispielsweise *Kühn* (2005) in seinem maßgeblichen Werk über kommunistische und postkommunistische Rechtsauslegung mit ausdrücklichem Bezug auf Markovits, deren Forschungsarbeit er auch für die Tschechoslowakei als richtungsweisend erachtet.

Für Russland konnte gezeigt werden, dass derartige subjektive Rechte im Spätsozialismus in weit geringerem Umfang gewährt wurden als in Ostmitteleuropa, und die Justiz wenig zu ihrem Schutz beitrug. Auch die Aussichten, bei einer Verletzung dieser Rechte vor Gericht Recht zu bekommen, galten als schlecht. Bekanntlich verlief in Russland die postkommunistische Entwicklung sehr viel trübseliger als in Ostmitteleuropa, und die meist recht zaghaften und inkonsequenten Versuche einer Annäherung an den Rechtsstaat, die dort unternommen wurden, waren weit weniger erfolgreich. Diese Beobachtungen sind mit der Böhm'schen These zweifelsohne konsistent. Ob man dieser Beobachtung großen Beweiswert zubilligen sollte, ist indes fraglich, weil es noch so viele andere mögliche Erklärungsgründe für Russlands Missgeschick gibt. Außerdem tritt das Problem auf, dass sich drei Gegenbeispiele zur Böhm'schen These nennen lassen. Das sind die drei baltischen Staaten. Soweit erkennbar, hatten sie an der sowjetischen Rechtswirklichkeit weitestgehend teil, waren aber im Postkommunismus dennoch erfolgreicher und näherten sich rechtsstaatlichen Verhältnissen viel weiter und rascher an als Russland.

Für eine Überprüfung der Böhm'schen These bietet sich noch ein weiterer Vergleich an, nämlich der zwischen Ostmitteleuropa und bestimmten postjugoslawischen Ländern. Die Entwicklung der letzteren bietet allerdings kaum Anhaltspunkte dafür, dass ihnen das Mehr an privatrechtlicher Lückenordnung, das sie im jugoslawischen Sozialismus zweifellos besaßen, im Postkommunismus viel geholfen haben könnte. Der jugoslawische Sozialismus stiftete weite Lücken, die jahrzehntelang offen blieben. Es bestand infolgedessen Zeit und Gelegenheit für die Entstehung einer Lückenordnung. Im jugoslawischen Sozialismus handelte es sich nicht um eine enge Enklave des Rechts, sondern um eine deutlich weitere. Zwar galt auch dort, dass es eine gewisse Rechtssicherheit nur in den Bereichen geben konnte, die der kommunistischen Partei als politisch irrelevant erschienen, d. h. als etwas, was sie nicht steuern wollte, weil sie dies für ihren Machterhalt und die Erreichung ihrer Ziele als nicht erforderlich erachtete.[26] Aber diese als politisch irrelevant erachteten Bereiche waren in Jugoslawien viel größer als in der DDR und der Tschechoslowakei. Sehr viel Vorteil haben die meisten Nachfolgestaaten Jugoslawiens hieraus im Postsozialismus anscheinend nicht gezogen, jedenfalls nicht beim Übergang zum Rechtsstaat. Mit der eventuellen Ausnahme von Slowenien[27] gestaltete sich der Weg zum Rechtsstaat eher schwieriger und langwieriger

---

26 Vgl. *Pokrovac* (1988, S. 49).

27 In welchem Maße Slowenien eine Ausnahme vom postjugoslawischen Muster war, ist nicht hinreichend erforscht. Es scheint aber, dass die Gemeinsamkeiten mit anderen postjugoslawischen Ländern größer sind als oft angenommen wird. So ist bekannt, dass in Slowenien deutlicher weniger als in der Slowakei und Tschechien und sogar etwas weniger als in Bulgarien geschehen ist, um die Durchsetzbarkeit privatrechtlich begründeter Forderungen zu erhöhen. Die slowenische Zwangsvollstreckung blieb schwach und zahnlos, obwohl der Gerichtsvollzieher auch in Slowenien zum beliehenen Unternehmer wurde. Seine Befugnisse blieben aber so beschränkt und seine Anreize so schwach, dass dies im Unterschied zu Bul-

als in Ostmitteleuropa oder auch, und das ist vielleicht besonders überraschend, in Bulgarien.

Das verträgt sich nicht ohne Weiteres mit der Böhm'schen These. Woran könnte es liegen und wie muss die Lückenordnungsthese modifiziert werden, wenn man sie retten will? Die Privatwirtschaft, die sich in den Lücken der jugoslawischen Wirtschaftsordnung entwickelte, befand sich in einem mehr oder minder rechtsleeren Raum. Sie war geduldet, aber musste sich stets überwiegend im Verborgenen bewegen. Es erging ihr ähnlich wie der Prostitution in den Vereinigten Staaten. Die Haltung, die der Staat ihr gegenüber offiziell einnahm, blieb widerspruchsvoll und verlogen. Die Privatwirtschaft entwickelte zwar Gewohnheiten und in einem bescheidenen Maße auch ein Gewohnheitsrecht, das allerdings kein Präjudizienrecht war – eine Gerichtsbarkeit, die Präjudizien hätte erzeugen können, stand nicht zur Verfügung –, sondern eine vom Rechtsgeltungswillen getragene Übung der Rechtsgenossen. Dieses Gewohnheitsrecht hatte andere Eigenschaften und eine geringere Reichweite und Wirksamkeit als die zivilrechtliche Lückenordnung und das kaufmännische Gewohnheitsrecht des 17. und 18. Jahrhunderts.

Ein wirtschaftshistorisches Beispiel, das sich für die Erläuterung dieses Unterschiedes eignen mag, ist die Amsterdamer Wertschriftenbörse des 17. und 18. Jahrhunderts. Ebenso wie im Spätsozialismus gab es in den Niederlanden des 17. und 18. Jahrhunderts ein Gesetzesrecht, das den Rechtsverkehr nicht selten behinderte, so z. B. ein Zinsverbot. Dieses Zinsverbot wurde zwar schon lange nicht mehr ernst genommen, hatte aber doch zur Folge, dass die Gerichte für die Durchsetzung von Zinsforderungen nicht zur Verfügung standen. Die jugoslawische Rechtsordnung kannte ebenfalls ein Zinsverbot, das als Rechtsgebot negativer Realzinsen ausgestaltet war.[28] Anders als in den Niederlanden des 18. Jahrhunderts wurde das jugoslawische Realzinsvebot im legalen Teil der Wirtschaft weitgehend durchgesetzt. Trotz des Zinsverbotes entwickelte sich in Amsterdam eine bedeutende Wertpapierbörse. Die Titel, die dort gehandelt wurden, waren zinstragend und beruhten damit auf einer rechtsunwirksamen Vereinbarung. Wer ein solches Wertpapier kaufte und vom Emittenten um den Zins geprellt wurde, hatte vor Gericht keine Chance. Trotzdem kam es zu einem bedeutenden Wertpapierhandel. Der Staat duldete dies. Die Käufer der Wertpapiere konnten zwar nicht auf die Hilfe der staatlichen Gerichte zählen, aber sie benötigten sie meist auch nicht. Die Emittenten wollten nämlich in aller Regel ihren guten Ruf wahren und hielten ihre Versprechen daher freiwillig ein. Die Geschäfte wurden meist nicht geheim gehalten, sondern in aller Öffentlichkeit und voller Transparenz abgewickelt. Viele Markt-

---

garien, der Slowakei und Tschechien nicht zu nennenswerten Verbesserungen führte. Misst man den Fortschritt des Rechtsstaats an der Exekution, dann gilt auch für Slowenien, dass es hinter den ehemals sowjetsozialistischen Staaten Ostmitteleuropas zurückgeblieben ist.

28 Der Staat setzte einen Leitzins fest, der unterhalb der Inflationsrate war. Dieser Leitzins war eine verbindliche Zinsobergrenze.

teilnehmer hätten von einem Betrugsfall erfahren und das war offenbar in aller Regel Sanktion genug.[29] Hier entwickelte sich ein dem Gesetzesrecht zuwiderlaufendes kaufmännisches Gewohnheitsrecht, das allgemein bekannt war, von den Beteiligten geachtet und (sehr viel) später auch in das Gesetzesrecht übernommen wurde.

Es gab zwei wichtige Unterschiede zwischen den Lückenordnungen des 17. und 18. Jahrhunderts und den spätsozialistischen Lückenordnungen. In der frühen Neuzeit füllten die Kaufleute und recht oft auch die Juristen die Lücke mit einem Recht, das dem Rechtsverkehr förderlich war. Auf dem Kontinent war dies vor allem das sogenannte gemeine Recht. Dysfunktionale Eingriffe der Herrschenden in dieses Recht kamen vor, hielten sich aber recht oft in einem erträglichen Rahmen. Eine derart weitgehende Entwicklung einer den Handel fördernden Lückenordnung war auch in der großzügigsten Variante einer kommunistischen Herrschaft, der jugoslawischen, vollkommen undenkbar. Das offizielle Zivilrecht wurde von den Kommunisten allenthalben stark umgeformt und zielstrebig in ein Verkehrsverhinderungsrecht verwandelt. Dass ein Verkehrsverhinderungsrecht den Verkehr nicht ordnen kann, liegt auf der Hand, da es ihn verhindern soll. Um die Lücke rechtlich zu ordnen, hätte es eines anderen Rechts bedurft, das sich als Gewohnheitsrecht hätte neu entwickeln müssen. Dem waren aber enge Grenzen gesetzt. Die Privatwirtschaft musste sich auch in Jugoslawien stets teilweise verbergen. Sie kam nie mehr als partiell ans Tageslicht. Man missachtete das Zinsverbot, aber darüber in aller Öffentlichkeit zu reden, war absolut nicht ratsam. Für den Kaufmann war die Wahrung seines guten Rufes infolgedessen kein ähnlich starker Antrieb zur Rechtstreue wie im Amsterdam des 17. Jahrhunderts.

Die spätsozialistische Privatwirtschaft war davon geprägt, dass man vieles geheim halten musste. Sie scheute sich vor den Gerichten. Sie entwickelte Sitten und Organisationen, die dem offenen Wettbewerb, der auf die volle Legalisierung der Verkehrswirtschaft folgen sollte, oft eher hinderlich waren. Der Schwarzmarkt verwilderte nicht selten rasch. Gerichte und Staatsgewalt reagierten darauf vorzugsweise, indem sie die Privatwirtschaft noch weiter in den wirtschaftlichen Untergrund drängten. Dies dämmte die Kriminalisierung der Privatwirtschaft nicht ein, sondern verstärkte sie eher.[30]

---

29 Vgl. *Stringham* (2003).

30 Wegen eines Sittengemäldes des spätsozialistischen Gebrauchtwagenmarktes in der DDR vgl. *Markovits* (2006, S. 282), zu Bulgarien siehe *Dajnov* (2002). So ging es in einem ansonsten vollkommen friedlichen mecklenburgischen Städtchen zu: „... wie dick die Geldpakete waren, die hinter dem Lüritzschen Stadtwall den Besitzer wechselten. Einmal bringt ein hoffnungsvoller Käufer 60000 Mark in bar mit auf den Automarkt. Weil die Einsätze so hoch sind, werden auch die Spielregeln immer ungezügelter. Beide Seiten, Käufer und Verkäufer, bringen starke Freunde mit zu dem Geschäft, die Übergriffe verhüten und bei Bedarf das für den einen oder anderen Günstige bei Gericht bezeugen sollen. Manchmal kommt es zu Gewalt. Die Polizei sieht bei solchen Gelegenheiten gern weg ... Auch auf dem schwarzen Markt gilt der ‚ehrliche Handschlag' immer weniger." An der Amsterdamer Börse waren die Sitten besser. Da galt der ehrliche Handschlag etwas.

Dass die spätsozialistischen Lückenordnungen derartige Deformationen aufwiesen, ist wohl mit ihrer Entstehungsweise zu erklären. Im Spätsozialismus musste die Staatspartei nach neuen Legitimationsmöglichkeiten für ihre Macht suchen, da die sozialistische Utopie in der ursprünglich vertretenen Form an Anziehungskraft verloren hatte. An die Perspektive der kommunistischen Zukunftsgesellschaft glaubten immer weniger. Um dem Bürger Verhältnisse erträglich zu machen, die ursprünglich als höchst unvollkommener Übergang zu etwas Besserem gelten wollten, sich aber nun als Dauerzustand entpuppten, musste man seinem Bedürfnis nach Sicherheit, Berechenbarkeit und Routine stärker als zuvor entsprechen. Deswegen gab man ihm subjektive Rechte. Dass diese Rechte nicht verkehrsfähig waren bzw. ihre Verkehrsfähigkeit eingeschränkt war, war ebenfalls ein Bestandteil dieser spätsozialistischen Legitimationsstrategie. Er verschaffte dem Staat die Möglichkeit, sich sowohl als Kraft des Fortschritts und der Dynamik zu profilieren als auch als unverzichtbare Ordnungskraft, weil der private Rechtsverkehr sich in rechtsleeren Räumen abspielte, deren Ordnungsdefizite offenkundig waren. Dass die Privatwirtschaft deswegen als anrüchig erschien, war erwünscht.

II. Von der Leichtigkeit und Schwierigkeit des Postkommunismus

Die Verlust- und Etatismusthese hat sich im Postkommunismus in hohem Maße bestätigt. Dies ist so evident, dass es an dieser Stelle beinahe genügt, hierzu den tschechischen Verfassungsrichter Voitěch Cepl zu zitieren. Er klagte:[31] „... bei uns herrscht nach wie vor ein dilettantischer Glauben an die Allmacht der ‚Gesetzgebung' ... und das führt zu einer Überversorgung mit Regulierungen .... und wer ist der größte Rechtspositivist in diesem Staat? Niemand anderer als das Volk. Der Glaube an die Allmacht der ‚Gesetzgebung' ist ganz furchtbar eingewurzelt." Da dieser Positivismus in aller Regel in einer recht schlichten und intellektuell keineswegs anspruchsvollen Aufmachung daherkommt und mit dem westlichen akademischen Rechtspositivismus allenfalls weitläufig verwandt ist, soll gemäß einem Formulierungsvorschlag von Pelikánova von „Vulgärpositivismus" gesprochen werden.[32]

Wenn man die Gesetzgebungsaktivität postkommunistischer Parlamente verfolgt, kann man sich unschwer von der Macht des Vulgärpositivismus überzeugen. Dabei sollte man seinen Blick auf das Zivilrecht lenken. In bedeutenden Teilbereichen des öffentlichen Rechts ist eine starke Gesetzesproduktion oft nur eine Folge dessen, dass der Staat eine weitreichende Aktivität entfaltet, man diese aber doch immerhin einem Gesetzesvorbehalt unterworfen hat, was meistens besser ist als wenn dieser Vorbehalt nicht bestünde. Die beliebte Übung, nur einfach die Druckseiten zu zählen, die das Gesetzblatt umfasst, führt deswegen in die Irre. Erst wenn

[31] *Cepl* (1995).

[32] Vgl. *Pelikánova* (2002, S. 85).

der Gesetzgebungsaktivismus das Zivilrecht oder das Zivilprozessrecht erreicht, belegt er die Diagnose des „Vulgärposivitismus“. Dass dies in hohem Maße geschehen ist, ist für jeden Beobachter geradezu offenkundig, auch wenn es sich nicht mit aussagekräftigen Kennziffern darstellen lässt.[33] Der Gesetzgebungsaktivismus wird recht häufig durch Forderungen nach gesetzesrechtlichen Detailregelungen beflügelt. Im Postkommunismus stellte sich heraus, dass auch viele Ökonomen dieses Verlangen hegten und die Ursache für einen Fehlschlag recht häufig darin zu finden glaubten, dass man irgendetwas im Gesetzestext nicht genau genug geregelt habe. Eine Sonderform des Gesetzgebungsoptimismus war der Transplantationsoptimismus, von dem insbesondere westliche Berater beseelt waren. Im Unterschied zur Grundform des Gesetzgebungsoptimismus war diese Sonderform allerdings kurzlebig und in der mittleren Frist daher von minderer Gefährlichkeit. Sie wollte postkommunistischen Ordnungsdefiziten durch groß angelegte Projekte zur Transplantation von westlichem Recht zu Leibe rücken. Wer sich unter Rechtsentwicklung das Schreiben von Gesetzestexten vorstellt, für den hat der Rechtstransfers ohne Zweifel etwas Bestechendes: Wer abschreibt, kann schneller schreiben. Die Naivität dieser Idee war jedoch ziemlich evident, weshalb sie schon in der zweiten Hälfte der neunziger Jahre harter Kritik unterworfen wurde. Der Transplantationsoptimismus ist seitdem weitgehend tot, aber in seinen anderen Formen lebt der Gesetzgebungsoptimismus weiter. Festzuhalten ist, dass postkommunistische Rechtspolitik vom Vulgärpositivismus beherrscht wurde, der nur selten durch kurze Phasen gesetzgeberischer Zurückhaltung unterbrochen wurde. Der Vulgärpositivismus wurde von der öffentlichen Meinung unterstützt.

---

33 Man hat versucht, diese Hyperaktivität zu messen, indem man Novellen zählt. Geht man so vor, kommt man rasch zu dem Ergebnis, dass postkommunistische Gesetzgeber noch weitaus „aktiver“ sind als westliche. Ein Beispiel: Der hyperaktive deutsche Gesetzgeber unterwarf das Aktiengesetz von 1965 in den ersten 30 Jahren seines Bestehens 25 Novellen. Dies ist viel und dürfte damit zu tun haben, dass deutsches Aktienrecht in einem so hohen Maße von *ius cogens* durchsetzt ist, dass es sich öffentlichem Recht angenähert hat. Im Vergleich zum tschechischen Parlament aber erscheint die Aktivität des deutschen Bundestages als verhalten. 23 Novellen zum Handelsgesetzbuch schaffte das tschechische allein von 2000 bis 2004 und erbrachte damit zweifellos die auch von einigen westlichen Ökonomen geforderte Leistungssteigerung. Von 1993 bis 1998 hatte man hingegen nur acht Novellen geschafft. Das kreideten die Kritiker der damaligen Regierung als eine ungenügende Regulierungstätigkeit an.

Ein zweites Beispiel: Das bulgarische Parlament novellierte das 1991 gerade erst völlig neu kodifizierte Handelsgesetzbuch – ähnlich wie in der Tschechoslowakei nahm man es auch in Bulgarien auf sich, nach 1990 das Handelsrecht neu zu schreiben, statt, was wohl klüger gewesen wäre, das vorkommunistische wieder in Kraft zu setzen – von 1992 bis 2007 vierzigmal. Einschränkend ist zu diesem Befund nun allerdings festzuhalten: Auch wenn das Ergebnis dieser „Messung“ den Erwartungen entspricht, hält sich ihr Beweiswert in Grenzen. Das pure Zählen von Novellen sagt wenig über ihre tatsächliche Bedeutung. Aus der großen Zahl lässt sich einzig schlussfolgern, dass es für den Rechtsadressaten und zwar auch für den juristisch gebildeten so gut wie unmöglich war, auf dem Laufenden zu bleiben. Das Gesetz war, um mit Böhm zu sprechen, eindeutig kein „Gebilde der langen Linien“. Und dies ist aus Böhm'scher Sicht der entscheidende Punkt.

Dem ist nun aber die Beobachtung hinzuzufügen, dass dem Vulgärpositivismus der juristischen Laien im Postkommunismus ein nicht minder heftiger „Normenhunger"[34] der Juristen und Gerichte zur Seite trat. Das ist absolut nicht selbstverständlich. Westliche Juristen gehören nämlich oft zu den heftigsten Kritikern gesetzgeberischer Hyperaktivität. Sie verursacht ihnen Gram und Mühsal, oder, wie die Ökonomen sagen, ein hohes Arbeitsleid. Die These, dass die Zunft der Juristen dennoch zu den Profiteuren gesetzgeberischer Hyperaktivität gehört, ist zumindest übertrieben, wenn nicht völlig verkehrt.[35] Der Normenhunger der postkommunistischen Juristen widerspricht gewiss nicht der Böhm'schen These, er untermauert sie vielmehr. Der Vulgärpositivismus des typischen postkommunistischen Juristen hat seine Wurzeln in der Art und Weise, wie sich im Spätsozialismus die Wiedergeburt des Rechts in seiner „engen Enklave" vollzog.[36] Dieses Enklavenrecht hatte mehrere Geburtsfehler, die sich durch die Umstände seiner Geburt erklären lassen und es in einer Weise prägten, die im Postkommunismus recht häufig zum Hemmschuh wurde.

Zu diesen Prägungen gehörte es, dass sich die Rechtsprechung nach dem Ende des Stalinismus gerade dadurch von der Politik hatte ablösen können, dass sie auf den Formalitäten des Prozessrechts und auf ihrer Bindung an den Gesetzestext beharrte, den sie eben deswegen möglichst buchstabengetreu auslegte.[37] Dies ermöglichte eine Entpolitisierung des Verfahrens, eine teilweise Überwindung der stalinistischen Variante der Kadijustiz[38] und damit eine Rückgewinnung der Nor-

---

34 Dieser Ausdruck findet sich bei *Zöllner* (1996).

35 Auch für die Anwendung eines stabilen, auf Detailregelungen weitgehend verzichtenden Gesetzesrechts und des dazugehörigen Präjudizienrechts benötigt man Heerscharen von Juristen. Die Schweiz etwa gibt vielen Juristen Arbeit und Brot, obwohl die schweizerischen Gesetzgeber sich im 20. Jahrhundert im Unterschied zu den hyperaktiven Parlamenten der Nachbarländer fast stets große Zurückhaltung auferlegt haben.

36 Dies hat insbesondere *Kühn* (2005) herausgearbeitet.

37 Der Hang zu einer formalistisch-positivistischen Auslegung war also nicht die Folge eines Überwiegens des öffentlichen Rechts, für das auch im Rechtsstaat oft eine enge Bindung der Gerichte an den Gesetzestext gefordert wird. Eine gerichtliche Verwaltungskontrolle (oder eine Kontrolle des Verwaltungshandelns durch verwaltungsinterne Rechtsmittelverfahren und Spruchkörper) fand im Spätsozialismus tatsächlich nur in geringem Umfang statt.

38 Der Begriff der Kadijustiz wurde von Max Weber in die Rechtstheorie eingeführt, der auch schon darauf hinwies, dass der türkische Kadi zumindest nicht immer Kadijustiz betrieben hat. Weber selbst benennt die „revolutionäre Justiz" als eine Variante der Kadijustiz. Die stalinistische Justiz lässt sich unter diesem Begriff subsumieren. Weber schreibt über sie, dass: „... ihre Legitimitätsabhängigkeit von dem Glauben und der Hingabe der Massen sie ... zwingt: materiale Gerechtigkeitspostulate auch wirtschaftlich zu vertreten, also: den formalen Charakter der Justiz ... durch eine materiale (‚Kadi'-)Justiz (Revolutionstribunale ...) zu durchbrechen. Insoweit er also sozialer Diktator ist ..." vgl. *Weber* (1980, S. 157). Eine tiefsinnige Analyse von Kadijustiz findet sich bei *Pawlowski* (1999, S. 27–28): „Kadijustiz ist ... Rechtssprechung in Ansehung der Person ... Für das Urteil des Kadi kommt es entscheidend darauf an, daß er die volle (innere) Individualität der Beteiligten einbezieht, daß es ihm also gelingt, das Herz der Beteiligten anzusehen ...[dass die Kadijustiz; B.S.] durch eine diffuse Rollendefinition charakterisiert und konstituiert wird: Der Richter richtet und ent-

mativität des Rechts. Es ist nicht verwunderlich, dass sich eine Juristerei, die sich auf diese Weise entwickelt und einigermaßen behauptet hat, wenig erfreut zeigt, wenn sie nach dem Ende des Kommunismus erneut mit „gesellschaftlichen Anforderungen" konfrontiert wird, auch wenn dies die Anforderungen einer freiheitlichen Ordnung sind. Diese sind zwar andere als früher und laufen darauf hinaus, der Demokratie und der Verkehrswirtschaft zu dienen, aber der im Ignorieren von allerlei Anforderungen geschulte Jurist erachtet es auch diesmal nicht als seine Aufgabe, ihnen nachzukommen.

Aus damit eng zusammenhängenden Gründen ist Juristen dieser Prägung auch die richterliche Rechtsfortbildung suspekt. Sie erachten sie als etwas, auf das sie sich nicht mehr als unbedingt nötig einlassen sollten. Hätte der Richter unter der kommunistischen Herrschaft in einem nennenswerten Umfang Rechtsfortbildung betrieben, wäre er zweifellos in Gefahr gewesen, wieder zum bloßen Werkzeug der Politik herabzusinken. Das bescheidene Maß an Unabhängigkeit, das er in einigen „Enklaven" gegen Ende der kommunistischen Herrschaft erlangt hatte, beruhte vorwiegend auf der Unverfügbarkeit des Rechts, die eine strikte Bindung an den Wortlaut des Paragraphen und an die Vorgaben des für die Rechtsauslegung zuständigen Anleitungsorgans erzeugte. Charakteristisch für den postkommunistischen Juristen war ferner, dass er es sich zumindest in seinen schriftlichen Äußerungen nur recht selten herausnahm, die Weisheit der Gesetzestexte zu hinterfragen und sie auf ihre innere Folgerichtigkeit und Übereinstimmung mit tragenden Grundsätzen der Rechtsordnung zu prüfen oder in einer Weise umzudeuten, die sie damit in Übereinstimmung brachte. Das ist etwas, was nur wenige besonders angesehene Juraprofessoren gelegentlich unternahmen. Die Reverenz vor dem Gesetzestext erzeugte die Neigung, die neuen Gesetze auch nach 1990 möglichst buchstabengetreu auszulegen. Diese waren aber oft stümperhaft und schlampig verfasst. Die juristische Kompetenz des Gesetzgebers hat sich nach 1990 nur sehr langsam verbessert. Die Richter und akademischen Rechtsgelehrten waren juristisch kompetenter als die Parlamente, sie waren zumindest auf einem Auge sehend. Sie verhielten sich jedoch zum Gesetzgeber wie ein Lahmer, der von einem Blinden geführt werden will und wider besseres Wissen behauptet, dass der Blinde sehend sei.

Weil er das nicht war und das Gesetzesrecht oft nicht viel taugte und, selbst wenn es etwas taugte, meist nicht ausreichte, um reale Fälle im Wege der Subsumtion zu lösen, flüchtete sich der postkommunistische Richter häufig in den soge-

---

scheidet ‚wie ein Vater' ... Der nicht normativ strukturierte Gerechtigkeitsbegriff der Kadijustiz ist ... eng mit der diffusen Rollendefinition ihrer ‚Richter' verbunden. Die Richter der Kadijustiz konnten nicht von ihren Beziehungen zum Täter absehen, weil die Verurteilung des Täters nicht nur dessen ‚Tat', sondern auch die Gemeinschaft betrifft ... Das gerechte Urteil muß ... im Zusammenhang der Kadijustiz alle Umstände berücksichtigten, die sich nach den unmittelbaren Empfindungen der Beteiligten als erheblich darstellen." Vergleicht man diese Charakterisierung von Kadijustiz mit der Darstellung der Lüritzer Volksrichter der fünfziger Jahre in *Markovits* (2006, S. 32 ff.), so fallen die Parallelen ins Auge. Der Volksrichter war „parteilich", aber auch väterlich.

nannten „Formalismus“, die Suche nach prozessrechtlichen Vorwänden, um einer Entscheidung in der Sache ausweichen zu können.[39] Wenn dies nicht gelang, zeigte sich eine neuerliche Tendenz zur Kadijustiz, die in Postjugoslawien vermutlich stärker war als in den postsowjetischen Ländern, weil in diesem Landstrich die Rechtspflege auch im Spätsozialismus recht häufig Merkmale einer Kadijustiz trug.[40]

Bis zu diesem Punkt war nur von der Schwierigkeit des Postkommunismus die Rede. Nun gilt es, von seiner Leichtigkeit zu sprechen, die Böhm in der Lapidar- und der Pallas-Athene-These behauptet hat: Dass diese Leichtigkeit tatsächlich wirksam wurde und sich die Lapidar- und die Pallas-Athene-These durchaus bestätigten, kann man daran erkennen, dass zahlreiche postkommunistische Länder mit einer nunmehr darzulegenden Schwierigkeit der postkommunistischen Rechtspflege letztlich recht gut zurecht kamen. Jedenfalls hat sie kein das Wirtschaftswachstum blockierendes Ordnungsdefizit ausgelöst. Die Schwierigkeit bestand darin, dass sich Urteile, die zivilrechtlich begründete Forderungen betrafen, im Postkommunismus in aller Regel nicht vollstrecken ließen. Dies ist von beträchtlicher Bedeutung, weil das Zivilrecht damit gewissermaßen zur bloßen Sitte abmagerte. Jehring hat dies prägnant zum Ausdruck gebracht: „Der vom Staat in Vollzug gesetzte Zwang bildet das absolute Kriterium des Rechts, ein Rechtssatz ohne Rechtszwang ist ein Widerspruch in sich selbst, ein Feuer, das nicht brennt, ein Licht, das nicht leuchtet.“[41] Die Lateiner hatten hierfür den Satz: *Ubi ius, ibi remedium*. Der Rechtszwang, die Erzwingbarkeit mit staatlicher Hilfe, gilt vielen als Scheidelinie zwischen Sitte und Recht. Wo kein *remedium* ist, ist eben auch kein *ius*. Untersucht man postkommunistische Verhältnisse daraufhin, inwieweit hinter dem neu gestalteten Privatrecht eine ernstzunehmende staatliche Exekutionsgewalt stand, so war es damit in den neunziger Jahren meist sehr schlecht bestellt. Das *remedium* war nur eine Fata morgana. Wenn man es zu nutzen versuchte, erwies es sich als Trugbild. Dies hat sich auch nach 2000 nur langsam gebessert. Diesbezüglich sind bis heute große Unterschiede erhalten geblieben und zwar auch in der vom Autor betrachteten Ländergruppe. So gesehen hat im Bereich der Privatrechtsordnung zunächst eher ein Sitten- und Wertewandel als eine Rechtsreform im eigentlichen Sinne stattgefunden. Die Leichtigkeit des Postkommunismus be-

---

39 *Holländer* (2006).

40 *Dika / Uzelac* (1990, S. 407) konstatieren eine Neigung der jugosozialistischen Gerichte, ihre Rechtsprechung häufig zu ändern: „In der Bemühung um bessere Lösungen oder aus anderen, manchmal sehr pragmatischen und problematischen Gründen ändern die Gerichte … häufig ihre Praxis.“ Dies lag im Wesen des dezentralisierten Sozialismus, den Jugoslawien praktizierte. An Gesetze, die aus Beograd kamen, hielt man sich allenthalben ungern. Auf eine bestimmte Auslegung dieser Gesetze wollte man sich auf gar keinen Fall verständigen. Die Normen, die aus der Hauptstadt der jeweiligen Teilrepublik kamen, wurden abseits dieser Hauptstadt ebenfalls recht häufig missdeutet und ignoriert. Die lokale Parteiorganisation wollte die Dinge nach ihrem Gutdünken regeln. Sie war es, die den maßgeblichen Einfluss auf die lokalen Gerichte ausübte.

41 *Jehring* (1916, S. 250).

steht darin, dass es trotzdem einigermaßen geklappt hat. Es ging sozusagen auch mit einem Minimum an Recht, vorwiegend auf der Basis neuer Sitten. Eine Standardthese der Institutionenökonomik, dass bei Vorgängen des institutionellen Wandels die formalen Normen der vorauseilende und die informalen der nachhinkende Faktor seien, verträgt sich nicht gut mit diesem Befund und muss wohl überdacht werden.

Woran liegt es, dass im Zivilrecht der Rechtszwang so lange ausblieb und in der überwiegenden Mehrzahl der postkommunistischen Länder bis heute meist ausbleibt? Der tschechische Verfassungsrichter Cepl stellte hierzu schon 1995 fest: „Das Hauptproblem unserer Rechtspflege ist, dass die Vollstreckung entweder verzögert wird oder ganz unterbleibt. Bei uns hält man die Vollstreckung noch immer für etwas Asoziales. Man verbindet mit ihr Vorstellungen, die durch die Lektüre von Jindřich Šimon Baar geprägt sind und denkt an eine Witwe mit drei Kindern und einer Kuh. Dann kommt der Gerichtsvollzieher und stürzt sie in bittere Not, indem er die Kuh beschlagnahmt".[42]

An dieser Stelle ist zunächst darauf zu verweisen, dass die Schwächlichkeit privatrechtlicher Verträge und das Fehlen von Möglichkeiten, vertraglichen Pflichten ernsthaft Respekt zu verschaffen und bei einem Vertragsbruch angemessenen Schadensersatz zu erhalten, eine Eigentümlichkeit sozialistischen Rechts war, die im Postkommunismus fortwirkte. Das spätsozialistische Recht nahm Verträge auf die leichte Schulter und die postkommunistische Rechtsprechung hielt daran in recht beträchtlichem Maße fest.

Unter den postkommunistischen Ländern gab es einige, so etwa Bulgarien, die bis kurz vor Ende der neunziger Jahre gar nicht versucht haben, mit dieser Tradition zu brechen. Andere haben dies, so die Tschechoslowakei, wenn auch nur für die Kaufleute und zwar im Rahmen des Handelsgesetzbuches von 1992, oder Kroatien durch die Exekutionsordnung von 1996. Diese Vorstöße waren unter anderem deswegen nicht sonderlich erfolgreich, weil sie von der Justiz sabotiert wurden. Die Richter legten das neue Recht so aus, dass die Vollstreckung weiterhin ein ziemlich aussichtsloses Unterfangen blieb. Hierfür machte es keinen großen Unterschied, ob die neuen Regelungen verhältnismäßig knapp waren und sich im Wesentlichen darauf beschränkten, im Verkehr zwischen Kaufleuten der Privatautonomie auch bei der Verwertung von Sachsicherheiten Raum zu geben – wie dies die tschechoslowakische Gesetzgebung unternahm – oder recht ausführlich und damit eher der Vorstellung verpflichtet, dass die ganze Vollstreckung ein Vorgang öffentlich-rechtlicher Natur sei und einer detaillierten gesetzesrechtlichen Regelung bedürfe – so ging man in Kroatien vor. In beiden Fällen hebelten die Richter die Neuregelungen weitgehend aus. In diesem Verhalten kam eine gewisse

---

42 *Cepl* (1995). J. Š. Baar (1869–1925) war ein böhmischer Schriftsteller, der sozialreformerische Ambitionen hatte. Seine Romane haben sich bis heute im Lektürekanon der tschechischen Gymnasien gehalten. Er übte das Amt eines Dorfgeistlichen aus, von dem er aber später wegen seiner recht radikalen kirchenreformerischen Bestrebungen suspendiert wurde.

Volksverbundenheit der Richter zum Ausdruck, die die von Cepl dargestellte Volksmeinung mehr oder minder teilten. Ferner handelte es sich um eine Scheu, schwerwiegende Entscheidung zu treffen. Die Richter fürchteten die damit verbundene Verantwortung. Wenn ein Urteil eher eine unverbindliche Meinungsäußerung als eine echte Entscheidung darstellt, ist die Verantwortung des Richters geringer.

Das alles änderte sich erst, als man den freiberuflichen Gerichtsvollzieher, einen beliehenen Unternehmer, einführte und die Exekution damit weitgehend privatisierte. Der Exekutor, wie man ihn in der Slowakei und Tschechien in Anknüpfung an die alte gemeinrechtliche Bezeichnung nannte, brachte den Rechtszwang ins Zivilrecht zurück. Im Vergleich zum Exekutor ist die Durchschlagskraft des französischen *huissier,* der das Vorbild geliefert hat, deutlich geringer. In der Slowakei wurde der Exekutor 1996 tätig, in Tschechien 2002, in Bulgarien 2006, wohingegen dies in Kroatien bis heute nicht geschehen ist. Welch bedeutenden Wandel der Exekutor bewirkt hat, lässt sich anhand der Zwangsräumung illustrieren. Die Immobiliarpfändung erhält ihren Sinn oft erst durch die Möglichkeit einer Zwangsräumung. Diese blieb reine Theorie, bis der Exekutor kam. Solange es Richter waren, die die Zwangsräumung verfügen und leiten mussten, „schlich man um sie herum wie die Katze um den heißen Brei".[43] In Kroatien ist sie deswegen bis heute nahezu unmöglich geblieben.

Die Schlussfolgerung aus dieser Betrachtung ist: Hätte es nicht den „überraschend geringen Reibungs- und Ungehorsamswiderstand" gegeben, den die Böhm'sche Lapidarthese behauptet, wäre völlig unklar, warum die neue Ordnung letztlich einigermaßen funktionierte. Wie es zu dem sehr beträchtlichen und nachhaltigen Wirtschaftwachstum kam, dem goldenen Zeitalter, das in Tschechien 1992, in der Slowakei und Kroatien 1993 und in Bulgarien 1998 begann und bis zum heutigen Tag anhält, müsste ein völliges Rätsel bleiben.

Nun ist anzunehmen, dass es auf die Dauer vermutlich nicht genügen wird, „nur" einen Sitten- und Wertewandel zu vollziehen. Das Recht sollte ihn doch wohl nachvollziehen. Diese Überlegung führt uns noch einmal zu der Etatismusthese zurück. Wie hartnäckig hält sich die etatistische Betrachtungsweise?

III. Präjudizienrecht und etatistisches Recht

Da dies in der Rechtskreisdiskussion der Ökonomen leicht in Vergessenheit gerät, sei zu Beginn an eine Tatsache erinnert, die den Rechtshistorikern bekannt ist: Die großen kontinentaleuropäischen Kodifikationen des Zivilrechts, wie der *Code Civil,* das AGBG usw., standen auf den Schultern einer jahrhundertealten Tradition des Präjudizien- und Gewohnheitsrechts. Sie gewannen ihre Bedeutung erst durch den Bezug auf diese Tradition. Sie kamen im Wesentlichen so zustande, wie Böhm es beschreibt: Dem „geläuterten Urteil einer Akademie" vergleichbar. Die Geburt

---

[43] So formulierte es das tschechische Wirtschaftsmagazin *Ekonom* č. 16 (17. 4. 2003, S. 63).

der postkommunistischen Rechtsordnung hingegen vollzog sich als eine für Mutter und Kind hochgefährliche Steißgeburt, bei der es noch dazu zu einem gravierenden ärztlichen Kunstfehler kam. Nachdem die Beine des Geschöpfs zum Vorschein gekommen waren, der neue Kodex geschrieben war, vergaß man nämlich, dass nun auch noch der Kopf geboren werden musste, das Präjudizien„kapital".[44] Dieser erblickte erst ca. 15 Jahre später das Licht der Welt. Damit wiederholte man ein waghalsiges gynäkologisches Experiment, das auch in vielen Entwicklungsländern unternommen wurde und selten zu guten Ergebnissen führte. Auch in der Region hatte man damit bereits trübselige Erfahrungen gesammelt. Diese waren nur eben wieder in Vergessenheit geraten, weil sie in der Geschichtsschreibung kaum erörtert wurden. Die Königreiche Bulgarien und Serbien unternahmen nämlich nach der Erlangung der Unabhängigkeit vom Osmanischen Reich ähnliche Experimente.

Es mag hier dahingestellt bleiben, ob es eine Alternative zu dieser Steißgeburt gab. In Frage gekommen wäre wohl nur, im Bereich des Schuld-, Sachen- und Handelsrechts und ebenso im Zivilprozessrecht das vorkommunistische Recht wieder in Kraft zu setzen und den überkommenen Bestand an Judikaten und juristischer Literatur durch Nachdrucke zu erschließen. Ein Indiz dafür, dass dies nicht so falsch gewesen wäre, liefert die Beobachtung, dass sich der Markt selbst auf dieses alte Recht hinbewegte. So erschien 1998 in Tschechien ein Nachdruck des großen 5500 Seiten starken AGBG-Kommentars, den die tschechischen Zivilisten Rouček und Sedlaček 1935 bis 1937 herausgebracht hatten.[45] Obwohl der Preis des Buches sich auf mehr als zwei Drittel des damalige Monatsnettoeinkommen eines Durchschnittsverdieners belief, war dieser Nachdruck nach wenigen Jahren vergriffen und der Erfolg auch aus der Sicht des Verlegers, einer Tochter von Kluwer, groß genug, um einen zweiten Nachdruck durchzuführen. Es ist gewiss ungewöhnlich, dass die Fachleute bereit waren, so viel Geld für die Kommentierung eines Gesetzes dahinzugeben, das bereits seit einem halben Jahrhundert keine Gültigkeit mehr hatte. Offenbar gab es genügend Kunden, die in diesem Werk Orientierungen suchten und fanden, die das geltende Schuld- und Sachenrecht mitsamt Kommentarliteratur nicht zu bieten vermochte. Das geltende Schuld- und Sachenrecht war nämlich nur eine von den auffälligsten sozialistischen Elementen befreite Mixtur aus den Zivilgesetzbüchern von 1964 und 1950 und damit von Gesetzbüchern, die in bewusster und ziemlich radikaler Abkehr von dem 1950 aufgehobenen AGBG geschrieben worden waren.

Diese Beobachtung wirft ein Licht auf die näheren Umstände der Steißgeburt. Da man sich 1990 eine Neukodifikation des Sachen- und Schuldrechts aus nahe liegenden Gründen nicht zutraute, beschränkte man sich in den vier Fallstudien-

---

44 Wie *Posner* (2003) dargelegt hat, hat der Bestand an Präjudizien, über die eine Rechtsordnung verfügt, Ähnlichkeiten mit einem Kapitalstock.

45 *Rouček / Sedlaček* (1998). Auch in der Slowakei und Bulgarien wurden viele alte juristische Texte nachgedruckt. Unter den vier Fallstudienländern wich nur Kroatien der Begegnung mit der eigenen vorkommunistischen Rechtsgeschichte weitgehend aus.

ländern zunächst darauf, das Vorhandene von besonders auffälligen sozialistischen Elementen zu reinigen und die dadurch entstandenen Lücken notdürftig zu füllen. Einer sofortigen Neukodifikation führte man nur das Handels- und das Konkursrecht zu. Man arbeitete infolgedessen zu einem beträchtlichen Teil mit Gesetzesrecht aus der Zeit der kommunistischen Diktatur weiter. Das war auch unvermeidlich, wenn man nicht zum vorkommunistischen Recht zurückkehren wollte. Die Einsicht, dass das von der kommunistischen Diktatur hinterlassene Recht in der neuen Ordnung ganz anders ausgelegt werden musste als dies zuvor üblich war, war bei den Juristen bei Weitem nicht im selben Maße vorhanden wie in der Bundesrepublik nach 1949. Auch in der Bundesrepublik kam man nicht umhin, weiterhin Gesetzesrecht aus der Zeit des Nationalsozialismus zu verwenden, und gar nicht wenig davon ist noch heute in Kraft. Aber man hatte wendige Juristen. Was man in der Bundesrepublik verfassungsgemäße Auslegung nannte, setzte sich in den Gerichten der Fallstudienländer weitaus weniger durch. Nicht zuletzt das Zivilrecht war vom Ausbleiben der verfassungsmäßigen Auslegung stark betroffen.[46]

Dass der Kunstfehler, mit dem das gynäkologische Experiment verbunden war, von den Ökonomen nicht bemerkt wurde, mag man als einen Kollateralschaden deuten, den die volkswirtschaftliche Rechtskreisdebatte angerichtet hat. In unzähligen Darstellungen wird der Unterschied zwischen den kontinentaleuropäischen Rechtskreisen und dem angelsächsischen an der Bedeutung der Präjudizien festgemacht. Erstere seien gesetzesrechtlich geprägt, wohingegen letzterer präjudizienrechtlich geprägt sei. Dieses Vorurteil hat in den postkommunistischen Ländern besonders viele Anhänger. Nichtsdestoweniger ist es falsch. Denn wie beispielsweise Kriele festgestellt hat: „... bestehen zwar tiefgreifende Unterschiede zwischen der kontinentaleuropäischen und der angloamerikanischen Rechtstheorie und infolgedessen auch der Art und Weise rechtswissenschaftlicher Darstellung und Lehre. In der Wirklichkeit der juristischen Praxis, in der Auslegung und Anwendung des Rechts spielt dieser Unterschied jedoch keine maßgebliche Rolle. Vielmehr haben die Präjudizien für den kontinentaleuropäischen Richter im Großen und Ganzen die gleiche Bedeutung wie für den angloamerikanischen, und zwar unabhängig davon, ob ein Rechtsgebiet kodifiziert ist oder nicht".[47]

Für die spätsozialistische Rechtsprechung war hingegen typisch, dass die Präjudizien „in der Wirklichkeit der juristischen Praxis" die völlig untergeordnete Bedeutung hatten, die man der gesamten kontinentaleuropäischen Rechtspflege oft nachsagt. Wie Markovits schreibt, zählten „Präzedenz-Fälle in einer sozialistischen Justiz, die nicht in die Vergangenheit, sondern in die Zukunft blicken wollte, nicht

---

46 Die Rechtsprechung der neunziger Jahre in der Breite hierauf durchzuprüfen, ist bislang nicht möglich, weil viel zu wenig veröffentlicht wurde. Der definitive Beweis für die hier vorgetragene These wird sich wohl erst nach der Öffnung der Archive erbringen lassen. Sie lässt sich aber mit einer Reihe von Entscheidungen und mit Äußerungen von Insidern belegen. Wegen zahlreicher Quellen siehe *Schönfelder* (2009).

47 *Kriele* (2003, S. 59).

viel . . . : Nicht die Ansammlung alter Weisheiten, sondern die allerneueste Anweisung von oben sollte einen Fall entscheiden".[48] Diese Herangehensweise wurde im Postkommunismus nur langsam und partiell überwunden. Illustrieren lässt sich ihr Fortwirken beispielsweise anhand einer Äußerung von Jiří Přibráň, der an der Karlsuniversität in Prag und in Cardiff lehrt: „Legislation has, of course, become the main vehicle both of social change and integration in modern society. In addition, the concept of judge-made law as respecting the traditions and moral fabric of a political community has almost disappeared in the period of modernity and the judiciary has started to regard itself as an institution and force for social change".[49] Přibráň beurteilt diesen von ihm behaupteten Einstellungswandel[50] keineswegs kritisch. Soweit wie Přibráň gehen zwar nur wenige Rechtstheoretiker der postkommunistischen Länder, aber die Vorstellung, dass das Privatrecht vom Gesetzgeber gemacht wird, um die Gesellschaft in eine bestimmte, vom Gesetzgeber gewünschte Richtung zu bewegen, ist weit verbreitet und wird nur von wenigen in Frage gestellt. Die Justiz hat in dieser Sicht nur eine unterstützende, etwaige Gesetzeslücken füllende Funktion. Deswegen werden die „alten Weisheiten", die in den Präjudizien stecken, für weniger wichtig erachtet.

Diese Geringschätzung der Präjudizien hatte zur Folge, dass die juristische Argumentation nach 1990 nur sehr verzögert zur Arbeit mit ihnen zurückkehrte.[51] Der (Fach-)Öffentlichkeit wurde weiterhin nur ein minimaler Bruchteil aller Gerichtsentscheidungen und Urteilsbegründungen zugänglich gemacht, sodass es für diese Arbeit schlicht an dem nötigen Material mangelte. Dies änderte sich nur langsam. Es dauerte sechzehn Jahre, bis eines der Fallstudienländer diesem Zustand ein Ende zu setzen suchte und der dortige Justizminister ein System installieren ließ, das die meisten Urteile nebst Begründungen zugänglich machen sollte.[52] Dies geschah in der Slowakei, die sich damit justizpolitisch erneut an die Spitze des postkommunistischen Reformzugs setzte. Weil aber das Judizieren ohne Präjudizien recht häufig eine Aufgabe von überwältigender Komplexität ist, begünstigte die Nichtveröffentlichung der Judikate nicht nur den oben bereits angesprochenen „Formalismus", sondern erzeugte auch eine große Rechtsunsicherheit. Diese wurde zwar häufig beklagt, aber fast nie auf ihre eigentlichen Ursachen zurückgeführt. Stattdessen hielt man sie für die Folge einer unzureichenden Produktion von Gesetzesrecht.

---

48 *Markovits* (2006, S. 285 – 286).

49 *Přibráň* (2005, S. 295).

50 Er übertreibt stark. In den meisten europäischen Ländern dürfte die Mehrzahl der Richter keineswegs das Selbstverständnis einer „force for social change" haben. Es gibt aber zweifellos eine Minderheit, die in diese Rolle schlüpfen will.

51 Eine Ausnahme hiervon waren die Verfassungsgerichte, die allenthalben ein Präjudizienrecht in die Welt setzten, das sich auch als solches zu erkennen gab. Die Hoffnung der Verfassungsrichter, dass die Justizgerichte dies bald nachahmen würden, erfüllte sich jedoch nicht.

52 Vgl. http: //jaspi.justice.gov.sk.

Festzuhalten ist, dass die Sicht von Recht, die nach Böhm für die rechtsstaatliche Konzeption charakteristisch ist, in den Fallstudienländern noch nicht wieder gewonnen wurde, und dies neben den Vollstreckungsproblemen ein zweiter Grund ist, warum das Zivilrecht noch nicht in die ihm in der Privatrechtsgesellschaft zustehende Rolle zurückgekehrt ist.

C. Resümee

Die Böhm'sche Lückenordnungsthese lässt sich nach dem Postkommunismus allenfalls in einer modifizierten Form halten, die allerdings in der Logik der Böhm'schen Gedankenführung selbst schon angelegt ist. Dies mag daran liegen, dass der deformierende Einfluss der vorherrschenden Ordnung auf die Lückenordnung stets so stark war, dass ein eher reibungsloses Aufrücken der Lückenordnung zur vorherrschenden Ordnung, wie es sich nach der französischen Revolution ereignete, nicht möglich war. Die unterschiedlichen Grade an Ausprägung und Relevanz, die diese Lückenordnung in unterschiedlichen sozialistischen Systemen annahmen, scheinen für die Leichtigkeit und Schwierigkeit des Übergangs keine große Rolle gespielt zu haben außer eventuell einer pädagogischen. Die anderen vier Thesen haben sich in den Fallstudienländern hingegen bestätigt. Eine der bemerkenswertesten Züge der postkommunistischen Entwicklung war, dass man zumindest mittelfristig auch mit einer schwachen und rudimentären Privatrechtsordnung leben konnte. Es kam in den Worten von *Stringham* (2003) zu einer „außerrechtlichen Entwicklung" (*extralegal development*), die neue Bräuche und vom Rechtsgeltungswillen getragene Übungen der Rechtsgenossen stiftete.

Literatur

Böhm, F. (1950): Wirtschaftsordnung und Staatsverfassung. Tübingen (Mohr).

Böhm, F. (1960): Der Rechtsstaat und der soziale Wohlfahrtsstaat [1953], wiederabgedruckt in Reden und Schriften, Karlsruhe (C.F. Müller).

Böhm, F. (1980): Freiheit und Ordnung in der Marktwirtschaft. Herausgegeben von Ernst-Joachim Mestmäcker, Baden-Baden (Nomos).

Bydlinski, F. (1994): Das Privatrecht im Rechtssystem einer ‚Privatrechtsgesellschaft', Wien (Springer).

Cepl, V. (1995): Definitiva přišla příliš brzy. Interview mit Vojtech Cepl, in: Respekt, Vol. 38, 18. 9.1995, S. 12.

Dajnov, E. (sŭstavitel) (2002): Sivata ikonomika v Bŭlgarija, Sofija: Centŭr za socialni praktiki.

Dika, M. / *Uzelac,* A. (1990): Zum Problem des richterlichen Aktivismus in Jugoslawien, in: Zbornik pravnog fakulteta u Zagrebu, Vol. 40 (4), S. 39 – 416.

Dilber, G. (1997): Rechtserfahrung DDR, Berlin (Arno Spitz).

Elster, J. (1990): The Necessity and Impossibility of Simultaneous Economic and Political Reform, in: P. PB3oszajski (ed.): Philosophy of Social Choice, Warsaw: IFis, S. 309–316.

Holländer, P. (2006): Filosofie práva, Plzeň (Čeněk).

Jehring von, R. (1916): Der Zweck im Recht, Leipzig (Breitkopf und Härtel).

Kriele, M. (2003): Grundprobleme der Rechtsphilosophie, Hamburg (Lit).

Kühn, Z. (2005): Aplikace práva soudcem v éře středoevropského komunismu a tranformace, Praha (Beck).

Ladeur, K.-H. (2006): Der Staat gegen die Gesellschaft. Zur Verteidigung der Rationalität der ‚Privatrechtsgesellschaft', Tübingen (Mohr).

La Porta, R. / *Lopez-de-Silanes,* F. / *Shleifer,* A. (2008): The Economic Consequences of Legal Origins, in: Journal of Economic Literature, Vol. 46 (2), S. 285–332.

Markovits, I. (2006): Gerechtigkeit in Lüritz. Eine ostdeutsche Rechtsgeschichte, München (Beck).

Mögelin, C. (2003): Die Transformation von Unrechtsstaaten in demokratische Rechtsstaaten, Berlin (Duncker und Humblot).

Offe, C. / *Adler,* P. (1991): Capitalism by Democratic Design?, in: Social Research, Vol. 58 (4), S. 865–892.

Pawlowski, H. M. (1999): Methodenlehre für Juristen, Heidelberg (Müller).

Pelikánova, I. (2002): Hledání práv, in: A. Gerloch (Hg.): Teoretické problemy problémy práva na prahu 21. století, Praha (Karolinum).

Pokrovac, Z. (1988): Realsocijalizam i pravo, in: Savremenost, Vol. 18, S. 12.

Posner, R. (2003): The Economic Analysis of Law, New York (Aspen).

Přibráň, J. (2005): Constitutional Symbolism and Political (Dis)Continuity, in: A. Czarnota et al. (eds.): Rethinking the Rule of Law after Communism, Budapest (CEU Press).

Raiser, T. (1967): Grundgesetz und Privatrechtsordnung, in: Verhandlungen des sechsundvierzigsten Deutschen Juristentages, München (Beck), S. B5–B25.

Rouček, F. / *Sedlăek,* J. (1998): Kommentář Československému obecnému zákoníku občanskemu a občanské právo platné na Slovensku a v Podkarpatske Rusi, Praha (Aspi) [1935–1937].

Schönfelder, B. (2009): Vom Spätsozialismus zur Privatrechtsordnung. Eine Untersuchung zur Wechselwirkung von Wirtschafts- und Rechtsordnung am Beispiel von Gläubigerschutz und Kredit, Manuskript Freiberg.

Shavell, S. (1995): The Appeals Process as a Means of Error Correction, in: The Journal of Legal Studies, Vol. 24 (2), S. 379–417.

Stringham, E. (2003): The Extralegal Development of Securities Trading in Seventeenth-Century Amsterdam, in: The Quarterly Review of Economics and Finance, Vol. 45, S. 321–344.

Voigt, S. (2008): Are International Merchants Stupid?, in: Journal of Empirical Legal Studies, Vol. 5 (1), S. 1 –20.

Weber, M. (1980): Wirtschaft und Gesellschaft, Tübingen (Mohr).

Zöllner, W. (1996): Die Privatrechtsgesellschaft im Gesetzes- und Richterstaat, Köln (Schmidt).

Dritter Teil

Institutionen und wirtschaftliche Entwicklungen in China

China's institutional architecture: Interpreting the links between local governance and local enterprises

By *Barbara Krug,* Rotterdam, and *Hans Hendrischke,* Sydney

A. Introduction

Reform China poses a challenge to social scientists trying to use their analytical toolkits to explain institutional change and economic transformation. The dramatic change of China's economic system has stimulated some useful theoretical controversies (*Roy et al.* 2001; *Tsui et al.* 2004). In organization theory the controversy started between cultural approaches (e.g. *Hofstede* 1998; *Redding* 1990) and institutional theory (*Meyer/Peng* 2005); in economics between the neo-classical approaches and institutional economics (*Lipton/Sachs* 1990; *Grabher/Stark* 1997; *Hodgson* 1993). Over the years when more "observations" of transformation processes and compatible data sets from European transition economies became available, the necessity to pay attention to the institutional context became obvious (see for example *OECD* 2005; see also *Rodrik* 2007; *Stiglitz* 2002). The comparative business systems literature and macro-economic comparative studies have shown that emerging markets and transition economies do not merely represent a data (sub-)set of conventional assumptions about firms and their behavior (*Djankov et al.* 2003; *Whitley* 2007). Different institutional frames whether emerging markets, transition economies or market economies lead to different organizational forms of firms and different strategic decisions, adding to the diversity of firms that can be observed worldwide.

The institutional debate among economists proceeded from the early *North* (1990) definition where institutions are the rules of the game and captured by transaction costs to including economic organizations as suggested by *Williamson* (see overview 1991). In the case of China, the question is how economic actors respond to the decentralization of decision making power and control over resources with which the reforms have started in 1978: How does a non-socialist sector emerge? What new organizational forms of firms can be observed in the non-state sector? How do these firms interact with each other and their business environment? New Institutional Economics (NIE) (e.g. *North* 2005; see also www.isnie.org) aimed at explaining both the organizational dynamics, i.e. Hayek's "spontaneous order" as initiated and shaped by the new economic actors, as well as institutional change as initiated in the political arena and stipulated in laws or (Communist) Party directives (*Aoki* 2007; *Barzel* 2002). We use the term "institutional architecture" to denote the institutional framework which encompasses both spontaneous order and politically defined incentives and constraints in order to avoid confusion with the conventional legalistic definition of institutional structures which emphasizes national legislation and property rights. In an environment of economic transformation and institutional change this institutional architecture cannot be static. Its dynamism refers to the process by which new organizational forms of firms emerge, social relations are selected for business purposes, and political-business interaction is established by creating new and harnessing existing social and political structures including national legislation.

Yet, so far the complementary question has not been raised: What can the China-experience, i.e. observations and the findings of empirical research, add to the body of knowledge in institutional analysis. This is what this paper attempts to do, stimulated by some puzzles resulting from the China-experience. They can be summarized in four points:

(1) How do we explain the quick emergence of *entrepreneurship* and new non-socialist firms in an environment of non-existing (until 2004) formal private property rights and massive state intervention in the operation of firms? How do we explain the emerging diversity of organizational form of firms in the nascent private sector, in particular the fact that the diversity of firms can be greater within one industry than across sectors and industries?

(2) If culturally determined forms of *networking (guanxi)* are the crucial co-ordinating mechanism and therefore the comparative advantage of Chinese economic actors, by which they respond to ill-functioning markets, how do we then explain the diversity of network and network activities within China, let alone the fact that networking co-exists with market exchange, and competition?

(3) How do we explain that firms and networks involve *political agents* as members or owners? Why do these forms of corporate governance facilitate private entrepreneurship instead of rent-seeking, corruption and high entry barriers into industries? Why have private entrepreneurs embedded in local business environments become the preferred partners for domestic and international firms, private and public companies?

(4) How is the organizational dynamics at the *micro-level linked to macro-level* institutions? What happens when localism, embeddedness and corporate governance rather than national legislation, formal property rights and national markets define organizational dynamics? How do we account for the continued co-existence of formal and informal institutions when transaction cost analysis suggests that informal institutions, such as the use of *guanxi,* are transitory and will disappear with increasing wealth and increasing market competition?

Below we will show that by broadening the toolkit as developed in and around NIE, and by stressing the micro-dynamics in the interaction of new and old economic actors, institutional economics can be fruitfully employed: Instead of offering (another) evidence that "institutions matter" a broader analysis also broadens our insights. For example it allows asking which economic actors contribute to institution building, which institutions emerge and how to link individual or local solutions with the general institutional frame. We will start by outlining what we mean by institutional approaches. Using the terminology of North and Williamson we will refer to the field as New Institutional Economics. Originating from the neoclassical paradigm NIE in our understanding stands for a research platform that includes concepts from organization theory, sociology, political science, or social psychology. Though partly overlapping, we keep organizational theory apart as it is not (yet) generally accepted as part of the literature of NIE with the effect that the studies are published in management science journals. Yet, it is worth stressing, that contributions of management are not to be underestimated: (1) by taking firms as the unit of analysis these approaches examine the context and strategies for interacting with the "reform" environment; (2) by concentrating on empirical "cases" they contribute to our knowledge about the China-specific data set before we start theorizing; subsequently (3) when the following refers to empirical studies, we refer to the studies as found in the economic and organization or strategic management literature, as listed in the bibliography, and to the experience we gathered in the last 8 years and published elsewhere (*Krug/Hendrischke* 2007).

In proposing an overarching interpretation of China's institutional change, we emphasize the linkage between firms and networks, i.e. the spontaneous order, and politically driven institutions, i.e. the formal institutional order. We will identify gaps in the literature, as in the case of entrepreneurship; suggest specifications of existing forms of networks, as in the case of non-structured, yet strategy-driven networks. The conceptual use of institutional architecture propels a complementary research agenda which acknowledges organizations as initiators of institutional change, the co-existence of formal and informal institutions, and dynamic processes underpinning institutional change (see also *Acemoglu/Johnson* 2005).

B. The field: Towards a broader notion of institutions

China's economic transformation has spawned so many concepts and approaches within the social sciences that any singling out of specific concepts in our summary can be seen as a "random selection". Yet, seen from the NIE perspective the concepts used follow the academic discourse in the last 20 years within economics and what came to be known as Neo-institutionalism (*Kato* 1996). Research on emerging markets and transition economies pointed to the explanatory weakness of the early *North* (1990) and *Williamson* (1985) definitions of transaction costs and hybrids which failed to explain the diversity in organizations such as firms and the emergence of market conforming (or not conforming) institutions. In response, new and related research agendas produced new forms of institutional analysis. First, acknowledging that Public Choice (overview: *Mueller* 1989) whose findings are based on parliamentary democracies and therefore incompatible with emerging markets and transition economies can nevertheless contribute to the explanation of institution building and change. It provides concepts for "de-composing" the institutional frame by drawing attention to the allocation of regulatory power within one economy. For China the concept of Fiscal federalism offers an analytical design for explaining the diversity of local business systems and jurisdictional (*Qian / Weingast* 1997) or yardstick competition (e.g. *Besley / Case* 1995) in attracting FDI (e.g. *Huang* 2003) and securing private property rights. The literature on collective action shows further that the emergence of institutions does not only depend on the decentralization of regulatory power, but also on the local interaction between the political and the economic sector and new forms of public-private partnerships (*Olson* 1969; *Ostrom* 1990).

The insights from Public Choice and theory of collective action also show that focusing on sub-national development and interaction is not just a shift in the unit of analysis from the national to the local level (for China see *Li* 2005), but implies that firms can be initiators of change and institutional entrepreneurs and not just recipients of institutional constraints and change. Firms contribute to institution building when agreeing on business routines or colluding with local government agencies to "negotiate" regulations, subsidies, or even taxation (*Li et al.* 2006). This analysis led to the State-capture (*Laffont / Tirole* 1991; *Frye / Shleifer* 1997) vs. State-seizure (*Shleifer / Vishny* 1998; *Frye* 2002) controversy which centers around the question whether and to which extent the alliance between the local business community and the local state can weaken the national government (as observed in China in the 1990; for Russia see *Litwack* 2002) where it helps to explain the emergence of a very specific institution, namely tax contracting (tax farming) between the local state and firms (*Zhu / Krug* 2007; *Brean* 1998). If institution building is no longer the outcome of the political process alone, then identifying the agents of change and their interaction becomes crucial for the analysis. Elite studies in (economic) sociology (*Nee* 2000; *Rona-Tas* 1994) or studies on innovative systems (*Whitley* 2007) find two dominant agents at the local level: Firms and entrepreneurs and local government agencies who drive organizational dynamics, in form of selection of organizational form (*Krug / Kuilman* 2007), ownership composition (*Opper* 2007), corporate governance (*Nee / Opper* 2007; *Opper et al.* 2002), and as will be shown presently strategic decisions.

The analysis of private, here: non-political, institution building reminds economists of Hayek's "spontaneous order" and private voluntary business activities (see discussion in *Aoki* 2007; *Hodgson* 2007). This perspective introduced findings and methods from social psychology into NIE, contributed to the development of experimental economics and institutional game theory and paved the way for recognizing identification and participation, bargaining and tradition in institutional change (*Bohnet* 2006; *Schlicht* 1999). These new approaches often in combination with the concept of embeddedness (*Granovetter* 1985) and isomorphism (*DiMaggio/Powell* 1983) contribute to our understanding as they examine the interaction between economic actors which are not (yet) co-ordinated via a price mechanism, meaning a situation most firms and entrepreneurs find themselves in during the transformation process.

The question how to link institution building at the firm and local level with institutional change instigated at central and political level points to a gap in institutional analysis. The literature on Fiscal federalism (jurisdictional and yardstick competition) contributes some insights, but does not resolve the question whether to model the link between micro-level and macro-level institution building as "hierarchy", authority sharing or as an evolutionary process.

"Non-authorizised" forms of institution building are regarded as "informal" (*North* 2005). This term is used confusingly. It can refer to cultural institutions, which are assumed to foster informal networking and the emergence of a private sector (*Park/Luo* 2001; *Tsang* 1998; *Xin/Pearce* 1996). The same term is also used to refer to illegal institutions such as black markets or corruption with strongly negative connotations (e.g. *Rauch* 1991; *Tsai* 2002). The alternative perspective originates in evolutionary economics, which acknowledges diversity, a multitude of different agents of change, pointing to the need to identify the specificities of social relations such as structures, rules, convention or organizations (*Grabher/Stark* 1997; *Hodgson* 2007). From an evolutionary perspective whether an institution is formal or informal is less important than the link between the individual solutions and institutions (*Hodgson,* 2007). Adaptation, imitation, (jurisdictional and market) competition, yet also the identification of "niches" where some organizational forms and business practices survive are the crucial analytical concerns.

The analysis presented below suggests that at this stage embracing a diversity of concepts is more helpful than concentrating on one paradigm or one perspective. The newness of the kind of institutional change under economic transformation offers incentives and new opportunities to recombine perspectives and concepts.

Having outlined the general framework of our analysis, we will next turn to the analysis of firms and networks. We will argue that under China's institutional architecture entrepreneurship and networks do not merely react to institutional change but actively contribute to new institutional structures by strategically choosing organizational forms and investing in organizational capabilities.

C. Firms and networks

When in a transition economy control over resources and decision making power is decentralized and economic actors use the new opportunities, the question of spontaneous order arises. Economic actors enjoy a degree of freedom to organize themselves, establish firms and look for new ways outside the plan to coordinate business relations. By doing so, they establish a new organizational architecture (*Aoki* 2007) which is an essential component of the institutional architecture.

Empirical research as found in the management science literature, but also in the general literature on China, such as the China Quarterly, or in economic sociology (see bibliography) supplement our interviews (*Krug/Hendrischke* 2007) and suggest the following interpretation. With a rapidly decreasing state sector, explaining the rapid emergence of private entrepreneurship, i.e. "green-field" firms founded by 'private' individuals or township and village enterprises working outside state-planning, remains a challenge for organizational research on China. How firms behave, why they differ, and why some are more successful than others are questions central to strategic management. However, the emergence of firms is seldom raised in both the entrepreneurship and strategic management literature, as first observed by Baumol forty years ago (*Baumol* 1968; *Baumol et al.* 2007; see also *Aldrich/Fiol* 1994; *Bianchi/Henrekson* 2005). More recently, organizational ecology has drawn attention to the fact that the "blueprints" of the founding fathers have an influence on the firm that exceeds their own life span (e.g. the Stanford Project on Emerging Companies, see *Baron/Hannan* 2002). A second gap in research is that cultural and historic approaches fail to explain the heterogeneity or firms (within one sector) and diversity of local business systems that emerged after the reforms as both concepts generalize at the aggregate level of the Chinese nation state. Thus, for example, the claim that the Chinese family is the backbone of firm formation in Reform China (e.g. *Redding* 1996) did not pass empirical scrutiny (*Pistrui et al.* 2001). To simply assume that culture and institutions affect economic behavior is meaningless if there are no predictable consequences (see critique in *Hamilton* 1996, pp. 7–10; *Singh* 2007). To assume that institutions are embedded in culture or that culture defines informal institutions (*Hofstede* 2007; *Redding* 2005) is to say that a specific behavior can be attributed to cultural as well as institutional factors. For example, the fact that entrepreneurship in China is based on collective actors connected in a network structure can either be taken as evidence for Chinese culture where personal relations (*guanxi*) play a major role. Alternatively, *guanxi* networks can be explained as a response to institutional factors, such as ill-functioning markets. Likewise *Bohnet*'s (2006) claim that institutions (1) create incentives; (2) co-ordinate behavior; (3) match people leading to a congregation of like-minded business partners; (4) affects preferences in particular intrinsic and extrinsic motivation and the relationship between the two; and (5) provide information on procedures (and not only outcomes) can in the same way be made for the functioning of culture. Research on *guanxi* does not contribute to our understanding of "culture" so long as we cannot better discriminate between institutional and "cultural" factors.

Empirical research in China indicates that the formation of firms should be treated as a specific area of research. Firms in China are the outcome of individuals or groups (such as villages) pooling resources and making strategic decisions on how to build up organizational capabilities to best exploit market opportunities and secure a relative stable local institutional environment in a dynamic environment. The pooling of resources is not limited to physical resources or capital. As shown by *Boisot/Child* (1996) more than a decade ago, "intangible assets", such as access to market information or prior knowledge about policy changes, are crucial components in the initial endowment of firms. Moreover, in an environment of rapidly increasing competition with fluctuating relative prices and incessant political change, firms opt for a strategy which secures maximum flexibility in recombining productive forces. One of the most striking features of Chinese firms, namely their willingness to disinvest otherwise profitable enterprises, such as restaurants or joint ventures with foreign companies, finds its explanation in the fact that both offer access to capital and are seen as cash cows which enable the investors to move to other, more preferred sectors. Likewise the willingness of private firms to offer shares or influence in their operations to local government agencies is a move to attract stakeholders or shareholders who are able to increase the organizational capability of a firm (*Opper* 2007). Firm formation in China is thus an iterative process that involves changes in product, labor, financial or even political structures with the aim to find the best adaptation to and embeddedness in a dynamic local environment. Combining the analysis of institutions and dynamic capabilities (*Dosi et al.* 2000, *Nelson/Winter* 1982; see also *Hodgson* 2007) helps explaining the emergence of firms as well as specific initial resources and capabilities that leads to the differentiation of new firms within the same sector. The China experience supports the suggestions of empirical studies in the international business literature that the institutional context of entrepreneurship and competition requires detailed scrutiny. Notwithstanding the merits of the competitive advantage view of firms, keeping institutions in the background or reflected in transaction costs, forestalls analysis of how institutions function, emerge and change (*Yamakawa et al.* 2008). Combining an institutional analysis with the concepts of dynamic capabilities promises new insights, as has been acknowledged in the strategic management literature; for example, by showing that strategic political management creates firm-specific value (overview in *Pearce et al.* 2008; see also *Stark* 1996). Our research shows that a strategy of co-opting local political agencies for protection of assets and business relations increases the value of all tangible assets plus business relations irrespective of product, sector or technology. The expected scale economies for investment in political 'capital' explains why Chinese entrepreneurs attach so much value to this strategy.

While there is a relative deficit in the analysis of entrepreneurship, the analysis of networks seems to be burdened with a proliferation of concepts. Both cultural and institutional approaches accept that networks in China are a crucial feature of the business environment. The *cultural essentialism* which conflates overseas Chinese business networks and business networks in the PRC has shown a remarkable resilience against the critique from China studies which point to China's cultural heterogeneity, differentiation of local business systems and variations in form and behavior of firms (*Goodman* 2007). There is a pre-disposition to believe that Chinese (but for example not Russian) networks are different, if not unique. The cultural approach stresses the positive effects of networks on economic development while in contrast, institutional and sociological analyses also highlight the harmful effects in form of rent-seeking and corruption.

To describe Chinese realities, networks are frequently modeled via "as-if"-assumptions. To give some examples: Networks are seen as "pseudo-families" (overview in *Jacobs et al.* 2004), "old friends" (*lao pengyou*) (*Hendrischke* 2007), "clans" in terms of governance (*Boisot / Child* 1996), "state corporatist" in offering patronage (*Oi* 1995; *Walder* 1995), if not 'Mafia' like (*Cheung* 1996) or resembling Indian business groups (e.g. *Ghemawat / Khana* 1998; see also *Rauch* 1991). Networks are also analyzed in terms of different concepts of social or political capital (see for example *Leenders / Gabbay* 1999). These research agendas reflect different assumptions and stress different effects of networks, such as their ability to mobilize familial sentiments, generate trust, open access to information, acquire favorable regulatory terms, and mobilize resources. Which model fits best is in the end an empirical question. It is also a necessary precondition for assessing whether networking in China facilitates the emergence of a competitive business sector or leads to rent-seeking and corruption.

The scarcity of empirical research on Chinese networks and their influence on firms has technical and conceptual reasons. Technical difficulties arise out of the coexistence of formal and informal components of networks. Thus, for example the exchange of political and market information is formal when firms get incorporated and when the chosen form of corporate governance sets incentives for stakeholders to provide such information (*Opper* 2007). The sharing and exchange of information takes the form of semi-formal procedures when the collusion of interests between local government agencies and firms offers incentives to voluntarily part with strategic information (*Aoki* 2007; *Hendrischke* 2007; *Rauch* 1991); or it remains informal and confidential in a "favor-against-favor" swap over dinner (*Tsai* 2002; *Yang* 1994). Second, some business behavior is "taken-for-granted". The conceptual problems that network participants do not analyze and articulate their own routinized behavior requires a research design that examines different forms of networking, changes in networking activities, and social techniques (whether politically or socially accepted or not) which govern network activities. Open questions, life history of firms, and additional informal dinner talks, re-interviewing firms after policy or strategic changes, make such a research time consuming and depending on close contact to those familiar with a local and firm-level business environment.

Empirical analysis indicates that Chinese business networks are neither family based organizations using trust to coordinate economic activities, nor organizations based on the ability to overcome constraints imposed by an adverse political environment (see contributions in *Li et al.* 2006). We see them as a rational organizational response, not unlike diversified business groups (e.g. *Hoskisson et al.* 2005) to an environment where the firm as a legal person can only rely on a limited scope of constitutional and legal protection (see also *Carney* 1998; *Xin/Pearce* 1996). Economic actors in such an environment require the ability to mobilize resources across a range of local organizations and power holders. As these local organizations and power holders are not only politically motivated, but have an intrinsic public or private economic motivation, local economic actors have to be able to involve them in their economic activities and ensure that they contribute their resources on a long term basis and receive adequate compensation. At the same time, economic actors prefer the degree of administrative interference in economic activities to be reduced to a minimum. In this institutional environment, public-private networks are much better equipped to achieve all these objectives than an independent legal entity in form of a firm. The same applies to the coordination among private individuals' intent on establishing and expanding business relations. In the absence of legal guarantees, networks serve to co-opt private partners in order to enforce claims across jurisdictional borders. This makes them superior to weakly enforced legal mechanisms. Instead of firms engaging in networking activities, we find networks as economic actors engaging in the establishment of "open border" firms that suit their specific requirements. From an organization theory perspective the openness and fluidity of firms finds its explanation in the control of political capital as a core competence at par with the required commercial competence.

Our empirical observations can be summarized as follows:

(1) Networks in China are *fluid,* non-structured organizational forms for co-coordinating resources and strategic decisions (see also *Peng* 1997). They might have a social or functional group (such as investors) as a core yet expand or shrink according to business opportunities and constraints. Networks are economic actors able to activate and de-activate their membership in line with commercial opportunities. The dynamic capabilities of networks include the ability to accumulate technical and organizational capabilities and to allocate property rights to firms, investors, stakeholders or managers. By the same token property rights can be re-allocated or firms can be closed down in case of failure or if a recombination of assets promises higher returns. This fluid concept of property rights is akin to socially generated property privileges, but at the same time exploits the legal benefits of incorporation. It is in striking contrast to the legal concept of private property rights which are granted and protected independent of the (profitable) usage of resources.

(2) Networks with their formal and informal information channels make it possible to convert informal *ad hoc* practices as employed between firms or between firms and local regulatory agencies into procedures or, by extension, into sectoral and formal local business standards. In this sense networks are institutional entrepreneurs, and initiate entrepreneurial activity that precedes formation and strategic decisions of firms (see an interesting example in *Child et al.* 2007). At the same time, networks give voice to firms in the creation of local business procedures and thereby generate firm-specific value.

D. Linking formal and informal institutions through institutional architecture

In the case of China organizational forms or business practices become part of the formal set of institution when the Party acknowledges or tolerates them. If this happens at the local level the new organizational forms and practices become part of a local business system, so long as the central level does not object. In other words, as our research has shown, three features characterize local institution building: Localism, networking and organizational choice. If these three elements are considered institutional building blocks at local level, there is need to articulate the underlying mechanism by which these building blocks influence the formation of institutions (*Kornai et al.* 2003; see also *Peng/Luo* 2000; *Peng* 2003) and how they coexist and interact with central institutions imposed from the top. This underlying mechanism is the interplay between *formal and informal* institutions, to which we have alluded above in our discussion of networks.

For China, the simple juxtaposition of formal and informal institutions does not make sense and needs to be expanded to include intermediate levels of formality and the transition from one to the other. The best starting point may be the analogy of hard and soft budget constraints. As with hard and soft budget constraints, we can claim hard and soft institutional constraints when constitutional and legal constraints (for example, the enforcement of property rights) exist at central government level, but their implementation is subject to local discretion with only limited possibilities to appeal to higher authorities. When local authorities are able to assume authority over aspects of enterprise operations without a legal basis, simply on an informal but nevertheless authoritative basis, or when local Communist Party cadres can override formal government institutions without facing negative sanctions, we might call these rules 'semiformal'. The authority of these political actors is not strictly formal in the sense that functions they assume, for example in local real estate development, may not actually be defined as local government tasks. On the other hand, their authority is not informal, because they are a constituent part of local governance. Nor is their *modus operandi* a hybrid one, because it has its own institutional logic when in operation. This wide spectrum of formality enables localism, social embeddedness, and organizational choice to structure China's economic institutions. Institutional architecture helps us to formulate an institutional complexity which is not envisaged in standard Western accounts of formal and informal institutions.

The standard Western perception of China's institutions rests on political assumptions, which do not necessarily apply to China's economic institutions. One such preconception is the predominance of the central state and its constitutional authority to define institutions at the local level. Another preconception is that social and political embedding of institutions occurs at central level, i.e. the notion that legitimization is a prerogative of the central state and transferred down to local state levels. A third preconception is that the organizational form of economic actors is seen to be the firm. These preconceptions are shared and enforced by official Chinese accounts which tend to focus on the country's formal institutions and the central political set-up. For China's local economies, where the majority of enterprises are found, this framework needs to be reconsidered. We argue that policy signals and toleration of local diversity are important institutional inputs by the central state.

How misleading national laws or the national Constitution can be as indicators of institutional change is illustrated by the issue of formal private ownership rights. From a legal perspective, Western observers agree with the official Chinese view that China's thriving market economy has no or limited protection of private property rights. Indeed, up to 2004 private property rights were not guaranteed neither by law nor by the Constitution. Yet this does not mean that property rights were lacking. As a result of gradual privatisation, property rights protection matters most at the operational level of enterprises (*Oi* 1995; *Walder* 1995; *Krug/Hendrischke* 2007), where local governments depend on increasing revenues. Being able to set privatisation policies and to lease out local economic assets, they had the means and incentives to protect well-performing local firms by offering them contractual security on an informal basis. In other words, the Chinese case does *not* prove that property rights are unnecessary for the development of a market economy. China's example proves that property rights protection does not need a strong central state, but can be achieved by formal and informal coordination and interaction between local economic and political actors. The weak formal protection of property rights is reminiscent of property privileges and echoes findings from different environments that property rights protection and contractual security do not need a strong central state (*Dixit* 2004), but can be organized by communities (*Ostrom* 1990), social groups (*Greif* 1993; 1998), or via private ordering (*Ellickson* 1991; *Milgrom et al.* 1990; *Williamson* 2002). The claim that ownership in China is unprotected refers to actual *legal practice* at local level rather than to local institutional practice, as the legal perspective disregards informal or semiformal protection of property rights. In short, a large part of China's institutional reality is not immediately obvious. In particular, informal and semiformal links between private economic actors and local authorities as well as links between local government agencies and higher layers of authority are not represented by official accounts.

At local level, central authorities give way to informal institution building that involves local economic, political and social actors. In economic analysis, the local state builds and protects institutions such as property rights not as an agent of the central state, which issues and codifies formal rules, but based on economic self-interest and local purposes. In this institutional set-up, local Communist Party cadres play a crucial role in mediating between central and local institutions and between local economic and broader societal interests. In their economic role, they are not tied to ideological prescriptions or the rigid formal government processes, but have sufficient authority to make credible commitments in the interest of strong local economies. Their presence and economic role is the strongest argument for differentiated institutional analysis.

As a consequence, China's central state does not have a monopoly on institution building, and economic institution building at enterprise level is not primarily defined through the Constitution. Devolution of institution building (as described in the fiscal federalism model) to the local level has important consequences for the national unity of economic institutions. It rests less on a formal conformity than on an informal political consensus maintained by the Communist Party which as the inheritor of long-standing institutional practices is an active contributor to local economic policies. The Communist Party maintains a political consensus that drives economic policies and is able to accommodate local differences in economic policies and institutions. Local differences emerge through the local embedding of institutions with the active involvement of local Party organizations. In terms of process, local economic institutions in the first instance evolve endogenously and take exogenous influences (including central policies) only as a frame of reference. More specifically, local institutions evolve through coordination between economic actors and local social and political agents.

This institutional set-up necessarily impinges on organizational forms, in particular the structure of local enterprises. Local entrepreneurs do not have the constitutional and legal back-up that enables them to concentrate on the market alone. Instead, they face the commercial market as much as the institutional market (*Krug/Polos* 2004). Both require entrepreneurial attributes in terms of financial, social and human capital, alertness and creativity. Thus the attributes identified in the literature on competence building (e.g. *Teece/Pisano* 1994; *Dosi et al.* 2000; *Langlois/Foss* 1999), but also part of the research agenda on yardstick competition (*Besley/Case* 1995; *Belleflamme/Hindriks* 2005), apply equally to Chinese entrepreneurs, but evidence suggests that interpersonal coordination is better able to take care of their tasks than individual action. As was shown above, this type of interpersonal coordination can be modeled as networks which can assume different legal and organizational forms in response to different or changing institutional environments and in response to different organizational capabilities.

E. Conclusion: Expanding the research agenda

From an institutional perspective, four findings contribute to answering the puzzles identified earlier. First, entrepreneurs and networks are not recipients of but also agents initiating institutional change when they choose among and agree upon and organizational forms and business practices which become entrenched first at the local level. The strategic management of tangible assets such as access of information and political connections generates firm-specific values; differences in organizational forms of firms therefore cannot be reduced to different transaction costs alone. They also indicate different organizational capabilities.

Second, without institutional analysis China cannot contribute to our understanding of "culture". This does not mean that culture does not play a role. Differences across China reflect the effects of fiscal federalism, different organizational capabilities of firms, local government agencies and the cultural heterogeneity. Only by first identifying the features of local institutions can we expect insights in the interplay between "culture" and entrepreneurship, choice of organizational forms and strategies of firms.

Third, the reforms granted local government agencies regulatory power and direct access to tax and other revenues in return for support and implementation of the general reform course. Different localities used this leeway in different ways depending on their local resource base and interaction with the new business community. The competition between different jurisdictions demands attention in particular with respect to the negative effects of vertical (centre versus local) competition and the collaboration between business communities and local government agencies. Principle-agent or patron-client relations co-exist with collusion of interests better modeled as strategic games.

Fourth, to acquire a comprehensive picture of China's institutional change requires overcoming the informal / formal institution dichotomy by conceptualizing what we called *institutional architecture.* Dismissing institution building initiated by firms and local government agencies via strategic political management leaves a large number of transactions and business relations unexplained. By integrating informal institution building, the diversity across China finds an additional explanation. Moreover, informal institution built on strategic cooperation between firms and networks also work as effective tools for softening formal constraints and for establishing alternative (hard) constraints. So long as organizational capabilities offer firm- and network-specific value and high revenues for local government agencies, local business systems reflect "alignment of interest" rather than politically defined "authority sharing".

All in all, on the conceptual side China makes a compelling case for broadening the concept of NIE by combining an institutional perspective with dynamic capability approaches as this allows endogenizing politics, when it is no longer reduced to constraints and transaction costs. Analyzing firms and political actors and their dynamic organizational capabilities further proves them to be initiators of institutional change. Empirically, China makes a compelling case for taking firms and political actors at the local level as valuable sources for information, in particular with respect to informal institutions and institution building. Empirical research in China further suggests to embark on cross-case study analysis for identifying systematic features across sectors and localities, which once identified are open for systematic hypothesis testing.

References

Acemoglu, D. / *Johnson,* S. (2005): Unbundling Institutions, in: Journal of Political Economy, Vol. 113 (5), pp. 949 – 995.

Aldrich, H. E. / *Fiol,* C. M. (1994): Fools Rush in? The Institutional Context of Industry Creation, in: Academy of Management Review, Vol. 19, pp. 645 – 670.

Aoki, M. (2007): Endogenizing Institutions and Institutional Changes, in: Journal of Institutional Economics, Vol. 3 (1), pp. 1 – 31.

Baron, J. N. / *Hannan,* M. T. (2002): Organizational Blueprints for Success in High-tech Start-ups: Lessons from the Stanford Project on Emerging Companies, in: California Management Review, Vol. 44, pp. 8 – 36.

Barzel, Y. (2002): A Theory of the State. Economic Rights, Legal Rights, and the Scope of the State, Cambridge: Cambridge University Press.

Baumol, W. J. (1968): Entrepreneurship in Economic Theory, in: American Economic Review, Vol. 58 (2), pp. 64 – 71.

Baumol, W. J. / *Litan,* R. E. / *Schramm,* C. J. (2007): Sustaining Entrepreneurial Capitalism, in: Capitalism and Society, Vol. 2 (2), pp. 1 – 36.

Belleflamme, P. / *Hindriks,* J. (2005): Yardstick Competition and Political Agency Problems, in: Social Choice and Welfare, Vol. 24, pp. 155 – 169.

Besley, T. / *Case,* A. (1995): Incumbent Behaviour: Vote Seeking, Tax Setting and Yardstick Competition, in: American Economic Review, Vol. 85, pp. 25 – 45.

Bianchi, M. / *Henrekson,* M. (2005): Is Neoclassical Economics still Entrepreneurless?, in: Kyklos, Vol. 58 (3), pp. 353 – 377.

Bohnet, I. (2006): How Institutions Affect Behaviour: Insights from Economics and Psychology, in: D. De Cremer / M. Zeelenberg / J. K. Murnighan (eds.), Social Psychology and Economics. Mahwak, NY / London: Lawrence Erlbaum, pp. 213 – 237.

Boisot, M. H. / *Child,* J. (1996): From Fiefs to Clans: Explaining China's Emerging Economic Order, in: Administrative Science Quarterly, Vol. 41, pp. 600 – 628.

Brean, D. J. S. (ed.) (1998): Taxation in Modern China, New York / London: Routledge.

Carney, M. (1998): A Management Capacity Constraint? Obstacles to the Development of the Overseas Chinese Family Business, in: Asia Pacific Journal of Management, Vol. 15, pp. 137 – 162.

Cheung, S. N. S. (1996): A Simplistic General Equilibrium Theory of Corruption, in: Contemporary Economic Policy, Vol. 14 (3), pp. 1 – 5.

Child, J. / *Lu,* Y. / *Tsai,* T. (2007): Institutional Entrepreneurship in Building an Environmental Protection System for the People's Republic of China, in: Organization Studies, Vol. 28, pp. 1013 – 1034.

DiMaggio, P. J. / *Powell,* W. W. (1983): The Iron Cage Revisited: Institutional Isomorphism and Collective Rationality in 'Organizational Fields', in: American Sociological Review, Vol. 48, pp. 147 – 160.

Dixit, A. K. (2004): Lawlessness and Economics: Alternative Modes of Governance, Princeton: Princeton University Press.

Djankov, S. / *Glaeser,* E. / *La Porta,* T. / *Lopez-de-Silanes,* F. / *Shleifer,* A. (2003): The New Comparative Economics, in: Journal of Comparative Economics, Vol. 31, pp. 595 – 619.

Dosi, G. R. / *Nelson,* R. R. / *Winter,* S. G. (2000): The Nature and Dynamics of Organizational Capabilities, Oxford: Oxford University Press.

Ellickson, R. C. (1991): Order Without Law: How Neighbors Settle Disputes, Harvard (MA): Harvard University Press.

Frye, T. (2002): Capture or exchange: Business lobbying in Russia, in: Europe Asia Studies, Vol. 54 (7), S. 1017 – 1036.

Frye, T. / *Shleifer,* A. (1997): The Invisible Hand and the Grabbing Hand, in: American Economic Review, Vol. 87 (Papers & Proceedings), pp. 354 – 358.

Ghemawat, P. / *Khana,* T. (1998): The Nature of Diversified Business Groups: A Research Design and Two Case Studies, in: Journal of Industrial Economics, Vol. XLVI, pp. 35 – 61.

Goodman, D. S. G. (2007): Narratives of Change: Culture and Local Economic Development, in: B. Krug / H. Hendrischke (eds.), China in the 21st Century: Economic and Business Behaviour, Cheltenham: Edward Elgar, pp. 192 – 226.

Grabher, G. / *Stark,* D. (1997): Organizing Diversity: Evolutionary Theory, Network Analysis and Post Socialism, in: Regional Studies, Vol. 31 (5), pp. 533 – 544.

Granovetter, M. (1985): Economic Action and Social Structure: The Problem of Embeddedness, in: American Journal of Sociology, Vol. 91, pp. 481 – 510.

Greif, A. (1993): Contract Enforceability and Economic Institutions in Early Trade: The Maghribi Traders' Coalition, in: American Economic Review, Vol. 83, pp. 525 – 548.

Greif, A. (1998): Self-enforcing political systems and economic growth: Late medieval Genoa, in: R. E. A. Bates (ed.), Analytical Narratives, Princeton: Princeton University Press, S. 23 – 63.

Hamilton, G. G. (1996): Asian Business Networks, Berlin / New York: de Gruyter.

Hendrischke, H. (2007): Networks as Business Networks, in: B. Krug / H. Hendrischke (eds.), China in the 21st Century: Economic and Business Behaviour, Cheltenham: Edward Elgar, pp. 227 – 248.

Hodgson, G. M. (1993): Economics and Evolution, Cambridge: Polity Press.

Hodgson, G. M. (2007): Institutions and Individuals: Interaction and Evolution, in: Organization Studies, Vol. 28 (1), pp. 95 – 166.

Hofstede, G. (1998): The Boundaries of the Firm Revisited, in: Journal of Economic Perspectives, Vol. 12, pp. 73 – 94.

Hofstede, G. (2007): Asian Management in the 21st Century, in: Asia Pacific Journal of Management, Vol. 24, pp. 411 – 424.

Hoskisson, R. / *Johnson,* R. / *Tihany,* L. / *White,* R. E. (2005): Diversified Business Groups and Corporate Refocusing in Emerging Economies, in: Journal of Management, Vol. 31, pp. 941 – 965.

Huang, Y. (2003): Selling China. Foreign Direct Investment during the Reform Era, Cambridge: Cambridge University Press.

Jacobs, G. / *Belschak,* F. / *Krug,* B. (2004): Social Capital in China: the Meaning of Guanxi in Chinese Business, in: B. Krug (ed.), China's Rational Entrepreneurs: The Development of the New Private Business Sector, London: Routledge, pp. 166 – 288.

Kato, J. (1996): Institution and Rationality in Politics – Three Varieties of Neo-Institutionalists, in: British Journal of Political Science, Vol. 26 (4), pp. 553 – 582.

Kornai, J. / *Maskin,* E. / *Roland,* G. (2003): Understanding the Soft Budget Constraint, in: Journal of Economic Literature, Vol. XLI, pp. 1095 – 1136.

Krug, B. / *Hendrischke,* H. (2007): Framing China: Transformation and Institutional Change, in: Management and Organization Review, Vol. 4 (1), pp. 81 – 108.

Krug, B. / *Kuilman,* J. (2007): Whom are we Dealing with? Shifting Organizational Forms in China's Business Sector, in: B. Kurg / H. Hendrischke (eds.), China in the 21st Century: Economic and business behaviour, Cheltenham: Edward Elgar, pp. 223 – 243.

Krug, B. / *Polos,* L. (2004): Emerging Markets, Entrepreneurship and Uncertainty: The Emergence of a Private Sector in China, in: B. Krug (ed.), China's Rational Entrepreneurs. The Development of the New Private Business Sector, London: Routledge, pp. 72 – 96.

Laffont, J.-J. / *Tirole,* J. (1991): The Politics of Government Decision-making: A Theory of Regulatory Capture, in: Quarterly Journal of Economics, Vol. 106, pp. 1089 – 1127.

Langlois, R. N. / *Foss,* N. J. (1999): Capabilities and Governance: The Rebirth of Production in the Theory of Economic Organization, in: Kyklos, Vol. 52, pp. 201 – 218.

Leenders, A. J. / *Gabbay,* S. M. (eds.) (1999): Corporate Social Capital and Liability, Dordrecht: Kluwer.

Li, D. / *Feng,* J. / *Jiang,* H. (2006): Institutional Entrepreneurs, in: American Economic Review (Papers & Proceedings), Vol. 96 (2), pp. 358 – 362.

Li, P. P. (2005): The Puzzle of China's Township-village Enterprises: The Paradox of Local Corporatism in a Dual Track Economic Transition, in: Management and Organization Review, Vol 1, pp. 197 – 224.

Lipton, D. / *Sachs,* J. (1990): Creating a Market Economy in Eastern Europe: The Case of Poland, in: Brookings Papers on Economic Activity, Vol. 1, pp. 75 – 147.

Litwack, J. M. (2002): Central Control of Regional Budgets: Theory with Applications to Russia, in: Journal of Comparative Economics, Vol. 30 (1), pp. 51 – 75.

Meyer, K. E. / *Peng,* M. W. (2005): Probing Theoretically into Central and Eastern Europe: Transactions, Resources, and Institutions, in: Journal of International Business Strategy, Vol. 36, pp. 600 – 621.

Milgrom, P. / *North,* D. / *Weingast,* B. (1990): The Role of Institutions in the Revival of Trade: The Law Merchant, Private Judges, and the Champagne Fairs, in: Economics and Politics, Vol. 2, pp. 1 – 23.

Mueller, D. C. (1989): Public Choice II, Cambridge: Cambridge University Press.

Nee, V. (2000): The Role of the State in Making a Market Economy, in: Journal of Institutional and Theoretical Economics, Vol. 156, pp. 66 – 88.

Nee, V. / *Opper,* S. (2007): On Politicized Capitalism, in: V. Nee / R. Swedberg (eds.), On Capitalism, Stanford, CA: Stanford University Press, pp. 93 – 127.

Nelson, R. R. / *Winter,* S. G. (1982): An Evolutionary Theory of Economic Change, Cambridge (MA): Harvard University Press.

North, D. C. (1990): Institutions, Institutional Change and Economic Performance, Cambridge, MA: Cambridge University Press.

North, D. C. (2005): Understanding the Process of Economic Change, Princeton: Princeton University Press.

OECD (2005): Economic Surveys: China, Paris: OECD Publishing 2005 / 13.

Oi, J. C. (1995): The Role of the Local State in China's transitional Economy, in: China Quarterly, Vol. 144, pp. 1132 – 1149.

Olson, M. (1969): The Principle of Fiscal Equivalence: The Division of Responsibilities among Different Levels of Government, in: American Economic Review, Vol. 59, pp. 479 – 487.

Opper, S. (2007): Going Public without the Public: Between Political Governance and Corporate Governance, in: B. Krug / H. Hendrischke (eds.), The Chinese Economy in the 21st century. Enterprise and Business Behaviour, Cheltenham: Edward Elgar, pp. 1 – 21.

Opper, S. / *Wong,* S. M. L. / *Hu,* R. (2002): Party Power, Markets and Private Power: Chinese Communist Party Persistence in China's Listed Companies, in: The Future of Market Transition, Vol. 19, pp. 103 – 136.

Ostrom, E. (1990): Governing the Commons, Cambridge (MA): Cambridge University Press.

Park, S. H. / *Luo,* Y. (2001): Guanxi and Organizational Dynamics: Organizational Networking in Chinese Firms, in: Strategic Management Journal, Vol. 22 (5), pp. 455 – 477.

Pearce J. L. / *de Castro,* J. O. / *Guillen,* M. F. (2008): Influencing Politics and Political Systems and Corporate Strategies, in: Academy of Management Review, Vol. 33 (2), pp. 493 – 495.

Peng, M. W. (1997): Firm Growth in Transitional Economies: Three Longitudinal Cases from China, 1989 – 96, in: Organization Studies, Vol. 18, pp. 385 – 413.

Peng, M. W. (2003): Institutional Transitions and Strategic Choices, in: Academy of Management Review, Vol. 28, pp. 275 – 296.

Peng, M. W. / *Luo,* Y. (2000): Managerial Ties and Firm Performance in a Transition Economy: The Nature of a Micro-macro Link, in: Academy of Management Journal, Vol. 43, pp. 486 – 501.

Pistrui, D. / *Huang,* W. / *Oksoy,* D. / *Zhao,* J. / *Welsch,* H. (2001): Entrepreneurship in China: Characteristics, Attributes, and Family Forces Shaping the Emerging Private Factors, in: Family Business Review, Vol. XIV (2), pp. 141 – 158.

Qian, Y. / *Weingast,* B. R. (1997): Federalism as a Commitment to Preserving Market Incentives, in: Journal of Economic Perspectives, Vol. 11, pp. 83 – 92.

Rauch, J. E. (1991): Modelling the Informal Sector Formally, in: Journal of Development Economics, Vol. 38 (1), pp. 33 – 47.

Redding, S. G. (1990): The Spirit of Chinese Capitalism, Berlin, New York: de Gruyter.

Redding, S. G. (1996): Weak Organizations and Strong Linkages: Managerial Ideology and Chinese Family Business Networks, in: G. G. Hamilton (ed.), Asian Business Networks, Berlin / New York: de Gruyter, pp. 64 – 73.

Redding, S. G. (2005): The Thick Description and Comparison of Societal Systems of Capitalism, in: Journal of International Business Studies, Vol. 36, pp. 123 – 155.

Rodrik, D. (2007): One Economics, Many Recipes: Globalization, Institutions, and Economic Growth, Princeton: Princeton University Press.

Rona-Tas, A. (1994): The First shall be the Last? Entrepreneurship and Communist Cadres in the Transition from Socialism, in: American Journal of Sociology, Vol. 100 (1), pp. 40 – 69.

Roy, A. / *Walters,* P. G. P. / *Luk,* S. T. K. (2001): Chinese Puzzles and Paradoxes. Conducting Business Research in China, in: Journal of Business Research, Vol. 52, pp. 203 – 210.

Schlicht, E. (1999): On Custom in the Economy, Oxford: Clarendon.

Shleifer, A. / *Vishny,* R. W. (1998): The Grabbing Hand, Cambridge (MA): Harvard University Press.

Singh, K. (2007): The Limited Relevance of Culture to Strategy, in: Asia Pacific Journal of Management, Vol. 24, S. 421 – 428.

Stark, D. (1996): Recombinant Property in East European Capitalism, in: American Journal of Sociology, Vol. 101, pp. 993 – 1027.

Stiglitz, J. (2002): Globalization and its Discontents, New York: Norton.

Teece, D. J. / *Pisano,* G. (1994): The Dynamic Capabilities of Risk: An Introduction, in: Industrial and Corporate Change, Vol. 3, S. 537 – 556.

Tsai, K. S. (2002): Back-alley Banking: Private Entrepreneurs in China, Ithaca (NY): Cornell University.

Tsang, W. K. (1998): Can Guanxi be a Source of Sustained Competitive Advantage for Doing Business in China?, in: Academy of Management Executive, Vol. 12, pp. 64 – 73.

Tsui, A. S. / *Schoonhoven,* C. B. / *Meyer,* M. W. / *Lau,* C.-M. / *Milkovich,* G. T. (2004): Organization and Management in the Midst of Societal Transformation: The People's Republic of China, in: Organization Science, Vol. 15 (2), pp. 133 – 144.

Walder, A. G. (1995): Local Governments as Industrial Firms: An Organizational Analysis of China's Transitional Economy, in: American Journal of Sociology, Vol. 101, pp. 263 – 301.

Whitley, R. (2007): Business Systems and Organizational Capabilities. The Institutional Structuring of Competitive Competence, Oxford: Oxford University Press.

Williamson, O. E. (1985): The Economic Institutions of Capitalism, New York, London: Macmillan.

Williamson, O. E. (1991): Comparative Economic Organization: The Analysis of Discrete Structural Alternative, in: Administrative Science Quarterly, Vol. 36, pp. 269 – 296.

Williamson, O. E. (2002): The Lens of Contract: Private Ordering, in: American Economic Review (Papers & Proceedings), Vol. 92 (2), pp. 438 – 443.

Xin, K. R. / *Pearce,* J. L. (1996): Guanxi: Connections as Substitutes for Formal Institutional Support, in: Academy of Management Journal, Vol. 39, pp. 1641 – 1658.

Yang, M. M. (1994): Gifts, Favors, and Banquets: The Art of Social Relationships in China, Ithaca (NY): Cornell University Press.

Yamakawa, Y. / *Peng*, M. W. / *Deeds*, D. L. (2008): What Drives New Ventures to Internationalize from Emerging to Developed Economies?, in: Entrepreneurship, Theory and Practice, Vol. 32 (1), pp. 59 – 82.

Zhu, Z. / *Krug*, B. (2007): China's Emerging Tax Regime: Local Tax Farming and Central Tax Bureaucracy, in: B. Krug / H. Hendrischke (eds.), China in the 21st century: Economic and Business Behaviour, Cheltenham: Edward Elgar, pp. 145 – 174.

Moralische Gefühle als Grundlage einer wohlstandsschaffenden Wettbewerbsordnung

Ein neuer Ansatz zur Erforschung von Sozialkapital und seine Anwendung auf China

Von *Carsten Herrmann-Pillath,* Frankfurt am Main
und Witten / Herdecke

A. Adam Smith und die moderne Theorie moralischer Grundlagen der Wettbewerbsordnung

Seit einigen Jahren wird Adam Smith wieder verstärkt Aufmerksamkeit auch in der theoretischen ökonomischen Literatur gewidmet. Während sich der theoretische Blick lange Zeit darauf richtete, die Smith'sche These von der „unsichtbaren Hand" als Möglichkeit eines pareto-optimalen Gleichgewichts kompetitiver Marktsysteme zu beweisen (siehe etwa *Arrow / Hahn* 1971, S. vi), gilt die Aufmerksamkeit heute verstärkt der Bedeutung der „Theory of Moral Sentiments" (TMS) (1759 / 1976) im Smith'schen Gesamtwerk (siehe etwa *Evensky* 2005). Diese Neuorientierung spiegelt auch die veränderten Forschungsschwerpunkte in der Wirtschaftswissenschaft wider, die sich zunehmend mit den institutionellen Rahmenbedingungen der Wirtschaft befasst, und wie diese zu verhaltenswissenschaftlichen Tatbeständen in Beziehung zu setzen sind.

Allerdings ist diese Umorientierung noch längst nicht in den verschiedenen speziellen Forschungszweigen der ökonomischen Institutionenanalyse reflektiert. Ein solcher Bereich, den ich im Folgenden betrachten möchte, ist die Forschung zum Sozialkapital. Man kann sicherlich zu Recht sagen, dass Sozialkapital heute als eine, wenn nicht *die* Schlüsseldeterminante des Wirtschaftswachstums angesehen wird, als notwendige, aber natürlich nicht alleine zureichende. Grob gesagt, hat die Wachstumsforschung mehrere Zyklen durchlaufen, in denen unterschiedliche Interpretationen des Kapital-Begriffs im Vordergrund standen (wobei diese inhaltlichen Verschiebungen durchaus kritisch kommentiert wurden und werden, siehe im Zusammenhang des Sozialkapitals etwa *Solow* 2000 oder positiv *Robison et al.* 2002). Während zu Beginn der fünfziger Jahre noch Realkapitalkonzeptionen im Vordergrund standen, die in „Big push"-Ansätzen zur Überwindung von Entwicklungsbarrieren mündeten, lenkte die neoklassische Wachstumstheorie dann die

Aufmerksamkeit auf das Sparen, mithin also das Finanzkapital: Kapitalmangel in Entwicklungsprozessen kann dann durch externe Finanzierung abgeholfen werden.

Im Zuge des Aufstiegs der „development economics" erfuhr dann in den siebziger Jahren das Humankapital viel Aufmerksamkeit, dessen Bedeutung dann insbesondere auch durch den Aufstieg der Neuen Wachstumstheorie in den achtziger Jahren weiter akzentuiert wurde. In den neunziger Jahren erfolgte dann die Wachablösung durch das Sozialkapital, das von vielen als der entscheidende Engpassfaktor der Mobilisierung auch aller anderen Kapitalarten angesehen wurde. Vor allem die Weltbank hat die Karriere dieses Konzeptes sehr nachdrücklich unterstützt, gleichermaßen durch die Finanzierung einschlägiger Forschungen wie auch durch die Übertragung der Theorie auf Weltbankprojekte (ein richtungsweisender Band war *Dasgupta / Serageldin* 2000; zur Begriffskarriere in der Weltbank siehe *Bebbington et al.* 2004). Bei dieser Dynamik darf nicht übersehen werden, dass es in der Wachstumsforschung immer Strömungen gegeben hat, die der modernen Sozialkapitalforschung eng verwandt sind, wie vor allem der „social capability approach", der von Adelman und Morris, Abramovitz und anderen schon in den sechziger Jahren verwendet wurde, um divergierende Entwicklung zu erklären (im Überblick *Abramovitz* 1989; zu einer Wiederaufnahme dieser Forschungsrichtung, auch in Differenzierung zum Sozialkapital-Ansatz, siehe *Temple / Johnson* 1998).

Hier ist nicht der Ort, um die Verästelungen der Sozialkapitalforschung nachzuvollziehen, deren Problematik, aber auch Potenzial, besonders darin zu sehen ist, dass sie an der Schnittfläche zwischen Wirtschaftswissenschaft, Soziologie und Politikwissenschaft liegt. Innerhalb der Wirtschaftswissenschaft gibt es auch unklare Abgrenzungen zwischen der Sozialkapitalforschung und der allgemeinen institutionenökonomischen Analyse von Wachstum, da manche Konzepte von Sozialkapital sehr weit gezogen sind und etwa den rechtlichen Rahmen einbeziehen. Ich möchte mich daher auf einen Punkt konzentrieren, der in der ökonomischen Forschung weitestgehend vernachlässigt wird: Nämlich die Frage der verhaltenswissenschaftlichen Grundlagen von Sozialkapital (anknüpfend an eine Forderung von *Durlauf* 2002). Genau an dieser Stelle liegt dann auch die Brücke zu Adam Smith. Während nämlich der „Wealth of Nations" hauptsächlich den institutionellen Rahmen einer wachsenden Volkswirtschaft diskutiert, bietet die TMS ein umfassendes verhaltenswissenschaftliches Fundament. Insofern findet man bereits bei Smith entscheidende Hinweise auch für die moderne Sozialkapitalforschung. Diesen möchte ich nachgehen.

Ich gehe wie folgt vor. Zunächst befasse ich mich kurz mit dem Stand und den Problemen der Sozialkapitalforschung. Ich entwickele danach ein spezielles Argument, das eine Beziehung zwischen Sozialkapital und Emotionen herstellt, im Sinne des Smith'schen Konzepts der ‚moral sentiments'. Dieses basiert auf der neueren ökonomischen Konzeption der Identität, wie sie von *Akerlof / Kranton* (2000; 2005) in eher neoklassischer, von *Davis* (2003) in eher evolutorischer Diktion in die Debatte eingeführt worden ist. Ich entwickele den Vorschlag, Sozialkapital als konstitutiven Bestandteil der Identität von Akteuren in einem bestimmten Wirtschaftssystem aufzufassen. Identität ist wiederum in einer fundamentalen Weise eine emotionale Kategorie, und kann nicht selbst Gegenstand rationaler Entscheidungen sein: Insofern eröffnet sich also eine grundsätzliche Differenz zum ökonomischen Standardansatz, die aber mit neueren Entwicklungen der Neuroökonomik und Verhaltensökonomik konform geht. Im Anschluss an frühere Arbeiten (*Herrmann-Pillath* 1993) entwickele ich mein dort vorgeschlagenes Konzept der „sozialen Affektivität" weiter als Korrelat von kulturspezifischem Sozialkapital. Diese theoretischen Überlegungen wende ich dann auf China an. Im Anschluss an die etablierte sozialpsychologische Literatur zeige ich, dass die rasche Entwicklung Chinas in den letzten Jahren vermutlich durch eine besondere Form des Sozialkapitals bedingt war, die in der spezifischen sozial-affektiven Einbettung von ökonomischen Transaktionen in soziale Netzwerke zu sehen ist. Dies korrespondiert mit einer distinktiven chinesischen Identität im kulturellen Sinne.

B. Zum Stand der Sozialkapital-Forschung: Theoretische Mehrdeutigkeit und empirische Schwächen

Der Begriff des Sozialkapitals weist fachübergreifend eine grundlegende Ambivalenz auf, die auch seine ökonomische Behandlung erschwert. Mit Blick auf diejenige soziologische Forschung, die der Wirtschaftswissenschaft besonders nahe steht (sozusagen auch geographisch, nämlich Chicago), kann man zwei Typen des Sozialkapitals unterscheiden.

Das Sozialkapital des „Coleman"-Typs ist ein öffentliches, eventuell gruppengebundenes (dann also Club-)Gut, das vor allem zur Entstehung von Vertrauen in sozialen Interaktionen beiträgt (umfassend entwickelt in *Coleman* 1990). Es hängt soziologisch mit spezifischen Formen geschlossener Netzwerke zusammen, die sich durch sogenannte „strong ties" auszeichnen (*Granovetter* 1985; 2005). In solchen geschlossenen Netzwerken (wie beispielsweise ethnisch homogenen Nachbarschaften mit geringer Mobilität) ist es ökonomisch rational, in strategischen Interaktionen vergleichsweise selten auf „cheating"-Strategien zu gehen, weil vielfältige Reputationseffekte in wiederholten Transaktionen auftreten, und auch indirekte Sanktionen über Dritte möglich sind. Im Sinne von *Greif*s (1994) Diskussion kultureller und sozialstruktureller Determinanten von Vertrauen in Marktbeziehungen handelt es sich also um eine tendenziell ‚kollektivistische' Form des Sozialkapitals.

Das Sozialkapital des „Burt"-Typs ist hingegen ein privat approprierbares Gut, das in der Nutzbarkeit sozialer Beziehungen für die Erreichung individueller Ziele gründet (entwickelt in *Burt* 1992; siehe auch *Burt* 2002). Es korrespondiert mit offenen Netzwerken, insbesondere auch „weak ties", und mit sogenannten „structural holes", d. h. der Chance, fehlende Verknüpfungen in Netzwerken zu überbrücken, und damit ein *„tertium gaudens"* sein zu können. Insofern besteht eine enge Beziehung zum ökonomischen Konzept der Arbitrage. Sozialkapital des

Burt'schen Typs ist daher als eine wesentliche Voraussetzung für unternehmerisches Handeln identifiziert worden.

Diese grundlegende Unterscheidung findet sich in der Literatur oft in unterschiedlicher Terminologie, aber stets im selben Sinne (*Burt* 2002 selbst unterscheidet etwa zwischen der „closure" und der „brokerage" in Netzwerken, oder *Routledge / von Amsberg* 2003 zwischen „bonding" and „bridging", *Putnam* 2000 folgend).

Wie sofort zu erkennen ist, müssen beide Typen von Sozialkapital als relevant für wirtschaftliches Wachstum erachtet werden. Unternehmertum ist eine Schlüsselkomponente wirtschaftlicher Dynamik, Vertrauen eine wesentliche Bedingung für transaktionskostenminimierende Märkte. Beide Typen von Sozialkapital sind also dem Grunde nach wachstumsförderlich. Leider stehen sie aber beide nicht in einer konfliktfreien Beziehung zueinander. Wie in der Entwicklungssoziologie schon früh konstatiert wurde (siehe etwa *Portes / Sensenbrenner* 1993), kann das „Coleman"-Sozialkapital unternehmerische Dynamik unterdrücken, weil gerade die Öffnung von Netzwerken im Burt'schen Sinne die Stabilität bestehender Gruppen gefährden kann: Unternehmerische Initiative wird oft durch Konformitätsdruck in der Gruppe erstickt. In *Greif*s (1993; 1994; 1997) korrespondierender Analyse entspricht dies der Aussage, dass ‚kollektivistische' Kulturen leistungsfähig sind in der nachhaltigen Organisation bestehender Marktbeziehungen, während ‚individualistische' Kulturen eher der Expansion von Marktbeziehungen förderlich sind. Diese Differenzierung wird auch in der soziologischen Sozialkapitalforschung insbesondere von *Lin* (2001) vollzogen, der zwei grundlegend verschiedene Dimensionen menschlichen Handelns unterscheidet, nämlich die „expressive", in der es um die Bewahrung des Status quo geht, und die „instrumentelle", wo es um die Schaffung neuer Handlungschancen geht. Dementsprechend ist Sozialkapital des „Coleman"-Typs anthropologisch mit Kategorien der Gruppenidentität verbunden, wie der Ethnizität und ihrer Ausdrucksformen, während der „Burt"-Typ diesbezüglich eher neutral ist.

Diese konfliktäre Beziehung zwischen unterschiedlichen Formen von Sozialkapital ist vor allem durch den politikwissenschaftlichen Nestor der Sozialkapitalforschung, Robert Putnam, in eine Dilemma-These projiziert worden (*Putnam* 2000). Er hat behauptet, dass gerade die dynamische Entwicklung der westlichen Industrieländer letzten Endes dazu führt, dass das Sozialkapital im Sinne Colemans zerstört wird, das selbst die Grundlage für eben die Stabilität und Nachhaltigkeit der Wettbewerbsordnung sei, weil fundamentale moralische Bindungen verloren gehen. Die zunehmende Individualisierung sozialer Beziehungen (das „bowling alone"-Phänomen, wie es Putnam bezeichnet) erodiert das Vertrauen in die Gesellschaft, und im Endergebnis steigen auch die Kosten ökonomischer Transaktionen an, etwa in Form von hohen Kosten der Nutzung des formalen Gerichtssystems. Diese Auffassung hat gerade im amerikanischen Kontext weitläufige gesellschaftspolitische Implikationen, wie sie seit jeher etwa im Zusammenhang des Kommunitarismus (Etzioni und andere) diskutiert werden.

Die These Putnams wird durch theoretische Untersuchungen durchaus gestützt. Ein richtungweisender Beitrag war *Kranton* (1996), die zeigte, das in ökonomischen Netzwerken eine Segmentierung möglich ist, durch die alle Akteure in zwei Gruppen aufgeteilt werden: In der einen Gruppe sind die vertrauenswürdigen Akteure, die ihre Transaktionen auf der Basis von Reziprozität durchführen, und sich dabei auf funktionierende Mechanismen der Reputation und der Sanktion verlassen können, und in der anderen sind die weniger vertrauenswürdigen Akteure, die sich, ausgegrenzt von der ersten Gruppe, nur in anonymen Marktumgebungen bewegen können. Welche Auswirkung sich für das Gesamtsystem ergibt, ist im Einzelnen schwierig zu bestimmen: Wichtig ist aber die Erkenntnis, dass es einen *circulus vitiosus* geben kann, in dem die Expansion des Marktsystems dazu führt, dass sich gerade dort Agenten zusammenfinden, die eher ‚cheating'-Strategien verfolgen. Im Grunde lässt sich diese Überlegung durch das Akerlof'sche ‚lemons'-Modell begründen (*Akerlof* 1970): Denn je anonymer die Märkte werden, desto unsicherer wird die Information über den Typus anderer Akteure. Wenn dann aber die Akteure nach durchschnittlichen Erwartungen handeln, und in ökonomischen Transaktionen entsprechende Risikoabschläge in Rechnung stellen, dann werden besonders vertrauenswürdige Akteure Märkte vermeiden, weil sie keine angemessene Rendite für ihr besonderes Humankapital erzielen. Das führt aber zu einer weiteren Absenkung der durchschnittlichen Vertrauenswürdigkeit auf den Märkten, die sich kumulativ weiter verstärken kann. Umgekehrt sammeln sich die vertrauenswürdigen Akteure in außermarktlichen sozialen Formationen (ergreifen also zum Beispiel Berufe im non-profit-Sektor).

Zu ähnlichen Resultaten kommen auch modelltheoretische Untersuchungen, die sich explizit mit Sozialkapital und Wachstum befassen. *Routledge / von Amsberg* (2003) haben beispielsweise ein Modell entwickelt, in dessen Mittelpunkt die Annahme steht, dass Tauschbeziehungen die Struktur eines Gefangenendilemmas aufweisen, sodass in einmaligen Transaktionen zwischen anonymen Akteuren starke Anreize zur Nicht-Kooperation bestehen. Wird dann eine Ökonomie betrachtet, in der ständige technologische Schocks laufenden strukturellen Wandel des Arbeitsmarktes generieren, so ergibt sich ein komplexer trade-off zwischen zwei Effekten. Einerseits trägt der technische Fortschritt dazu bei, dass die Gesamtwohlfahrt steigt. Andererseits stellen sich aber Wohlfahrtsverluste wegen höherer Transaktionskosten ein, weil durch die wachsende Mobilität der Arbeit Sozialkapital verloren geht. Dieser trade-off ist besonders bei einem mittleren Niveau technologischer Schocks ausgeprägt. Ist der technische Wandel hingegen schnell, intensiv und dauerhaft, kann er die Verluste durch den verringerten Sozialkapitalstock ausgleichen. In diesem Zusammenhang ist aber, wie oben kurz erwähnt, die Unterscheidung zwischen „bonding" und „bridging social capital" wichtig, also genau zwischen dem „Coleman"- und dem „Burt"-Typus. Daraus ergibt sich, dass eine empirische Überprüfung der theoretischen Überlegungen mindestens ein zweidimensionales Konzept des Sozialkapitals verwenden muss.

Dieses methodische Erfordernis ist aber nur sehr schwer zu erfüllen, denn die bislang üblichen empirischen Indikatoren sind diesbezüglich unspezifisch. Der am weitesten verbreiteteste Indikator ist sicherlich die Mitgliedschaft in Clubs, Vereinen und anderen Verbänden: Natürlich erfasst gerade dieser Indikator potenziell beide Formen von Sozialkapital. In der Literatur werden aber typischerweise nicht diese beiden Dimensionen unterschieden, sondern vielmehr, *Knack / Keefer* (1997) folgend, sogenannte ‚Olson'- und ‚Putnam'-Gruppen. ‚Olson'-Gruppen sind Vereinigungen, die der Durchsetzung von Interessen dienen, wie etwa Gewerkschaften oder Berufsverbände, ‚Putnam'-Gruppen dienen sozialen Zielen, wie etwa religiöse Verbindungen oder Jugendarbeit (siehe etwa *Beugelsdijk* 2006a). Diese Unterscheidung geht nun aber direkt auf die politische Ökonomie der Beziehung zwischen Lobbyismus und Wachstum zurück, die ihrerseits gar nicht das Sozialkapital thematisiert. Beide Typen von Gruppen liegen orthogonal zur Unterscheidung zwischen dem „Coleman"- und dem „Burt"-Typus. Diese Feststellung verweist auf das vielleicht tiefsitzendste Problem der ökonomischen Sozialkapitalforschung: Sie arrangiert Theoriefragmente aus ganz unterschiedlichen Bereichen und testet diese dann ökonometrisch, ohne dass damit also eine bestimmte Theorie überprüfbar würde. Tatsächlich hat *Bjørnskov* (2006) gezeigt, dass in den konventionellen, hochaggregierten Sozialkapitalmaßen drei unterschiedliche, orthogonale Faktoren verborgen sind, nämlich „social norms", „social trust" und „associational activity", und dass manche der vermuteten Wirkungen von Sozialkapital nur durch die Vertrauenskomponente bedingt sind.

Hinzu kommt, dass der konventionelle Reflex der Ökonomen im Zusammenhang der gerade beschriebenen Dilemma-These Putnams ohne Zweifel darin besteht, auf die Rolle des Rechtsstaats zu verweisen, wie zum Beispiel klassisch bei *North* (1990), der die Auffassung vertritt, gerade die durch den Rechtsstaat ermöglichte Anonymisierung der Märkte sei der entscheidende Wachstumsfaktor im Kapitalismus gewesen. Das ist auch der Grund, warum in empirischen Forschungen zum Sozialkapital oft sehr weite Grenzen seiner Bestimmung gezogen werden. Die theoretische Legitimation wird in der Regel erneut aus dem Werk von Putnam gezogen, der die Bedeutung der „civil society" hervorgehoben hatte. Manche Ökonomen haben hieraus die Schlussfolgerung gezogen, dass auch bestimmte Dimensionen des Rechtsstaates zum Sozialkapital zu zählen sind, wie beispielsweise ein geringer Grad an Korruption oder eine unabhängige Presse.

Solche Erweiterungen sind problematisch, weil sie im Endergebnis alle theoretischen Determinanten und Folgen von Sozialkapital in eine aggregierte Größe zusammenfassen, und genau dadurch die Grenze zwischen Sozialkapital und Institutionen verschwimmen lassen. Die soziologische Betonung der Netzwerkstrukturen geht auf diese Weise verloren. Diese Problematik hat *Beugelsdijk* (2006b) in einer Bewertung einflussreicher empirischer Ansätze herausgearbeitet. Er zeigt, dass die empirische Sozialkapitalforschung zu wenig zwischen „Vertrauen" auf der Mikroebene und auf der Makroebene unterscheidet. Während ersteres eng mit Netzwerk-Strukturen korreliert, ist letzteres eher ein Ausdruck institutioneller Entwicklung.

Wenn also in empirischen Untersuchungen Vertrauen als Ausdruck von Sozialkapital interpretiert wird, handelt es sich bei genauer Betrachtung nur um eine Näherungsgröße für das Niveau institutioneller Entwicklung. Sein Argument ist direkt auch für unsere Befassung mit China relevant (siehe etwa *Child / Möllering* 2003): Denn *Beugelsdijk* zeigt unter anderem, dass die Korrelation zwischen Vertrauen und Wirtschaftsentwicklung wegbricht, sobald nur Länder mit höherem Entwicklungsniveau betrachtet werden, oder, wie mit Blick auf Europa, wenn die osteuropäischen Transformationsländer ausgeblendet werden. In beiden Fällen werden aber tatsächlich Länder mit defizitären Institutionen ausgeklammert, ein Argument, das *mutatis mutandis* auch für China gelten dürfte.

Für derartige empirische Unklarheiten gibt es einen tiefer liegenden theoretischen Grund. Wesentlich für die Erzeugung und Entstehung von Sozialkapital sind Externalitäten in sozialen Netzwerken, und zwar gleichermaßen als sein konstitutiver Bestandteil wie auch hinsichtlich seiner Wirkungen (aus ökonomischer Sicht hierzu *Dasgupta* 2005). Das gilt für beide Arten von Sozialkapital. Im „Coleman"-Fall kann ein gruppengebundenes Sozialkapital negative Externalitäten über die Gruppe hinaus erzeugen. Man muss hier nicht nur den vielzitierten Fall der Mafia bemühen: Grundsätzlich beruhen alle Formen von öffentlichen Sozialkapital auf der Unterscheidung von Außenseitern und Mitgliedern der Gruppe, insofern die Exklusion das stärkste Sanktionsmittel ist. Damit entstehen per se negative Externalitäten für die Außenseiter, deren Relevanz aber im Einzelfall schwer bestimmbar ist. Man kann die zunehmende Inklusivität moderner politischer Systeme so interpretieren, dass solche negativen Externalitäten zunehmend internalisiert wurden. Das hieße im Umkehrschluss, dass vor solchen bestimmenden gesellschaftlichen Konflikten über Partizipation und Inklusion (etwa zwischen Bürgertum und autoritärem Staat im 19. Jahrhundert, anfänglich unter Exklusion der Arbeiterschicht) die negativen Externalitäten das Wachstum zunächst nicht gefährdet haben, und erst nach Überschreiten einer Schwelle auch die Internalisierung erfolgte. Vergleichbare Überlegungen gelten für alle Formen der Schließung sozialer Netzwerke, die möglicherweise positive Wirkungen auf die Koordination von Transaktionen haben (wie beispielweise die Schließung von Manager-Netzwerken im japanischen oder „rheinischen" Modell des Kapitalismus).

Ähnliches gilt aber auch für den „Burt"-Typ, der gerade auf der Exklusion beruht, nämlich der Schaffung, Aneignung und Nutzung unternehmerischer Gelegenheiten, also im Prinzip einer negativen Externalität. Hier gelangen aber ebenso notwendig positive Externalitäten zum Tragen, nämlich durch die generierte Diffusion von Information, die modelltheoretisch in der Neuen Wachstumstheorie zu einer treibenden Kraft des Wachstums erklärt wird (Humankapitalexternalitäten). Erneut gilt aber, dass die konkrete Wirkung solcher Externalitäten empirisch nur sehr schwer zu bestimmen ist.

Theoretisch ist diese analytische Ambiguität für die Ebene von Organisationen von *Burt* (2000) so behandelt worden, dass ein Idealtyp von Netzwerkformation identifiziert wird, der die Vorteile beider Sozialkapitalarten in sich vereint (Abbildung 1, Formation C). Das wären auf der Ebene der Organisationen solche Gruppen, die eine relativ starke innere Kohäsion aufweisen, die der internen Informationsverarbeitung und Vertrauensbildung zuträglich ist, aber gleichzeitig nicht verhindert, dass die Diversität in der Gruppe hoch ist, was die externen Vernetzungen anbetrifft, sodass die individuelle unternehmerische Dynamik ebenfalls hoch ist, aber gleichzeitig auch ein dichtes Medium für die interne Diffusion der generierten Information vorhanden ist. Der reine „Coleman"-Typus des Sozialkapitals erscheint aus dieser Sicht wenig dynamisch, weil durch die Ähnlichkeit der Gruppenmitglieder nicht mehr gewährleistet ist, dass neue Informationen in die Gruppe durch individuelle Handlungen hineingetragen werden (Formation D). Das ist das klassische Argument von Granovetter (zum Überblick etwa *Granovetter* 2002; 2005), dass neue Informationen vor allem über „weak ties" diffundieren, die per se idiosynkratisch sind. Dieses Modell ist besonders für die Analyse von wirtschaftlicher Dynamik auf der mittleren Ebene empirisch spezifiziert worden, wie vor allem regionaler Innovationssysteme. Regionale Wirtschaftsdynamik ist auch seit jeher ein wichtiges Anwendungsgebiet empirischer Sozialkapitalforschung, bei dem die Probleme überhöhter Aggregation vermieden werden, und vor allem die Verflechtung durch Externalitäten zumindestens qualitativ greifbar ist (im Sinne von *Storper*s (1995) „untraded interdependencies"). *Lorenzen* (2007) zeigt etwa, dass für die Innovationsdynamik von Regionen eine spezielle Mischung von „strong" und „weak ties" erforderlich ist, die in der Geschichte der Region verwurzelt ist und damit Grundlage nachhaltiger kompetitiver Vorteile im Standortwettbewerb sein kann.

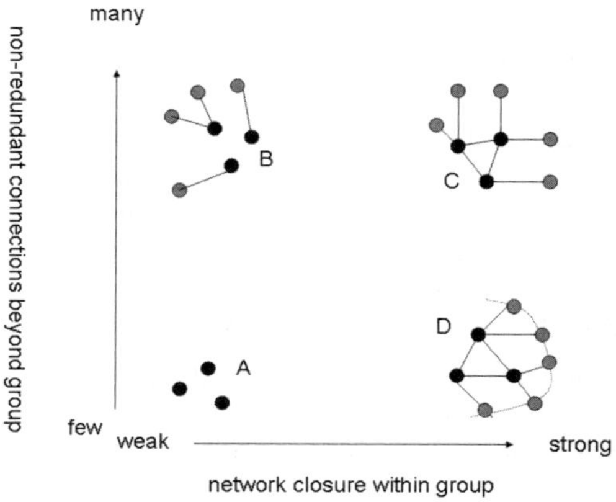

Abbildung 1: Netzwerkkonfigurationen und Diffusion neuer Information (nach *Burt* 2000)

Im Vergleich hierzu ist die Domäne der wirtschaftswissenschaftlichen Forschung zum Sozialkapital von grundlegenden empirischen Schwierigkeiten geplagt, die für meine Ausführungen allerdings richtungweisend sind. Beginnend mit dem einflussreichen Papier von *Knack/Keefer* (1997) zeichnet sich die Tradition dieser

Forschung durch einen konsequent ökonometrischen Ansatz aus, der sich bemüht, die beobachtete Wirtschaftsleistung mit Sozialkapitalindikatoren in Verbindung zu bringen. Sehr häufig werden Länder als Einheiten betrachtet, die allerdings, wie der klassische Fall Italiens zeigt, selbst intern stark differenziert sein können, was die Verteilung von Sozialkapital anbetrifft. Diese Forschungen sind ingesamt wenig befriedigend.

Erstens gibt es keine zwingende theoretische Rechtfertigung für die Auswahl von Sozialkapitalindikatoren. Die Problematik der Interpretation von Daten zu Vereinen und anderen Assoziationen haben wir bereits diskutiert. Besonders unscharf ist aber die Messung der zweiten Schlüsseldeterminante von Wachstum, nämlich das Vertrauen. Vertrauen kann gleichermaßen als Bestandteil wie als Ergebnis von Sozialkapital interpretiert werden. In einer einflußreichen Analyse haben *Glaeser et al.* (2000) gezeigt, dass oft unzureichend zwischen „Vertrauen“ und „Vertrauenswürdigkeit“ unterschieden wird. Das Problem der Messung von Sozialkapital ist also ungelöst und wirft demnach die Frage auf, welchen Wert eigentlich statistische Signifikanz-Kriterien haben, wenn die unterliegenden Daten selbst problematisch sind.

Zweitens erweitert sich diese Schwierigkeit in ein grundlegendes Theoriedefizit, das dann die Interpretation ökonometrischer Ergebnisse nicht nur erschwert, sondern fast beliebig werden lässt. Denn ohne eine Theorie zur Entstehung und Wirkung von Sozialkapital ist es gar nicht möglich, Verletzungen der bedingten Austauschbarkeit in den error terms der ökonometrischen Schätzung auszuschließen (*Durlauf* 2002). Das heißt, es ist nicht möglich auszuschließen, dass die nachgewiesenen Effekte von Sozialkapital tatsächlich durch unbeobachtete Unterschiede zwischen den betrachteten Populationen entstehen, also gar nicht durch Sozialkapital bewirkt wurden. Eine solche kausale Theorie fehlt bzw. ist in der oben beschriebenen Weise ambivalent, da es eine Fülle unterschiedlicher Interpretationen von Sozialkapital gibt.

Drittens findet keine wirkliche Auseinandersetzung mit dem Aggegationsproblem statt, und das heißt vor allem, welche konkrete kausale Form für die Externalitäten angenommen wird, welche die eigentlichen Wirkungsmechanismen von Sozialkapital darstellen. Ein gutes Beispiel für diese Schwierigkeit ist die Arbeit von *Glaeser et al.* (2002), die auf der einen Seite einen explizit individualistischen Ansatz verfolgen, um die individuelle Investition in Sozialkapital zu erklären, aber gleichzeitig ausdrücklich feststellen, dass aufgrund der vielfältigen Externalitäten und Komplementaritäten dieses individuellen Sozialkapitals die Wirkungsanalyse sehr schwer ist, multiple Gleichgewichte möglich sind, und demzufolge auch ökonometrische Ergebnisse schwer interpretierbar, die nur an sehr indirekten Indikatoren für Sozialkapital, wie die Mitgliedschaften in Clubs, Vereinen und anderen gesellschaftlichen Organisationen, ansetzen.

Als Ergebnis dieser Probleme kommt *Durlauf* (2002) zu dem Schluss, dass die ökonometrische Sozialkapitalforschung in die Irre leitet, und dass stattdessen sozialpsychologische Methoden zielführend seien, die man in der Ökonomie mit der experimentellen Ökonomik in Verbindung bringen kann. Diesem Ansatz möchte ich hier mit Nachdruck folgen.

Zusammenfassend lässt sich feststellen, dass die in der Wirtschaftswissenschaft bislang übliche statistische Operationalisierung von Sozialkapital nicht geeignet ist, die komplexe Wechselwirkung zwischen Mikro- und Makroebene zu erfassen, die im Zentrum einer Kausalanalyse stehen muss. Stattdessen ist ein multidisziplinärer Ansatz erforderlich (ein Beispiel für einen expliziten Versuch in dieser Richtung ist *Woolcock* 1998). Hierfür ist aber ein integrativer konzeptioneller Rahmen vonnöten. Ich schlage vor, diesen in der „economics of identity“ zu suchen.

C. Identität und Sozialkapital: Emotionale Grundlagen menschlicher Sozialität

I. Identität

Die Kategorie der Identität spielt in der ökonomischen Forschung bislang keine besondere Rolle, weil diese auf der Annahme rationaler Akteure aufbaut, die zum Teil auch explizit mit dem Konzept der Repräsentation verbunden ist, d. h. wenn überhaupt ein Identitätskonzept verwendet wird, so ist dies dasjenige der Identität des theoretischen Individuums mit einer gleichwie definierten Gesamtheit, also letztendlich einem statistischen Mittel (vgl. *Kirman* 1992).

Diese Konzeption negiert natürlich genau zwei zentrale Kategorien der Sozialkapitalforschung: Nämlich diejenige der Gruppenabgrenzung im Falle des „Coleman“-Typs und diejenige der individuellen Einzigartigkeit beim „Burt“-Typ. Gerade die aggregative Analyse arbeitet nämlich wieder mit einem Konzept der Repräsentativität, insofern für die individuelle Ebene unterstellt wird, dass sie durch Werte beschrieben werden kann, die auf nationaler Ebene erhoben werden, also etwa die prozentualen Anteile von Antwortmustern im „World Value Survey“. Damit geraten freilich eben jene Faktoren aus dem Blickfeld, die von der soziologischen Netzwerkanalyse fokussiert werden: Es entsteht sogar ein grundsätzliches konzeptionelles Problem, weil dies eigentlich impliziert, dass Exklusions- und Reputationsmechanismen auf nationaler Ebene greifen. Sozialkapital ist ein relationales Konzept, und seine Messung auf nationaler Ebene würde nur Sinn machen, wenn es um die relative Ausstattung mit Sozialkapital im Vergleich zu anderen Nationen geht. Das wäre aber offensichtlich abwegig und erscheint höchstens im Rahmen von Untersuchungen zum internationalen Handel zweckmäßig, wo unterschiedliche Nationen aufeinander treffen; gleichwohl wiederholen sich dann alle bislang bereits diskutierten methodischen Probleme (siehe *Rauch* 2001).

Diese Bedenken spitzen sich im Falle des „Burt“-Typus noch weiter zu, denn hier geht es gerade um die Heterogenität von Akteuren, um deren Sozialkapital zu erklären, sodass der Gedanke der Repräsentativität sicher fehlleitet. Das verdeutlicht auch, dass die Sozialkapitalforschung noch sehr ungenügend die Beziehung zwischen beiden Typen diskutiert und vor allem in ein einheitliches Modell von Sozialkapital zusammengeführt hat, wie es in der Soziologie etwa *Lin* (2001) bereits geleistet hat. Denn die diskutierten methodischen Probleme resultieren gerade daher, dass das „Coleman"-Konzept zur aggregativen und repräsentativen Analyse verführt: Tatsächlich aber lässt sich für jede Gruppe wiederum fragen, inwiefern ihre relative Position zu anderen Gruppen durch ein kollektives Sozialkapital des „Burt"-Typus bestimmt wird, das seinerseits über alle Gruppen hinweg heterogen ist. Anders gesagt, im Rahmen einer Mehr-Ebenen-Analyse ließe sich die Spannung zwischen beiden Sozialkapital-Konzeptionen konstruktiv auflösen. Das Konzept, mit dessen Hilfe sich diese Verschränkung fassen ließe, scheint mir dasjenige der „Identität" zu sein, wie es *Akerlof*/*Kranton* (2000; 2005) kürzlich vorgeschlagen haben.

Bei dieser Konzeption handelt es sich um eine Abwandlung bekannter Modelle zu interdependenten Nutzenfunktionen (zum Überblick siehe *Sobel* 2005). Akerlof und Kranton gehen zunächst davon aus, dass sich der individuelle Nutzen eines Individuums j bestimmt durch die eigenen Handlungen $\boldsymbol{a}_j$, durch die Handlungen anderer $\boldsymbol{a}_{-j}$ und durch die Identität I. Identität wird also als nutzenstiftend betrachtet, konkret in Gestalt der individuellen Gratifikation durch die Zugehörigkeit zu einer sozialen Gruppe. Akerlof und Kranton verstehen unter Identität also spezifisch die soziale Identität eines Individuums. Die individuelle Nutzenfunktion hat dann die Gestalt:

(1) $$U_j = U_j(\boldsymbol{a}_j, \boldsymbol{a}_{-j}, I_j)\,,$$

Die soziale Identität wird weiter erklärt als eine Funktion der eigenen Handlungen, der Handlungen anderer und eines Komplexes von drei Determinanten, nämlich zum einen den sozialen Kategorisierungen $\boldsymbol{c}_j$, die für das Individuum relevant sind, den eigenen Eigenschaften $\boldsymbol{\varepsilon}_j$, die für die Zuordnung zu Kategorien relevant sind, und schließlich den sozialen Normen $\boldsymbol{P}$, die diese Kategorien überhaupt bestimmen. Für die Identität gilt also:

(2) $$I_j = I_j(\boldsymbol{a}_j, \boldsymbol{a}_{-j}, \boldsymbol{c}_j, \boldsymbol{\varepsilon}_j, \boldsymbol{P})\,,$$

Hier wird sofort deutlich, dass die so verstandene Identität direkt mit dem „Coleman"-Typus von Sozialkapital zusammenhängt, da dieses sich ja gerade durch die Gruppenzugehörigkeit definiert. Gleichzeitig wird ein Problem indirekt aufgegriffen, das die Sozialkapitalforschung plagt, nämlich wie im Unterschied zu Maßen für Gruppenzugehörigkeit soziale Normen als solche erfasst werden können. Im Identitätskonzept von Akerlof und Kranton sind diese über die $\boldsymbol{P}$ in der Weise einbezogen, dass bestimmte Handlungsbindungen Bestandteil von sozialen Kategorisierungen sein können, also etwa als religiöse Verpflichtungen oder moralische Vorstellungen über geschlechtsspezifisches Verhalten.

Identität geht weit über diejenigen Gruppenzugehörigkeiten hinaus, die in der Sozialkapitalforschung thematisiert werden. Eine enge Beziehung besteht daher zur Forschung über die sogenannte „fractionalization" (*Alesina / La Ferrara* 2005). Denn die Definition von Sozialkapital ist im Prinzip unabhängig von der Abbildung von Gruppenabgrenzungen in Organisationen: Es braucht keinen eigenen Verein, um gegebenfalls ethnische Abgrenzungen für die erfolgreiche Durchführung von sozialen Interaktionen zu instrumentalisieren. Vielmehr geht es grundsätzlich um die soziale Identität als solche, die, wie in der Nutzenfunktion deutlich wird, für das einzelne Individuum pluralistisch sein kann und in der Regel auch ist. Das heißt, ein einzelnes Individuum weist eine Fülle unterschiedlicher Identitäten auf, die je für sich betrachtet Nutzen generieren. Dabei ist grundsätzlich zu unterscheiden zwischen dem Nutzen der Identität an sich, der immer positiv ist, und den sich an diese Identität anschließenden Handlungen anderer, die selbst wiederum negative Nutzenwirkungen haben können, wie im Falle der Diskriminierung. Unabhängig vom Sachverhalt der Diskriminierung erzeugt aber die soziale Identität der diskriminierten Gruppe einen positiven Nutzen.

Betrachten wir kurz die Situation einer muslimischen Migrantin in einem westlichen Industrieland. Durch die Migration verändern sich die Determinanten ihrer Nutzenfunktion nachhaltig, weil sie mit der Problematik einer Normenkonkurrenz konfrontiert ist, was ihre soziale Kategorisierung anbetrifft. Relativ klar ist der Umstand, dass ihre Ethnizität zu einer relevanten Kategorie wird, was im Heimatland eher nicht der Fall war. Ähnliches gilt für ihre Religion. Im ersten Fall herrscht eher die Kategorisierung des Ziellandes vor, im zweiten konvergieren die Kategorien des Heimat- und des Ziellandes. Für ihre Rolle als Frau ergeben sich allerdings stark konfligierende Beziehungen, die zwar an der biologischen Geschlechtsidentität ansetzen, aber sozial unter Umständen zu konträren Rollenbildern führen. Die Lösung des Konflikts setzt gegebenfalls eine Stärkung der religiösen / ethnischen Identität voraus, was im Kontext des Ziellandes wiederum Diskriminierung durch andere Gruppen nach sich ziehen kann. Im Ergebnis entsteht eine ausgeprägte soziale Identität der Migrantin, die wiederum Anlass für die Bildung von geschlossenen Netzwerken sein kann. Die akzentuierte soziale Identität in der Situation der Migration stärkt also Sozialkapital des „Coleman"-Typs, und gerade diese Stärkung unterstützt auch die Nutzenwirkungen der sozialen Identität. Sie schwächt aber eindeutig das Sozialkapital des „Burt"-Typs, weil die ohnehin geringe Vernetzung mit „weak ties" im Ausland durch die weitere Schließung noch mehr reduziert wird. Es entsteht das mancherorts charakteristische Bild isolierter muslimischer Frauengruppen in Zielländern der Migration. Insgesamt ergeben sich daher nachhaltige Effekte auf den Nutzen, der aus der Identität als solcher generiert wird. Die Identität ist gleichzeitig kontextgebunden, und sie kann kontextabhängig zu differenziellen Wirkungen auf die Bildung von Sozialkapital führen.

Der zweite wesentliche Aspekt im Ansatz von Akerlof und Kranton sind Externalitäten, was die zweite Brücke zum Sozialkapitalkonzept bietet. Hier geht es darum, dass die Interdependenz der Handlungen verschiedener Akteure nicht nur dadurch entsteht, dass ein anderer Akteur direkt Einfluss auf das Nutzenniveau einer Person nehmen kann (also etwa, ein Rechtsradikaler beleidigt die Muslima). Vielmehr entstehen auch Externalitäten dadurch, dass ein Akteur mittelbar durch seine Handlungen die Kategorisierungen selbst beeinflussen kann. Das heißt etwa, eine andere muslimische Frau, die sich an die Standards der Gastgesellschaft anpasst, stellt gegebenfalls die Identität der Muslima in Frage. Umgekehrt bestätigen alle Muslimas, die sich gemäß den Standards verhalten, deren Identität. Diese unterschiedlichen Formen von Externalitäten werden in der Nutzenfunktion so erfasst, dass in (1) direkte Wirkungen betrachtet werden, in (2) hingegen die indirekten Wirkungen.

Dieses Konzept der Externalitäten ist offensichtlich sehr eng mit ähnlichen Phänomenen beim Sozialkapital verwandt, aber nicht deckungsgleich. Man kann die Beziehung zwischen beiden Phänomenen sehr gut mit spieltheoretischen Ansätzen erklären, die sich mit sogenannten korrelierten Gleichgewichten befassen (siehe etwa *Skyrms* 2004). Hier geht es darum, dass kooperative Strategien in dem Fall evolutionär stabil sind, wenn die Agenten über Mechanismen verfügen, mit deren Hilfe sie Kooperationswillige von Täuschern unterscheiden können (klassisch hierzu *Frank* 1988; vgl. *Bowles* 1998). Das ist eine Frage der Stabilität und glaubwürdigen Signalisierung von Identität. Genau dieser Effekt ist aber derjenige, der mit dem Begriff des Sozialkapitals bezeichnet wird, in jedem Fall im Sinne von Coleman, und er ist völlig unabhängig von der förmlichen Organisation in Gruppen. Das heißt, Identität ist die eigentliche Begründung für das Auftreten von positiven Effekten für Interaktionen. Denn verbindet man das spieltheoretische Argument mit dem Konzept von Akerlof und Kranton, so wird sofort deutlich, dass „cheating" direkt zu einem Nutzenverlust führt, weil die Identität des Täuschenden fragil wird. Anders gesagt, sobald ein Akteur eine Identität angenommen hat, verursacht diese eine Selbstbindung an kooperatives Verhalten, und zwar im Sinne einer absoluten Präferenz für wahrheitsgetreue Kommunikation von Identität (vgl. *Demichelis / Weibull* 2008). Dieses Argument formalisiert das psychologische Konzept der Internalisierung.

Dieser Punkt ist klar von der Wirkung von Sanktionen zu unterscheiden. Identität eröffnet natürlich eine Fülle von zusätzlichen Sanktionsmöglichkeiten, da es die oben skizzierten Externalitäten gibt. Das bedeutet zum Beispiel, soziale Exklusion ist nicht nur indirekt nutzenmindernd, weil damit künftige Kooperationsmöglichkeiten wegbrechen (was etwa im Ansatz von Greif stark betont wird), sondern auch unmittelbar, weil die eigene Identität gefährdet wird. Insbesondere erlaubt aber das Konzept der Identität, die Anreize für Sanktionen durch unbeteiligte Dritte zu erklären (sogenannte „second order punishments"; siehe etwa *Bowles* 2004, S. 387 ff.). Denn unbeteiligte Dritte erfahren eine negative Externalität, wenn ein Individuum einen Transaktionspartner täuscht und die drei Individuen eine gemeinsame Identität besitzen. Die Sanktion durch einen unbeteiligten Dritten wird damit zu einem Mechanismus der Internalisierung dieser indirekten Schädigung der Identität. Damit werden also zwei wesentliche Mechanismen von Sozialkapital erklärt, nämlich die Selbstbindung und die Sanktion durch Dritte in Netzwerken.

Der Ansatz von Akerlof und Kranton ist von *Davis* (2007) kritisiert worden. Davis weist zu Recht darauf hin, dass Akerlof und Kranton nur die soziale Identität analysieren. Auch das deckt sich wiederum mit Colemans Konzept des Sozialkapitals. Davis schlägt daher vor, soziale und personale Identität ***PI*** zu differenzieren. Personale Identität ist der Ort, wo alternative soziale Identitäten eigentlich bewertet werden. Er modifiziert daher die Nutzenfunktion in der Weise, dass:

(3) $$\boldsymbol{PI}_j = \boldsymbol{PI}_j\left[U_j(\boldsymbol{a}_j, \boldsymbol{a}_{-j}, \boldsymbol{I}_j)\right].$$

In der personalen Identität werden also beispielsweise Gewichtungen von Nutzen aus verschiedenen sozialen Identitäten generiert. Zum Beispiel ist der oben skizzierte Wandel der Identität einer Muslima durch Migration nur vor dem Hintergrund einer personalen Identität nachvollziehbar: Woher soll sonst die Stabilität der Identität herkommen?

Dieses Konzept erlaubt es nun aber, die beiden Sozialkapitalkonzepte systematisch zu vereinen: Die personale Identität beruht im Wesentlichen auf der individuellen Geschichte eines Individuums, gerade auch hinsichtlich aller Ereignisse und Eigenschaften, die es von anderen differenzieren. Die soziale Identität bezeichnet hingegen alles, was ein Individuum mit anderen „identisch" sein lässt, während die personale Identität alles bezeichnet, was es von anderen unterscheidet. Genau dies aber ist die Basis für das Burt'sche Sozialkapital, im Sinne der Nutzung unternehmerischer Chancen, die von anderen nicht in derselben Weise genutzt werden können. Hierzu gehört auch die jeweils individuell spezifische Mischung von sozialen Identitäten, und die relative Bedeutung der Handlungsmöglichkeiten für das Individuum, die sich aus diesen sozialen Identitäten ergeben.

Interessanterweise ist *Sobel* (2005) der Auffassung, dass die Konzeption von Akerlof und Kranton formal äquivalent ist zu *Becker*s (1996) Behandlung des Humankapitals. Das begründet sich in der Struktur der Becker'schen Nutzenfunktion, in der unterstellt wird, dass die Nutzenerzeugung durch den Konsum ihrerseits durch eine Produktionstechnologie bestimmt wird, die auf Humankapital beruht. Das Humankapital übt dann aber eine ähnliche Funktion aus wie die soziale Identität, denn es ist zum einen spezifisch für ein einzelnes Individuum, wird aber zum anderen wesentlich durch Entscheidungen anderer mit beeinflusst, weist also Externalitäten auf. Damit wird aber auch die Kritik von *Davis* (2003) an Beckers Konzeption relevant, in der dieser ausführt, dass Becker letzten Endes nicht mehr in der Lage ist, die beiden grundlegenden Funktionen von Identität zu begründen, d. h. das Individuum löst sich sozusagen im Humankapital auf. Insbesondere ist es unmöglich, nur auf der Basis des Humankapitals die Identität eines Individuums durch die Zeit hinweg zu begründen und damit auch die entscheidende Voraussetzung für intertemporale Optimierung bei der Humankapitalakkumulation zu gewährleisten. Das Becker'sche Humankapital ist paradox, weil die Investition in Humankapital gleichzeitig vom akkumulierten Humankapital abhängt: Im Grunde wird dann also die personale Identität im Sinne einer stabilen individuellen Nutzenfunktion beliebig. Genau dieses Problem besteht aber auch für das Konzept der sozialen Identität. Damit schließt aber der Kreis der Betrachtung des Sozialkapitals.

Insofern können wir zusammenfassend feststellen, dass die soziale Identität Grundlage des Sozialkapitals des „Coleman"-Typs ist, während die personale Identität Grundlage des „Burt"-Typs ist. Beide Perspektiven ergänzen sich systematisch, weil die soziale Identität ohne einen Anker in personaler Identität beliebig wird, umgekehrt aber eine personale Identität ohne soziale Identität inhaltsleer wird, weil ihr die fundamentalen Kategorisierungen für die Sinngebung fehlen. Die entscheidende Frage ist jetzt, wie die personale Identität in einer absoluten Weise verankert werden kann, um das Becker'sche Paradox aufzulösen. Davis selbst ist hier noch relativ vage, verweist aber deutlich auf die Rolle deontologischer Bindungen in Verknüpfung mit einer kommunikativ eingebetteten Geschichte des Individuums. Ich schlage vor, diesen Anker in „framed emotions" zu suchen.

II. Emotionen

Die spieltheoretische Analyse erlaubt es, den kausalen Mechanismus zu identifizieren, durch den Identität überhaupt erst möglich ist. Wie *Frank* (1988) früh gezeigt hat, besteht das Dilemma der Signalisierung von Typen darin, dass ein glaubwürdiger Mechanismus der Signalisierung verfügbar sein muss. Andernfalls lässt sich ein evolvierter Zustand immer durch Täuscher unterwandern. Ein solcher Mechanismus ist grundsätzlich im Kontext der Rationalität nicht möglich: In einem Rational-Choice-Kontext sind alle Signale „cheap talk" im Sinne, dass der erreichte Zustand unabhängig von der Signalisierung des Typus anreizkompatibel sein muss (*Farrell / Rabin* 1996). Anders gesagt, ein ausschließlich rationaler Akteur wäre immer in der Lage, Identitäten anzunehmen oder abzulegen, was Identität irrelevant für die Signalisierung von Kooperationsbereitschaft werden ließe.

Das heißt aber umgekehrt, dass nicht-rationale Mechanismen für die Identität ausschlaggebend sein müssen, die per definitionem nicht mehr Gegenstand rationaler Wahl sein können, also absolut bindend im Sinne der Unmöglichkeit opportunistischer Entscheidungen sind. Identität muss also emotional verankert sein, wenn man sich auf einen grundlegenden Dualismus von Rationalität und Emotionalität verständigt. Das erlaubt auch eine spezielle Interpretation des deontologischen Begriffs der personalen Identität, wie ihn Davis andeutet. Emotionen sind aus dieser Sicht absolute Handlungsverpflichtungen, werden also sozusagen der opportunistischen Rationalität lexikographisch vorgeordnet. Es ist dementsprechend gerade nicht erforderlich, an dieser Stelle moralische Normen einzuführen, die natürlich wieder auf soziale Kategorisierungen zurückführen würden, somit also das Becker'sche Paradox erneut aufleben ließen.

Diese spieltheoretisch motivierte Schlussfolgerung deckt sich nun mit den jüngeren Entwicklungen in der Neuroökonomik und der ökonomischen Verhaltenswissenschaft. Psychologie und Gehirnforschung konvergieren in der Einsicht, dass menschliches Entscheiden durch einen fundamentalen Dualismus zwischen dem kognitiven und affektiven System gekennzeichnet ist, der sich mit der Differenzierung zwischen unbewussten und bewussten Entscheidungen überlagert, im Sinne eines Vier-Quadranten-Modells (*Camerer et al.* 2005). Das affektive System spielt eine Schlüsselrolle in den eigentlichen Bewertungen von Handlungsalternativen, und es erlaubt wesentlich schnellere Entscheidungen als das kognitive System.

In der evolutionären Psychologie sind diese Einsichten dahingehend systematisiert worden, dass die ökonomische Vorstellung einer „general purpose rationality" verworfen wird (*Tooby / Cosmides* 2005). Das Gehirn arbeitet vielmehr modularisiert, und es ist vor allem in einem Selektionsumfeld evolviert, in dem gerade die skizzierten Probleme der sozialen Koordination von größter Bedeutung sind. Diese Auffassung deckt sich auch mit jenen Theorien über die evolutionäre Entstehung menschlicher Intelligenz, die nicht den Werkzeuggebrauch betonen, sondern gerade die Herausforderungen sozialer Komplexität in Netzwerken von Primaten und frühen menschlichen Gruppen (*Byrne* 1995) Aus dieser Sicht ist also die Fähigkeit zur Bildung von Sozialkapital eine biologische Universalie des Menschen. In einer ersten Annäherung erscheinen Sozialkapital und „emotionale Intelligenz" eng korreliert.

Tooby und Cosmides haben nun argumentiert, dass im menschlichen Entscheidungsverhalten Emotionen deswegen eine zentrale Rolle spielen, da sie die Module im Gehirn koordinieren. Eine Emotion ist aber nicht lediglich mit einem Affekt gleichzusetzen. Emotionen sind vielmehr kontextgebundene Affekte. Das bedeutet, dass eine Emotion immer einen Komplex aus einem Affekt und einem kognitiven Bezug darstellt, der das Verhalten auf einen Kontext bezieht. Affekte sind biologische Universalien (im Überblick *Konner* 2002); Menschen können Affekte kulturübergreifend erkennen. Aber gleichzeitig sind die Anlässe für Affekte und ihre Interpretation kulturspezifisch, im Sinne, dass sie an bestimmte, oft sozial normierte Konstellationen in Interaktionen mit anderen Menschen gebunden sind. Damit sind es aber gerade die Emotionen, über die sich die Integration von kognitiven und affektiven Bereichen des menschlichen Gehirns leisten lässt. Dieser Blick auf Emotionen ist hilfreich, weil sich eine direkte Verbindung zum Konzept des „frames" herstellen lässt, das in der experimentellen Ökonomie eine große Rolle spielt. Denn „frames" bestimmen oft die spezifischen Verhaltensweisen in strategischen Spielen, etwa im Ultimatum-Spiel (*Henrich et al.* 2005; *Gintis* 2006). Das heißt, gleiche Spiele im Sinne der Pay-offs können unterschiedlich interpretiert werden. Damit wird es aber zum entscheidenden Problem, wie die Akteure in strategischen Interaktionen eigentlich erkennen können, ob diese „frames" zwischen ihnen konvergieren. Das ist gleichbedeutend mit der Identifikation eines Typus von Akteuren.

Auch hier lässt sich ein Tatbestand der Gehirnforschung konstatieren, der sich auf eine evolutionäre Lösung dieses Problems der Identifikation von „frames“ zurückführen lässt. Es handelt sich um die spezifisch menschliche Fähigkeit zum „mentalizing“, also die Befähigung, andere Menschen als denkende Wesen wahrzunehmen und sich in diese hineinzuversetzen. Diese Fähigkeit ist der Schlüssel für die Verhaltenskoordination bereits im frühkindlichen Alter und bildet sich erst aufgrund sozialer Interaktion aus (*Lewis / Carpendale* 2002; *Tomasello et al.* 2005). Sie steuert vor allem auch den bedeutendsten Lernmechanismus, das Imitieren (*Hurley* 2008). Denn die Imitation menschlicher Handlungen verlangt immer auch die kognitive Rekonstruktion der Intentionen des anderen. Genau an dieser Stelle eröffnet sich aber eine faszinierende Parallele zur Argumentation von Adam Smith in den TMS, der die „sympathy“ als zentrale menschliche Fähigkeit ausmacht, die Grundlage jeglichen moralischen Handelns darstellt (vgl. hierzu auch *Sugden* 2002). Die „sympathy“, heute eher als „empathy“ zu interpretieren, ist aber erneut eine emotionale Kategorie, die erst kognitive Funktionen ermöglicht. Insofern soziales Lernen auf Imitation beruht, bedeutet dies also, dass ursprünglich rein externe Einflüsse auf das kindliche Verhalten internalisiert werden, im Sinne einer schrittweisen Rekonstruktion der kognitiv-emotionalen Konstellationen, die dem Verhalten der anderen zugrunde liegen. Anders gesagt, ein wesentliches Element menschlicher Ontogenese ist gerade die Herausbildung einer kontextuell eingebetteten Identität, deren Wurzeln im Sinne einer nicht-opportunistischen Verankerung in den herausgebildeten emotiven Strukturen liegt. Eine Änderung solchermaßen verankerter Verhaltensformen ist nur im Zuge veritabler Krisen der Persönlichkeit möglich, in denen die Identität grundsätzlich in Frage gestellt wird.

Die Befähigung zur Rekonstruktion der Intentionen anderer bedeutet nun nichts anderes, als dass die Identitäten der Akteure in strategischen Interaktionen erkennbar werden. Daraus ergibt sich ein Gesamtbild, in dem die Kategorie der Identität wesentlich auf diejenige der Emotionalität bezogen wird, nämlich gleichermaßen im Sinne einer emotionalen menschlichen Kompetenz zur Entwicklung einer Identität wie auch zur Kommunikation und kognitiven Verarbeitung von Phänomenen der Identität zwischen Menschen. Fragt man nach dem kognitiven Pendant, dann ist es abschließend hilfreich, einen Beitrag von *Ross* (2005, S. 286 ff., S. 351 ff.) aufzugreifen, der – in kritischer Anlehnung an *Binmore* (1994) – argumentiert, dass man drei Ebenen von Spielen unterscheiden müsse:

- Das „game of life“, in dem organismische Grundstrukturen von Agenten durch den Darwin'schen Mechanismus von Selektion und Bewahrung evolvieren. Das ist auch die Ebene, auf der sich das affektive Repertoire der menschlichen Spezies herausbildet;
- das Identitätsspiel, in dem sich Typen von Agenten konstituieren, und schließlich
- die Ebene der konkreten strategischen Interaktionen, mit denen sich die Spieltheorie originär befasst.

Ross kritisiert ausschließlich biologische Ansätze dahingehend, dass sie die mittlere Ebene außer Acht lassen, die wesentlich sprachabhängig ist. Denn mit der

Evolution der menschlichen Sprache entstand auch die Befähigung zur Imagination und Kommunikation kontrafaktischer Sachverhalte, mithin die Befähigung zur Täuschung. Dies hat eine Explosion von Komplexität verursacht, die evolutionär nur mit Hilfe der Emergenz einer Fähigkeit zur Komplexitätsreduktion durch Identität gelöst werden konnte. Die menschliche Sprache ist für Ross hier gleichzeitig die Ursache wie auch die Lösung des Problems: Denn über die Sprache wird es möglich, personale Identität durch die Konsistenz und Kontinuität narrativer Strukturen in menschlichen Gruppen zu schaffen und aufrechtzuerhalten (siehe auch *Ross* 2007). Konkret bedeutet das, dass einzelne strategische Spiele der dritten Ebene immer eingebettet sind, erstens, in Netze solcher Spiele, in deren Verlauf Identitäten über die Spiele hinweg fortlaufend konstruiert und rekonstruiert werden, und gleichzeitig, dass es auf der zweiten Ebene auch spezifische Formen von Interaktionen gibt, in denen sich Identitäten konstituieren, wie vor allem viele Institutionen und Kontexte gesellschaftlicher Sozialisation, die oft *prima facie* von den eigentlichen strategischen Interaktionen separiert sind.

Wenn hier von ‚Sprache' geredet wird, so handelt es sich nicht nur um die gesprochenen natürlichen Sprachen, sondern allgemein um alle Formen symbolisch vermittelter Interaktion, die auf geteilten Semantiken beruhen. Gleichwohl haben die natürlichen Sprachen hier eine ganz zentrale Funktion. Damit schließt sich aber der Kreis des Argumentes, weil es die Sprache ist, in der jene Kategorisierungen überhaupt erst konstituiert werden können, die in der ökonomischen Theorie der Identität die Bausteine der sozialen Identität sind. Ohne hier weiter in Details eingehen zu können, lässt sich dieser Aspekt sehr leicht in John Searles Konzeption fassen, der als Basis aller sozialen Institutionen eine sprachliche Transferleistung ansieht, nämlich im Sinne einer „count as"-Formel, also im Wesentlichen einer sprachlichen Metapher (*Searle* 1995; 2005). Eine soziale Kategorisierung bedeutet, dass eine soweit zunächst unspezifizierte Individualität „als etwas zählt", also im Sinne einer Gruppeneigenschaft prädiziert wird. Searle diskutiert ausführlich, wie dieses „count as" im Zentrum der Ausbildung kollektiver Intentionalität als Ausdruck geteilter Identität steht und auch mit der Emergenz deontischer Strukturen einhergeht. Damit ist aber der konzeptionelle Rahmen für eine Revision des Sozialkapitalkonzepts geschaffen.

III. Sozialkapital

Die beiden konzeptionellen Elemente von Identität und Emotion können nun zu einer neuen Bestimmung von Sozialkapital verwendet werden. Auch in der ökonomischen Literatur hat sich inzwischen die Auffassung durchgesetzt, Sozialkapital als einen speziellen Aspekt von sozialen Netzwerken zu verstehen (*Dasgupta* 2005). Diese Auffassung hat seit jeher in der Soziologie vorgeherrscht, ist aber in der Ökonomie lange Zeit aufgrund der ökonometrischen Problematik der Indikatorendefinition vernachlässigt bzw. nur im Zusammenhang der Entwicklungsthematik aufgegriffen worden, wo Netzwerke etwa in Dörfern leichter nachvollziehbar sind.

Sozialkapital ist zunächst von seiner Funktion her betrachtet eine Eigenschaft von Akteuren in Interaktionen, die ihnen ermöglicht, diese erfolgreich durchzuführen. Allerdings ist diese Eigenschaft nicht einfach auf das Individuum reduzierbar, weil sie sich erst durch die Position eines Individuums in einem Netzwerk einstellt. Sozialkapital ist also eine essenziell relationale Eigenschaft bzw. eine strukturelle Eigenschaft von Netzwerken. Diese Eigenschaft unterscheidet mindestens zwei Akteure von einem oder mehreren dritten in einer spezifischen Weise. Insofern ist Sozialkapital minimal ein triadisches Konzept: Es ist eine gemeinsame Eigenschaft von mindestens drei Individuen in Abgrenzung von anderen Individuen. Denn der Vergleich zweier Individuen mit einem dritten setzt wiederum einen anderen Dritten voraus, zu dem diese ursprüngliche Triade komparativ in Beziehung gesetzt werden kann. Das ist der wesentliche Unterschied zwischen der dyadischen Transaktionskostentheorien à la Williamson und dem Konzept des Sozialkapitals. Aus dieser grundlegenden Definition ergibt sich auch sogleich die zentrale Rolle der Sprache im Sinne eines Systems von Kategorisierungen und Potenzialen der metaphorischen Übertragung. Denn die skizzierte Vergleichsleistung kann nur vor dem Hintergrund eines Repertoires an Kategorisierungen erfolgen. Daraus ergibt sich, dass Sozialkapital ein essenziell kulturelles Phänomen ist, also eine theoretische Entität, die unmittelbar mit Prozessen der Bedeutungs- und Sinngebung verknüpft ist. Es ist also unmöglich, seine Wirkung zu bestimmen, ohne diese Dimension explizit zu machen. Vergleicht man also beispielsweise die Zahlen von Vereinen über unterschiedliche Gesellschaften hinweg, geht deren kulturelle Bedeutung verloren, und es wird implizit unterstellt, dass ein ‚Verein' kulturinvariant stets dieselbe Bedeutung und soziale Funktionalität hat.

Daraus ergibt sich zunächst, dass Sozialkapital direkt mit der Konzeption sozialer Identität von Akerlof und Kranton zusammenhängt. Sozialkapital ist ein Maß der Reichhaltigkeit und Mächtigkeit sozialer Identitäten in einer Gesellschaft. Je vielfältiger die sozialen Identitäten eines Individuums, desto größer ist sein Sozialkapital. Diese Aussage setzt zwar an der traditionellen Vorstellung an, dass die Zugehörigkeit zu verschiedenen Verbänden, Vereinen und anderen Gruppierungen ein Maß des Sozialkapitals sein kann, transzendiert sie aber im Sinne der Bezugnahme auf die theoretisch einzig relevanten, wenngleich empirisch schwerer bestimmbaren Kategorisierungen sozialer Identitäten.

Wie wir nun gesehen haben, ist diese Kennzeichnung unzureichend, weil die deontologische Dimension der Identität ausgeblendet bleibt. Wir haben diese auf die Emotionalität des menschlichen Individuums bezogen. Das muss dann auch für das Sozialkapital gelten. Sozialkapital kann also in einem zweiten Schritt als ein Komplex von „framed emotions" angesehen werden, die über sprachliche Prozesse zwischen Akteuren geteilt werden. Während also das Konzept der „shared mental models" (*North* 2005) ausschließlich die kognitive Dimension betont, schlage ich vor, gerade die kognitiv vermittelte emotionale Koordination als Essenz des Sozialkapitals anzusehen. Damit wird einerseits eine klar individualistische Fundierung erreicht – insofern Emotionen in Bezug zu setzen sind zu körperlichen Phänomenen, die durch die physische Separiertheit zwischen Menschen definiert sind –, aber gleichzeitig wird die unterliegende kausale Theorie – wann werden welche Affekte evoziert? – eindeutig dem sozialen Kontext zugeschrieben. Dieser Ansatz wird also der Forderung *Durlaufs* (2002) sicherlich gerecht, Sozialkapital sozialpsychologisch zu verorten. Gleichzeitig wird das Dilemma der Beliebigkeit sozialer Identitäten aufgelöst, weil eine Verankerung in der personalen Identität besteht, die ihrerseits interpersonell geteilt ist, weil es „shared framed emotions" gibt.

Die ökonomische Funktionalität von Sozialkapital besteht in positiven Externalitäten zwischen unterschiedlichen Akteuren, deren Grundlage eine gemeinsame Identität ist. Diese Externalitäten wirken in verschiedenen Dimensionen:

- Sie reduzieren Transaktionskosten, indem sie für zweite und dritte Akteure eine täuschungsfreie Signalisierung von Typen von Akteuren in strategischen Interaktionen ermöglichen;
- sie erleichtern die Diffusion transaktionsrelevanter Information aufgrund geteilter Semantiken, also Weisen der Deutung bestimmter Daten;
- sie aktivieren das Potenzial für Sanktionen zweiter Ordnung, da beobachtete Abweichungen geteilter Identität die Bereitschaft erhöhen, auch als eigentlich Unbeteiligter abweichendes Verhalten zu überwachen und zu bestrafen.

In allen drei Aspekten sind triadische Strukturen für die Kausalanalyse von zentraler Bedeutung; wie schon festgestellt, macht dieser Punkt die Differenz zur herkömmlichen Transaktionskostenökonomik aus. Um diese Zusammenhänge noch genauer zu fassen, ist das Konzept einer kollektiven Intentionalität nützlich, die als Basis erfolgreicher Transaktionen wirkt.

Das Konzept der kollektiven Intentionalität ist in verschiedener Weise auch in der ökonomischen und sozialphilosophischen Literatur als Grundvoraussetzung von erfolgreichem gemeinsamen Handeln identifiziert worden, etwa in Form der sogenannten „team preferences" (*Hollis* 1998; *Sugden* 2000). Grundlegenden philosophischen Arbeiten von *Tuomela* (1995) folgend, bedeutet kollektive Intentionalität nichts anderes als den kognitiven Übergang vom ‚ich' zum ‚wir': Das heißt, dass eine Transaktion nicht mehr als eine koordinierte Handlung zweier unabhängiger Individuen angesehen wird, sondern in wesentlicher Weise ein gemeinsames Handeln, das heißt eine geteilte, gemeinsame Identität voraussetzt. Es ist diese geteilte Identität, die wiederum zu einem Dritten notwendig in Bezug gesetzt werden muss, um sich zu konstituieren. Hier ist wichtig, dass diese kollektive Intentionalität noch keine spezifischen Formen sozialer Identität erfordert, d. h. sie kann jederzeit in sozialen Mikrostrukturen entstehen und ist nicht essenziell an Kategorisierungen gebunden, wohl aber an eine emotionale Koordination: Urformen einer solchen kollektiven Intentionalität sind Freundschaft und Liebe, die sich gerade auf eine radikale Individualisierung der Beziehung stützen. Sie wird aber natürlich durch alle sozialen Mechanismen zur Etablierung von Identitäten befördert. Mit dieser vorsichtigen Definition wird ein Fehler der Literatur vermieden, Gruppenzugehörigkeiten zu hypostasieren, wie etwa Religion oder Ethnizität. Alle diese

Kategorien sind, wie im Ansatz von Akerlof und Kranton, bloße Repertoires sozialer Kategorisierungen, die dann in der Ausbildung von kollektiver Intentionalität genutzt werden können oder nicht. Wir können also nun genauer sagen, dass soziale Identitäten ein Potenzial für kollektive Intentionalität darstellen, und dass Sozialkapital darin besteht, Individuen den Übergang zu kollektiver Intentionalität zu ermöglichen.

Dabei muss der Rolle von Externalitäten gebührende Beachtung geschenkt werden, denn kollektive Intentionalität ist aus ökonomischer Sicht ein Mechanismus der Internalisierung von Externalitäten. Wie wir gesehen hatten, kann im Prinzip jede Handlung in ökonomischen Transaktionen *uno actu* eine Externalität erzeugen, indem sie auch die Identität anderer berührt. Wenn also ein Akteur eine Transaktion mit einem anderen durchführt, so kann eben diese Durchführung selbst ein Signal des Vertrauens sein, das die gemeinsame Identität bekräftigt, sie kann aber gleichzeitig auch ein Vertrauensgefälle gegenüber Dritten signalisieren oder deren Transaktionsbereitschaft mindern, falls die Identität negativ berührt wird. Kollektive Intentionalität bedeutet, dass solche Externalitäten internalisiert werden. Internalisierung ermöglicht ihrerseits Freifahrer-Verhalten, das aber gerade durch die emotionale Verhaltensbindung tendenziell ausgeschlossen wird. Das heißt, das deontische Fundament des Sozialkapitals ist in den in Transaktionen aktivierten Emotionen zu suchen. Beispielsweise bedeutet dies, dass es in einer Gesellschaft ein relativ hohes Maß an Bereitschaft gibt, als außenstehender Dritter Fehlverhalten anderer in einer dyadischen Transaktion zu sanktionieren. Wie gesehen, ist dies ein Internalisierungsmechanismus, der auf der Annahme beruht, dass in dieser Triade Identität geteilt wird. Dieser Mechanismus kann aber nur deshalb funktionieren, weil aufgrund des gegebenen „frames" eine spezifische Emotion aktiviert wird, hier die „moral aggression", die der Sanktion als solcher deontische Verbindlichkeit gibt.

Kann für das so definierte Sozialkapital aber der Begriff des ‚Kapitals' überhaupt reklamiert werden? Wie *Chamlee-Wright* (2008) aufschlussreich diskutiert, sind die Vorbehalte gegenüber der Kapitalmetapher weitestgehend dadurch bedingt, dass implizit ein neoklassisches Kapitalkonzept zugrunde gelegt wird und außerdem das ohnehin fundamentale Aggregationsproblem auch für dieses Kapitalkonzept ausgeblendet wird. Würde ein österreichisch-evolutorisches Verständnis von Kapital angelegt, so gälte auch für das Realkapital, dass es ein strukturell diverses und der Aggregation nicht zugängliches Konzept ist. Dieser Kapitalbegriff ist aber dann ohne Probleme auf das Sozialkapital übertragbar. Wichtig ist vor allem zweierlei. Erstens ist Sozialkapital rückbezogen auf die individuelle Fähigkeit zu seiner Aktivierung und Nutzung, die selbst ein kreativ-unternehmerischer Prozess ist. Zweitens kann Sozialkapital unterschiedliche Grade der Öffentlichkeit haben, was die Reichweite von Externalitäten angeht. Aus beiden Perspektiven erscheint es als wenig sinnvoll, Sozialkapital unmittelbar als eine Eigenschaft ganzer Gesellschaften zu deuten. Vielmehr ist ein Spektrum von Formen des Sozialkapitals zu identifizieren, die jeweils an bestimmte Bereiche sozialer Netzwerke gebunden sind. Dieses Spektrum ist in sprachlichen Repertoires sozialer Kategorisierungen abgebildet. Alle die auf diesen unterschiedlichen Ebenen und in den verschiedenen Bereichen erzeugten Formen des Sozialkapitals geben Anlass zu Transaktionen mit kollektiver Intentionalität, die selbst wiederum Externalitäten erzeugen. Gruppengebundenes Sozialkapital ist daher eine Art Clubgut, das nach innen positive, nach außen aber gegebenfalls negative Externalitäten generiert (*Herrmann-Pillath / Lies* 2001). Insofern ist auch eine einfache Aggregation kaum vorstellbar, gleichzeitig bleibt es aber bedeutsam, auf die gesellschaftliche Ebene analytisch vorzudringen: Denn hier können sozusagen in letzter Instanz noch vielfältige negative Externalitäten auftreten, die eine lange Reihe positiver Wirkungen von Sozialkapital niedrigerer Reichweite konterkarieren.

Aus dieser Überlegung folgt, dass auch das Konzept der Identität entsprechend ausdifferenziert werden muss. Das ist bis zu einem gewissen Grade ohne Probleme möglich, weil ja die Konzeption von Akerlof und Kranton per se Diversität und Disaggregation über die sozialen Kategorisierungen erlaubt. Ich schlage vor, als Referenz für das Sozialkapital auf der höchsten Ebene den Begriff der ‚Kultur' zu sehen, verstanden als die Form von Identität mit dem höchsten Grad der Inklusivität. Allerdings ist dies nicht notwendigerweise gleichbedeutend mit der ‚Gesellschaft', insofern diese auch unterschiedliche Kulturen umspannen kann. Für einen nationalen Kulturbegriff gilt freilich das oben bereits mit Bezug auf das Sozialkapital Gesagte: Er kann nur als Differenz zu etwas Anderem sinnvoll interpretiert werden, würde also den Blick auf den Vergleich zwischen diesen größten Einheiten lenken. Es erscheint fragwürdig, ob dies noch erkenntnisführend ist.

Zusammenfassend schlage ich vor, Sozialkapital wie folgt zu definieren:

> Sozialkapital ist ein theoretisches Konstrukt, das die in einer Gesellschaft vorhandenen Potenziale für kollektiv-intentionale Transaktionen beschreibt. Es gründet in einem Repertoire sprachlicher Kategorisierung sozialer Identitäten, die an eine emotional fundierte personale Identität angebunden sind. Insofern personale Identität in emotionalen Bindungen gründet, ist Sozialkapital mikroanalytisch ein Muster von „shared framed emotions". Durch diese enge Korrelation zwischen Identität und Sozialkapital ergeben sich die strukturellen Potenziale für Externalitäten in Netzwerken kollektiv-intentionaler Transaktionen. Insbesondere erleichtert Sozialkapital die Konvergenz von „frames" in strategischen Interaktionen, die Diffusion von Informationen und die Lösung von Anreizproblemen in „second order punishments". Für die Stabilität der positiven Wirkungen von Sozialkapital ist allerdings eine Ausschlussmöglichkeit entscheidend, sodass Sozialkapital ein Clubgut ist. Daher ist eine aggregierte Beschreibung auf der Ebene der Gesellschaft wenig sinnvoll, denn gerade die Vielfalt von Formen des Sozialkapitals in einer Gesellschaft ist für seine positive ökonomische Funktionalität ausschlaggebend.

Was bedeutet diese Definition konkret für die ökonomische Forschung zum Sozialkapital? Eine empirische Spezifikation von Sozialkapital muss folgende Beobachtungen zu einem kohärenten Erklärungsmodell zusammenfügen:

– Es muss einen erklärungsbedürftigen Tatbestand signifikant erfolgreicher Transaktionen im Vergleich zwischen unterschiedlichen Gruppen geben, wie zum

Beispiel besonders erfolgreiche Fälle der Vermeidung von Freifahrer-Verhalten bei der Erzeugung öffentlicher Güter.

- Dieser Tatbestand muss in Beziehung gesetzt werden zu beobachtbaren Strukturen sozialer Netzwerke, d. h. er muss im Prinzip auf disaggregierter Ebene analysiert werden. Aggregatdaten sind höchstens als Indikatoren von Sozialkapital anzusehen, spielen aber keine erklärende Rolle.
- Die Netzwerkstrukturen müssen bestimmten Mechanismen und Ausdrucksformen sozialer Identität zugeordnet werden, insbesondere auch in Form von sprachlichen Abbildungen sozialer Kategorisierungen.
- Schließlich muss es es ein eindeutiges emotionales Korrelat zu diesen Netzwerkstrukturen geben, im Sinne von „shared framed emotions". Erneut muss hier ein besonderes Interesse den jeweiligen sprachlichen Reflektionen dieser Emotionen gelten.

IV. Adam Smith, redivivus

Abschließend ist zu konstatieren, dass ein derart reformuliertes Konzept des Sozialkapitals eine große Nähe zu den Vorstellungen von Adam Smith in der TMS aufweist. Smith beschreibt in den TMS den Menschen als ein komplexes System von „passions", die wir hier mit Affekten bezeichnen würden. Passions können unterschiedliche Natur haben: Smith unterscheidet zwischen „social", „unsocial" und „selfish passions", d. h. erweitert den Kern des ökonomischen Modells, das nur die letzteren berücksichtigt, um ein erhebliches Maß. Daraus entsteht das Problem, wie eigentlich diese „passions" im menschlichen Zusammenleben in eine Balance gebracht werden. Insofern thematisiert also Smith das Problem der personalen Identität explizit. Im Unterschied zur herrschenden ökonomischen Theorie ist das Individuum also kein Konstrukt integraler und konsistenter Rationalität, sondern erst das Ergebnis im Wesentlichen konfliktbehafteter Bestrebungen zum Ausgleich zwischen widerstreitenden Affekten. Dabei spielt für Smith der soziale Kontext eine entscheidende Rolle, also die Reaktionen anderer auf das eigene Verhalten, ebenso wie die Beobachtung des Verhaltens anderer. In diesem Sinne erhält eine „unsocial passion" sogar eine Schlüsselrolle, nämlich das „resentment".

Die entscheidende Voraussetzung der Erreichung dieser Balance ist für Smith die menschliche Fähigkeit zur „sympathy". „Sympathy" meint in moderner Sprache Empathie und ist frei von jeden altruistischen Konnotationen (ausführlich *Sugden* 2002 oder *Dupuy* 2006). „Sympathy" meint, dass Menschen in der Lage sind, sich in andere hineinzuversetzen, und daran Freude empfinden. Das bedeutet nicht, dass sie die dahinterstehenden Affekte reproduzieren, sondern eine kognitive Übertragung vollziehen, die als solche positive Gefühle generiert (d. h. auch das Leid eines anderen erzeugt die Freude daran, zu seinem Nachvollzug fähig zu sein). Genau das ist aber wiederum die Grundlage für die Ausbildung des „spectator". Der „Spectator" ist eine kognitive Funktion des Menschen, die es ihm erlaubt, auch die eigenen Handlungen aus der Sicht anderer zu betrachten. Das ist dann die Basis für komplexere Formen des Handelns und Entscheidens, insbesondere auch der moralischen Urteilsbildung. Smith geht an dieser Stelle eindeutig zu einer triadischen Struktur über, denn der „spectator" ist der Beobachter einer dyadischen Interaktion, der aufgrund der sozialen Entwicklung des Individuums von der Rolle des externen Beobachters zu einer internen kognitiven Funktion transformiert wird: Insofern nimmt Smith die modernen Konzeptionen sozialer Kognition vorweg.

Eine entscheidende Ausgangslage für die Entwicklung des „spectator" besteht darin, dass für den Nachvollzug der Handlungen anderer nicht die unmittelbaren Affekte dieser Personen, sondern der Zusammenhang zwischen Kontext und Affekt ausschlaggebend sind. Dieser Zusammenhang wird mit dem Begriff der „propriety" erfasst, d. h. der Angemessenheit. Der emphatische Nachvollzug des Zustandes anderer ist primär auf diese Kausalhypothese gestützt, d. h. bestimmte Vorstellungen darüber, welche Kontexte angemessenerweise welchen Affekt erzeugen. Besonders interessant ist die Beobachtung einer Interaktion zwischen anderen, wo die emphatische Haltung sich auf beide Seiten beziehen kann, also zum Beispiel auf den Schädiger ebenso wie den Geschädigten. Der „spectator" muss dann zu einem Urteil über die Angemessenheit der Handlungen auf beiden Seiten gelangen. Das ist der Ausgangspunkt für die Ablösung der Position des „spectator" von bestimmten individuellen Perspektiven, mithin also der Entwicklung einer universalistischen moralischen Position (*Tugendhat* 2005).

In Verbindung mit der institutionellen Entwicklung transformiert sich der ‚spectator' in die Figur des „impartial spectator", der dann wiederum die Grundlage bietet für die Entstehung gesellschaftlicher Normen, wie der Gerechtigkeit. Smith betont nachdrücklich, dass die Entwicklung der moralischen Urteilskraft immer sozial eingebettet ist (*Evensky* 2005). Dabei hat er ebenso eine ontogenetische wie eine sozial-evolutionäre Sicht. Ontogenetisch ist die schrittweise Erweiterung der „sympathy" zur Grundlage der gesellschaftlichen Moral das Ergebnis der familiären Sozialisation, wo durch die Nähe der Verwandtschaft das gegenseitige Verstehen natürlich angelegt ist. Die gesellschaftliche Entwicklung führt hingegen zu einer wachsenden Institutionalisierung und damit auch Neutralisierung moralischer Vorstellungen.

Diese knappe Skizze möge an dieser Stelle ausreichen. Wie man sieht, fügt sich Smiths Konzeption nahtlos an das hier vorgetragene Konzept von Sozialkapital an. Denn Smith sieht das Fundament sozialer Ordnung eben nicht in der rationalen Konstruktion eines Sozialvertrages, sondern einer spezifischen Kombination emotionaler und kognitiver Kompetenzen, die sich um die grundlegende Befähigung zur Teilung von Identitäten gruppieren, also die „sympathy" als menschliche Universalie. In diesem Sinne entpuppt sich die TMS als einer der wichtigsten Vorläufer zur modernen Sozialkapitalforschung.

D. Fallstudie China

I. Das chinesische Paradox

Im Folgenden möchte ich nun versuchen, die theoretischen Überlegungen auf China anzuwenden. Anlass für diese Analyse ist, dass China aus institutionenökonomischer Sicht Erklärungsschwierigkeiten aufwirft. Die extrem hohen, auch über längere Zeiträume nachhaltigen Wachstumsraten widersprechen dem institutionenökonomischen Standardmodell. Insbesondere müssten die vergleichsweise hohe Unsicherheit der privaten Eigentumsrechte und der unvollständige rechtliche Rahmen zu Wachstumsschwäche führen. Interessant ist vor allem auch die Frage, warum so deutliche Unterschiede zwischen chinesischen Regionen feststellbar sind, wenngleich nahezu alle Regionen ein vergleichsweise hohes Niveau des Wachstums aufweisen. Relativ eindeutig ist der Einfluss infrastruktureller Faktoren und der bestehenden Industriestrukturen, um bestimmte Phänomene zu erklären, wie etwa die zurückfallende Dynamik des schwerindustriell geprägten Nordostens. Umgekehrt weisen aber Provinzen eine sehr hohe Dynamik auf, die rechtlich vergleichsweise unstrukturierte Umgebungen aufweisen, wie vor allem die Provinz Zhejiang mit ihrem sehr hohen Anteil an Privatunternehmen, oder die Provinz Guangdong mit ihren sehr engen Verflechtungen zu Hong Kong (*Herrmann-Pillath* 2002).

Diese Beobachtungen werfen die Frage auf, inwieweit Sozialkapital eine wichtige zu berücksichtigende Determinante des chinesischen Wachstums ist. Ein ‚chinesisches' Sozialkapital müsste in Bezug zu einem Konzept chinesischer Kultur zu setzen sein. Das Argument chinesischer Spezifika ist nicht neu, insbesondere auch mit Blick auf soziale Netzwerke und ihre besonderen strukturellen Eigenschaften (*Hamilton* 1996a; *Redding* 1990). Es geht also hier vor allem darum, es im Kontext der Sozialkapitalforschung zu reformulieren.

Ein wichtiger Beleg für die Relevanz dieser Fragestellung ist das Problem der Korruption. China gilt als ein Land mit einem hohen Grad an Korruption. Dieses Bild wird durchaus auch von der KPCh selbst bestätigt, die mit drakonischen Mitteln gegen Korruption vorgeht. Gewöhnlich wird unterstellt, dass Korruption dem Wirtschaftswachstum abträglich ist. Nun haben *Li / Wu* (2007) gezeigt, dass die ökonomische Wirkung der Korruption vermutlich durch die besondere Gestalt der unterliegenden Netzwerke bestimmt wird. Idealtypisch kann man zwei Formen unterscheiden. Eine Form der Korruption baut auf hierarchischen Patron-Klient-Beziehungen auf. Die andere ist polizentrisch. Polizentrische Korruption bringt Wettbewerb mit sich, d. h. es gibt mehr Alternativen für die Bereitstellung von Leistungen durch Korruption als in einem hierarchischen System, sodass die Wirkungen der Korruption nicht notwendigerweise ineffizient sind. Darüber hinaus führen *Li* und *Wu* aus, dass sich die chinesische Korruption durch kulturelle Spezifika auszeichnet, insbesondere die Langfristigkeit der Netzwerkbeziehungen und die unterliegenden Reziprozitätsnormen. Das bedeutet, dass einzelne korrupte Akte oft in ein längerfristig stabiles Netzwerk sozialer Beziehungen eingebettet sind, in denen Leistung und Gegenleistung zeitlich separiert sein können. Das wiederum hat zur Folge, dass die Korruption auch umgekehrt die Netzwerke stabilisiert, indem reziproke Verpflichtungen entstehen, vergangene Leistungen später wieder auszugleichen. In polizentrischen Netzwerken wirken verschiedene Sanktionsmechanismen, insbesondere die Reputation und das tit-for-tat, um Täuschungen in solchen Beziehungen einzudämmen. Daraus ergibt sich die scheinbar paradoxe Schlussfolgerung, dass polizentrische Korruption sogar zu einer Zunahme des Vertrauens in Transaktionen führen kann, in jedem Fall was die Beziehungen innerhalb des Netzwerkes angeht. Im Ergebnis wirkt sie nicht in ähnlicher Weise systematisch negativ auf die Wirtschaftsleistung wie hierarchische Korruption in Patron-Klient-Beziehungen, die hochgradig monopolisiert sind.

Dieses Beispiel legt nahe, die besondere Wirtschaftsleistung Chinas durch ein kulturell spezifisches Sozialkapital zu erklären. Dabei geht es nicht darum, China im Unterschied zu anderen Kulturen bzw. Nationen zu untersuchen, sondern zum einen, bestimmte Netzwerkstrukturen zu identifizieren, die in sprachlichen Kategorien abgebildet werden, und zum anderen deren mögliche Verankerung in kulturell spezifischen „shared framed emotions" zu suchen.

II. Spezifische Netzwerk-Konfigurationen

Die Sprache spielt tatsächlich eine wichtige Rolle bei der wissenschaftlichen Erforschung chinesischer Sozialstrukturen. Der chinesische Anthropologe Fei Xiaotong hat sogar einen chinesischen Neologismus geprägt, um die spezielle Form chinesischer Netzwerke zu bezeichnen: *„chaxu geju"* 差序格局, schwer übersetzbar als „differential mode of association" (im Überblick *Gold et al.* 2002, S. 10 f.). Damit bezeichnet er den oben bereits angesprochenen Tatbestand des Polizentrismus. In der Sprache der Theorie sozialer Netzwerke formuliert bedeutet dies, dass Chinesen soziale Beziehungen tendenziell immer als ego-zentrierte Netzwerke wahrnehmen und weniger Kategorisierungen bilden, die in festen, etwa organisatorischen Strukturen gebunden sind. *King* (1994), einem Ansatz der japanischen Anthropologin Nakane Chie folgend, klassifiziert chinesische Netzwerke daher als „attribute-based": Die einzelnen Individuen können sich einer theoretisch völlig offenen Liste von Eigenschaften zuordnen, die dann wiederum Ansatzpunkte einer Vernetzung in der jeweiligen Dimension sind, unabhängig von der zum jeweiligen Zeitpunkt gegebenen Einbettung in eine bestimmte institutionelle und organisatorische Umgebung. In einem Bild von Fei Xiaotong sind chinesische Netzwerke in dynamischer Sicht vergleichbar mit interferierenden Wellen, wenn mehrere Steine an unterschiedlichen Orten ins Wasser geworfen werden, mit Ego als dem Zentrum einer Welle. Dieses Bild würde im Kontext der Überlegungen dieses Papiers bedeuten, dass auch chinesische Identitäten in einer spezifischen Weise dynamisch sind, insofern sie auf der Basis der individuellen Attribuierungen die Offenheit der Netzwerkbeziehungen reflektieren. Anders gesagt, ein wesentliches Merkmal chinesischer Netzwerke wäre die kategorielle Offenheit identitätsstiftender Zuschreibungen im Sinne von Akerlof und Kranton (die sich etwa grundlegend unterschiede von Strukturierungen beispielsweise durch Kastensysteme).

Diese Fokussierung auf Ego, also die individuelle Person, ist bemerkenswert, weil sie ein wesentliches Missverständnis der westlichen Kulturforschung aufzeigt, die im Bereich der Wirtschaftswissenschaft oft einfach zwischen Individualismus und Kollektivismus unterscheidet (etwa *Greif* 1994) und typischerweise China dem ‚Kollektivismus' zuweist. Dabei wird außer Acht gelassen, wie solche sehr allgemeinen strukturellen Kennzeichnungen durch kulturspezifische Einflüsse modifiziert werden, also nicht selbst hinreichend sind, um Kulturen zu klassifizieren. Das ist insbesondere mit Bezug auf das Sozialkapital wichtig, weil ‚Kollektivismus' zunächst offen ist gegenüber der konkreten Definition der Bezugsgruppe: So wurde die traditionelle chinesische Sozialordnung als „family individualism" bezeichnet (siehe etwa *Baker* 1979), im Sinne, dass kollektivistische Bezüge jenseits der Familie schwach sind, im Unterschied etwa zur traditionellen japanischen Kultur (*Pelzel* 1970). In der modernen psychologischen Forschung gibt es aufschlussreiche Ergebnisse zu Experimenten mit der Produktion von Kollektivgütern (*Chen et al.* 2007): Hier zeigt sich, dass Chinesen im Vergleich zu Amerikanern eindeutig ‚allozentrisch' sind, was aber nicht impliziert, dass sie sich generell dem Gruppeninteresse unterordnen. Vielmehr gelangt der Allozentrismus darin zum Ausdruck, dass sie sich in Kollektivgut-Experimenten stärker als die idiozentrischen Testpersonen an bestehenden Gruppennormen orientieren, d. h. umgekehrt, im Falle schwacher Gruppennormen auch weniger gruppenorientiert handeln. Bei idiozentrischen Testpersonen tritt systematisch häufiger Freifahrer-Verhalten auf, gerade wenn Gruppennormen zur Kooperation verpflichten. Insofern versteckt sich hinter der Kennzeichnung als „kollektivistisch" ein erheblich komplexeres Phänomen, das im Folgenden Abschnitt als „Feldabhängigkeit" sozialer Kognition identifiziert wird.

In der Tat hat die sozialpsychologische und soziologische Forschung schon Mitte der neunziger Jahre hinreichend trennscharfe Ergebnisse generiert, die es zweifelhaft erscheinen lassen, dass China eine kollektivistische Kultur im strengen Sinne ist, und mehr noch, wie weit bestimmte, mit Kollektivismus korrelierende Werte tatsächlich kulturell bedingt sind, und nicht vielmehr durch besondere Umweltkonstellationen (*Bond* 1991, S. 39; 1996a; *Fu et al.* 2003). Taiwan, Hong Kong, die VR China und Singapur zeigen systematische Differenzen in sozialen Wertvorstellungen, wobei sich gerade Festland-China dadurch auszeichnet, unternehmerischem Handeln einen hohen Stellenwert zuzuschreiben, dieses allerdings im Kontext regulierter sozialer Beziehungen zu sehen.

Insofern scheint es gerechtfertigt, chinesische Netzwerke als individualistisch, weil ego-zentriert, zu bezeichnen in dem Sinne, dass bestimmte kollektive Kategorisierungen keine exklusive und dominante Rolle bei der Strukturierung spielen. Sie sind vielmehr in der Netzwerkdynamik instrumentalisiert. Dieser Tatbestand schlägt sich in der häufig diskutierten Beobachtung nieder, dass – im Unterschied etwa zur japanischen Kultur, aber durchaus auch zu westlichen Gesellschaften – in

China die Bindungen zwischen spezifischen Organisationen und Individuen relativ lose sind bzw. dass auch organisationsintern formale Strukturen durch informale Netzwerke überlagert oder gar faktisch verdrängt werden, wenn nicht eine sehr starke hierarchische Formalisierung entgegenwirkt (klassisch hierzu *Silin* 1976; weiter *Redding* 1990).

Diese besondere Form chinesischer Netzwerke wird – inzwischen aufgrund der internationalen Wirtschaftsbeziehungen weithin bekannt – indigen als *„guanxi"* 关系 bezeichnet, mit Adaptionen wie vor allem der Konzeption *Gary Hamilton*s (1996a), der für den chinesischen Kulturraum sogar ausdrücklich vom *„guanxi* capitalism" spricht. Der Term wird interessanterweise nach wie vor nur selten übersetzt, selbst wenn die Autoren der Auffassung sind, dass es sich um keine kulturspezifischen Formen handelt (vgl. die Diskussion in *Gold et al.* 2002). Seit der richtungweisenden Arbeit von *Yang* (1994) ist auch prinzipiell klar, dass es eigentlich keine allgemeingültige Form von *guanxi* in China gibt, sondern dass minimal zwischen den ländlichen und den urbanen Räumen differenziert werden muss. *Guanxi* überlagern sich auch mit den spezifischen institutionellen Rahmenbedingungen einer kommunistischen Übergangsgesellschaft, insbesondere im chinesischen Staatssektor (siehe hierzu *Walders* 1986 Konzeption des „Kommunistischen Neotraditionalismus"). Sie spielen auch eine differenzierte Rolle im Zuge der ökonomischen Modernisierung, wo sie zunehmend von den Akteuren als Anachronismus dargestellt werden, ohne dass dies freilich unbedingt heißt, dass die entsprechenden Praktiken verschwinden (*Guthrie* 1998; kritisch hierzu *Yang* 2002). Schließlich gibt es auch eine kulturelle Renaissance der *„guanxixue"* 关系学 als einer besonderen Kompetenz von Chinesen, soziale Beziehungen aufzubauen und zu steuern. Eine solche Gemengelage verweist in unserem Zusammenhang klar darauf, dass der gesellschaftliche Wandel mit der Transformation von Strukturen und Funktionen des Sozialkapitals einhergeht, aber gleichzeitig bestimmte längerfristig stabile Determinanten wirksam bleiben. Diese Determinanten können zum einen in bestimmten Prozesscharakteristika von sozialen Netzwerken bestehen, die wir in diesem Abschnitt betrachten, oder, tiefer liegend, in emotional-kognitiven Komplexen, die wir im folgenden Abschnitt analysieren.

Schon in der frühen und einflussreichen Arbeit von *Jacobs* (1982) wurde die zentrale Rolle von Kategorisierungen in chinesischen Netzwerken herausgearbeitet. Jacobs entwickelt ein Modell für die Wertigkeit von *guanxi:* Der Wert einer Beziehung ergibt sich aus den beiden Faktoren der *„guanxi* base", also der Aktivierung einer gemeinsamen Kategorisierung von Interaktionspartnern, als der unabhängigen Variable, und einer intermediären Variable, der emotionalen Einbettung, dem *„ganqing"* 感情. Besonders werthaltige *guanxi* basieren auf einer geteilten sozialen Identität und einer emotionalen Komponente. Die Kategorisierungen spielen die entscheidende Rolle, Interferenzen in eigentlich neutralen sozialen Kontakten zu aktivieren. Konkret heißt das, in sozialen Interaktionen werden Gemeinsamkeiten von Individuen erkannt und thematisiert, die dann eine Grundlage für anschließende Interaktionen bilden. Beispielsweise mögen zwei Personen feststellen, aus derselben Heimatregion („*tongxiang*“ 同乡) zu stammen und hierauf ihre Kooperation stützen. Die Differenzierung der Heimatregion ist aber nicht per se ein Kriterium der Kategorisierung von Netzwerken. Das heißt, Ego kann auf eine beliebig große Fülle von Kategorisierungen zurückgreifen, um seine Netzwerke aufzubauen. Daraus folgt der im vorherigen Abschnitt skizzierte Polizentrismus, der sich grundlegend von dyadischen Patron-Klient-Beziehungen unterscheidet. Solche offenen Kategorisierungen ermöglichen eine spezifische Form der Aktivierung von „weak ties“ im Sinne von Granovetter. Das heißt, in chinesischen Netzwerken gibt es eine Hybrid-Form von „strong“ und „weak ties“, die sich durch die zusätzliche emotionale Komponente von *guanxi* auszeichnet.

Diese Offenheit sozialer Netzwerke spielt mit der scharfen Differenzierung zwischen „Fremden“ („*sheng*“ 生) und „Vertrauten“ („*shu*“ 熟 bzw. den „eigenen Leuten“ („*zjiren*“ 自己人) und dem Rest, die eine Grenze durch das Netzwerk zieht und Basis des stets betonten chinesischen Familismus ist (*Gabrenya / Hwang* 1996). Dabei ist aber zu beachten, dass auch traditionell die Familie – das „*jia*“ 家 – selbst eine flexible und offene Kategorie ist. Das chinesische Verwandtschaftssystem kennt eine hochdifferenzierte Struktur patrilinearer, aber in gewissem Maße auch affinaler Beziehungen, die nach Maßgabe funktionaler Notwendigkeiten mobilisiert werden können oder nicht. Das *jia* ist also zwar der Kern des inneren Kreises der „eigenen Leute“, gleichzeitig aber kann dieser Kern selbst expandieren oder schrumpfen, primär nach wirtschaftlichen Kriterien (klassisch hierzu *Cohen* 1970; theoretisch dazu *Landa* 1994, S. 101 ff.). In diesem Zusammenhang ist es ratsam, die traditionellen Verwandtschaftskategorien nicht zu hypostasieren und somit einen fundamentalen Bruch zwischen Tradition und Moderne zu konstruieren, weil sie im modernen China an Bedeutung verloren haben. Vielmehr sind diese Kategorien nur ein möglicher Referenzrahmen für die Konstruktion polizentrischer Netzwerke. Auf diese Weise lässt sich die Spannung zwischen Offenheit und Schließung von sozialen Netzwerken in China relativ problemlos als ein Zusammenspiel kulturspezifischer Faktoren und dem sozialen Wandel interpretieren, der zunehmend die mögliche Reichweite von Netzwerken ausdehnt (vgl. *Wellmann et al.* 2002). Damit werden empirische Ergebnisse sehr plausibel, die China eine mittlere Position im Konzert der modernisierenden Kulturen zuweisen. Chinesische Testpersonen liegen zwischen Nordamerika und Indien, was zum Beispiel die subjektive Verortung von Ego („self-construal“) in sozialen Beziehungen anbelangt (*Li et al.* 2006).

Es stellt sich dann die Frage, wie in dieser Flexibilität und Eingebettetheit die personale Identität als Anker wirkt. Entscheidend dürfte sein, dass der Zeithorizont der Interaktionen lang ist. *Hofstede* (1991) hat in seiner Revision des von ihm vorgeschlagenen Systems der Kategorisierung von Kulturen eigens eine ursprünglich „konfuzianische“ Kategorie geschaffen, die zwischen lang- und kurzfristigem Zeithorizont unterscheidet. Für China gilt eine besonders ausgeprägte langfristige Orientierung, die sich in der ethischen Norm niederschlägt, langfristig Reziprozität in sozialen Interaktionen herzustellen. Diese Norm gilt ebenso im Rahmen der formalen Ethik wie auch in der Mikrosoziologie traditioneller chinesischer Sozialeinheiten. Sie schlägt sich unter anderem darin nieder, dass in chinesischen Dörfern eine regelrechte „Buchhaltung“ des Stromes wechselseitiger Geschenke und Gefälligkeiten geführt wird (*Yan* 1996). Im Sinne der Differenzierung von ländlichen und städtischen Räumen bei *Yang* (1994) tritt gerade in chinesischen Dörfern der universalistische Charakter der *guanxi* zu Tage, und zwar als die oben angesprochene spezifische Mischung von „strong“ und „weak ties“: Wie *Yan* (1996) ausführt, werden die *guanxi* zu einer umfassenden Ordnung des dörflichen Soziallebens, das als polizentrisches Netzwerk von Austauschbeziehungen wahrgenommen und manipuliert wird. Es ist durchaus wünschenswert, dass diese Bilanzen nicht kurzfristig ausgeglichen sind, weil auf diese Weise Beziehungen durch wechselseitige Verbindlichkeiten gestärkt werden. In der sinologischen Literatur ist diese langfristige Reziprozität als *„bao“* (报) immer schon als ein zentrales Element chinesischen Sozialverhaltens begriffen worden, das philosophisch zur konfuzianischen Kategorie des *„shu“* 恕 überhöht wurde (klassisch hierzu *Yang* 1957). Diese Sichtweise lässt das Individuum als einen Pol der Abrechnung solcher gegenseitigen Verpflichtungen erscheinen: Seine personale Identität kristallisiert sich in einem bestimmten „Gesicht“ heraus, das als Resultante eines historischen und stets erinnerten Prozesses die soziale Rolle des Einzelnen definiert. Anders gesagt, die Individualität der Person ist in wesentlicher Hinsicht in der einzigartigen Geschichte seiner Netzwerke externalisiert.

Naturgemäß ist eine solche langfristige Orientierung der Akkumulation von Sozialkapital sehr zuträglich. Man kann sogar sagen, dass die chinesische Kultur Sozialkapital explizit thematisiert, insofern sie „Bilanzierungsverfahren“ reziproker Beziehungen kennt und thematisiert (die sogenannte *„renqingzhai“* 人情债). Das hängt direkt mit dem ausgeprägten Instrumentalismus zusammen. Das indigene Konzept der Netzwerke kennt explizit die Aktivierung von Beziehungen zum eigenen Vorteil (*„liyong“* 利用, *„la guanxi“* 拉关系 etc.), die in vielen Zusammenhängen durchaus als positiv gesehen wird. In jedem Fall trägt diese Fähigkeit zur Gewinnung von „sozialem Gesicht“ (*„mianzi“* 面子) bei, das explizit von moralischem Ansehen (*„lian“* 脸) unterschieden wird.

Wie wir im folgenden Absatz genauer analysieren werden, ist das Gesicht der Reflex der sozialen Identität in Netzwerken und besitzt eine überragende Bedeutung für das Sozialverhalten (*Saari* 1982; *Hwang* 2006). Die chinesische Sprache kennt eine ganze Reihe von Ausdrücken, die das „Verlieren von Gesicht“ thematisieren (*„diu lian“* 丢脸 etc.). Die Verletzung von Reziprozitätsnormen ist eine der bedeutendsten Ursachen für diesen Verlust, wobei die Verwendung des Begriffs *lian* klar macht, dass es hier um eine moralische Kategorie geht und nicht lediglich um gesellschaftliche Reputation. Anders gesagt, es besteht ein starker sozialer Druck dahingehend, eine durch das Gesicht erlangte soziale Identität zu erhalten. Traditionell geht der Verlust des Gesichts mit dem Auschluss aus sozialen Netzwerken einher. Die beiden Formen des Gesichts besitzen hier einen unterschiedlichen Stellenwert: Das soziale Gesicht *mianzi* ist eher mit sozialer Reputation gleichzusetzen und ist nicht essenziell für die personale Identität. Das moralische Gesicht *lian* reflektiert hingegen die grundlegenden zwischenmenschlichen Verpflichtungen in sozialen Beziehungen. Sein Verlust ist gleichbedeutend mit dem Ausschluss aus den fundamentalen emotionalen Gratifikationen, die solche Beziehungen mit sich bringen, und die als *„renqing“* 人情 bezeichnet werden. Ich komme sogleich auf diesen Punkt zurück.

Das Gesicht ist eine Dimension von netzwerkbezogenem Verhalten, bei deren kulturvergleichender Analyse auf Details zu achten ist. Eine Besonderheit des Gesichts in China ist die Tatsache, dass in Netzwerken besonders auf das Gesicht des Anderen geachtet wird. Die Wahrung des eigenen Gesichts liegt also keineswegs nur in der eigenen Verantwortung, sondern ist auf Kooperation angewiesen. Insofern gilt das Reziprozitätsprinzip sozusagen auf zwei Ebenen: Zum einen trägt die Erfüllung von Reziprozitätsnormen zur Wahrung von Gesicht bei, zum anderen gilt die Reziprozitätsnorm aber auch für das gegenseitige Geben von Gesicht. Das Gesicht ist demnach eine genuin triadische Kategorie, denn wenn Ego das Gesicht von Alter in einer sozialen Beziehung wahrt, so richtet sich diese Handlung wiederum an Dritte. Wie wir unten sehen werden, bedeutet dies, dass soziale Interaktionen in China in hohem Maße ‚öffentlich‘ sind.

Im Ergebnis spielen in chinesischen Netzwerken triadische Beziehungen eine konstitutive Rolle. Das bestätigt zwar einerseits die allgemeine theoretische Kennzeichnung von Sozialkapital, zeigt aber gleichzeitig, dass es kulturell spezifische Formen der Wahrnehmung und Handhabung triadischer Dynamiken gibt. Patron-Klient-Beziehungen sind eher dyadisch. Das ‚Gesicht‘ ist eine triadische Kategorie, insofern seine Funktionalität wesentlich davon abhängt, wieweit eine dyadische Beziehung zum ‚Gesicht‘ im Verhältnis zu Dritten beiträgt; umgekehrt sind dyadische Beziehungen in hohem Maße durch Dritte vermittelt, deren ‚Gesicht‘ wiederum von der Qualität der dyadischen Beziehungen mit bestimmt ist (*Lin* 2002). Wie *Lin* (2002) aufzeigt, sind chinesische Netzwerke darüber hinaus durch ein Kontinuum unterschiedlicher Formen der kognitiv-emotionalen Fundierung geprägt, wobei eine chinesische Besonderheit in der Mischung instrumenteller und expressiver Formen zweckrationalen Verhaltens in den *guanxi* liegt. Wenden wir uns also dieser Besonderheit zu.

III. Emotion und Kognition

Es gibt mittlerweile eine umfangreiche Forschung, die es ermöglicht, kognitive und emotionale Wurzeln der spezifischen Interaktionsdynamik in chinesischen Netzwerken aufzuzeigen. Es ist in diesem Zusammenhang sicherlich bedeutsam, dass nach traditioneller chinesischer Auffassung (die zum Beispiel in der chinesischen Medizin nach wie vor relevant ist) zwischen emotiven und kognitiven Aspekten der Persönlichkeit nicht unterschieden wird, nämlich zwischen „Herz“ und „Geist“ im metaphorischen Sinne. Vielmehr wird das Herz *„xin“* 心 (und nicht das

Gehirn) als Sitz aller für das menschliche Handeln wesentlichen Funktionen angesehen und wird hier einem „Herrscher" gleichgesetzt (*Yu* 2007); es ist also auch Sitz des Geistes („*shen*" 神), ohne diesen damit ausschließlich an sich zu binden. Das Herz reguliert aber alle kognitiven Funktionen, sodass es in der traditionellen Auffassung keinen Dualismus von Emotion und Kognition gibt. Dieser Sachverhalt ist wichtig, um die spezielle Weise der Thematisierung emotionaler Aspekte in sozialen Beziehungen zu verstehen, die sämtlich zum semantischen Feld der „*qing*" 情 gehören, also der Gefühle (umfassend zur Thematik *Hertzer* 2006). Die Arbeitshypothese lautet, dass unabhängig von der Tatsache, dass diese traditionellen Auffassungen heute wissenschaftlich obsolet sind, die chinesische Sprache bestimmte semantische Strukturierungen bewahrt, die dann auch für Emotionen als „framed affects" bedeutsam sind und in der Folge die Dynamik chinesischer Netzwerke prägen (vgl. auch *Ning* 2008).

In diesem Zusammenhang ist bemerkenswert, dass sich die westliche Literatur nach wie vor uneins ist, welche spezifische Rolle Emotionen in chinesischen sozialen Beziehungen spielen. Das Klischee der hinter dem „Gesicht" verdeckten Emotionen leitet zwar ohne Zweifel irre, aber es gibt die These der Neutralität von individuellen Emotionen im Sinne, dass selbst Ausbrüche von Affekten als belanglos behandelt werden, insofern sie die sozialen Beziehungen nicht grundsätzlich stören, d. h. die längerfristigen Balancen reziproker Akte (*Potter / Potter* 1990). In der psychologischen Forschung erscheinen Differenzen zwischen Chinesen und anderen Kulturen nicht so akzentuiert (*Russell / Yik* 1996), und auch in anthropologischen Untersuchungen gibt es widersprechende Positionen (*Kipnis* 2002). Diese scheinbaren Widersprüche lassen sich leicht überwinden, wenn, wie in diesem Papier, eindeutig zwischen Emotionen und Affekten unterschieden wird. Dann erscheint die chinesische Kultur im Sinne von Potter und Potter als hochgradig affektneutral, aber weist gleichzeitig sozial eng gebundene Emotionen auf.

Um diese besondere Rolle der Emotionalität in China weiter auszuklären, wenden wir uns zunächst der Kognition als solcher zu. Der wichtigste, in der Literatur schon mehr als drei Jahrzehnte betonte Faktor ist die Differenzierung zwischen feldabhängiger und feldunabhängiger Wahrnehmung (siehe etwa bereits *Wilson* 1981). Auch in jüngsten psychologischen Experimenten zeigt sich, dass Chinesen einen höheren Grad feldabhängiger Perzeption zeigen als Europäer und Amerikaner. Beispielsweise fällt es chinesischen Versuchspersonen signifikant leichter, in einfachen Computerspielen Korrelationen zwischen unterschiedlichen Ereignissen auf dem Bildschirm zu erkennen; umgekehrt sind sie weniger in der Lage, die tatsächliche Größe von Objekten in wechselnden Rahmen zu erkennen. Das heißt, ihre Wahrnehmung ist in stärkerem Maße durch die Wechselwirkung zwischen Objekt und Umgebung, also das „Feld", beeinflusst (*Ji et al.* 2000). Chinesische Testpersonen wenden auch signifikant andere Kategorisierungsverfahren als euro-amerikanische Probanden an, wenn es um die Sortierung von Begriffen geht: Sie achten viel stärker auf mögliche Beziehungen zwischen den bezeichneten Objekten, als auf die taxonomische Einordnung (*Ji et al.* 2004).

Derartige Experimente bestätigen immer wieder die bereits kulturwissenschaftlich gesicherte Feststellung, dass ein grundlegender Unterschied zwischen „westlichen“ und östlichen“ Kulturen der Grad des kognitiven Holismus sei (*Bond* 1991, S. 23 ff., S. 51 f.). Die euro-amerikanische Kultur, letzlich mit ihren Wurzeln in der griechischen Antike, ist tendenziell analytisch: Das bedeutet, sie zerlegt Phänomene in ihre einzelnen Bestandteile („Atomismus“) und versucht anschließend, sie durch das Zusammenwirken von Eigenschaften dieser Bestandteile zu erklären („Reduktionismus“). Damit werden Rückwirkungen des Ganzen (des „Feldes“) auf die Teile eher ausgeblendet. Ostasiatische Kulturen betonen eher die Einbettung des Teiles in eine Gesamtheit und versuchen, auch Phänomene auf der Ebene des Teiles durch Eigenschaften des Feldes, und nicht des Teiles, zu erklären. Diese Unterscheidung ist in der Literatur in unterschiedlicher Weise getroffen worden, jedoch mit gleichem Fokus: So war etwa *Hall*s (1976) Unterscheidung von „low context“- und „high context“-Kulturen sehr einflussreich.

Ohne hier weiter auf Details eingehen zu können, liegt die Relevanz dieser kognitiven Differenz für die Sozialkapitalforschung auf der Hand. Zunächst erklärt sich in leichter Weise, warum chinesische Netzwerke gleichermaßen „ego-zentriert“ wie auch „kollektivistisch“ wirken. Denn einerseits bedeutet feldabhängige Kognition, dass bestimmte fixe Eigenschaften von Ego nicht hinreichend sind, um es einer Gruppe zuzuschreiben. Andererseits besteht eine deutliche Neigung, Egos Verhalten auf den Kontext zu beziehen, also die Gruppe zu berücksichtigen. Im Ergebnis ist Verhalten gruppenorientiert, aber nicht gruppendominiert im Sinne einer Kategorisierung durch fest vorgegebene Gruppen. Das hat aber zur Folge, dass in relativ flexibler Weise solche Kategorisierungen genutzt werden können, um ego-zentrierte Netzwerke zu bilden, und dass diese Netzwerke dann gleichzeitig einen vergleichsweise starken Einfluss auf das Verhalten haben. Chinesische Netzwerke sind also in gleicher Weise fluide wie auch verhaltensprägend. Das begünstigt die Bildung und Nutzung von „weak ties“ und weist demnach auf eine besondere Eignung für die Aktivierung von Sozialkapital hin.

Über diese kognitive Ebene hinaus ist Feldabhängigkeit von direkter Relevanz für die emotionale Fundierung des Verhaltens. Die chinesische Sprache unterscheidet hier zwischen unterschiedlichen Formen der emotionalen Bindung zwischen Menschen. Hier ist auf eine grundlegende Differenz zwischen chinesischer und euro-amerikanischer Emotionalität hinzuweisen, die eng mit dem Phänomen des Instrumentalismus zusammenhängt. In China wird klar zwischen einer Ebene der nicht-instrumentellen affektiven Bindung unterschieden, die nur im engsten Zirkel von Vertrauten wirkt, und den Emotionen, die sonstige engere Bindungen in sozialen Netzwerken bestimmen (die sogenannten *„ganqing“* 感情). Bei letzteren werden Instrumentalität, Reziprozität und Emotion als ein Komplex angesehen, in dem die emotionale Bindung feldabhängig kognitiv verarbeitet wird. Das bedeutet, sie ist keine kontextunabhängige Beziehung zwischen Personen, also „Freunden“, sondern wird aktiviert bzw. deaktiviert, wenn es der Netzwerk-Kontext verlangt. Das heißt vor allem, Emotionen und Reziprozität werden als eng verknüpft angesehen und bedingen bzw. ermöglichen den oben skizzierten Instrumentalismus in Netzwerkbeziehungen. Bezeichnend ist, dass dieses Verhalten von Personen aus dem europäischen Kulturkreis im Extremfall als Zynismus gedeutet wird, was auf den gesellschaftsgeschichtlich bedeutenden Tatbestand verweist, dass bestimmte Emotionen in Europa sich gerade durch den Ausschluss von instrumentalistischen Bezügen auszeichnen, insbesondere Freundschaft und Liebe, während instrumentalistische Beziehungen als „rational" gedeutet werden, d. h. im Wesentlichen als frei von Emotionen (*Medick / Sabean* 1984). Genau letzteres ist in China nicht der Fall bzw. wird einem weiteren, speziellen Kreis sozialer Interaktionen zugewiesen: Es gibt also Interaktionen mit und ohne *ganqing* (*Kipnis* 2002).

Neben den *ganqing* gibt es die *„renqing"* 人情;. Dieser Begriff besitzt sehr alte Wurzeln und weist Bezüge zur konfuzianischen Fundamentaltugend des *„ren"* 仁 auf. *Ren* wird unterschiedlich übersetzt, sollte aber relativ neutral als „Menschlichkeit" begriffen werden, im Sinne eines Komplexes von gegenseitigen Verhaltenserwartungen, die den Menschen wesensmäßig ausmachen. *Renqing* als „Gefühle, die Menschen ausmachen" sind entsprechend genuin „moral sentiments" im Smithschen Sinne. In universalistischen Konzeptionen der *guanxi* treten *renqing* neben die *ganqing* als die der Reziprozität eigentlich unterliegenden Verpflichtungen, die also im Wesentlichen als emotional verankert angesehen werden. So können *renqing* auch selbst Gegenstand der Reziprozität sein, im Sinne von wechselseitigen Verpflichtungen. Traditionell tritt *renqing* neben *ganqing* als Kriterium von *guanxi* (*King* 1994; *Yan* 1996). Zum Teil werden *renqing* direkt als Objekt von Reziprozität in *guanxi* aufgefasst, also im Sinne des gegenseitigen Gebens und Nehmens von *renqing*. Damit erhalten aber *guanxi* nicht nur eine affektive, sondern auch eine moralische Dimension. Es ist genau diese moralische Dimension, die chinesische Netzwerke von Netzwerken im Sinne rein instrumentalistisch-kontingenter Beziehungen unterscheidet.

Die *renqing* werden häufig mit einer anderen idealtypischen Differenzierung zwischen China und Europa in Verbindung gebracht worden, nämlich der Unterscheidung zwischen „Schuld" und „Scham". Die chinesische Sprache ist ungleich differenzierter als europäische Sprachen in der Behandlung von Phänomenen der Scham, und philosophisch-ethisch ebenso wie im Alltag wird der Scham eine positive Funktion bei der Ausbildung menschlicher Sozialität zugesprochen (*Russel / Yik* 1996; *Li et al.* 2004). In beiden Fällen handelt es sich um Emotionen im Sinne von Abschnitt C.II. Schuld wird als emotionaler Komplex begriffen, in dem die Verantwortung für eine moralisch bewertbare Handlung beim Einzelnen liegt, und dieser sich alleine vor Gott den Folgen stellen muss. Referenz sind internalisierte moralische Normen, die als konstituierendes Element der eigenen Person angesehen werden, meist als „Gewissen" bezeichnet. Die Scham ist hingegen eine externalisierte Form der moralischen Sanktion, die in hohem Maße durch die Umgebung bestimmt ist, konkret durch soziale Sanktionen in Netzwerken. Gewöhnlich wird daher angenommen, dass moralisches Verhalten in China stärker kontingent ist, während es in der euro-amerikanischen Kultur eher regelgebunden ist (*Wilson*

1981). Umgekehrt ist die emotionale Gratifikation durch die Gruppe größer (*Zhang* 2005). Diese Debatte ist aber vor dem Hintergrund der Unterscheidung zwischen zwei Arten des Gesichts zu sehen. Denn das „moralische Gesicht" ist durchaus auch auf allgemeine moralische Normen bezogen, wie vor allem *Metzger* (1977) in seiner klassischen Untersuchung hevorgehoben hat. Insofern entspricht die besondere Rolle der Scham in der chinesischen Kultur der Smithschen Idee von einer universalistischen Interdependenz, also der Rolle des „impartial spectator".

Fragt man nach der konkreten Operationalisierung des Gesichts in sozialen Beziehungen, so gibt es eine direkte Beziehung zu den offenen Netzwerken, die im vorherigen Abschnitt betrachtet wurden. In offenen Netzwerken diffundiert Information über Verhalten sehr schnell, das zu einem Gesichtsverlust führen kann. Insofern spielt der gesellschaftlich institutionalisierte „Klatsch" bzw. das Reden über andere eine zentrale Rolle in der Sanktion abweichenden Verhaltens (*„xianhua"* 闲话, *„yilun"* 议论 etc.) (*Gao et al.* 1996; *Farrer* 2002). Dieses Reden wird selbst von der Norm der Gesichtswahrung reguliert und berücksichtigt die unterschiedlichen Grade persönlicher Nähe. Insofern gibt es in der alltäglichen Kommunikation eine Trennlinie zwischen der riskanten Offenlegung persönlicher Inhalte und der „netzwerk-öffentlichen" Kommunikation, die eine wichtige Rolle auch in der möglichen Sanktion abweichenden Verhaltens spielt. Diese Rolle der ‚Öffentlichkeit' in der Stabilisierung sozialer Ordnung wird zunehmend auch unabhängig von der spezifischen „guanxi"-Sprache thematisiert (siehe etwa *Wank* 2002 zur Rolle von *„mingyu"* 名誉 oder *„mingqi"* 名气, „Ansehen"). Über die Scham ergibt sich also eine emotionale Verankerung von triadischen Strukturen in Netzwerken.

Abschließend muss erneut die Frage der Beziehung zwischen Kollektivismus und Individualismus aufgeworfen werden. Die Ubiquität sozialer Netzwerke scheint zunächst zu bedeuten, dass die personale Identität im Grunde hinter den Gruppenbezügen verschwindet. Gerade das „lian" ist aber eine Kategorie mit hohem Stellenwert der einzelnen Person. Traditionell gab es stets eine klares Bewusstsein für das *„ji"* 己, das „Selbst", das eigentlicher Bezug des moralischen Gesichts ist. Insofern muss eine ausgeprägte Spannung zwischen Individualismus und Kollektivismus konstatiert werden. Die personale Identität ist in hohem Maße autonom, ja wird sogar als anarchisch gesehen, im wertfreien Sinne eines hohen Grades an Ungebundenheit (*Saari* 1982). Dementsprechend besitzt in der chinesischen Kultur der „maverick" einen bedeutenden Stellenwert, was einer kollektivistischen Normierung deutlich widerspricht, wie etwa der moralisch unbeugbare Beamte, der den Kaiser selbst im Angesicht des Todes kritisiert, der stets betrunkene Künstler oder der freiheitsliebende Räuber.

In der traditionellen chinesischen Kultur hat es tatsächlich eine sehr ungestörte Beziehung zum Ego gegeben, die, anders als im christlichen Verständnis, keine Idee der originären Schuldhaftigkeit bestimmter menschlicher Handlungen kannte (*Elvin* 1994). Chinesische Religiösität ist daher besonders unter dem Einfluss des Taoismus geprägt durch die Sorge um das eigene physische und seelische Wohlergehen, die im Wesentlichen als eine Einheit wahrgenommen werden. In diesem Zusammenhang ist es auch bedeutsam, dass in der indigenen Konzeption von Netzwerken eine pekuniäre Metapher zur Beschreibung der Reziprozität verwendet wird, nämlich der Begriff der „Schuld“ im Sinne einer Kreditbeziehung; Geld hatte und hat einen besonderen Stellenwert in der Volksreligion (*von Glahn* 1991). Es ist diese semantische Mehrdeutigkeit des Geldes, die einen Gegensatz zwischen ökonomischer Modernisierung und traditioneller Sozialstruktur obsolet werden lässt. Geldgeschenke spielen eine entscheidende Rolle in der Schaffung von Sozialkapital (*Wilson* 2002). Insofern ist die besondere Form der Beziehung zwischen Emotionalität und zweckrationaler Vernunft in Tiefenstrukturen der kulturellen Semantik verankert. Der Kreis unseres Argumentes schließt sich.

IV. Sozialkapital chinesischen Typs

Fassen wir die Ergebnisse dieses Abschnitts kurz zusammen. Wir gelangen zu dem Schluss, dass es in China eine spezifische Dynamik der Bildung von Sozialkapital gibt, die sich in der strukturellen Form polizentrischer Netzwerke niederschlägt sowie einer kulturell spezifischen Form der emotionalen Verankerung dieser Netzwerke. Letztere äußert sich vor allem in einer besonderen Balance zwischen der Instrumentalität von Netzwerkbeziehungen und deren affektiver Komponente sowie in der dualen Ausformung der Kategorie des Gesichts als Ausdruck sozialer Identität in Netzwerken. Emotionale Fundierung und strukturelle Spezifika werden über die langfristige Ausprägung der Reziprozitätsnorm vermittelt.

In den analytischen Rastern der modernen Netzwerkforschung kann dieser Zusammenhang als besondere kulturelle Fähigkeit zur Aktivierung von „weak ties“ angesehen werden, wobei, anders als im europäisch-amerikanischen Kulturraum, „weak ties“ durch eine emotionale ebenso wie moralische Komponente abgestützt sein können. Im Sinne der Burt'schen Idealtypen von Netzwerken stellt sich also eine relativ hohe Wahrscheinlichkeit ein, dass Typ C realisiert wird, also eine Synergie von Sozialkapital des „Coleman“- und des „Burt“-Typs. Dies könnte eine Erklärung für die erstaunlich hohe Dynamik der chinesischen Transformationsökonomie sein. Dies fügt sich gut in jüngere Ergebnisse der *Guanxi*-Forschung ein, die nicht einfach ein Verschwinden der traditionellen Netzwerk-Beziehungen konstatieren, sondern eine spezifische Form der Wechselwirkung zwischen sozioökonomischer Modernisierung und traditionellen Kategorien (*Yang* 2002): So wird individueller unternehmerischer Erfolg zu einer eigenen Form des symbolischen Kapitals, das wiederum in traditionell geformten *guanxi* zum Sozialkapital transformiert wird, das zum unternehmerischen Erfolg beiträgt (*Wank* 1996; 2002; *Heberer* 2001).

In diesem Zusammenhang ist die These von *Potter* (2002) bemerkenswert, dass *guanxi* im Zuge der wachsenden Bedeutung des common law in China sogar eine positive Rolle in der Rechtsentwicklung spielen können. Potter weist auf, dass gerade die moralischen Verpflichtungen in Netzwerkbeziehungen ein Medium der außergerichtlichen Regulierung von Konflikten sein können. Insofern wäre es verfehlt, *guanxi* nur als Potenzial für Korruption anzusehen. Ein empirischer Beleg für die These von Potter ist die Untersuchung von *Liebman / Milhaupt* (2007). Die Verfasser konstatieren zunächst, dass die chinesische Börse massive Regulierungsdefizite aufweist. Im Grunde sollten also Regelverletzungen an der Tagesordnung sein. Tatsächlich halten sie sich aber in Grenzen. Liebman und Milhaupt zeigen, dass die Regulierungsbehörde auf die Scham als Sanktionsinstrument zurückgreift: Sie platziert Informationen über Regelverletzungen in der chinesischen Öffentlichkeit (etwa in Zeitungen). Diese Informationen verbreiten sich rasch und führen zu Gesichtsverlusten der betreffenden Akteure, die dann auch schnell in sinkenden Aktienkursen ihrer Unternehmen reflektiert werden. Die Regulierungsbehörde hat inzwischen eine entsprechende Reputation aufgebaut, sodass sie das Verhalten der Akteure in gewissem Umfang steuern kann, ohne sich auf die noch unterentwickelten und umständlichen Rechtsmittel stützen zu müssen. Im Ergebnis schließen die Verfasser, dass also kulturell verankerte soziale Sanktionen eine komplementäre Beziehung zu Rechtsnormen besitzen.

E. Ausblick

In diesem Papier habe ich einen weiten Bogen geschlagen vom aktuellen Stand der Forschung zum Sozialkapital über Adam Smith zur Untersuchung des chinesischen Falls. Die zentrale These lautet, dass Sozialkapital innerhalb des ökonomischen Standardansatzes nicht angemessen analysiert werden kann, der in der Regel das Konzept des ‚homo oeconomicus' zu bestimmten aggregierten strukturellen Daten in Beziehung setzt, um Phänomene wie unterschiedliche Grade gesellschaftlichen Vertrauens zu erklären. Ich stelle dem ein alternatives Menschenbild gegenüber, das in der Wirtschaftswissenschaft von Adam Smith in der ‚Theory of Moral Sentiments' entwickelt worden ist und erst in der jüngsten Zeit durch die Ergebnisse der Behavioral Economics und Neuroeconomics wieder entdeckt wurde. In diesem Menschenbild spielen Emotionen eine zentrale Rolle für die Entscheidungsfindung und die Verhaltenskoordination. Dementsprechend habe ich die These formuliert, Sozialkapital in wesentlicher Hinsicht durch Emotionen zu kennzeichnen, nämlich durch „shared framed emotions". Diese Sicht ist an die Kritik von *Durlauf* (2002) an der konventionellen Sozialkapitalforschung anschlussfähig, der empfahl, eine größere Nähe zur Sozialpsychologie zu suchen.

Sozialkapital lässt sich in diesem Ansatz relativ klar von dem allgemeinen Einfluss kultureller Faktoren differenzieren: Sozialkapital sind „shared framed emotions" in sozialen Netzwerken, die Externalitäten ermöglichen, welche wiederum Transaktionen erleichtern, und zwar durch die Emergenz kollektiver Intentionalität. Der Begriff des Sozialkapitals ist also erheblich spezifischer als beispielsweise der Begriff der „Werte". Wie wir am chinesischen Beispiel gesehen haben, erfordert die Erforschung von Sozialkapital also unterschiedliche Zugangsweisen, insbesondere die Analyse sozialer Netzwerke und die Sozialpsychologie, wobei in beiden Fällen die indigene Perspektive besonders berücksichtigt werden muss, was konkret eine Analyse der unterliegenden Semantik der Kommunikation in und über Netzwerke voraussetzt. Gerade weil Sozialkapital also auch Gegenstand einer Sprachanalyse im weitesten Sinne sein muss, tritt sein Charakter als „Kapital" hervor, nämlich im Sinne eines individuell verfügbaren Repertoires an symbolischen Medien, Netzwerkbeziehungen wahrzunehmen und zu gestalten.

Literatur

Abramovitz, M. (1989): Thinking about Growth and Other Essays on Economic Growth and Welfare, Cambridge et al.: Cambridge University Press.

Akerlof, G. A. (1970): The Market for „Lemons": Quality Uncertainty and the Market Mechanism, in: Quarterly Journal of Economics, Vol. 84 (3), S. 488 – 500.

Akerlof, G. A. / *Kranton,* R. E. (2000): Economics and Identity, in: Quarterly Journal of Economics, Vol. CXV (3), S. 715 – 753.

Akerlof, G. A. / *Kranton,* R. E. (2005): Identity and the Economics of Organizations, in: Journal of Economic Perspectives, Vol. 19 (1), S. 9 – 32.

Alesina, A. / *La Ferrara,* E. (2005): Ethnic Diversity and Economic Performance, in: Journal of Economic Literature, Vol. XLIII (3), S. 762 – 800.

Arrow, K. J. / *Hahn,* F. H. (1971): General Competitive Analysis. San Francisco, Edinburgh: Holden-Day, Oliver & Boyd.

Baker, H. D. R. (1979): Chinese Family and Kinship, London: Macmillan.

Bebbington, A. / *Guggenheim,* S. / *Olson,* E. / *Woolcock,* M. (2004): Exploring Social Capital Debates at the World Bank, in: The Journal of Development Studies, Vol. 40 (5), S. 33 – 64.

Becker, G. S. (1996): Accounting for Tastes, Cambridge: Harvard University Press.

Beugelsdijk, S. (2006a): Social Capital and Growth in European Regions: An Empirical Test, in: European Journal of Political Economy, Vol. 21, S. 301 – 324.

Beugelsdijk, S. (2006b): A Note on the Theory and Measurement of Trust in Explaining Differences in Economic Growth, in: Cambridge Journal of Economics, Vol. 30, S. 371 – 387.

Binmore, K. (1994): Game Theory and the Social Contract. Volume I: Playing Fair, Cambridge / London: MIT Press.

Bjørnskov, C. (2006): The Multiple Facets of Social Capital, in: European Journal of Political Economy, Vol. 22, S. 22 – 46.

Bond, M. H. (1991): Beyond the Chinese Face. Insights from Psychology, Hong Kong: Oxford University Press.

Bond, M. H. (1996a): Chinese Values, in: Bond (1996b), S. 208 – 226.

Bond, M. H. (ed.) (1996b): The Handbook of Chinese Psychology, Hong Kong: Oxford University Press.

Bowles, S. (1998): Endogenous Preferences: The Cultural Consequences of Markets and other Economic Institutions, in: Journal of Economic Literature, Vol. XXXVI, S. 75–111.

Bowles, S. (2004): Microeconomics. Behavior, Institutions, and Evolution, New York / Princeton / Oxford: Russell Sage and Princeton University Press.

Burt, R. S. (1992): Structural Holes. The Social Structure of Competiton. Cambridge / London: Harvard University Press.

Burt, R. S. (2000): The Network Structure of Social Capital, faculty.chicagogsb.edu / ronald. burt / research / NSSC.pdf.

Burt, R. S. (2002): The Social Capital of Structural Holes, in: Guillén et al. (2002), S. 148–192.

Buss, D. M. (ed.) (2005): The Handbook of Evolutionary Psychology, Hoboken: Wiley.

Byrne, R. W. (1995): The Ape Legacy: The Evolution of Machiavellian Intelligence and Anticipatory Interactive Planning, in: Goody (1995), S. 37–52.

Camerer, C. / *Loewenstein,* G. / *Prelec,* D. (2005): Neuroeconomics: How Neuroscience Can Inform Economics, in: Journal of Economic Literature, Vol. XLIII, S. 9–64.

Chamlee-Wright, E. (2008): The Structure of Social Capital: An Austrian Perspective on Nature and Development, in: Review of Political Economy, Vol. 20 (1), S. 41–58.

Chen, X.-P. / *Wasti,* S. A. / *Triandis,* H. C. (2007): When Does Group Norm or Group Identity Predict Cooperation in a Public Goods Dilemma? The Moderating Effects of Idiocentrism and Allocentrism, in: International Journal of Intercultural Relations, Vol. 31, S. 259–276.

Child, J. / *Möllering,* G. (2003): Contextual Confidence and Active Trust Development in the Chinese Business Environment, in: Organization Science, Vol. 14 (1), S. 69–80.

Cohen, M. (1970): Developmental Process in the Chinese Domestic Group, in: Freedman (1970), S. 21–36.

Coleman, J. (1990): Foundations of Social Theory. Cambridge / London: Belknap.

Dasgupta, P. (2005): Economics of Social Capital, in: The Economic Record, Vol. 81, S. S2-S21.

Dasgupta, P. / *Serageldin,* I. (eds.) (2000): Social Capital. A Multifaceted Perspective, Washington: World Bank.

Davis, J. B. (2003): The Theory of the Individual in Economics. Identity and Value. London / New York: Routledge.

Davis, J. B. (2007): Akerlof and Kranton on Identity in Economics: Inverting the Analysis, in: Cambridge Journal of Economics, Vol. 31 (3), S. 349–362.

Demichelis, S. / *Weibull,* J. W. (2008): Language, Meaning, and Games: A Model of Communication, Coordination, and Evolution, in: American Economic Review, Vol. 98 (4), S. 1292–1312.

Dupuy, J.-P. (2006): Invidious Sympathy in the Theory of Moral Sentiments, in: Adam Smith Review, Vol. 2, S. 98–123.

Durlauf, S. N. (2002): On the Empirics of Social Capital, in: The Economic Journal, Vol. 112, S. F459-F479.

Elvin, M. (1994): The Inner World of 1830, in: Tu (1994), S. 35–63.

Evensky, J. (2005): Adam Smith's Theory of Moral Sentiments: On Morals and Why They Matter to a Liberal Society of Free People and Free Markets, in: Journal of Economic Perspectives, Vol. 19 (3), S. 109 – 130.

Fairbank, J. K. (ed.) (1957): Chinese Thought and Institutions, Chicago: University of Chicago Press.

Farrell, J. / *Rabin,* M. (1996): Cheap Talk, in: Journal of Economic Perspectives, Vol. 10 (3), S. 103 – 118.

Farrer, J. (2002): „Idle Talk“: Neighborhood Gossip as a Medium of Social Communication in Reform Era Shanghai, in: Gold et al. (2002), S. 197 – 220.

Frank, R. H. (1988): Passions Within Reason. The Strategic Role of Emotions, New York / London: Norton.

Freedman, M. (ed.) (1970): Family and Kinship in Chinese Society, Stanford: Stanford University Press.

Fu, P. P. / *Peng,* T. K. / *Kennedy,* J. / *Yukl,* G. (2003): Examining the Preferences of Influence Tactics in Chinese Societies: A Comparison of Chinese Managers in Hong Kong, Taiwan and Mainland China, in: Organizational Dynamics, Vol. 33 (1), S. 32 – 46.

Gabrenya, W. K. / *Hwang* K.-K. (1996): Chinese Social Interaction: Harmony and Hierarchy on the Good Earth, in: Bond (1996b), S. 309 – 321.

Gao G. / *Ting-Toomey,* S. / *Gudykunst,* W. B. (1996): Chinese Communication Processes, in: Bond (1996b), S. 280 – 293.

Gintis, H. (2006): A Framework for the Unification of the Behavioral Sciences, in: Behavioral and Brain Sciences, Vol. 30, S. 1 – 16.

Glaeser, E. L. / *Laibson,* D. / *Sacerdote,* B. (2002): An Economic Approach to Social Capital, in: The Economic Journal, Vol. 112, S. F437-F458.

Glaeser, E. L. / *Laibson,* D. I. / *Scheinkman,* J. A. / *Soutter,* C. L. (2000): Measuring Trust, in: The Quarterly Journal of Economics, Vol. 115 (3), S. 811 – 845.

Gold, T. / *Guthrie,* D. / *Wank,* D. (eds.) (2002): Social Connections in China. Institutions, Culture, and the Changing Nature of *Guanxi,* Cambridge et al.: Cambridge University Press.

Goody, E. (ed.) (1995): Social Intelligence and Interaction. Expressions and Implications of the Social Bias in Human Intelligence. Cambridge: Cambridge University Press.

Granovetter, M. (1985): Economic Action and Social Structure: The Problem of Embeddedness, in: American Journal of Sociology, Vol. 91 (3), S. 481 – 510.

Granovetter, M. (2002): A Theoretical Agenda for Economic Sociology, in: Guillén et al. (2002), S. 35 – 60.

Granovetter, M. (2005): The Impact of Social Structure on Economic Outcomes, in: Journal of Economic Perspectives, Vol. 19 (1), S. 33 – 50.

Greenblatt, S. / *Wilson,* R. W. / *Wilson,* A. A. (eds.) (1982): Social Interaction in Chinese Society, New York: Praeger.

Greif, A. (1993): Contract Enforcability and Economic Institutions in Early Trade: The Maghribi Traders‘ Coalition, in: American Economic Review, Vol. 83, No. 3, S. 525 – 548.

Greif, A. (1994): Cultural Beliefs and the Organization of Society: A Historical and Theoretical Reflection on Collectivist and Individualist Societies, in: Journal of Political Economy, Vol. 102 (5), S. 912–950.

Greif, A. (1997): Cultural Beliefs as a Common Resource in an Integrating World, in: P. Dasgupta / K.-G. Mäler / A. Vercelli (eds.), The Economics of Transnational Commons, Oxford: Clarendon, S. 238–296.

Guillén, M. F. / *Collins,* R. / *England,* P. / *Meyer,* M. (eds.) (2002): The New Economic Sociology. Developments in an Emerging Field, New York: Russell Sage Foundation.

Guo Y. (2008): Corruption in Transitional China: An Empirical Analysis, in: The China Quarterly, Vol. 194, S. 349–365.

Guthrie, D. (1998): The Declining Significance of Guanxi in China's Economic Transition, in: The China Quarterly, Vol. 154, S. 254–282.

Hall, E. T. (1976): Beyond Culture, New York et al.: Doubleday.

Hamilton, G. G. (ed.) (1996): Asian Business Networks, Berlin: de Gruyter.

Hamilton, G. G. (1996a): Competition and Organization: A Reexamination of Chinese Business Practices, in: Journal of Asian Business, Vol. 12 (1), S. 7–20.

Heberer, T. (2001): Unternehmer als Strategische Gruppen. Zur sozialen und politischen Funktion von Unternehmern in China und Vietnam, Hamburg: Schriften des Instituts für Asienkunde.

Henrich, J. *et al.* (2005): ‚Economic Man' in Cross-cultural Perspective: Behavioral Experiments in 15 Small-Scale Societies, in: Behavioral and Brain Sciences, Vol. 28, S. 795–855.

Herrmann-Pillath, C. (1993): Informal Constraints, Culture and Incremental Transition from Plan to Market, in: H.-J. Wagener, (ed.), On the Theory and Policy of Systemic Change, Heidelberg: Physica, S. 95–120.

Herrmann-Pillath, C. (2002): Dekonstruktion von Kultur als Determinante wirtschaftlicher Entwicklung: eine chinesische Fallstudie, in: T. Eger / H. G. Nutzinger (Hrsg.), Kulturelle Prägungen wirtschaftlicher Institutionen und wirtschaftspolitischer Reformen, Berlin: Duncker & Humblot, S. 149–184.

Herrmann-Pillath, C. / *Lies,* J. (2001): Soziales Kapital – ein öffentliches Gut?, in: Sociologia Internationalis, 39. Bd., H. 1, S. 43–66.

Hertzer, D. (2006): Das Leuchten des Geistes und die Erkenntnis der Seele. Die medizinische Vorstellung vom Seelischen als Ausdruck philosophischen Denkens – China und das Abendland, Frankfurt am Main: Verlag für Akademische Schriften.

Hofstede, G. (1991): Cultures and Organizations. Software of the Mind, London et al.: McGraw-Hill.

Hu, B. (2007): Informal Institutions and Rural Development in China, London / New York: Routledge.

Hurley, S. (2008): The Shared Circuits Model: How Control, Mirroring and Simulation Can Enable Imitation, Deliberation, and Mindreading, in: Behavioral and the Brain Sciences, Vol. 31 (1), S. 1–21.

Hwang, K.-K. (2006): Moral Face and Social Face: Contingent Self-Esteem in Confucian Society, in: International Journal of Psychology, Vol. 41 (4), S. 276–281.

Jacobs, J. B. (1982): The Concept of Guanxi and Local Politics in a Rural Chinese Cultural Setting, in: Greenblatt et al. (1982), S. 209 – 236.

Ji, L.-J. / *Nisbett,* R. E. / *Peng,* K. (2000): Culture, Control, and Perception of Relationships in the Environment, in: Journal of Personality and Social Psychology, Vol. 78 (5), S. 943 – 955.

Ji, L.-J. / *Nisbett,* R. E. / *Zhang,* Z. (2004): Is It Culture or Is It Language? Examination of Language Effects in Cross-Cultural Research on Categorization, in: Journal of Personality and Social Psychology, Vol. 87 (1), S. 57 – 65.

King, A. Y. (1994): Kuan-hsi and Network Building: A Sociological Interpretation, in: Tu (1994), S. 109 – 126.

Kipnis, A. (2002): Practices of *Guanxi* Production and *Ganqing* Avoidance, in: Gold et al. (2002), S. 21 – 36.

Kirman, A. P. (1992): Whom or What Does the Representative Individual Represent?, in: Journal of Economic Perspectives, Vol. 6 (2), S. 117 – 136.

Knack, S. / *Keefer,* P. (1997): Does Social Capital Have an Economic Payoff? A Cross-Country Investigation, in: Quarterly Journal of Economics, Vol. 112 (4), S. 1251 – 1288.

Konner, M. (2002): The Tangled Wing. Biological Constraints on the Human Spirit, 2nd Edition. New York: Henry Holt.

Kranton, R. E. (1996): Reciprocal Exchange: A Self-Sustaining System, in: American Economic Review, Vol. 86 (4), S. 830 – 851.

Landa, J. T. (1994): Trust, Ethnicity, and Identity. Beyond the New Institutional Economics of Ethnic Trading Networks, Contract Law, and Gift-Exchange, Ann Arbor: Michigan UP.

Lewis, C. / *Carpendale,* J. (2002): Social Cognition, in: P. K. Smith / C. Hart (eds.), Blackwell Handbook of Social Cognition, Oxford: Blackwell, S. 375 – 393.

Li, H. Z. / *Zhang* Z. / *Bhatt,* G. / *Yum,* Y. (2006): Rethinking Culture and Self-Construal: China as a Middle Land, in: The Journal of Social Psychology, Vol. 146 (5), S. 591 – 610.

Li, J. / *Wang,* L. / *Fischer,* K. W. (2004): The Organisation of Chinese Shame Concepts, in: Cognition and Emotion, Vol. 18 (6), S. 767 – 797.

Li, S. / *Wu,* J. J. (2007): Why China Thrives Despite Corruption, in: Far Eastern Economic Review, Vol. 170 (3), S. 24 – 28.

Liebman, B. L. / *Milhaupt,* C. J. (2007): Reputational Sanctions in China's Securities Market, http:// ssrn.com/abstract=999698.

Lin, N. (2001): Social Capital. A Theory of Social Structure and Action, Cambridge et al.: Cambridge University Press.

Lin, Y. (2002): Beyond Dyadic Social Exchange: Guanxi and Third-Party Effects, in: Gold et al. (2002), S. 57 – 74.

Lorenzen, M. (2007): Localized Learning and Social Capital, in: Rutten and Boekema (2007), S. 206 – 230.

Medick, H. / *Sabean,* D. (eds.) (1984): Emotionen und materielle Interessen. Sozialanthropologische und historische Beiträge zur Familienforschung, Göttingen: Vandenhoeck & Ruprecht.

Metzger, T. A. (1977): Escape From Predicament. Neo-Confucianism and China's Evolving Political Culture, New York: Columbia University Press.

Ning, H. (2008): Wie Chinesen denken. Denkphilosophie, Welt- und Menschenbilder in China, München: Oldenbourg.

North, D. C. (1990): Institutions, Institutional Change, and Economic Performance, Canbridge et al.: Cambridge University Press.

North, D. C. (2005): Understanding the Process of Economic Change, Princeton / Oxford: Princeton University Press.

Pelzel, J. C. (1970): Japanese Kinship: A Comparison, in: Freedman (1970), S. 227 – 248.

Portes, A. / *Sensenbrenner,* J. (1993): Embeddedness and Immigration: Notes on the Social Determinants of Economic Action, in: American Journal of Sociology, Vol 98, S. 1320 – 1350.

Potter, S. H. / *Potter,* J. (1990): China's Peasants: The Anthropology of a Revolution, Cambridge / New York: Cambridge University Press.

Potter, P. B. (2002): Guanxi and the PRC Legal System: From Contradiction to Complementarity, in: Gold et al. (2002), S. 179 – 195.

Putnam, R. (2000): Bowling Alone: The Collapse and Revival of American Community, New York: Simon & Schuster.

Rauch, J. E. (2001): Business and Social Networks in International Trade, in: Journal of Economic Literature, Vol. XXXIX, S. 1177 – 1203.

Redding, S. G. (1990): The Spirit of Chinese Capitalism, Berlin / New York: de Gruyter.

Robison, L. J. / *Schmidt,* A. A. / *Siles,* M. (2002): Is Social Capital Really Capital?, in: Review of Social Economy, Vol. LX (1), Vol. 1 – 21.

Ross, D. (2005): Economic Theory and Cognitive Science: Microexplanations, Cambridge / London: MIT Press.

Ross, D. (2007): H. sapiens as Ecologically Special: What Does Language Contribute?, in: Language Studies, Vol. 29, S. 710 – 731.

Routledge, B. R. / *von Amsberg,* J. (2003): Social Capital and Growth, in: Journal of Monetary Economics, Vol. 50, S. 167 – 193.

Russell, J. A. / *Yik,* M. S. M. (1996): Emotion Among the Chinese, in: Bond (1996b), S. 166 – 188.

Rutten, R. / *Boekema,* F. (eds.) (2007): The Learning Region. Foundations, State of the Art, Future, Cheltenham / Northampton: Edward Elgar.

Saari, J. L. (1982): Breaking the Hold of Tradition: The Self-Group Interface in Transitional China, in: Greenblatt et al. (1982), S. 28 – 67.

Searle, J. R. (1995): The Construction of Social Reality, New York: Free Press.

Searle, J. R. (2005): What Is an Institution?, in: Journal of Institutional Economics, Vol. 1 (1), S. 1 – 22.

Silin, R. H. (1976): Leadership and Values. The Organization of Large-Scale Taiwanese Enterprises, Cambridge / London: Harvard University Press.

Skyrms, B. (2004): The Stag Hunt and the Evolution of Social Structure, Cambridge et al.: Cambridge University Press.

Smith, A. (1759 / 1976): The Theory of Moral Sentiments, Oxford: Oxford University Press.

Sobel, J. (2005): Interdependent Preferences and Reciprocity, in: Journal of Economic Literature, Vol. XLIII (2), S. 392 – 436.

Solow, R. M. (2000): Notes on Social Capital and Economic Performance, in: Dasgupta / Serageldin (2000), S. 6 – 10.

Storper, M. (1995): The Resurgence of Regional Economies, Ten Years Later: The Region as a Nexus of Untraded Interdependencies, in: European Urban and Regional Studies, Vol. 2 (3), S. 191 – 221.

Sugden, R. (2002): Beyond Sympathy and Empathy: Adam Smith's Concept of Fellow-Feeling, in: Economics and Philosophy, Vol. 18, S. 63 – 87.

Temple, J. / *Johnson,* P. A. (1998): Social Capability and Economic Growth, in: The Quarterly Journal of Economics, Vol. 113 (3), S. 965 – 989.

Tomasello, M. / *Carpenter,* M. / *Call,* J. / *Behne,* T. / *Moll,* H. (2005): Understanding and Sharing Intentions: The Origin of Cultural Cognition, in: Behavioral and Brain Sciences, Vol. 28, S. 675–735.

Tooby, J. / *Cosmides,* L. (2005): Conceptual Foundations of Evolutionary Psychology, in: Buss (2005), S. 5 – 67.

Tu, W. (ed.) (1994): The Living Tree. The Changing Meaning of Being Chinese Today, Stanford: Stanford University Press.

Tugendhat, E. (2004): Universalistically Approved Intersubjective Attitudes: Adam Smith, in: The Adam Smith Review, Vol. 1, S. 88 – 104.

Von Glahn, R. (1991): The Enchantment of Wealth: The God Wutong in the Social History of Jiangnan, in: Harvard Journal of Asiatic Studies, Vol. 51 (2), S. 651 – 714.

Walder, A. G. (1986): Communist Neo-Traditionalism: Work and Authority in Chinese Industry, Berkeley: University of California Press.

Wank, D. (1996): The Institutional Practice of Market Clientilism: *Guanxi* and Private Business in a South China City, in: The China Quarterly, Vol. 144, S. 820 – 838.

Wank, D. (2002): Business-State Clientilism in China: Decline or Evolution?, in: Gold et al. (2002), S. 97 – 115.

Wellmann, B. / *Chen* W. / *Dong* W. (2002): Networking guanxi, in: Gold et al. (2002), S. 221 – 241.

Wilson, R. W. (1981): Moral Behavior in Chinese Society: A Theoretical Perspective, in: Wilson et al. (1981), S. 1 – 20.

Wilson, R. W. / *Greenblatt,* S. L. / *Wilson,* A. A. (eds.) (1981): Moral Behavior in Chinese Society, New York: Praeger.

Wilson, S. (2002): Face, Norms, and Instrumentality, in: Gold et al. (2002), S. 163 – 177.

Woolcock, M. (1998): Social Capital and Economic Development: Toward a Theoretical Synthesis and Policy Framework, in: Theory and Society, Vol. 27, S. 151 – 208.

Yan, Y. (1996): The Culture of *Guanxi* in a North China Village, in: The China Journal, Vol. 35, S. 1–26.

Yang, K. (1996): The Psychological Transformation of the Chinese People as a Result of Societal Transformation, in: Bond (1996b), S. 479–498.

Yang, M. M. (1994): Gifts, Favours and Banquets: The Art of Social Relationships in China, Ithaca: Cornell University Press.

Yang, M. M. (2002): The Resilience of *Guanxi* and its New Deployments: A Critique of Some New Guanxi Scholarship, in: The China Quarterly, Vol. 170, S. 459–476.

Yang, L. (1957): The Concept of ‚Pao' as as Basis for Social Relations in China, in: Fairbank (1957). S. 291–309.

Yu, N. (2007): Heart and Cognition in Ancient Chinese Philosophy, in: Journal of Cognition and Culture, Vol. 7, S. 27–47.

Zhang, L. (2005): Prediction of Chinese Self-Satisfaction: Contribution of Collective Self-Esteem, in: International Journal of Psychology, Vol. 40 (3), S. 189–200.

Zu den Autoren

Thomas Apolte, Prof. Dr., Professur für Wirtschaftspolitik an der Westfälischen Wilhelms-Universität Münster, Wirtschaftswissenschaftliche Fakultät, Institut für ökonomische Bildung.

Thomas Eger, Prof. Dr., Universität Hamburg, Fakultät für Rechtswissenschaft, Institut für Recht und Ökonomik.

Bernd Hansjürgens, Prof. Dr., Professur für Volkswirtschaftslehre, insbesondere Umweltökonomik an der Martin-Luther-Universität Halle-Wittenberg und am Helmholtz-Zentrum für Umweltforschung – UFZ, Fachbereich Sozialwissenschaftliche Umweltforschung, Department Ökonomie.

Philipp Harms, Prof. Dr., RWTH Aachen, Fakultät für Wirtschaftswissenschaften, Lehrstuhl für Volkswirtschaftslehre (Makroökonomie).

Klaus Heine, ao. Prof. Dr., Private Universität für Gesundheitswissenschaften, Medizinische Informatik und Technik, Institut für Human- und Wirtschaftswissenschaften, Wien.

Hans Hendrischke, Prof. PhD, University of New South Wales, School of Languages and Linguistics.

Carsten Herrmann-Pillath, Prof. Dr., Universität Witten / Herdecke, Lehrstuhl für Evolutionsökonomik und Institutionenökonomik, und Frankfurt School of Finance and Management, Sino-German School of Governance.

Barbara Krug, Prof. Dr., Erasmus University Rotterdam, Rotterdam School of Management, und Manchester Business School.

Bruno Schönfelder, Prof. Dr., TU Bergakademie Freiberg, Fakultät für Wirtschaftswissenschaften, Lehrstuhl für Allgemeine Volkswirtschaftslehre.

Theresia Theurl, Prof. Dr., Universität Münster, Wirtschaftswissenschaftliche Fakultät, Institut für Genossenschaftswesen.

Uwe Vollmer, Prof. Dr., Universität Leipzig, Wirtschaftswissenschaftliche Fakultät, Institut für Theoretische Volkswirtschaftslehre, Geld und Währung.

Hans-Jürgen Wagener, Prof. em. Dr., Europa-Universität Viadrina Frankfurt (Oder).

Heike Walterscheid, Dr., Technische Universität Ilmenau, Institut für Volkswirtschaftslehre, Fachgebiet Wirtschaftstheorie.

Lothar Wegehenkel, Prof. Dr., Technische Universität Ilmenau, Institut für Volkswirtschaftslehre, Fachgebiet Wirtschaftstheorie.